린 모바일 앱 개발

린 모바일 앱 개발

린 기법을 활용한 모바일 앱 스타트업 창업

마이크 반 드롱헬렌 · 애덤 데니스 · 리차드 가라베디안 ·
알베르토 곤잘레스 · 아라빈드 크리슈나스와미 지음
이정표 옮김

Packt> i!i
에이콘

| 지은이 소개 |

마이크 반 드롱헬렌 Mike van Drongelen

네덜란드에서 모바일 솔루션 컨설턴트로 일하고 있다. 다양한 고객을 위해 안드로이드, iOS 및 .NET 솔루션을 개발하고, 자신의 스타트업 프로젝트도 진행하고 있다. 소프트웨어 개발을 즐기지만 불필요한 작업은 지양하려고 노력한다. 최적화된 코드로 소프트웨어를 성공적으로 개발하는 것이 목표다. 사업 담당자와 개발자가 서로 이해하지 못하는 상황이 많다고 생각해서 린 스타트업 개발법에 관심을 갖게 됐고, 모바일 앱 개발에도 꼭 적용해야 한다고 생각한다. 앱을 개발하지 않을 때는 오토바이나 시트로엥 2CV를 타고 여행을 한다.

애덤 데니스 Adam Dennis

청소년을 위한 기술 교육 센터를 만드는 캠페인을 운영하며, SaaS 서비스를 제공하는 소프트웨어 회사를 창립해 성공적으로 매각한 개발자다. 미국의 자동차 딜러 대상 기업형 SaaS를 제공하는 도미니언 딜러 솔루션Dominion Dealer Solution의 제품 개발 부사장으로서 10개 이상의 소프트웨어 팀을 운영하고 있다. 팀 수월성과 사실 기반 의사 결정, 빠른 실패를 장려한다. 도미니언에서 린/애자일 방법론과 우수 코딩 사례를 모든 팀에 통합하기도 했다. 안티구아 섬에 살고 있고, 업무 시간 이후에는 아내와 딸과 함께 유리 공예 등을 하며 시간을 보낸다.

리차드 가라베디안^{Richard Garabedian}

국방성 거래 업체부터 작은 스타트업 기업에 이르기까지 20년간 소프트웨어 개발자로 지냈다. 현재 도미니언 딜러 솔루션에서 모바일/데스크톱 앱 개발 책임자로 일한다. 좋아하는 프로그래밍 언어는 자바이며, 열렬한 안드로이드 사용자다. 직접 에스프레소 커피를 내려 마시며, 아내의 말에 따르면 비디오 게임 플레이에 많은 시간을 들인다. 업무 외적으로는 자전거에 꽤 소질이 있으며, 멋진 세 딸의 아버지다.

알베르토 곤잘레스^{Alberto Gonzalez}

중소기업과 에이전시부터 세계 최대 디지털 미디어 기업에 이르기까지 다양한 고객을 위한 디지털 디자인을 공급했다. 수상 경력이 있는 디지털 제품 디자인 및 마케팅 팀을 20년 이상 이끌었다. 현재 도미니언 딜러 솔루션의 UX 책임자다.

아라빈드 크리슈나스와미^{Aravind Krishnaswamy}

기업가이자 기술 경영자이다. 인도의 방갈로르에서 부인 모나미와 반려견과 함께 살고 있다. 클라우드, 모바일, 소셜 미디어 등 다양한 분야에 관심이 있다. 레비툼^{Levitum}의 공동 설립자로서 운 좋게도 좋은 친구들과 일했다. 실리콘밸리에서 일하며 기업 공개와 엑시트(투자금 회수)를 했던 경험이 있다. 또한 아이오와 주립 대학교에서 MS 연구를 하며 취득한 특허를 보유하고 있다. 여가 시간에는 테니스와 글쓰기, 아내와 반려견과 함께하는 여행을 즐긴다. 여러 제품과 기술에 대한 강연도 한다.

| 옮긴이 소개 |

이정표(lee.jungpyo@gmail.com)

모바일 브라우저 개발부터 클라우드 서비스 기획까지 20년간 다양한 개발 프로젝트에 참여했으며, 현재 SW 품질 평가 업무를 맡고 있다. 오픈 라이선스를 활용한 IT 기술 및 콘텐츠 확산에 관심이 많으며, 주말에는 마라톤, 트레일 러닝, 오리엔티어링을 즐긴다.

옮긴 책으로는 『크리에이티브 커먼즈 권리표현언어(ccREL)』(2009), 『참여와 소통의 정부 2.0』(아이앤유, 2011), 『워드프레스 플러그인과 테마 만들기』(에이콘. 2012), 『Hudson3 설치와 운용』(에이콘. 2014), 『난독화 디지털 프라이버시 생존 전략』(에이콘, 2017), 『젠킨스 마스터』(에이콘, 2018), 『젠킨스 블루오션 입문』(에이콘, 2019), 『오픈 비즈니스 전략』(오픈아이디어랩, 2019) 등이 있다.

2011년 에릭 리스가 도요타로 대표되는 일본의 린 생산 방식을 신사업 개발 방법론에 적용한 경험을 바탕으로 쓴 『린 스타트업』(인사이트, 2012)이 미국에서 출간된 지 벌써 9년이 흘렀다. 린 방식은 소개되고 얼마 지나지 않아 미국 스타트업 사이에서 빠르게 전파됐고, 많은 성공 사례가 나오면서 개념이 정착됐다. 국내에서도 이듬해부터 관련 번역서가 빠르게 출간되며 많은 스타트업과 개발자들에게 영향을 끼쳤다. 당시 내가 속한 조직에서도 여러 모바일 서비스를 개발했는데, 일부 개발팀은 해외의 최신 서비스를 벤치마킹하는 과정에서 린 스타트업 방식을 알게 되어 이 방식을 적용하는 시도를 했다.

린 스타트업 방식의 핵심 중 하나는 개발-측정-학습으로 구성되는 피드백 루프다. 시장의 불확실성이 크고, 변화의 속도가 빠른 분야에서는 정교한 시장 조사와 전략을 세우는 데 시간을 낭비하기보다 최대한 빨리, 최소기능제품을 만들어 사용자에게 검증받아 교훈을 얻고, 이를 제품에 반영하는 선순환을 지속적으로 반복해서 성공적인 제품을 완성하자는 것이다.

이러한 방식은 비용, 시간, 인력 등 모든 것이 부족한 초창기 스타트업에게 매우 혁신적인 방법론이기 때문에 사실상 오늘날 스타트업의 표준이 됐다. 그렇다고 린 방식이 모든 스타트업에게 통하는 만병통치약은 아닐 것이다. 고객의 생명이나 돈을 다루는 의료나 재무 분야처럼, 작은 실패가 큰 불신을 초래해 사업 초기 제품 평판에 악영향을 끼치는 경우도 있기 때문이다. 물론 이런 경우 안전이 담보돼야 하는 핵심 기능은 기존 방식대로 하고, 사용성이 중시되는 분야만을 린 방식으로 하는 융합적 시도도 가능할 듯하다.

이 책도 린 스타트업의 철학을 따른다. 즉, 정교한 논리를 장황하게 펼치기보다는 시간이 부족한 스타트업의 CTO나 개발자들이 빠르게 린 스타트업 방식을 이해하고 적용해볼 수 있도록 안내하고 있다. 특히 마지막 장은 저자가 실제로 개발해 적용했던 앱을 토대로 앞서 설명한 모든 사례를 통합 적용한 사례를 상세히 보여준다.

모쪼록 이 책이 성공적인 모바일 앱 개발을 시작하는 모든 분들, 특히 스타트업 개발자나 CTO에게 도움이 되길 바란다.

번역을 하면서 아쉬운 점이 있다면, 영어권 기반의 용어들이 한국에서도 그대로 사용되는 경우가 많다는 것이다. 개념과 용어가 매우 빠르게 생기고 없어지는 분야다 보니 오히려 영문 용어를 그대로 사용하는 것이 익숙한 점이 그 이유 중 하나일 것이다. 이런 이유로 이 책에서는 가능한 한 영문 용어는 발음대로 사용했고, 가능하면 번역을 하되 용어의 일관성을 유지하려 노력했다.

한 권의 책을 번역하다 보면 한 권의 책에 얼마나 많은 노력이 들어가는지 새삼 알게 된다. 늘 전폭적인 지원을 해주는 가족들에게 고맙다는 말을 하고 싶다. 그리고 출간이 될 때까지 노력해 주신 에이콘출판사와 편집 팀에게 감사의 말을 전한다.

| 차례 |

| 들어가며 |

린 스타트업 개발법이라는 용어는 이제 스타트업 사이에서는 잘 알려졌다. 이 분야에 대한 책이 이미 많이 출간됐는데, 에릭 리스[Eric Ries]의 『린 스타트업』(인사이트, 2012), 애시 모리아[Ash Maurya]의 『Running Lean』(O'Reilly, 2012), 스티브 블랭크[Steve Blank]의 『The Start-up owner's Manual』(K&S Ranch, 2012)과 『The Four Steps to the Epiphany』(K&S Ranch, 2013)이 대표적이다.

린 스타트업 개발법은 간단하게 말해서 피드백을 빨리 받아 낭비를 줄이는 기법이다. 아무도 관심이 없다는 사실을 알아내기 위해 6개월간 앱을 개발하면 안 된다는 것이다.

기존의 앱도 마찬가지지만 특히 스타트업이 앱을 만들 때는, 효과가 있는 것과 그렇지 않은 것을 알아내기 위해 개발 주기를 짧게 해서 수차례 반복해야 한다. 아 과정에서 다음과 같은 질문을 할 수 있다. 이 앱은 해결할 가치가 있는 문제를 실제로 해결하는가? 린 스타트업 개발법은 해결 과정에서 어떤 역할을 하는가?

앞서 언급한 책들은 모두 스타트업이나 기존 회사의 비즈니스 분야을 중심적으로 다룬다. 반면 모바일 우선 전략을 추구하는 회사의 기술 분야에 실용적으로 접근하는 내용은 전혀 담고 있지 않다. 이론도 중요하지만, 실제로 빠른 개발을 돕는 것은 실용적인 접근 방식이다.

이 책은 이론과 실전 사이의 부족함을 채우기 위해 노력한다. 린 스타트업 개발법의 요소를 설명하고, 이론과 개발 모두 자세하게 다룬다. 특히, 기술적 관점에서 수행해야 하는 일에 중점을 둔다. 이 책은 실제 안드로이드 및 iOS 개발을 하는 데 있어 린 스타트업 개발법을 적용하는 방법을 다룬다. 실속 없이 말만 그럴듯한 내용은 제외했다. 사람들이 정말로 원하고 필요로 하는 앱을 만들고 싶다면 이 책이 도움이 될 것이라 확신한다.

▌ 이 책에서 다루는 내용

1장, 네, 그 앱은 이미 있어요   앱을 만드는 이유와 대상 고객에 대해 질문한다. 또한 린 스타트업 방식이 어떻게 도움을 주는지 설명한다.

2장, 린 스타트업 기초   비즈니스 모델 캔버스와 고객 개발, 최소기능제품(MVP)에 대해 설명한다.

3장, 린 개발법을 모바일 앱에 적용하기   앱 스토어에서의 작업 흐름을 알아보고, 앱 홍보 방법을 다룬다.

4장, 애자일 워크플로 개론   타임박스 프로그래밍과 서드파티 솔루션 활용법, 임시 제품 제작 방법을 다룬다.

5장, 실용주의 접근법   실용주의 방법론인 애자일과 칸반, 스크럼을 알아보고 이를 실제 업무에 적용할 수 있는 방법을 살펴본다.

6장, MVP는 언제나 당신이 생각하는 것보다 훨씬 작다   최소기능제품에 포함시킬 기능을 선택하는 방법과 해당 기능이 가설 증명에 어떻게 도움이 되는지 알아본다.

7장, 최소기능제품(MVP) 사례 연구   MVP 구현의 실제 사례를 알아본다.

8장, 앱 실험용 클라우드 솔루션   앱의 백엔드 전략을 설명한다. 어떤 서드파티 서비스를 이용할 것인지 그리고 백엔드 개발자가 정말 필요한지 알아본다.

9장, 네이티브, 하이브리드 또는 크로스 플랫폼   안드로이드와 iOS 중 어떤 플랫폼부터 시작할지와 한 번에 두 가지 플랫폼을 모두 지원하는 것이 가능한지 알아본다.

10장, 그걸 위한 API는 있어요!   기존 데이터와 서비스의 연동 방법을 알아본다. 영화 정보를 지도 및 우버 호출과 통합하는 사례를 비롯해 IFTT 서비스로 최소기능제품을 만들어서 가설을 검증하는 방법을 살펴본다.

11장, 온보딩과 등록 사용자 관련 지표인 온보딩 및 전환율에 대해 알아본다. 전환 비용을 낮추는 방법을 알아본 후, 트위터 계정 및 전화번호로 가입을 처리하는 안드로이드 예제를 다룬다.

12장, 확장할 수 없는 일을 하자 자동화보다 가설 검증에 집중하는 방법을 알려준다. 최소한의 노력으로 효과를 거둘 수 있는 방안을 살펴본다.

13장, 플레이 스토어 및 앱 스토어 실험 분할 테스트를 소개하고, 플레이 스토어와 앱 스토어에 적용하는 방법을 알아본다.

14장, 앱에서 A/B 테스트 수행하기 앱의 분할 테스트가 중요한 이유와 A/B 테스트 구성 방법을 설명한다. 안드로이드 및 파이어베이스의 원격 구성과 분석 기능을 사용하는 예제를 제공한다.

15장, 트랙션 향상 및 리텐션 개선 트랙션 및 리텐션의 개념과 중요성, 그리고 트랙션을 높이는 방법을 알아본다. 또한 리텐션을 높이는 데 푸시 알림이 얼마나 중요한지 설명한다.

16장, 확장 전략 확장 전략을 알아본다. 배부른 소리처럼 들릴 수도 있겠지만 앱이 성공하면 백엔드 확장이 필요하다. 여러 클라우드 서비스 덕분에 확장이 쉬워졌다. 당장 확장할 필요는 없어도 확장 가능 구조를 갖추도록 한다.

17장, 수익 창출 및 가격 전략 다양한 수익 창출 방법을 설명한다. 예를 들어, 인앱 구매 방식을 적용했다면 가격 전략을 잘 세워야 한다.

18장, 지속적 배포 Git 워크플로와 팀시티, 젠킨스와 같은 CI/CD 도구를 설명한다. 제대로 된 테스트 전략을 세운다면 이들 도구를 활용해 앱을 빨리, 자주 배포할 수 있다.

19장, 차별적 경쟁우위 구축 새로운 경쟁자로부터 사업을 방어할 수 있는 진입 장벽을 만드는 방법을 알아본다.

20장, 플링 사례 연구 현재 서비스 중인 소셜 미디어 앱의 사례 연구를 제공한다.

부록, 참고문헌 추천 도서와 참고용 웹 사이트 목록을 제공한다.

▌ 준비 사항

우선 이 책의 목표가 스타트업의 기술 분야 공동 창업자나 기존 사업 분야에서 주도적으로 개발을 추구하는 기술 담당자에게 영감을 주는 것임을 기억하라. 개념 설명을 위해서 안드로이드와 iOS 코드 예제를 제공한다. 개념을 명확하게 아는 것이 훨씬 중요하다고 생각하지만, 필요에 따라 제공된 예제 코드를 활용해보는 것도 가능할 것이다. 운이 좋다면 코드가 제공되는 깃허브 리포지토리 링크도 찾아볼 수 있을 것이다.

안드로이드 예제를 실행해보기 위해서는 안드로이드 스튜디오 3 (또는 그 이후 버전)과 안드로이드 SKD가 컴퓨터에 설치돼 있어야 한다. 안드로이드 스튜디오는 윈도우나 OSX, 그리고 그 외 운영체제용 모두 무료로 내려받을 수 있다. 안드로이드 예제는 코틀린Kotlin과 자바Java로 작성됐다.

iOS 예제는 엑스코드 9 또는 그 이후 버전이 필요하다. 엑스코드는 맥 운영체제에서만 실행된다. 그리고 유료 애플 개발자 계정이 필요하다. iOS 예제는 스위프트 4로 작성됐다.

일부 예제는 파이어베이스나 페이스북, 패브릭이나 기타 서비스의 (무료) 계정이 필요하다.

▌ 이 책의 대상 독자

스타트업 환경에서 일하는 최고 기술 책임자(CTO)나 기술 분야를 담당하고 있는 공동 창업자, 개발자 등을 대상으로 하는 책이다. 물론 기존 소프트웨어 회사에서 일하는 최고 기술 책임자나 개발 총괄 담당자, 개발자도 대상으로 한다. 린 개발법은 제대로 적용했을 때 스타트업과 기존 소프트웨어 개발사를 가리지 않고 큰 도움이 될 것이다.

▌ 편집 규약

이 책에서는 독자의 이해를 돕기 위해 정보의 종류에 따라 글꼴 스타일을 다르게 적용했다. 각 스타일은 다음과 같은 의미를 지닌다.

모든 안드로이드와 iOS 관련 예제 및 설명은 OSX에서 운영되는 안드로이드 스튜디오와 엑스코드, 그 외 서드파티 서비스를 기준으로 한다.

콘솔 입력은 다음과 같이 표기한다.

```
$ gem install cocoapods
```

코드 블록은 다음과 같이 표기한다.

```swift
func refresh (sender: AnyObject!) {
...
        let cngQuery = client.queryDataset("wwmu-gmzc")
        cngQuery.orderAscending("title").get { res in
            switch res {
            case .Dataset (let data):
                self.data = data
...
        }
    }
}
Data (XML, JSON or otherwise) is shown as:
<key>UberClientID</key>
    <string>your uber client id</string>
    <key>UberCallbackURI</key>
    <string></string>
    <key>LSApplicationQueriesSchemes</key>
    <array>
        <string>uber</string>
    </array>
```

클라이언트 ID나 API 키, API 시크릿을 사용하는 경우, 즉 데이터나 코드에서는 your_client_id 처럼 표기한다.

새로운 용어와 중요한 단어는 굵게 표기한다. 메뉴나 대화 상자 화면에 나오는 단어들은 다음과 같이 표기한다. "다음 화면으로 이동하려면 Next 버튼을 클릭한다."

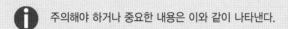 주의해야 하거나 중요한 내용은 이와 같이 나타낸다.

 참고 사항이나 요령은 이와 같이 나타낸다.

예제 코드 다운로드

한국어판의 예제 코드는 에이콘출판사의 도서정보 페이지 http://www.acornpub.co.kr/book/lean-mobile-app에서 다운로드할 수 있다.

원서의 예제 코드를 보려면 http://www.packtpub.com/support를 방문해 이메일을 등록해서 파일을 직접 받을 수 있으며, 원서의 Errata도 확인할 수 있다. 또한 깃허브 페이지 https://github.com/PacktPublishing/Lean-Mobile-App-Development에서도 다운로드할 수 있다.

컬러 이미지 다운로드

이 책에서 사용된 스크린샷과 다이어그램의 컬러 이미지를 PDF 파일로 제공한다. 컬러 이미지는 결과물의 변화를 이해하는 데 도움이 될 것이다. https://www.packtpub.com/

sites/default/files/downloads/LeanMobileAppDevelopment_Colorimages.pdf에서 PDF 파일을 다운로드할 수 있다. 에이콘출판사 도서정보 페이지인 http://www.acornpub.co.kr/book/lean-mobile-app에서도 다운로드할 수 있다.

정오표

오타 없이 정확하게 만들기 위해 모든 수단을 동원해서 책을 만들지만 실수가 있을 수 있다. 문장이나 코드에서 문제를 발견했다면 우리에게 알려주기 바란다. 다른 독자들의 혼란을 방지하고 차후 나올 개정판을 개선하는 데 도움이 되기 때문이다. 오류를 발견하면 http://www.packtpub.com/submit-errata에서 책 제목을 선택하고 Errata Submission Form 링크를 클릭해 자세한 내용을 입력하면 된다. 보내준 오류 내용이 확인되면 웹사이트에 그 내용이 올라가거나 해당 책의 정오표 부분에 그 내용이 추가될 것이다.

기존 오류 수정 내용은 https://www.packtpub.com/books/content/support 검색창에 책 제목을 입력하면 Errata 절 하단에 필요한 정보가 나타날 것이다.

한국어판의 정오표는 에이콘출판사 도서정보 페이지 http://www.acornpub.co.kr/book/lean-mobile-app에서 찾아볼 수 있다.

저작권

인터넷에서의 저작권 침해는 모든 매체에서 벌어지고 있는 심각한 문제다. 팩트출판사에서는 저작권과 상용권 문제를 매우 심각하게 인식한다. 어떤 형태로든 팩트출판사 서적의 불법 복제물을 인터넷에서 발견한다면 적절한 조치를 취할 수 있도록 해당 주소나 사이트명을 알려주길 부탁한다.

의심되는 불법 복제물의 링크는 copyright@packtpub.com으로 보내주길 바란다. 저자와 더 좋은 책을 위한 팩트출판사의 노력을 배려하는 마음에 깊은 감사의 뜻을 전한다.

질문

이 책과 관련해 궁금한 내용이 있다면 questions@packtpub.com으로 문의하길 바란다. 최선을 다해 질문에 답할 것이다. 한국어판에 관한 질문은 이 책의 옮긴이나 에이콘출판사 편집 팀(editor@acornpub.co.kr)으로 문의해주길 바란다.

01

네, 그 앱은 이미 있어요

세상에는 이미 사람들에게 필요한 모든 앱이 있는 듯하다. 수익을 내는 앱을 개발하기란 쉽지 않지만, 똑똑한 방식으로 앱을 개발하기만 하면 성공이 먼 것만은 아니다.

이 책은 린 스타트업 개발법을 사용해 모바일 앱으로 수익을 내려는 사람들을 위한 책이다. 다른 책들과 달리 이 책은 회사 내에 제품 책임자만을 위해 작성한 것이 아니다. 오히려 매우 실용적인 안내서로서, 린 개발법으로 앱을 개발하는 데 사용하는 도구와 방법을 설명한다. 기술 담당자도 린 스타트업 개발법에 열정을 가져야 한다. 그 이유는 이 책이 기술 담당 공동 창업자와 개발자를 대상으로 하기 때문이다. 이들에게는 린 개발법을 일상적인 모바일 앱 개발에 적용할 수 있는 알맞은 도구가 필요하다. 이 책에서는 여러 도구와 기법을 사용해 시간을 절약하고 낭비를 줄이는 방법에 대해 알아볼 것이다.

꼭 기술 분야 담당자가 아니더라도 이 책이 흥미로울 것이다. 물론 앱 개발과 관련된 기술 절차를 잘 이해하고 있는 것이 이상적이다. 하지만 우리에게는 문제를 찾아내 명확히 정리할 수 있는 사업 분야 담당자가 필요하다. 이들이야말로 기술 분야 담당자에게 올바른 해법을 알려줄 수 있기 때문이다. 기술 담당자와 사업 담당자 모두가 긴밀하게 협력해야 한다. 서로의 관점을 잘 이해한다면 더 나은 결과를 얻을 수 있을 것이다.

 만약 스타트업 기업이라서 기술 분야 공동 창업자가 아직 없다면, 지금이야말로 적임자를 찾을 시간이다. 개발을 (아직) 외주로 주어서는 안 된다. 초기 단계 스타트업에서 외주 개발이 제대로 안 된 경우가 자주 발생한다.

1장에서는 린 스타트업 개발법을 먼저 살펴보고, 이 개발법이 스타트업의 모든 구성원에게 중요한 이유를 알아본다.

1장에서는 다음 주제를 다룬다.

- 앱 생태계
- 린 스타트업 개발법 소개
- 사용자가 앱에 관심을 갖도록 유도하기

▍ 앱 생태계

지금부터 앱 생태계의 역설을 살펴보자. 앱 생태계의 역설이란, 성공한 앱은 부와 명성을 가져다주지만 시중에는 수백만 개의 앱이 있으므로 성공할 기회를 갖기 힘들다는 사실이다. 또한 벤처 사업가든 사내 기업가든, 기업가라면 새로운 앱을 개발하기 전에 고려해야 하는 중요한 질문도 알아보자. 이는 기존 앱에 새로운 기능을 추가하는 경우에도 동일하게 적용된다. 스스로에게 질문할 내용은 아래와 같다.

- 사용자가 이 앱을 써야 할 이유는 무엇인가?
- 사용자는 실제로 언제, 어떤 목적으로 이 앱을 사용할까?
- 사용자가 이 앱을 계속 사용할 이유는 무엇인가?

수익성 있는 앱을 만드는 것은 어려운 일이지만 불가능하지는 않다. 유명한 사례도 많다. 그 중 하나가 바로 플래피 버드Flappy Bird다. 2013년 5월, 베트남에 거주하는 응우옌하동 Nguyen Ha Dong이라는 무명의 1인 개발자가 iOS용 앱 스토어에 게임을 출시했다. 출시 초기에는 다운로드만 몇 번 있었을 뿐 별로 반응이 없었다. 하지만 몇 달이 지난 2014년부터 인기가 급상승하더니, 그 기간에 앱 스토어에서 가장 많이 다운로드된 게임으로 선정되기에 이르렀다.

인기가 절정에 달한 2014년 1월에는 앱 판매와 인앱 광고로 하루에 5만 달러를 벌기도 했다. 하지만 그 후 한 달이 지난 2014년 2월 자발적으로 앱 스토어에서 게임을 내린 일은 유명한 일화다. 이 일로 한동안 원본 앱이 실행되는 휴대폰이 온라인에서 고가에 팔리는 등 몸살을 앓기도 했다.

이는 하룻밤 새 일확천금을 거둔 사례로 회자되고 있다. 하지만 노력의 결과든 우연이든, 응우옌하동의 성공이 일반적인 것은 아니다. 1인 개발자가 앱으로 성공을 거둔 사례는 그리 많지 않다.

반짝반짝하는 새로운 아이디어를 가진 벤처 사업가나 사내 기업가라도, 주변 상황은 불리할 수 있다. 스티브 잡스를 그린 만평에서 잡스는 "거기에 딱 맞는 앱이 있어요!"라고 재미있게 말했는데, 이는 실제로도 맞는 말이다. 이미 모든 종류의 앱이 존재하는데 누가 당신이 만든 앱에 관심을 가질까?

모든 앱이 해피 엔딩인 것은 아니다

'만들면 팔리겠지'. 이는 분명히 틀린 말이다. 앱을 앱 스토어나 플레이 스토어에 출시하는 것으로는 충분치 않다. 애플 앱 스토어와 구글 플레이 스토어에서 개발자가 등록한 10개의 앱 중 9개는 다운로드 수가 5천 건 미만이다. 선택할 수 있는 앱이 이미 너무 많다. 사람들이 여러분의 앱을 어떻게 알아챌 수 있을까?

아무리 훌륭한 앱이라도 좋은 계획이 없다면 앱의 바다에서 허우적댈 것이다. 성공하기 위해서는 먼저 스스로에게 중요한 질문을 해야 한다.

- 누가 그 앱을 필요로 하는가?
- 사람들이 그 앱을 어떻게 알 수 있는가?
- 왜 그 앱을 다운로드하는가?
- 왜 그 앱을 지속적으로 사용할 것인가?
- 다른 사람들이 그 앱을 어떻게 알게 할 것인가?
- 그 앱이 성공했을 경우 복제하려는 시도를 어떻게 막을 것인가?

앱 스토어 최상단 순위에 있는 앱들은 나머지 모든 앱을 합친 것보다 규모가 크다. 시장에서는 이를 롱테일의 법칙이라고 한다. 아마존이 유명해진 이유는 서점에 재고가 없는 책을 팔아 더 많은 수익을 올렸기 때문이다. 도서 시장은 다수의 틈새시장 독자가 존재하는 명확한 롱테일 법칙을 가진 시장이다.

하지만 앱 스토어의 동작 방식은 틈새시장에 결코 유리하지 않다. 사용자가 앱을 찾아낼 가능성은 점점 줄어들며, 앱 판매자가 틈새시장에서 성공하기란 점점 더 어려워지고 있다. 앱의 발견 가능성은 차치하더라도, 이제 사용자들은 그냥 모바일 웹 사이트를 방문하려고 하지, 앱을 다운로드하려고는 하지 않는다.

▌ 린 스타트업 개발법 소개

오늘날 모바일 세상은 2000년대 후반의 골드러시 붐을 훨씬 능가한다. 구글 플레이 스토어에는 190만 개의 앱이 있으며 이들의 다운로드 수는 500억 건이 넘는다.[1] 애플의 앱 스토어에는 140만 개의 앱이 있고, 1,000억 건이 넘는 다운로드가 일어났다. 대부분의 앱 카테고리는 이미 포화 상태이며, 이 중 대부분의 앱이 무료다. 앱 스토어는 앱 개발자들이 앱 가격을 낮춰서 배포를 해야만 차트 상단에 오를 수 있도록 설계됐다.

이런 상황에서 낙담만 할 것인가? 성공 가능성이 매우 낮고, 위축될 수밖에 없는 환경이라 포기해야만 하는 것인가? 결코 그렇지는 않다. 과거를 돌이켜보면 기회는 항상 존재했다. 잘 알고 있듯이, 구글과 페이스북 같은 오늘날의 기술 선도 기업들도 2000년대 초반에는 작은 스타트업부터 시작했다.

그러나 이제는 회사가 처음부터 제품을 개발하는 빅뱅식 접근법을 따르는 대신, 새로운 아이디어를 시장에 내놓을 때 사용할 만한 좀 더 과학적 접근법을 채택할 수 있다. 이 접근법이 바로 에릭 리스Eric Ries가 제시한 린 스타트업 개발법Lean Startup methodology이다. 린 스타트업 개발법은 많은 스타트업과 대기업의 소프트웨어 개발 방식을 근본적으로 바꿔 놓았다.

린 스타트업의 원리는 신속한 실험을 통해 목표의 구현을 돕는 것이다. 반짝반짝하는 신규 아이디어가 있을 때, 이를 구현하는 과정에서 가장 위험도가 높은 핵심 가설을 우선 식별하는 방법을 알려준다. 핵심 가설이 실패하면 신규 아이디어도 실패할 것이다. 또한 가설을 현장에서 검증할 수 있도록 소규모로 시장 실험을 한다. 실험이 성공해 가설이 검증됐다면, 계속해서 다른 가설을 검증하기 위한 실험을 추진한다. 반대로 실험이 실패하면 가설이 틀렸다는 것이고, 해당 아이디어로는 성공할 수 없다는 뜻이다.

만약 이 글을 읽은 여러분이 개발자라면, 린 스타트업 개발법이라는 것이 단지 영업 담당자들이 말하는 그럴듯한 비즈니스 용어일 뿐이라고 생각할 수도 있다. 하지만 그런 오

---

1 2017년 11월 기준 – 옮긴이

해는 접어두기 바란다. 에릭 리스는 신비한 어둠의 기술이라고 여겨지던 기업가 정신 entrepreneurship을 누구나 쉽게 이해할 수 있는 경영 원칙으로 개발했다.

그러나, 에릭의 출신은 사업 분야보다는 개발 분야에 더 가깝다. 그가 린 스타트업이라는 아이디어를 떠올린 계기는 IMVU에서 소프트웨어를 개발한 경험 때문이다. 그는 소프트웨어 개발 프로세스에서 지속적 개발 및 지속적 통합 방식을 지지하던 초기 개척자 중 한 명이었다. 이 방식은 개발자가 반복적으로 시간을 낭비하는 일을 없애고, 고객에게 가장 중요한 기능을 구현하는 데 집중할 수 있게 한다.

숙련된 개발자는 실제로 효과를 내는 코드의 작성과 효율성을 중요하게 생각한다. 다른 산업과 비교했을 때, 소프트웨어 분야는 아무도 원하지 않는 기능을 구현하는 데 수백만 줄의 코드를 작성했다가 나중에 폐기해 버리는 사례가 수두룩하다. 유용한 소프트웨어를 개발하는 데 사용됐다면 나았을 수많은 개발자의 시간이 낭비되는 것이다.

린 스타트업 개발법은 애자일Agile 소프트웨어 개발 방식과도 밀접히 관련돼 있다. 애자일 개발은 소프트웨어 개발 방식에 있어서 사이클의 중요성을 알려준다. 사이클은 내적inward 이며, 소프트웨어 개발팀 내의 관리자와 개발자, 테스터에게 적용된다. 린 스타트업 개발 법에서는 '고객 개발'이라는 개념을 추가한다. 고객 개발은 소프트웨어 개발팀과 고객 간에 발행하는 외적outward 사이클이다. 이 사이클에는 인터뷰 실행, 고객 행동 관찰, 시장 실험 테스트, 결과 수집 분석 등과 같이 고객과 협력해 진행하는 작업이 포함된다.

만약 여러분이 멋진 정장을 입은 프레젠테이션 전문가 위주의 톱다운top-down 문화를 가진 조직에 속한 개발자라면, 린 스타트업 개발법이 도움이 될 것이다. 많은 조직에서의 의사 결정이 여전히 파워포인트 기술과 의사 결정자에 대한 설득에 기반해서 이뤄지고 있다. 하지만 이런 기업이라도 아래부터 시작된 혁신을 무시하기는 쉽지 않다.

린 스타트업은 고객 실험에서 얻은 실제 데이터로 의사 결정에 영향을 끼칠 수 있는 프레임워크를 개발자에게 쥐어 준다. 어떤 결정을 해야 하는 경우, 책상 위에 데이터를 올려 놓고 설득하거나, 그 데이터를 수집한 실험을 보여준다. 이것이 핵심이다.

애자일 개발법은 지난 십여 년 동안 스크럼 및 익스트림 프로그래밍이 보편화되면서 대부분의 조직에서 채택됐다. 앞으로는 기술 향상을 원하는 개발자들에게 린 스타트업 개발법에 대한 지식이 중요한 자산이 될 것이다.

린 스타트업 개발법은 돌에 새겨져서 절대 바꿀 수 없는 절차가 아니라, 미지의 영역에 길을 낼 수 있도록 도와주는 일련의 원칙들이다. 야생에서는 나침반과 지도를 활용해 등산객이 잠재적으로 치명적일 수 있는 위험한 곳을 피한다. 나침반과 지도의 역할처럼 린 개발법은 새로운 탐색을 할 수 있는 프레임워크를 제공한다. 발견을 통해 다음 단계에서 어떤 방향으로 나아갈 것인지에 대한 중요한 결정을 내릴 수 있다.

린 개발법을 사용한다고 해서 반드시 플래피 버드 같이 성공하는 것은 아니다. 하지만 우리가 생각해야 할 점은, 아직도 새로운 아이디어를 구현해서 시장에 출시했을 경우 뜻밖의 성공을 거둘 수 있는 시대라는 것이다. 이는 불의 발견이나 바퀴의 발명과도 유사한데, 심사숙고해서 만들었다기보다는 우연한 발견에 따른 점진적인 발전의 가능성이 더 크다. 연구소에서 실험을 수행하는 체계적인 방법을 개발하기까지는 수세기가 걸렸다. 그럼에도 불구하고 유명한 발명가 토마스 에디슨^{Thomas Edison}은 백열 전구를 발명하기까지 수백 수천 번의 실험을 실패했다.

> "천재는 99%의 노력과 1% 영감으로 만들어진다!" – 에디슨

하지만 과학은 그 과정을 가속화했다. 수 세기 동안은 우연한 발견이 더 많았다. 그러나 지난 세기에 들어서 새로운 발견과 중요한 과학적 진보를 목도했다. 여전히 실험에서 실패하기도 하고, 수년간의 연구 프로젝트가 중단되기도 한다. 그러나 과학자들의 실험 성공 가능성은 야생에 살던 원시인의 성공 확률보다 훨씬 높아졌다.

린 스타트업은 고객의 요구사항을 이해하는 방법과 그 요구를 충족하는 제품을 개발하는 방식을 바꿨다. 그 결과 앱의 성공 가능성은 불과 십여 년 전의 소프트웨어 개발자보다 훨씬 높아졌다. 이 개발법이 어떻게 개발자들이 적시에 적절한 방법을 사용하도록 만들 수 있을까? 해답은 바로 이 책에 있다. 이 책은 스타트업의 기술 분야 공동 창업자나 개발자

를 대상으로 한다. 린 스타트업 개발법을 모바일 앱 개발에 적용하는 법을 배울 수 있다. 또한 업무를 수행할 때 바람직한 방식과 실용적 구현을 모두 얻을 수 있는 균형 잡힌 방법에 대한 통찰력을 배울 수 있다.

핵심 요소 중 하나는 초기 검증이다. 해법 중심의 사고를 하는 사람이든 문제 중심의 사고를 하든 사람이든 관계없이 누구나 어떤 가정assumption을 한다. 이런 가정은 드물게 맞기도 하지만 대부분은 틀린 것으로 밝혀진다. 해법을 찾는 유일한 방법은 최대한 빨리 앱을 개발하거나 시뮬레이션을 해서 사용자의 의견을 들어보는 것이다. 이런 솔루션을 최소기능제품, 즉 MVP^{Minimal Viable Product}라고 부른다. MVP는 오로지 가설을 증명하는 데 필요한 기능만을 포함한다. 사용자의 의견을 듣는 데 불필요한 모든 요소는 없애야 하는 낭비 요소다.

이 글을 읽는 사업 담당자라면, MVP라는 개념이 좀 이상하다고 생각할 수도 있다. 좋은 첫 인상을 줄 수 있는 기회는 오로지 단 한 번뿐 아닌가? 반면, 개발자라면 이런 생각이 들 수도 있다. 나중에 버릴 코드를 왜 작성해야 할까? 그렇다면 MVP의 정확한 형상은 무엇일까? 이에 대한 자세한 답변은 5장, '실용주의 접근법'에서 설명하려고 한다.

▍ 사람들을 앱으로 유인하기

앱 10개 중 9개는 다운로드 수가 5천 건 미만이고, 또한 앱 10개 중 9개는 출시 후 업데이트가 전혀 없다고 한다. 그렇다면 간단한 계산을 해보자. 5천 명이 넘는 사람들이 지속적으로 사용하는 앱이 될 가능성은 0.01퍼센트 즉, 앱 백 개당 단 한 개다.

이런 일이 발생하는 데는 여러 가지 이유가 있다. 일부 사용자는 누군가로부터 앱을 추천받아 설치는 했지만 별로 좋아하는 앱이 아닐 수도 있고, 바로 삭제하기도 한다. 앱이 좋다면 남겨둘 것이다. 앱이 남겨지기만 해도 성공했다고 생각할 수 있겠지만, 꼭 그런 것은 아니다. 사용자가 필요해서 앱을 설치했음에도 불구하고 종종 설치했던 사실을 잊거나, 다시 실행해야겠다는 생각을 못하기도 한다.

사용자가 예산을 세우면 돈을 절약하도록 해주는 유용한 앱을 개발했더라도, 사용자가 정기적으로 그 앱을 실행해서 재무 상태를 관리하지 않는다면 도움이 되지 않을 것이다. 트랙션과 리텐션에 대해 다루는 15장, '트랙션 향상 및 리텐션 개선'에서는 사용자의 관심을 끌기 위한 실질적인 방법을 다룬다. 예를 들어, 적당한 시점에 푸시 알림을 보내는 기법은 사용자를 다시 앱으로 유도하는 효과적인 방법이다.

사람들로 하여금 앱을 자주 사용하도록 하면 그들이 친구들을 초대하고, 콘텐츠를 공유하고, 입소문을 낼 수 있는 기회가 더 늘어난다.

한 발 뒤로 물러나 질문에 집중해보자. 어떻게 사람들이 앱에 대해 알게 될까? 만약 (애플이 선정한) 오늘의 추천 앱으로 선정되거나, (플래피 버드처럼) 우연한 기회를 잡는 것이 아니라면, 결론은 적극적으로 앱을 홍보해야 한다는 것이다. 구글 광고나 전단지, 매체 광고를 고려해볼 수도 있다. 이 경우 상당한 비용이 필요할 것이다. 하지만 앱을 지속적으로 성장시킬 수 있다면 결과는 좀 더 나을 테고, 비용도 꽤 줄어들 것이다. 예를 들어 트위터나 다른 소셜 네트워크 플랫폼에서 어떤 앱이 얼마나 좋은지 알게 되는 경우가 있다. 이런 것이 가능하려면 우선은 앱을 열심히 써주는 사용자가 있어야 한다. 그래야 그들이 친구나 동료들에게 이를 공유할 것이기 때문이다.

제품을 계속 쓰면서 유용하다고 느낀 사용자라면 친구들에게 제품에 대해 알릴 가능성 크다.

어떤 제품들은 특히 많은 사람의 관심을 끈다. 니르 이얄Nir Eyal은 그의 책 『훅Hooked』(리더스북, 2014)에서, 습관적으로 어떤 제품을 쓰게 만드는 요인을 분석한다. 예를 들어 포켓몬 고나 페이스북, 인스타그램은 모두 중독성이 있는 앱이다. 사용자는 앱을 알게 된 후, 앱을 다운로드하고, 이후에는 습관적으로 매일 앱을 사용한다. 왜 그럴까? 기술이 우리를 끌어들이는 방식에는 기본 패턴이 있지 않을까? 니르 이얄은 훅Hook 모델을 소개하며 이 질문에 대한 답변을 제공한다. 이 답변은 성공한 회사들이 고객의 행동을 유도하려고 제품 속에 포함하는 네 단계의 절차로 구성된다.

중독된 사용자는 브랜드의 충성 고객이 되어 스스로 회사를 홍보하게 된다.

니르 이얄의 전통적인 훅 모델은 4단계다.

- 계기Trigger
- 행동Action
- 보상Reward
- 투자Investment

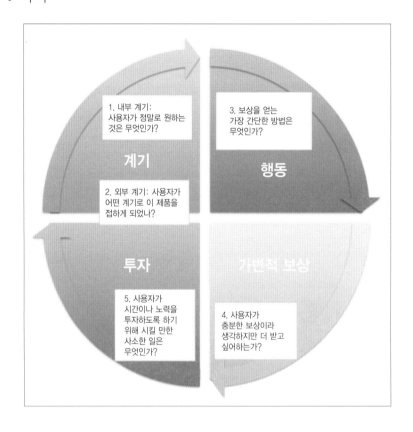

이 모델의 핵심은 다음과 같다.

계기 단계에서는 사용자가 행동을 해서 보상으로 받고, 추가 투자를 할 수 있도록 하는 제품을 제공한다.

행동 단계에서는 사용자에게 동기를 고취하는 간단한 행동을 하도록 요구한다. 이 단계에서는 사용자가 설계자의 의도대로 행동할 수 있도록 최대한의 노력을 기울여야 한다.

보상 단계에서는 가변적이고 예측할 수 없는 보상을 한다. 이 단계는 사용자를 끌어들이는 데 있어 중요하다. 이미 많은 피드백 루프가 있지만, 이들은 모두 예측 가능하다. 예측 가능한 루프는 욕망을 발생시키지 않는다. 사용자를 놀라게 하고 사용자에게 욕구를 불러일으켜야 한다. 게임화^{gamification}는 이를 달성하기 위한 도구의 한 예다. 또한 사용자에게 배지나 다른 디지털(또는 실물) 인센티브로 보상을 할 수도 있다.

훅 모델의 마지막인 투자 단계에서는 사용자에게 답례로 뭔가를 수행하도록 요청한다. 즉, 사용자에게 계속 새로운 레벨에 도전하고, 배지를 획득하라고 독려하는 것 외에도 앱 스토어에서 앱을 평가하거나 앱을 소셜 미디어에 올려 달라고 요청하는 것이다.

잘 알려진 게임 중 하나인 포켓몬 고^{Pokemon Go}에 이 모델을 적용한다면 다음과 같다. 사용자가 알림을 받으면, 포켓몬이 화면에 나타난다(계기). 사용자는 이를 무시하거나 또는 흥미를 느끼고 게임에 참여한다(행동) 사용자는 (특별한) 포켓몬을 보상으로 받고(가변적 보상), 계속 게임을 할 것인지 아니면 보상받은 것을 친구와 공유할 것인지를 요청 받는다(투자).

훅 모델은 여러분의 앱에도 적용할 수 있다. 앱에서 중독성이 있는 기능은 무엇인가? 사용자가 앱을 더 자주 실행하게 하려면 무엇을 해야 할까? 훅 모델을 적용하면 앱의 성장도 돕고 회사의 가치도 높일 수 있다. 물론 투자자는 단순 사용자 수보다는 **월간 활성 사용자**^{monthly active users, MAU}의 수에 더 관심이 많을 것이다.

이를 달성하려면 사용자가 실제로 사용하고 싶어하는 앱을 개발해야 한다. 사용자가 원하는 것을 알기 위해, 그들에게 직접 필요한 것을 물어볼 수 있다. 하지만 실제로는 말처럼 쉽지 않다. 질문을 정확하게 해야만, 일반적으로 듣기 좋은 대답만 얻는 오류를 피할 수 있다. 또한 사용자의 말을 경청해야 한다. 그리고 사용자가 제품을 실제로 보기 전까지는 자신이 원하는 것을 정확히 알지 못한다는 사실도 명심해야 한다. 다음은 설문 조사의 예다.

실제로 사용할 가능성이 높은 고객과 대화를 시작할 때, 우리가 했던 질문은 다음과 같다.

"이 앱을 좋아하세요?"

늘 그렇듯이 정중한 대답이 돌아온다.

"네, 이건 정말 괜찮은 아이디어네요."

"와우, 이 노래방 아이디어는 멋지군요."

처음에는 사용자의 의견을 충분히 들을 수 없었다.

"제가 원하는 노래나 수업이 없네요."

"제 선생님의 노래가 앱에 없어요."

"이게 제가 선생님을 찾는 데 어떻게 도움이 될까요?"

"내가 녹음한 것을 누가 검토하나요?"

만약 우리가 좀 더 열심히 듣고 질문을 제대로 했다면 우리가 보고 있던 시장이 앱을 통해 학생과 선생님을 연결해주는 곳이라는 것을 훨씬 일찍, 그리고 분명히 알았을 것이다. 어쨌든 우리는 이런 반응을 고려했고, 세계적으로 유명한 연주자와 선생님이 있는 플랫폼을 개발했다. 하지만 처음부터 질문을 제대로 했다면 시간과 자원을 더 일찍 절약할 수 있었을 것이다.

▎ 요약

1장에서는 사용자가 앱을 처음 접하도록 하는 것이 중요하다는 것을 알았다. 여러분이 훅 모델에 대한 소개를 읽은 것처럼 사용자도 앱에 푹 빠져 있다면 더 좋을 것이다. 마지막으로 린 스타트업 개발법이 앱을 개선하는 데 어떻게 도움이 되는지 알아봤다.

2장에서는 개발 주기를 단축하고 낭비를 줄이는 데 사용할 수 있는 도구와 방법을 알아본다. 또한 사업에 각 요소에 대한 가정을 개략적으로 정의할 수 있는 비즈니스 캔버스 모델을 살펴본다. 이 모델을 이용하면, 아무도 읽고 싶지 않을 100쪽짜리 사업 계획서를 공들여 만들지 않고도 사업 아이디어를 효율적으로 정의할 수 있다. 말만으로도 이미 시간을 절약한 것 같지 않은가?

02

린 스타트업 기초

린 스타트업 개발법의 개념에 익숙하지 않다면 시작에 필요한 기초 지식을 2장에서 습득할 수 있다. 반면 이미 린 사고방식에 익숙한 독자라면 복습하는 차원에서 2장을 살펴볼 수 있다. 2장에서는 린 스타트업의 기초가 되는 다음 핵심 개념을 다루고자 한다.

- 비즈니스 모델 캔버스
- 린 캔버스
- 애자일 개발
- 고객 개발
- 최소기능제품(MVP)

이 책에서 설명하는 주제를 이해하고 적용하려면 앞에 나열한 핵심 개념을 알고 있는 것이 매우 중요하다. 2장에서 이들 개념을 완전히 이해할 때까지 시간을 투자하도록 하자.

▌ 비즈니스 모델 캔버스

기업가 정신을 가진 사람이라면 누구나 자신의 아이디어가 생명을 얻고 성장할 것을 꿈꾼다. 시간에 지나도 살아남아 성장하는 아이디어의 핵심 요소는 지속성이다. 새로운 아이디어를 널리 알리는 방법 중 가장 일반적인 방법이 사업 계획서다. 사업 계획서에는 문제점, 그 문제로 인한 기회 요소, 문제의 해결 방법과 수익 창출 계획, 비용 계획 그리고 시간에 따른 성장 계획 등이 담겨 있다.

사업 계획서를 작성하는 데는 두 단계가 있다. 첫 번째 단계는 실제로 계획을 하는 단계이고, 두 번째 단계는 사업이 성장함에 따라 계획서를 항상 최신 상태로 유지하는 현행화 단계다. 사업 계획서는 종종 사업 소개나 투자금 유치용으로만 작성했다가 끝나면 바로 방치된다. 그리고 투자자들은 사업의 핵심 요소에 관심을 갖기보다는 사업 목표 및 목표 달성 역량에만 관심을 갖는 경향을 보이기도 한다. 하지만 사업 계획서는 사업이 진행되는 동안 많은 역할을 해야 한다. 그렇기 때문에 늘 사업 계획서를 가까이하고, 사업 성장에 단계마다 갱신할 필요가 있다.

2008년에 알렉산더 오스터왈더는 비즈니스 모델 캔버스Business Model Canvas라 불리는 새로운 방식을 고안했다. BMC는 사업 계획의 모든 요소를 보여주는 한 쪽짜리 문서다.

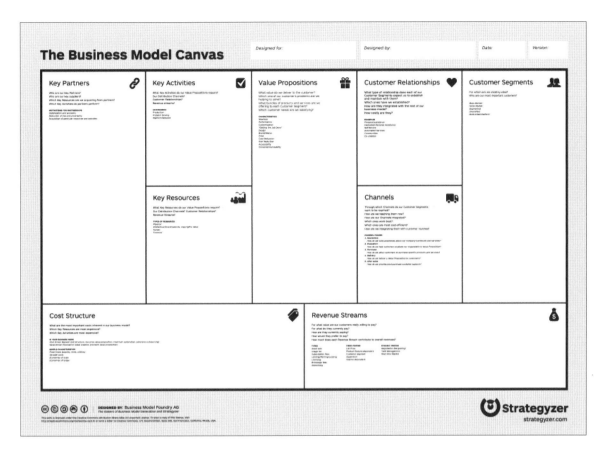

이 문서를 분석하고 캔버스의 각 요소를 알아보자.

핵심 파트너

파트너는 사업의 성장을 위해 함께 일하는 다른 개인이나 기업이다.

이 요소를 작성할 때는 다음 질문을 고려해야 한다.

- 핵심 파트너는 누구인가?
- 핵심 공급자는 누구인가?

- 파트너가 제공하는 핵심 자원은 무엇인가?
- 파트너가 수행하는 핵심 활동은 무엇인가?

파트너와의 공동 제작 및 활용을 통해 더 많이, 더 다양한 고객과 접촉할 수 있다. 예를 들어, 소셜 검색 앱이라면 전자 상거래 서비스와 파트너십을 맺어 소셜 네트워크 내의 친구가 추천한 상품을 구입하도록 유도할 수 있다.

핵심 활동

핵심 활동이란, 사업을 하는 데 필수적인 활동을 말한다.

이와 관련된 다음과 같은 질문을 스스로에게 던져보자.

- 가치 제안을 하는 데 필요한 핵심 활동은 무엇인가?
- 유통 채널에 필요한 핵심 활동은 무엇인가?
- 고객과의 관계에 필요한 핵심 활동은 무엇인가?
- 수익원에 필요한 핵심 활동은 무엇인가?

이러한 활동에는 앱 스토어나 OEM, 기기 제조사와의 협업처럼 모바일 앱 개발과 관련된 활동도 포함된다. 그 외에도 전문 리뷰어 및 블로거와의 협업이나, 프리미엄Freemium, 인앱 구매In-app purchase, 추천 모델 등을 활용한 수익화 등 생각나는 활동들을 기록한다.

가치 제안

앱이 해결하고자 하는 문제는 무엇인지, 고객에게 어떻게 그 혜택을 줄 것인지, 물리적 또는 정서적 필요를 어떻게 앱이 충족시켜주는지를 정의하는 것이 중요하다.

스스로에게 다음과 같은 질문을 던져보자.

- 어떤 가치를 고객에게 제공하는가?
- 우리가 해결하려는 고객의 문제는 무엇인가?
- 각 고객 세그먼트에게 제공하는 서비스나 제품은 무엇인가?
- 고객의 어떤 필요를 충족시킬 것인가?

고객이 중심이 되는 제품을 개발하기 위해서는 스타트업의 고유한 가치 제안을 식별해내는 것이 핵심이다. 이후에도 다루겠지만 스타트업의 최초 가치 제안^{initial value proposition}이나, 에릭 리스가 언급한 가치 가설^{value hypothesis}은 가설 검증 과정을 거친 후, 이를 계속 발전시켜 나갈 수도 있고, 사업 방향을 전환할 수도 있다.

고객 관계

고객과의 상호작용이 어떻게 일어나는지를 이해하고 있다면 고객의 사용 방식과 앱과의 접점을 예측하는 데 큰 도움이 된다. 그러므로 고객이 앱을 사용하면서 겪게 될 전체 경험을 미리 생각해두면 좋다.

스스로에게 다음과 같은 질문을 던져보자.

- 각 고객 세그먼트에서 유지하고 싶어하는 관계 유형은 무엇인가?
- 그 유형 중 구축한 것은 무엇인가?
- 그것은 사업 모델에 어떻게 통합됐는가?
- 이를 위해 투입된 비용은 얼마인가?

참고로 유용하다고 알려진 대부분의 앱은 고객의 자발적 참여를 유도하는 장치가 있다. 우버나 올라와 같은 앱은 운전자의 개인적 참여를 필요로 하며, 웨이즈는 고객이 함께 지도를 제작하고 커뮤니티를 갖추도록 한다. 이런 식으로 사용자가 앱을 소비하는 방법을 안다면 좀 더 사용하기 좋고 유용한 앱을 개발할 수 있다.

고객 세그먼트

스타트업이 개발하는 앱의 대상 고객을 특정하는 것이 중요하다. 다음과 같은 질문에 답해보자.

- 누구를 위해 가치를 창출하는가?
- 그들에 대해 얼마나 알고 있는가?
- 가장 중요한 고객은 누구인가?

대상 고객의 정의는 시간에 지남에 따라 확대될 수도 있다.

예를 들어, 우버와 유사한 앱을 만들어서 즉석에서 통근 교통편을 찾는 직장인을 위한 가치를 창출해낼 수 있다. 책의 후반부에서도 다루겠지만, 앱이 목표로 하는 가장 중요한 고객을 식별하고, 고객을 매우 구체적으로 특정할수록 테스트와 성장이 더욱 쉬워진다. 우버의 사례를 보면, 우버의 대상 고객 중 하나는 (택시 이용객이 이미 많은) 뉴욕의 금융 지구에서 근무하는 (택시비를 내더라도 시간을 절약하는 것이 더 중요한) 젊은 전문직 종사자들이다.

채널

(판매 또는 유통) 채널은 그 중요성이 종종 저평가된다. 하지만 고객이 앱을 처음 접하게 되는 것도, 앱을 설치해야 할 이유를 알게 되는 것도, 앱이 필요할 때마다 앱을 사용하라고 알려주는 것도 모두 채널의 역할이다. 이 섹션을 작성하면서 다음과 같은 질문에 답해보자.

- 어떤 채널을 통해 고객 세그먼트에 도달할 것인가?
- 지금은 어떻게 하고 있나?
- 우리의 채널들은 어떻게 통합돼 있나?
- 어느 채널이 가장 효과적인가?
- 비용 측면에서 가장 효과적인 채널은 무엇인가?
- 고객의 습관과 어떻게 통합할 것인가?

채널에 대해서는 이 책의 뒷부분에서 좀 더 자세하게 다룰 예정이다. 지금은 위 질문에 대한 답변을 고민하면서 시작해보자.

비용 구조

비용 구조는 인건비나 자산, 시설 등에 들어가는 사업 비용을 말한다. 다음 질문에 답해보자.

- 여러분의 사업 모델에 가장 필수적이고 중요한 비용은 무엇인가?
- 핵심 자원 중 어떤 것이 가장 비싼 것인가?
- 핵심 활동 중 가장 비용이 많이 드는 것은 무엇인가?

소프트웨어 회사의 경우, 비용은 대부분은 인건비다. 어떤 기업의 경우에는 인프라 비용을 주로 고려할 수도 있다. 만약 여러분이 개발하는 제품이 IoT 장치 같은 하드웨어라면 아마도 비용 구조는 상당히 복잡해질 것이다. 모바일 플랫폼으로 iOS를 고를지, 안드로이드를 고를지, 아니면 아예 다른 플랫폼을 고를지 결정하는 것도 개발자의 인건비를 고려해 결정해야 하는 요소 중 하나다.

수익원

모든 사업을 영위하는 데 있어서 생존 여부 및 지속성 여부는 매우 근원적인 질문이며, 이는 모바일 앱도 마찬가지다. 사업의 수익 모델이 무엇인지 알아내고, 노력의 결과로부터 수익을 내는 방법을 찾는 것은 퍼즐을 풀 때 가장 까다로운 문제와 같다.

다음과 같은 질문을 스스로에게 던져보자.

- 고객이 실제로 비용을 치르고자 하는 가치는 무엇인가?
- 고객은 현재 무엇을 지불하는가?

- 어떻게 지불하는가?
- 어떻게 지불하는 것을 선호하는가?
- 수익원이 전체 수익에 어느 정도 기여하는가?

앱 중에는 광고만으로도 성공한 앱도 있고, 프리미엄 모델이나 인앱 구매 방식으로 성공한 앱들도 있다. 그 외에 다른 수익화 방법처럼 돈을 벌 수 있는 모델로 자산 판매 방식도 있다.

▌ BMC 사례 – 모바일 마켓 앱

비즈니스 모델 캔버스 작성 사례로, 음악 분야에서 학생과 선생님을 연결해주는 모바일 마켓 앱에 대해 작성해봤다.

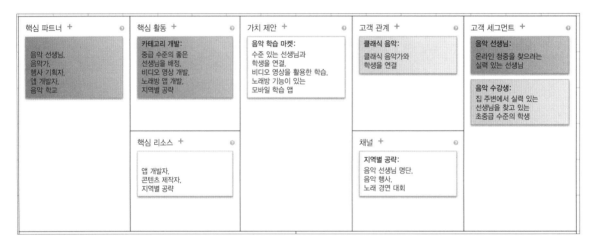

사업 계획서를 작성할 때 비즈니스 모델 캔버스를 활용하는 방법을 보여주는 예로 이 그림을 참고하기 바란다.

BMC 요약

사업 계획서는 사업 아이디어를 명확히 하고, 잠재적인 투자자나 팀원들에게 아이디어를 설명하는 데 있어 가장 좋은 방법일 뿐만 아니라, 사업을 지속하는 데 중요한 지침이다.

그러나 비즈니스 모델 캔버스에 대한 선호는 극명하게 갈린다. 즉, 매우 단순한 형태의 사업 계획서라고 생각해 좋아하는 부류도 있는 반면, 대규모 워크숍용으로 만들어낸 복잡하고 추상적인 것으로, 전혀 실용적이지 않다며 싫어하는 부류도 있다.

다행히도 대부분이 더 쉽게 접할 수 있도록 비즈니스 모델 캔버스를 변형한 모델이 있다. 지금부터 변형 모델을 살펴보자.

▌ 린 캔버스

2009년 애시 모리아Ash Maurya는 린 캔버스를 제안했다. 린 캔버스는 두 가지로부터 영감을 얻어 작성됐는데, 하나는 비즈니스 모델 캔버스이고, 다른 하나는 스티브 블랭크Steve Blank 의 역서 『깨달음에 이르는 네 단계The Four Steps to Epiphany』에 있던 점검표를 로버트 피츠패트릭Robert Fitzpatrick이 일부 변형한 스타트업 툴킷이다.

> "대부분의 스타트업은 실패한다. 그런데 그 원인은 목표한 제품을 만들지 못해서가 아니라, 잘못된 제품을 만들다가 시간과 자금, 노력을 낭비하기 때문이다." – 애시 모리아

애시 모리아의 린 캔버스는 새로운 아이디어를 검증하려는 기업 내외부의 창업자에 맞춘 것이다. 린 캔버스는 핵심 가설이 프로덕트–마켓 핏product-market fit과 맞는지 검증이 필요할 때 이를 판별하는 용도로 적합하다.

문제	해법	고유 가치 제안	차별적 경쟁우위	고객 세그먼트
주요 문제 3개	주요 특징 3개	왜 다르며, 주목할 가치가 있는지를 말해주는 명확하고, 호소력 있는 한 가지 메시지	남이 쉽게 복제하거나 구입할 수 없는 장점	목표 고객
	핵심 지표		채널	
	측정해야 할 핵심 활동		고객에게 도달하는 방법	

비용 구조	수익원
고객 획득 비용, 유통 비용, 호스팅, 인건비	수익 모델, 생애 가치, 매출, 순익

상품	시장

Lean Canvas is adapted from The Business Model Canvas (http://www.businessmodelgeneration.com) and is licensed under the Creative Commons Attribution-Share Alike 3.0 Un-ported License.

중요한 한 가지 지표

벤 요스코비츠Ben Yoskovitz와 앨리스테어 크롤Alistair Croll은 저서 『린 분석Lean Analytics』에서 '**가장 중요한 한 가지 지표** One Metric That Matters, OMTM'라는 개념을 상세히 소개했다.

다양한 지표보다는 한 가지 핵심 지표에 집중한다는 이 개념은 기업가가 간단하게, 핵심에 집중할 수 있도록 고안한 것이다. 저자에 따르면, 이 말은 정해진 기한 내에 다른 무엇보다도 가장 신경을 써야 할 단 한 개의 지표가 있다는 뜻이다. 직원과, 투자자와, 심지어는 매체들과 소통할 때도 이 지표를 활용한다면 회사의 역량을 집중하는 데 도움이 될 것이다.

이 지표는 회사 내에 모두가 집중해야 할 것이 무엇인지를 명확히 알려주는 상징 역할을 한다. 하지만 어떤 것을 지표로 사용할지 결정하기란 쉽지 않다. 다행히도 린 분석에서는 제대로 된 지표를 선정할 수 있도록 사업 분야와 회사의 성장 단계를 분류하고, 그에 따른 다양한 사례를 제공한다.

앞의 린 캔버스의 다이어그램과의 차이라면, 린 캔버스의 핵심 지표가 OMTM으로 바뀌었다는 것이다.

비즈니스 플랜 캔버스				
문제(PH)	해법(SH)	고유 가치 제안(UH)	지속적 장점(DH)	고객 세그먼트(CSH)
주요 문제 3개. 테스트 가설: 강도, 빈도, 밀도	주요 기능/편익 3개. 테스트 가설, 실망 설문조사	왜 다른가? 왜 주목해야 하는가? 테스트 가설, 제품 적합, 경쟁 상황, 마켓 상황	남이 쉽게 복제하거나 구입할 수 없는 장점	어떤 고객의 문제를 해결하려 하는가? 또는 니즈를 채우려 하는가?. 고객은 누구인가? 단면 또는 양면시장인가? 테스트 가설: 고객, 문제, 지급자, 사용자
	중요한 한가지 지표		채널(CH)	
	측정할 활동		고객 접근 방법. 테스트 가설: 채널 획득	
비용 구조			수익원	
우리 비즈니스 모델의 가장 중요한 비용은 무엇인가? 테스트 가설: 시장/기회의 크기, 비즈니스 모델 검증			수익 모델은 무엇인가? 가격 전략은 무엇인가? 어떤 가치에 고객이 돈을 지불하는가? 테스트 가설: 가격 모델	

▌ 애자일 개발 및 고객 개발

유전자의 핵심인 DNA가 이중 나선 구조를 가지듯이, 린 스타트업의 핵심도 아름다운 나선형 구조다. 이 나선형 구조를 이루는 두 가지 루프는 린 개발법의 중심인 애자일 개발과 고객 개발이라고 할 수 있다. 이들 개발법을 통해 개발자는 진정으로 사용자 중심의 제품을 만들 수 있다.

나선형 구조의 바깥 루프는 시장과 협력해 고객의 요구와 상황을 파악하고, 만들어진 제품이 고객의 요구를 충족하는지 테스트한다. 원래 스티브 블랭크가 만든 버전에서는 이를 **고객 개발**이라고 했다.

안쪽 루프는 고객 개발 과정에서 파악된 요구사항을 이해하며, 이를 충족하는 솔루션을 만드는 신속하고 반복적인 소프트웨어 개발을 진행한다.

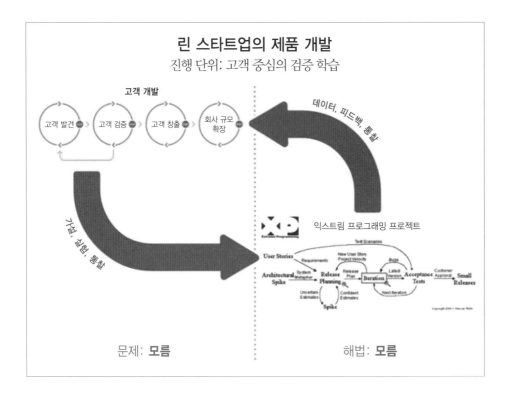

애자일 개발은 지난 십여 년이 넘는 기간 동안 발전해왔고, 스크럼과 XP 방법론은 이미 많은 회사에서 사용하고 있다. 애자일 개발 방식은 소프트웨어 개발 조직의 문화를 기존의 획일적인 대규모 폭포수 방식에서 반복 개발 방식으로 획기적으로 바꾸었다. 이런 변화를 통해 개발팀은 고객과 더 긴밀하게 협력하며 소프트웨어를 개발할 수 있게 됐다.

폭포수 모델에서는 문제 정의가 고정됐다고 생각하는 반면, 애자일 모델에서는 다소 유동적일 수도 있다는 가정으로 시작한다. 두 경우 모두 솔루션은 불명확하다. 애자일 모델에서의 개발팀은 시간이 지남에 따라 문제 정의가 구체화된다는 것을 알고 있는 상태에서 솔루션 정의를 반복 시행하면서 긴밀하게 작업한다.

폭포수와 애자일 모델은 정도의 차이가 있을 뿐, 두 모델 모두 문제가 무엇인지에 대해 정의하지만, 고객 개발은 처음부터 끝까지 문제를 발견하는 데 초점을 맞춘다. 즉, 고객 발견customer discovery을 통해 미지의 문제를 탐색하는 것으로 시작하며, 충족되지 않는 요구사항을 찾을 때까지 과정을 반복한다. 이 방식은 고객의 요구사항을 검증하기 위해 초기에 자주 고객과 협업하는 신속 사이클 방식으로 진행되며, 그 후에 모델의 규모를 확장하는 식으로 진행된다.

이러한 아이디어를 서로 잘 결합하면 고객의 피드백에 신속하게 대처하고, 해결책을 좀 더 빠르게 적용하고, 고객이 선호하는 유용한 제품을 만들 수 있다. 그 방향의 첫 번째 단계는 독자의 사업 계획과 목표 고객, 앱 아이디어에 대한 가설을 검증하는 실험을 해보는 것이다.

▎ MVP

이런 실험을 일컬어 **최소기능제품**MVP이라고 한다. MVP는 기존의 빅뱅 방식, 즉 최종적으로 완성된 제품을 만들어 시장에 출시하는 방식과는 완전히 다른 개념이다. 이 방식은 제품이 시장에서 생존할 수 있는지를 테스트하고, 피드백을 통한 학습을 극대화할 수 있는 정도의 최소한의 기능만을 탑재하는 방식이다.

MVP와 그 이후에 이뤄지는 반복 개발 방식은 초기에 두 가지를 테스트하는 것이 목적이며, 그 두 가지는 고객이 제품의 가치를 인정하는가와 제품이 얼마나 쉽게 확장될 수 있는가이다.

종종 MVP에서 가장 어려운 문제는, 얼마나 최소로 할지를 결정하는 것이다. 최초의 테스트 대상은 간단한 랜딩 페이지와 기본 동작이 되는 와이어프레임, 또는 기능 프로토타입 정도다. 핵심은 비즈니스 모델 캔버스에서 작성한 가설의 유효성을 검증할 수 있는 MVP를 만들어야 한다는 것이다.

예를 들어, 앞으로 만들 제품을 홍보하는 용도의 랜딩 페이지를 만들면 비싼 비용을 들이지 않고도 반응을 알아볼 수 있다. 즉, 비즈니스 모델 캔버스에 채워 놓은 대상 고객들이 가치 제안과 솔루션에 관심을 갖고 있는지 테스트할 수 있다. 게다가 프로토타입에 대한 입소문을 측정해봄으로써 향후 솔루션이 얼마나 확장할지 가늠할 수도 있다.

최소 기능이 얼마나 최소여야 하는지에 대한 질문에 대해 에릭 리스는 "당신의 생각보다 더 최소다"라고 답했다. 그러나 가능한 한 완성된 형태의 제품을 만들어왔던 개발자에게 있어서는 쉽지 않은 방식이긴 하다. 개발자들은 불완전한 제품을 검토하고 테스트하는 것을 꺼린다.

이런 주저함은 비판이나 거절 가능성에 대한 두려움이며, 인간의 자연스런 반응이다. 알아두어야 할 중요한 점 중 하나는, 비판과 거절도 제품 개발 과정의 일부라는 것이다.

개선을 원한다면 이러한 비판과 피드백 중에서 중요한 것을 구별할 수 있어야 한다. 최소 기능만 들어간 제품을 시장에 출시하면 그 제품에 포함되지 않은 기능으로 인한 불평들이 늘 있기 마련이다. 이에 대해서는 균형 있고 실용적인 시각을 갖는 것이 중요하다. 즉, 심사숙고해서 일부러 뺀 기능에 대한 피드백은 무시할 수도 있어야 한다.

그러나 MVP를 출시하는 것은 여러분이 궁금해하는 점에 대한 고객의 피드백을 얻고, 고객이 원하고, 쓰고 싶은 제품을 제대로 만들고 있는지를 확인하고자 함이다. 그러므로 여러분이 관심을 기울이고 있는 기능에 대한 피드백과, 다음번 테스트에서 검증해야 할 데이터가 나오는 기능에 집중해야 한다.

책의 후반부에서 다루겠지만, 피드백에 집중하는 것은 개발-측정-학습 사이클을 효과적으로 구현하는 데 있어 핵심이다.

▌ 요약

2장에서는 린 스타트업의 핵심 요소에 대한 기초를 빠르게 살펴봤다. 처음에는 비즈니스 모델 캔버스가 무엇이며 어떻게 개발됐는지, 그리고 장점이 무엇인지를 알아봤다. 이어서 비즈니스 모델 캔버스를 응용한 린 캔버스에 대해 설명한 후, 애자일 개발 및 고객 개발 방법과 함께 사용하는 방법을 살펴봤다.

3장에서는 린 앱 개발자가 겪게 되는 문제들에 대해 살펴본다.

03

린 개발법을
모바일 앱에 적용하기

2장에서는 린 스타트업 개발법에 관한 몇 가지 핵심 원칙인 비즈니스 모델 캔버스와 애자일 개발, 고객 개발과 MVP등에 대해 알아봤다.

3장에서는 린 앱 개발자로서 당면하게 될 어려운 문제들을 알아본다. 린 개발에 관한 일반적인 책은 많지만, 모바일 앱 개발에 린 개발법을 적용하는 것은 비교적 새로운 분야다. 그 외에도 중요하다고 생각되는 어려운 점을 소개할 예정인데, 그 중 대부분은 이 책의 뒷부분에서 상세히 다룰 예정이다.

- 웹 앱에 비해 높아진 모바일 앱 디자인 요구사항
- 앱 출시 이후 고객에게 전달될 때까지 지연을 초래하는 앱 스토어 제출 주기
- 다중 플랫폼 지원 제품을 개발할 때 겪는 어려움

- 초기 테스터가 겪는 어려움과 그것이 초기 사용자 확보에 지장을 주는 이유
- 사용자 수 확보와 가설 검증에 직접적인 영향을 주는 앱 평점

지금부터는 앞에서 열거한 핵심 문제에 대해 자세히 알아보고 이 문제들이 개발자들이 가설 실험을 하는 데 중요한 이유도 알아본다.

▌ 높은 디자인 요구사항

2000년대 중반까지 단순하게 유지되던 웹 앱 디자인은 애플이 아이폰을 발표하면서 획기적으로 변했다. 애플은 자신들만의 수준 높은 디자인을 보여주는 앱을 제공했을 뿐만 아니라 앱 스토어에 입점할 앱도 직접 관리했다. 애플이 높여 놓은 디자인 기준 때문에 소비자들도 멋진 디자인과 직관적인 사용성을 가진 앱을 기대하기 시작했다. 이런 시도는 구글에게도 영향을 주어, 이제는 안드로이드 앱의 특징이라 할 수 있는 머티리얼 디자인이 등장하게 됐다. 평범한 디자인으로도 인기 앱이 될 수 있었던 웹 세상에 비하면 모바일 앱에 대한 디자인 요구 수준은 훨씬 높아졌다.

린 개발자는 초기부터 간단한 실험을 통해 가설을 검증하는 과정을 중요하게 생각한다. 하지만 부족한 디자인과 낮은 사용자 경험 때문에 앱의 진짜 가치를 보여주지 못하고 좋은 평가를 받지 못하는 결과를 초래하기도 한다.

반면, 디자인으로 인해 저평가 받으면 안 된다는 개발자들의 걱정 때문에, 가설을 검증하는 데 꼭 필요한 수준보다 많은 노력을 기울이는 현상이 나타나기도 한다.

후반부에서 다시 한 번 당부하겠지만 분석 없이 일단 시작하려는 태도나, 반대로 초기부터 지나친 완벽주의를 추구하는 태도는 모두 피해야 한다. 저평가를 초래하는 부족한 디자인과 리소스를 낭비하는 과다한 디자인 사이에서 최적의 지점을 찾는 것이 목표가 돼야 한다.

▌ 애플 앱 스토어의 제출 주기

애플의 앱 스토어 리뷰 프로세스는 구글 플레이보다 엄격하다. 그렇기 때문에 실제 시장 출시 시점은 개발이 완료된 시점보다 상당히 지연될 수 있다. 이런 지연 문제는 일정 계획을 어렵게 하며, 고객 피드백에 걸리는 시간도 늘어나게 한다.

웹 앱 개발자라면 아침 식사 전에 테스트 코드를 릴리스했다가, 아침을 다 먹고, 출근하기 전에 상태를 확인한 후, 문제가 있다면 다시 원상태로 돌려 놓을 수도 있다. 웹 분야에서는 지속적 통합과 지속적 배포를 가능하게 하는 다양한 도구 덕분에 상당히 빠르게 작업할 수 있다.

그러나 모바일 앱 개발자는 앱 스토어에 앱이 올라가는 것을 보기 위해 몇 주, 또는 몇 달을 기다려야 했다. 애플의 엄격한 리뷰 프로세스로 인해 개발자는 차라리 벽하고 얘기를 하는 게 낫겠다는 느낌을 받기도 했다.

앱 스토어 초창기에는, 앱 리뷰가 원만하게 진행될 수 있도록 각 기업이 애플과 좋은 관계를 유지하고자 노력했다. 우리 팀도 앱을 제출하기 전 수개월 동안 애플의 담당자와 이메일을 많이 주고받았다.

다행히 시대가 바뀌어서 현재는 애플의 앱 심사가 빠르게 진행된다. 그럼에도 의심스럽다면 www.appreviewtimes.com를 방문해서 iOS 및 맥 앱 스토어의 평균 앱 스토어 리뷰 시간을 확인해 볼 수 있다. 이 책을 쓰는 시점에서 리뷰 시간은 며칠 정도였다. 하지만 애플의 중요한 행사를 앞두고 있거나 휴일이 끼는 경우에는 검토 시간이 늘어나기도 한다.

개발-측정-학습의 반복 주기를 단축하려는 린 개발자라면 앱 스토어 제출 주기를 반드시 고려해야 한다. 고객을 대상으로 하는 실제 테스트 시작 시점이 불확실한 상태로 기다리기만 한다면 개발 주기의 진행은 중단될 것이다. 예측 불가능한 앱 스토어 리뷰 일정 때문에 리듬과 속도가 필요한 애자일 사이클을 제대로 실행하기도 힘들고, 고객으로부터의 빠르고, 긴밀한 피드백을 기대하기도 어려운 상황에 직면할 수도 있다.

▎ 동적 라이브러리를 사용하지 못하는 문제

네이티브 앱 개발용 툴체인에서는 라이브러리를 정적 링크만 할 수 있다. 이 말은, 웹 개발자가 웹상의 다른 자바스크립트 모듈을 필요할 때마다 선택할 수 있는 것과 달리, 앱에는 라이브러리 컴포넌트를 동적으로 로딩할 수 있는 직접적인 방법이 없다는 뜻이다.

iOS의 경우 라이브러리를 로드할 수 있는 몇 가지 기법이 있긴 하다. 기본 iOS의 엑스코드Xcode 구성은 동적 라이브러리를 만들 수 없지만 맥OS의 구성을 복사함으로써 해결할 수 있다. 하지만 이 방법은 로컬 작업에서의 테스트에서는 문제없지만, 코드 서명 과정에서 애플의 동일 인증서로 서명되지 않은 라이브러리를 커널이 임의로 죽이는 문제가 발생한다. 즉 앱 리뷰 프로세스에서 동적 로딩을 금지하기 때문에, 애플의 체크 리스트를 통과하지 못할 수도 있다.

이런 방법 외에도 인터넷에 돌아다니는 다른 방법을 찾아 시도해보고 리뷰 프로세스를 통과하는지 확인할 수 있다. 하지만 성공하지 못한다면 정적 로딩 방식으로 앱을 개발하는 비용을 치뤄야 한다.

```
→ dashboard git:(master) ✗ otool -L /usr/local/bin/tig
/usr/local/bin/tig:
        /usr/local/opt/readline/lib/libreadline.6.dylib (compatibility version 6.0.0, current version 6.3.0)
        /usr/lib/libncurses.5.4.dylib (compatibility version 5.4.0, current version 5.4.0)
        /usr/lib/libiconv.2.dylib (compatibility version 7.0.0, current version 7.0.0)
        /usr/lib/libSystem.B.dylib (compatibility version 1.0.0, current version 1226.10.1)
```

안드로이드의 경우 Dex 파일을 로드하거나 추출, 호출할 수 있는 유사한 기법이 있다. 이는 달빅Dalvik VM이 로컬 저장소나 원격 네트워크 같은 대체 위치에서의 사용자 클래스 로딩을 허용하기 때문이다. 그러나 이것도 모든 앱에 적합하지는 않으며, 모든 시나리오를 제대로 처리하려면 약간 복잡하다.

웹 개발자의 경우 화면에 들어갈 컴포넌트들을 쉽게 넣었다 뺐다 할 수 있지만, 앱 개발자라면 이를 위해 복잡한 과정을 수행해야 한다. 앱의 핵심 기능을 수정한 경우 앱 빌드를 다시 하고 마켓에 업로드한 후, 사용자가 새 버전을 다운로드할 때까지 기다려야 한다.

이를 현실에 적용하면 사용자를 대상으로 한 시험을 시작하기까지 수 주에서 수개월이 걸릴 수 있다는 의미다. 이렇게 지연이 발생하면 문제가 되는데, 책의 뒷부분에서는 이 같은 기술적인 장애물을 해결하는 데 도움이 되는 워크플로와 기법을 다룰 예정이다.

▌ 크로스 플랫폼 릴리스

새로운 앱을 개발하고자 한다면 iOS용인지 안드로이드용인지를 초기에 빨리 결정해야 한다. 만약 혼자서 개발해야 하는 상황이라면 일단 둘 중 하나를 선택하게 될 것이다. 반면 하이브리드 방식을 채택하는 경우라면 완벽한 사용자 경험을 줄 수 없다는 것을 고려해야 할 것이다. 9장, '네이티브, 하이브리드 또는 크로스 플랫폼'에서는 하이브리드 개발과 네이티브 개발에 대해서 다룰 예정이다.

10여년 전에 웹 브라우저 전쟁 당시에는 웹 개발자들도 비슷한 문제를 겪었다. 인터넷 익스플로러와 모질라, 오페라는 완전히 다른 3개의 브라우저처럼 동작했다. 신제품을 출시하는 개발자는 안전한 선택을 하기 위해 사용자가 가장 많은 브라우저에만 집중해야 했다.

모바일 앱 개발자의 경우 일단 한 가지 플랫폼에서부터 개발을 시작한다. 메신저 앱 같은 종류의 앱들은 다른 플랫폼 커뮤니티에 속한 사용자들과도 의사소통이 가능하다. 반면 한 가지 플랫폼에서 실험을 수행한다면 개발자가 목표로 하는 플랫폼에 속한 사용자만을 대상으로 테스트해야 하므로, 테스터를 모으는 것도 상당히 어려울 수 있다.

이 책의 후반부에서는 크로스 플랫폼 지원 앱과 네이티브 앱 사이의 장단점을 알아보고, 비즈니스 초기에는 어떤 방식이 적합한지에 대해서도 논의할 예정이다.

▌ 앱을 다운로드를 위한 사용자 유도

웹 개발자라면 사용자에게 서비스의 인터넷 주소를 보내주고, 사용자 직접 접속해서 사용해본 후, 의견을 줄 것을 요청하는 것이 전부다. 추가 정보가 필요하면 스카이프로 전화를 걸어 화면을 공유하고 직접 동작을 관찰할 수도 있다.

반면에 모바일 앱의 큰 장애물 중 하나는 사용자가 스스로 앱 스토어로 이동한 후, 앱을 다운로드해야 한다는 것이다. 편의상 개발자가 접속 링크를 보내줄 수는 있지만, 사용자는 플랫폼에 맞는 스토어로 이동해서 앱을 다운로드를 하고, 실행까지 해야만 비로소 테스트할 수 있는 환경이 마련된다. 게다가 iOS의 경우 앱을 다운로드하려면 비밀번호를 입력해야 하므로 절차가 더 까다롭다.

시험을 수행할 테스터를 모집하는 과정이 어땠는지와는 별개로, 이러한 일련의 단계를 가능한 한 매끄럽게 진행하는 게 중요하다. 11장, '온보딩과 등록'에서는 테스트 플라이트 TestFlight나 하키앱HockeyApp, 그리고 플레이 스토어의 알파/베타 채널 같은 서비스를 사용해 문제가 생길 여지를 없애고, 적응 과정과 테스트 절차를 간소화하는 방법을 설명한다.

Preparing for TestFlight

Build and setup with Xcode and iTunes Connect

To get your app ready for testers, upload a beta build of your app from Xcode and add the names and email address of people that you'd like to test in iTunes Connect. For instructions on how to prepare your beta app and set up a list of testers, read the iTunes Connect Developer Guide or watch the TestFlight video tutorial.

- TestFlight Beta Testing Tutorial
- iTunes Connect Developer Guide: TestFlight Beta Testing
- TestFlight Release Notes
- Developer Forums: TestFlight

Inviting Testers

Internal Testing

Get feedback quickly by sharing your beta builds with your internal team. Each app can be tested by up to 25 members of your team who have been assigned the Developer or Admin role in iTunes Connect. Each member can test on up to 10 devices.

External Testing

Once you're ready, you can invite up to 2,000 users who do not need to be part of your development organization to beta test an app that you intend for public release on the App Store. Apps made available to external testers require a Beta App Review and must comply with the full App Store Review Guidelines before testing can begin. A

이들 도구는 테스트 과정을 단순하게 만들어 주지만, 대상 사용자가 기술에 익숙하지 않은 경우라면 여전히 테스트가 원활하게 진행되지 않을 것이다. 뒷부분에서 다시 다루겠지만 앱을 빨리 받아보고 싶어하는 얼리 어답터만을 목표로 테스트를 진행하는 것도 온보딩oboarding의 문제를 해결하는 방법이 될 수 있다.

앱 평점 관리

앱 개발에 중요한 사용자를 어느정도 확보했다면, 앱 스토어에서 4점 이상의 평점을 유지해야 한다. 앱 평점은 추천 앱 목록에 오르거나 검색 시 우선 노출될 가능성이 높기 때문에 지속적으로 사용자 수를 확대하는 데 직접적으로 영향을 미치는 중요한 요소다.

예를 들어 인튜이트Intuit 같은 회사에서는 세무 신고 기간 동안만 실험적으로 운영하는 앱이 많다. 앱 평점이 떨어지면 사용자가 다운로드 받는 횟수가 현저히 감소하기 때문에 평점을 4.0 이상으로 유지해야 한다는 압력을 받을 수밖에 없다.

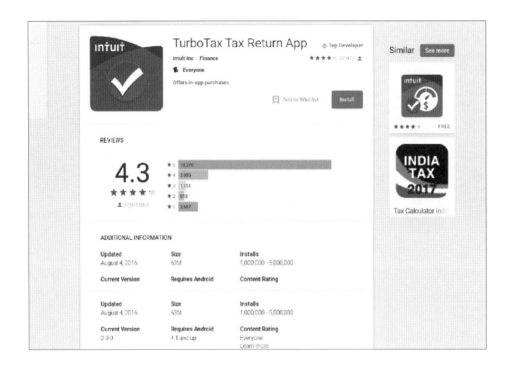

앱을 개선하는 데 필요한 실험을 진행하다 보면 긍정적이든 부정적이든 평점에 영향을 끼치게 된다.

앱 개발에 린 방식을 적용한다면 실험을 수행하면서도 평점을 잘 받아야 할 것이다. 그러나 평점이 떨어지면 사용자 수 확대에 부정적인 영향을 끼치기 때문에 이러한 영향을 최소화할 수 있는 방법을 찾아야 한다. 잠재적으로 부정적인 영향을 주는 실험과 좋은 평점 사이에서 균형을 찾는 일은 여전히 해결되지 않은 어려움이며, 앱이 성숙한 단계라면 더욱 그렇다.

개발 초기 단계에서는 기능을 크게 바꾸더라도 빠르게 시도하는 것이 더 효과적이다. 그러나 이미 좋은 평점으로 사용자 기반을 갖고 있는 앱의 경우, 평점을 낮출 수도 있는 실험을 하는 것이 합리적인지는 의문이다. 이유야 어쨌든 평점이 낮아지면 인기 앱이나 추천 앱 카테고리에 올라갈 가능성이 낮아지고, 다운로드 수를 늘릴 기회도 줄어들기 때문이다.

다른 팀을 대상으로 이런 실험의 필요성을 설득하는 것이 힘들겠지만, 최종 목표가 앱의 성장을 위한 것이라면 설득이 필요할 수도 있다. 실험을 통해 성공하는 앱이 많아질수록 경쟁력이 높아질 것이기 때문이다. 뒷부분에서는 너무 큰 혼란을 피하면서도 유용한 데이터를 얻을 수 있는 분할 테스트를 다룰 예정이다.

▌ 요약

모바일 앱 개발에 린 개발법을 적용하기란 쉽지 않다. 검증된 학습을 극대화하고, 고객과의 긴밀한 개발–측정–학습 루프를 실행하는 과정에는 확실히 독특한 어려움이 존재한다. 3장에서는 플랫폼이나 앱 스토어, 사용자로 인해 겪게 되는 어려움을 살펴봤다.

4장에서는 앱 개발 시 왜 실용주의 개발법을 지켜야 하는지와, 실용성과 구조화를 동시에 얻을 수 있는 방법을 알아본다. 또한 실용적 입장을 견지하는 데 도움이 되는 실제 도구와 기법에 대해서도 다루고자 한다.

04

애자일 워크플로 개론

4장에서는 애자일 방법론이 무엇이고 어떻게 활용할 수 있는지 알아본다. 많은 기업이 이제는 소프트웨어를 개발할 때 폭포수 방법론에서 벗어나서 애자일 같이 좀 더 유연한 방법론으로 전환하고 있다. 폭포수 방법론은 과제 초기의 수립한 계획과 요구사항을 그대로 따르는 방식이라 변경이 용이하지 않다. 이러한 개발 방식은 앱 분야에서는 제대로 동작하기가 어렵다. 계획 초기부터 미래를 예측할 수 있는 마법의 수정 구슬을 가지고 있지 않다면 이 방식으로는 상당한 낭비를 초래할 수 있다.

애자일 워크플로는 지속적 방법론을 근간으로 하며, 요구 변경을 수용할 수 있는 가변적 계획 수립과 신속한 소프트웨어 개발과 인도를 가능하게 한다. 가설 검증에 필요한 것이 바로 이러한 개발 방식으로서, 상황이 바뀌는 경우 즉시 피봇pivot을 할 수 있도록 한다.

애자일 소프트웨어 방법론을 실제로 구현하는 방법은 매우 다양하다. 이렇게 방법이 다양해도 한 가지 공통점이 있다. 바로 가능한 한 빨리 릴리스를 하는 데 집중한다는 것이다. 그 중 일부는 특히 워크플로 관리에 초점을 맞춘다. 애자일 스크럼Scrum이 대표적인 예다. 4장에서는 애자일 스크럼이 린 소프트웨어 개발과 얼마나 어울리는지 알아본다.

4장에서 다룰 주제는 다음과 같다.

- 애자일 워크플로
- 린 소프트웨어 개발, 칸반Kanban, 스크럼Scrum
- 에픽Epic, 스토리, 태스크
- 스크럼 팀 및 데일리 스탠드업
- 백로그Backlog 상세화 및 준비 단계 정의
- 스프린트sprint 계획
- 완료 단계 정의
- 스프린트 리뷰, 계획, 회고
- 도구 소개 (예. 트렐로Trello, 지라Jira)

▌ 애자일 워크플로

애자일 워크플로는 팀을 변화에 유연하고 신속하게 대응하도록 해준다. 이는 팀 운영이 자율적이면서 동시에 제품의 인도를 더 빨리, 더 자주 할 수 있다는 것을 뜻한다. 원활한 의사소통은 애자일의 기본이며, 팀 구성원은 프로덕트 오너 및 이해 관계자와 서로 협력해야 한다. 또한 앱의 사용자들도 처음부터 참여시켜야 한다. 이는 사용자의 피드백이 앱 개발 시 올바른 방향을 결정하는 데 핵심 요소이기 때문이다. 마지막으로 언급할 요소는, 언제든 제대로 동작하는 제품의 최종 버전을 제공할 수 있어야 한다는 것으로, 우수한 Git 워크플로를 구성해 지속적으로 제품을 인도할 수 있도록 하는 것이 핵심이다. 이에 대해서는 19장, '차별적 경쟁우위 구축'에서 더 자세히 알아볼 예정이다.

모든 애자일 방식의 공통점은 변화에 대처하고, 끊임없이 학습하며, 가능한 한 빨리 소프트웨어를 인도하는 역량을 높인다는 것이다.

애자일 소프트웨어 방법론의 예는 다음과 같다.

- 린 소프트웨어 개발
- 칸반
- 스크럼

이 책에서는 이들 중에서 린 소프트웨어 개발에 초점을 맞춘다. 이 개발법의 핵심 요소는 아래와 같다.

- 제품 인도는 가능한 한 빨리 한다.
- 결정은 가능한 한 천천히 한다.
- 지속적 인도를 통해 초기 단계에서 피드백을 수집한다.

이들 요소에 대해서는 5장에서 더 자세히 배울 예정이다. 린 개발법은 다른 방식과 달리 낭비를 없애는 것에 중점을 둔다는 점만 일단 기억해 두자.

그러면 이제 기본적인 방법론부터 알아보자. 린 소프트웨어 개발과 칸반, 스크럼은 공통점이 많다. 4장에서는 칸반과 스크럼을 자세히 살펴보고, 그 이후에 린 개발법에 대해 살펴본다.

칸반

칸반Kanban은 작업의 현재 상태와 흐름을 시각적으로 보여주는 방법이다. 모든 참가자는 프로젝트의 처음부터 끝까지 전체 진행 상황을 볼 수 있다. 또한 팀원들은 작업 여력이 생겨야 새로운 작업에 착수한다. 칸반은 지속적 프로세스이므로 스크럼과 달리 추정 작업은 없다.

칸반은 칸반 보드를 이용해 작업을 시각화한다. 이 방식은 토요타에서 시작된 린 제조 공정에서 시작됐으며 이제는 소프트웨어 개발에도 사용된다. 가장 기본적인 구성 방식은 계획, 진행 중, 완료라는 세 단계의 상태를 나타내는 칸을 각기 표시하는 것이다. 진행 중 칸에 들어있는 작업의 개수를 최소한으로 유지하는 것이 중요하다. 실제로 사람들은 본인의 생각과 달리 멀티 태스킹에 능하지 않다. 여러 가지 업무를 동시에 진행하는 방식은 낭비를 초래하므로 권장하지 않는다.

칸반 보드Kanban board를 만드는 데는 빈 벽과 여러 장의 포스트잇만으로도 충분하다. 그러나 트렐로Trello 같은 서비스를 이용할 수도 있다. www.trello.com에 가입하면 개인 프로젝트를 만들 수 있으며, 무료로 사용할 수 있다. 본 예제에서도 트렐로 서비스를 활용했으므로 항목별 현황을 팀원 모두가 명확히 알 수 있다. 사용자는 필요한 만큼 칸을 추가할 수도 있다.

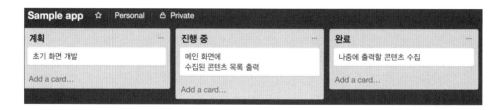

칸반에서는 워크플로가 연속적으로 보이지만, 스크럼에서는 특정 시간 단위의 이벤트로 나뉜다. 스크럼 방식에서도 칸반 보드를 사용하는데, 칸반의 요소 외에 예측 항목이 추가된다.

스크럼

스크럼Scrum은 소규모 팀을 위해 개발된 소프트웨어 개발법이다. 팀 구성원은 스프린트sprints라는 정해진 기간을 반복하며 다수의 작업을 수행한다. 스프린트 기간은 일반적으로 1주일에서 1개월 사이이며, 2주가 가장 일반적이다. 스프린트 기간을 제한하는 것이 매우 중요한 이유는, 스프린트를 여러 번 반복 수행하는 과정을 거치면서 팀의 작업 속도를 알아낼 수 있기 때문이다.

스프린트를 시작할 때 팀은 주어진 기간 내에 수행할 수 있는 작업 분량을 정한다. 이후 스프린트를 여러 번 반복하다 보면 팀 모두가 업무에 익숙해지면서 점점 (작업 시간) 추정이 쉬워진다. 팀의 속도를 알게 되면 스토리에 대한 구현 기간을 쉽게 예측할 수 있게 되고, 결과적으로 주어진 스프린트 기간 동안 협의된 스토리를 모두 수행할 수 있는지 여부를 알아낼 수 있다.

이 개발법은 스프린트가 끝날 때마다 잘 동작되는 릴리스가 만들어져서 항상 출시 가능한 제품이 준비되는 것에 중점을 둔다. 이는 소프트웨어가 구현만 완료된 것이 아니라, 테스트 및 검증도 완료됐다는 것을 의미한다. 즉, 앱을 시연하거나, 베타 테스터에게 배포할 수 있으며, 플레이 스토어나 앱 스토어에 발행할 수 있다는 것이다.

▌ 에픽, 스토리, 태스크

에픽epic이란, 여러 번의 스프린트를 거쳐 완료되는 정도의 작업량을 가진 업무를 말한다. 에픽은 보통 상위 개념의 기능을 의미하며, 상세 내역을 제공하지는 않는다. 팀은 고객의 피드백을 보고 에픽을 완성하는 데 필요한 사항을 잘 파악할 수 있다. '앱 사용자들이 비즈니스 모델 캔버스를 앱에서 작성하고 검토할 수 있다' 등을 에픽의 예라고 할 수 있다.

에픽에는 개략적인 기능 설명만 있고, 상세한 설명이 빠져 있기 때문에 팀이 에픽에 대해서 좀 더 자세히 알려면 종종 여러 개의 스토리가 생성된다. 에픽이 정의한 문제를 해결하는 것도 스토리가 될 수 있다.

사용자 스토리user story는 비즈니스 가치를 제공하는 최소 단위의 요구사항이다. 사용자 스토리는 보통 사용자의 입장에서 필요한 내용을 일상적인 언어로 기술한다. 기능을 기술할 때는 사용자가 원하는 산출물을 몇 줄의 문장으로 간단하게 요약한다. 이를 통해 팀은 사용자가 원하는 기능의 목적과 개요를 이해할 수 있다.

스토리에는 한 개 또는 그 이상의 태스크가 있을 수 있다. 태스크에는 스토리를 완성하기 위한 아주 구체적인 행동을 기록한다. 태스크의 예는 '사용자가 내용을 입력할 수 있는 텍스트 박스를 구현한다' 또는 '수정된 텍스트를 보관하기 위한 저장 버튼을 추가한다' 등이다. 합격 기준을 정의하는 것도 중요하다. 스토리나 태스크를 구현한 결과가 무엇인지를 명확하게 정의한다면 테스터가 구현된 기능에 대한 합격 또는 불합격 여부를 더 쉽게 결정할 수 있다.

스크럼 팀

스크럼 개발 방식에서는 보통 세 가지 역할이 있으며, 조직에 따라서는 다른 역할을 추가하기도 한다.

- 스크럼 마스터
- 프로덕트 오너
- (테스터를 포함한) 개발팀

스크럼 팀에는 한 명의 프로덕트 오너product owner가 있다. 오너는 팀에게 필요한 비즈니스 가치를 제공할 책임이 있다. 이를 위해 프로덕트 오너는 이해 관계자와 (개발) 팀 간의 연결자 역할을 한다. 프로덕트 오너는 주로 비즈니스 측면의 문제 정의에 중점을 둔다. 프로덕트 오너는 사용자 스토리를 정의하고 이를 백로그에 추가한다.

사용자 스토리에는 구현해야 할 기능을 기술한다. 반면 백로그는 할 일 목록이라고 생각할 수 있다. 팀은 이들 목록을 처리해야 하며, 각 항목은 특정 기능을 정확하게 구현할 수 있도록 세부 조정을 하기도 한다. 팀은 구현 방안을 찾는 데 집중하며, 이에 대한 피드백도 제공한다. 백로그는 우선순위가 필요하다. 우선순위는 특정 기능이 최종 사용자에게 얼마나 중요한지에 따라 매겨진다.

프로덕트 오너는 앱을 이해 관계자에게 시연하고, 앱의 주요 일정과 출시 시기를 결정한다. 또한 앱 개발 현황을 이해 관계자에게 보고하며, 자금 조달, 업무 범위 및 우선순위 결정에서 핵심 역할을 수행한다. 프로덕트 오너는 효율적인 커뮤니케이션 기술을 갖춰야 한다. 프로덕트 오너는 이해 관계자나 최종 사용자 간의 이익 균형을 맞춰야 하며, 팀 구성원과 협력해 이해 관계자의 문제를 제대로 해결할 수 있는 솔루션을 개발해야 한다.

이 내용을 통해 상반된 두 가지 사실을 알 수 있다. 즉, 이해 관계자들 대부분은 해당 문제를 해결하는 솔루션에만 관심을 갖는 것과 반대로 개발팀은 해당 솔루션을 구현하는 데 필요한 정보와 요구사항을 가능한 한 상세하게 받기를 원한다는 것이다.

개발자와 테스터, 그 외 인력은 모두 스스로 구성된 팀이다. 이들은 앱을 인도하고 업데이트하는 데 관련된 모든 태스크를 관리한다. 태스크의 구성 요소는 다음과 같다.

- 디자인
- UX
- 분석
- 기술 연구 개발
- 코드 검토
- 테스트
- 문서화

팀은 스프린트에 집중하고, 스프린트가 끝날 때마다 개선돼 동작하는 앱을 제공할 책임이 있다. 업데이트 결과를 보여줄 대상이 외부인지 내부인지 여부는 중요하지 않다. 항상 이해 관계자에게 새로운 기능을 시연할 준비가 돼야 한다.

또 다른 역할은 스크럼 마스터scrum master다. 스크럼 마스터는 스크럼 프레임워크가 준수되는지를 확인한다. 이 스크럼 마스터는 팀이 스프린트의 모든 기능을 제공하는지를 확인하고 팀을 지도한다. 또한 팀과 이해 관계자에게 스크럼 원리에 대해 교육한다. 그리고 스프린트의 성공을 방해하는 내부나 외부의 장애물도 제거한다.

또한 스크럼 마스터는 백로그를 관리하고 스토리가 명확한지와 애매한 방식으로 정의되지는 않았는지를 확인한다. 팀이 스토리의 목표를 이해하고 실제로 진행할 수 있도록 하는 것이 중요하다. 스크럼 개발법에서는 개발팀이 스토리 구현을 시작할 수 있는 때를 준비Ready 단계, 새로운 기능을 출시할 수 있는 때를 완료Done 단계라고 하는데, 스크럼 마스터의 다른 중요한 책임은 팀이 준비 단계와 완료 단계를 정의할 수 있도록 돕는 것이다. 이들 정의에 대해서는 나중에 더 자세히 알아본다.

데일리 스탠드업

팀은 스프린트 기간 동안 매일 스탠드업stand-up 미팅(데일리 스크럼이라고도 부른다)을 한다. 이 미팅은 보통 15분의 제한 시간을 둔 짧은 회의를 말한다. 비록 일부 팀원이 빠지는 일이 있더라도 매일 같은 장소, 같은 시간에 미팅을 연다. 회의에는 누구나 참여할 수 있지만 발언권은 팀 구성원에게만 있다.

스탠드업 미팅에서 각 팀원은 스프린트 진행과 관련된 다음 세 가지 질문에 대한 답을 하게 된다.

- 어제 달성한 일은 무엇인가?
- 오늘 계획한 일은 무엇인가?
- 팀이나 내가 스프린트 목표를 달성하는 데 겪는 문제나 어려움은 무엇인가?

회의 시간이 정해져 있기 때문에 각 팀원이 세 가지 질문에만 초점을 맞추고 세부적인 토론은 하지 않아야 한다. 이를 통해 스크럼 마스터는 회의 중에 언급된 모든 장애물을 파악한다. 스크럼에 있어서 장애물의 의미는 잠재적인 위험, 타른 팀이나 협력사에 대한 의존 문제, 또는 발생했거나 예측되는 지연 등을 말한다. 스크럼 마스터는 장애물을 제거할 뿐만 아니라, 문제를 해결할 수 있는 담당자를 찾아낼 책임이 있다. 스탠드업 미팅에서 해결할 수 없는 장애물이라도 이를 스크럼 보드에 기록해 두는 것이 좋다.

백로그 상세화

스프린트가 시작되기 전에 스프린트 백로그를 정해야 한다. 스프린트에는 어떤 스토리가 들어가야 할까? 이에 대한 답을 하려면, 팀원들이 제품 백로그를 검토해야 한다. 제품 백로그에는 제품(앱)을 완성하는 데 필요한 작업(스토리)들이 포함돼 있다. 먼저 팀이 작업을 떠맡기 전에 백로그를 상세화할 필요가 있다.

스토리마다 구현에 필요한 업무량을 추정해야 한다. 일반적으로 이 추정은 시간이 아니라 스토리 점수로 표현한다. 스토리 점수는 예상되는 복잡도와 업무량과 관련이 있다. 일반적으로 '버튼의 텍스트 편집'처럼 명확하고 구체적인 작업을 1 스토리 점수라고 정의한다. 이것은 다른 복잡한 스토리를 정의하는 기준이 되며, 이후 모든 스토리 추정에 근거가 된다.

스토리 점수를 지정하려면, 모든 팀이 잘 이해할 수 있도록 스토리가 명확해야 한다. 플래닝 포커planning poker는 팀원들이 추정을 하는 데 자주 사용되는 방식이다. 추정 작업을 위해서는 카드를 사용할 수도 있고, 출시된 앱 중 하나를 골라도 된다.

다음 그림의 앱은 스크럼 타임Scrum Time이라는 앱으로, 플레이 스토어나 앱 스토어에서 다운로드할 수 있다.

팀원들은 각자 앱에서 숫자가 쓰여진 카드를 골라 다른 팀원들에게 보여준다. 만약 팀원 간 추정한 점수가 현저하게 다르다면, 해당 개발이나 테스트가 왜 그렇게 시간이 오래(또는 적게) 걸리는지에 대해 의논해야 한다. 이는 아마도 그 팀원이 나머지가 가지고 있지 않은 지식을 알고 있거나, 다른 시각으로 스토리를 해석하고 있기 때문일 것이다. 새로운 관점은 추정을 더 효율적으로 하도록 도와준다.

추정에 사용되는 점수는 일반적으로 피보나치^{Fibonacci} 수열을 사용한다. 수학에서 피보나치 수열의 특성은, 처음 두 개 이후에 나오는 수는 앞의 두 개의 수의 합이라는 점이다. 피보나치 수열은 첫째 및 둘째 항이 1이며 그 뒤의 모든 항은 바로 앞 두 항의 합인 수열을 말한다. 이 수열이 여기에서 사용되는 이유는, 스토리가 커질수록, 즉 스토리 포인트가 더 클수록 정확한 추정이 더 어렵기 때문이다. 추정할 수 있는 근거가 없다면 언제든 물음표 카드를 사용할 수 있다. 고객 지원 서비스처럼 끝없이 계속되는 일인 경우 그에 맞는 카드도 있다. 게다가 목이 마를 때 사용하는 커피 카드나 일시 휴식 카드도 있다.

1, 2, 3, 5, 8 카드는 가장 자주 사용되는 카드다. 점수가 높은 스토리 카드는 위험을 줄이기 위해 작은 점수 여러 개로 나눈 스토리로 분리해야 할 수도 있다.

준비 단계 정의

백로그에 스토리를 추가하는 것은 프로덕트 오너의 책임이다. 백로그 상세화 과정에서 팀은 의견을 제시함으로써 각 스토리를 실행 가능한 상태로 만들어야 한다. 백로그 상단에 위치하는 스토리와 다음 스프린트용 후보 스토리들이 준비돼 있어야 한다. 팀의 생산성을 높이고 싶다면 **준비 단계 정의**를 명확히 하는 것이 중요하다.

스토리는 즉시 실행 가능해야 한다. 그렇지 않다면 기능을 구현하거나 테스트할 수가 없다. 목표는 무엇이고, 기능 구현을 위해서는 무엇을 해야 하는지가 분명해야 한다. 예를 들어, '새로운 인보이스를 더 빨리 생성하고 싶다'는 사용자의 피드백으로 백로그가 채워질 수 있다. 이 문장은 문제를 분명하게 정의하고 있지만, 이것을 구현하려면 좀 더 상세한 정보가 필요하다. 팀은 어떤 일을 해야 하는지 결정할 수 있어야 한다. 만약 사용자가 메인 화면에 새로운 인보이스를 작성하는 버튼을 추가하는 것이 해결책이라고 말하면, 개발자는 바로 추정을 하고 작업을 시작할 수 있다. 스토리가 준비^{ready}됐다는 것은 명확하고, 간결하며, 실행 가능하다는 것을 말한다.

스프린트 계획

팀은 스토리 중에서 우선순위가 가장 높고 작업을 즉시 시작할 수 있는 항목을 선택한다. 팀은 목표가 명확하고 구현 중 방해받지 않을 스토리만을 구현할 수 있다. 또한 팀은 스프린트 중에 제한된 수의 스토리만을 구현할 수 있다. 이는, 팀은 얼마나 많은 작업이 스토리에 포함돼 있고, 스프린트 기간 동안 얼마나 많은 작업을 완료할 수 있는지 알아야 한다는 것을 뜻한다.

스프린트에 얼마나 많은 작업이 들어갈지를 정하려면 팀의 속도를 알아야 한다. 이 속도는 팀이 스프린트 기간 동안 수행할 수 있는 총 작업량을 나타낸다. 이 수치는 이전 스프린트에서 수행한 평균 작업량(스토리 점수의 합계)을 평가해 결정한 값이다. 물론 팀의 능력을 결정할 때는 계절적 영향(휴가)이나 기타 사항을 고려해야 한다. 일단 팀이 작업을 시작하면 스프린트에 다른 작업을 추가해서는 안 된다.

완료 단계 정의

스크럼 프레임워크에서는 스프린트가 끝날 때마다 스토리가 완료돼야 한다고 규정하고 있다. 이론적으로 **완료 단계 정의**의 의미는, 스토리가 구현되고, 검증 및 승인이 완료돼 앱을 즉시 발행할 수 있는 상태를 뜻한다. 완료 단계 정의는 스크럼 팀마다 다를 수 있지만, 적어도 한 팀 내에서는 일관된 정의가 있어야 한다. 정리하면 완료 단계 정의는 기능이 구현될 뿐만 아니라 테스트돼, 해당 기능이 앱에 적용돼 발행할 수 있는 상태를 보장한다고 할 수 있다.

다른 작업, 예를 들어 코드 리뷰, 유닛 테스트와 UI 테스트 실행, 문서 작성, 임시 배포나 공개 배포 등을 정의할 수도 있다. 각 작업은 검증을 거쳐 제품에 가치를 제공할 수 있어야 한다. 이를 통해 팀은 낭비되는 활동을 피하면서 중요한 기능에만 집중할 수 있다.

스프린트 리뷰, 계획, 회고

각 스프린트가 끝날 때마다 거쳐야 하는 두 가지 과정이 있다. 바로 스프린트 리뷰 및 회고와 다음 스프린트 계획이다.

리뷰 미팅에서는 스프린트에서 완료한 모든 작업을 검토하고 이를 이해 관계자에게 시연한다. 또한 혹시 완료되지 않은 작업이 있는지도 검토한다.

다음 스프린트를 대상으로 하는 스프린트 계획 과정도 있다. 계획 미팅에서는 팀과 이해 관계자가 모두 참여해 스프린트에 포함시킬 기능과 구현 방안을 결정한다.

회고는 지난 스프린트를 돌아보며 그 기간 동안 배운 점과 개선이 필요한 점을 나누는 절차다. 보통 팀원들은 두 가지 질문에 대해 답한다.

- 스프린트 기간 동안 잘한 점은 무엇인가?
- 다음 스프린트에서 개선돼야 할 점은 무엇인가?

스크럼 마스터는 회고를 진행하면서 팀을 도와 문제점을 개선할 수 있도록 한다. 회고 과정에서는 지라JIRA 같은 툴을 사용하기도 하지만, 간단하게 포스트잇을 사용하는 것이 일반적이다.

개선이 필요한 항목들에 대해서는 우선순위를 매기고, 상위 3개에 대해서는 조치 방안도 결정한다.

이상으로 애자일 워크플로와 스크럼에 대해서 간단히 살펴봤다. 스크럼에 대한 더 자세한 내용은 https://www.scrum.org에서 찾을 수 있다.

▌ 사용할 만한 도구

프로세스를 시각화하고 자동화하는 도구가 많이 있다. 지라와 애자일판트^{Agilefant}는 유명한 웹기반 솔루션으로 에픽과 스토리, 추정 및 스프린트 관련 작업을 처리할 수 있다. 대부분의 도구는 스토리에 태스크를 추가하는 옵션을 갖고 있다. 스토리는 가능하면 작은 단위로 쪼개야 하며, 필요시 여러 개의 하위 태스크로 나누는 것도 유용하다.

지라에 대한 더 자세한 내용은 https://www.atlassian.com/software/jira를 참고한다. 애자일판트의 경우 https://www.agilefant.com을 참고한다.

다음 그림은 지라에서 칸반 보드를 표시하는 예제다. 지라는 애자일과 스크럼에 적합하며, 애자일판트는 좀 더 범용적이다.

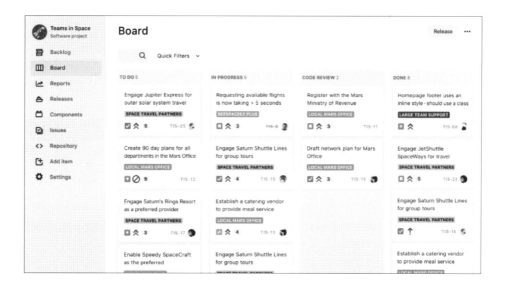

이제 막 시작한 사람이라면 이들 도구가 필요하지 않을 수도 있다. 이 경우에는 첫 칸반 보드를 화이트 보드와 여러 장의 포스트잇만으로 구성해도 충분하다. 이 방식은 모든 팀원이 한 장소에서 일하는 경우에 매우 편리하다. 팀이 여기저기 분산된 경우라면 트렐로^{trello}를 쓰면 좋다. 트렐로는 지라만큼 기능이 많지는 않으며 스크럼을 지원하지도 않지만, 체계적으로 시작하려는 경우 유용하다. 트렐로를 사용하려면 https://trello.com/에 가입한 후, 새로운 팀과 프로젝트를 생성한다. 지라에서처럼 트렐로에서도 여러 열을 생성해서 각 카드와 아이템을 실제 상태를 반영할 수 있다. 앞에서도 언급했듯이 시작은 단순하게 계획, 진행 중, 완료라는 카테고리만으로 구성한다. 그러나 사용하다 보면 곧 그것만으로는 충분하지 않다는 것을 알게 된다. 트렐로에서 열을 다음과 같이 구성한다면 꽤 괜찮은 애자일 워크플로라고 할 수 있다.

- 백로그
- 준비(스토리가 명확하고, 이해되며, 방해 요인도 없음)
- 개발 중(개발 및 테스트 중)
- 테스트
- 완료(테스트 및 승인 완료)

이렇게 구성하면 다음 예제처럼 나타날 것이다. 여기에 추가로 코드 리뷰나 조직에서 필요한 열을 추가할 수도 있다.

모든 스토리는 백로그 열의 카드에서 시작한다. 목표가 무엇인지를 명확하게 정의했다면 그 스토리는 개발에 들어간 준비가 된 것이다. 그러면 카드를 준비 열로 이동한다. 개발자는 원하는 스토리를 선택하고 카드를 개발 열로 옮긴다. 어느 시점에서 스토리의 구현이 완료되고 유닛 테스트도 종료됐다면 카드를 테스트 열로 옮기거나, 코드 리뷰 열로 옮기게 된다.

구현된 기능에 대한 수동 또는 자동 UI 테스트가 성공하면 스토리는 칸반 보드의 마지막 열인 완료 열로 이동한다.

이상은 간단히 요약한 프로세스이며, 지라와 같은 도구를 사용하면 에픽이나 추정을 포함한 애자일과 스크럼 워크플로를 훨씬 효과적으로 지원할 수 있다. 그럼에도 불구하고 초보자라면 트렐로로 시작하는 것이 좋다. 트렐로에는 레이블을 추가하고 마감 날짜와 시간을 정의하는 옵션이 있다. 앞의 스크린샷에서 보듯 사용자는 이 기능을 에픽이나 추정으로 설정하는 식으로 다양한 목적으로 사용할 수 있다. 에픽은 녹색 라벨로 표시되고, 스토리 점수 추정 값은 파란색으로 표시된다. 다음 5장에서는 애자일 워크플로를 구성하는 데 도움이 되는 다른 도구들에 대해 살펴본다. 예를 들면 컨플루언스^{Confluence}는 지라처럼 웹 기반 솔루션으로, 모든 문서와 토론을 효과적으로 구성하는 데 유용하다.

▌ 요약

이상의 방식들이 당연하다고 생각할 수도 있겠지만, 시간과 자원이 충분하지 않다면 제대로 동작하지 않을 수도 있다. 또한 각 작업 상태를 시각화하는 칸반의 활용법과 이를 통해 애자일 워크플로가 어떻게 구현될 수 있는지 배웠다. 특히 스크럼 개발법에는 각기 다른 역할이 있다는 점과 스크럼이 요구하는 계획과 추정에 대해서 알아봤다.

이 모든 것이 합리적이라고 생각할 수도 있지만, 오히려 반대로 시간과 리소스가 제한되면 구현하기 어렵다. 낭비를 최소화하고, 매우 실용적으로 행동하려면 어떻게 해야 할까? 이에 대해서는 5장에서 다룬다.

05

실용주의 접근법

5장에서는 스타트업이 겪게 되는 주요 어려움 중 하나인 시간과 타이밍에 대해 알아본다. 시간과 타이밍은 특히 막 시작한 스타트업에게 더욱 중요한 문제다. 아직 제대로 준비된 것도 별로 없는데다, 시간과 자금을 비롯한 모든 자원이 부족한 상태에서도 제품을 만들어내는 방법을 알아본다. 그러기 위해 필요한 것이 바로 긍정적인 사고 방식과 실용주의 접근법이다.

실용주의 접근법을 위해서 넓은 사무실과 폼 나는 가구가 필요한 건 아니다. 또한 많은 규칙이 필요하지도 않다. 그러나 일이 저절로 되는 것은 아니기 때문에 몇 가지 규칙은 필요하다. 실용주의 접근법은 관료주의와 무질서라는 양 극단 사이에서 균형을 잡는 것이다. 회사가 달성하려는 실제 목표에 집중하면서 기능을 구현하면 시간을 낭비하는 일은 없을 것이다. 이런 접근법을 통해 앱의 각 성장 단계에서 필요한 기능을 정확하게 개발할 수 있다.

스타트업 세계에서 추구하는 프로덕트—솔루션 핏product-solution fit이나 프로덕트—마켓 핏product-market fit을 찾아낼 수 있는 지름길은 없다. 그렇다고 밑바닥에서부터 제품을 만들어야 한다는 것은 아니다. 대부분의 경우 필요에 맞춰 이미 만들어 둔 제품이 있다. 예를 들어, 8장, '앱 실험용 클라우드 솔루션'에서는 서비스 형태로 공급되는 모바일 백엔드를 알아본다. 그리고 10장, '그걸 위한 API는 있어요!'에서는 여러 매시업 아이디어를 살펴볼 예정이다. 이 솔루션을 잘 활용한다면 단지 MVP를 만들 때 잠깐 사용하든, 앱을 개발하는 전 과정에서 사용하든 상관없이 개발 시간을 상당히 단축할 수 있다.

5장에서 다룰 주제는 다음과 같다.

- 타임박스 프로그래밍의 장점
- 밑바닥에서부터 제품을 만들어야 할 때 활용하는 방법
- 체계적인 환경을 갖추는 방법
- 기간을 단축하는 방법

▌ 타임박스 프로그래밍

각 이터레이션iteration에서는 구현할 기능과 소요 시간을 정해야 한다. 4장, '애자일 워크플로 개론'에서 배웠듯이 일반적인 스프린트 기간은 2주에서 3주 정도다. 처음에는 추정하기 어려울 수 있지만 머지않아 팀원들은 스프린트 기간 동안 어떤 기능을 구현할 수 있는지 예측하는 데 익숙해질 것이다. 가끔은 기능 개발에 걸리는 시간을 추정하기 힘들 수도 있다. 이런 경우에는 타임박스 방식을 사용하면 도움이 된다. 즉 해당 기능에 대한 개발을 시작하기 전에 일단 임의로 시간을 정해 할당하는 것이다. 그리고 그 시간이 경과한 후에 목적한 기능 구현이 완료됐는지, 그리고 그대로 릴리스할 것인지를 결정하는 것이다.

기능이 완전하게 동작하지 않더라도 심각한 버그가 아니라면 일단 빠르게 피드백을 받는 데 도움이 될 것이다.

단순함을 지키면서 해당 이터레이션에서 실제로 필요한 기능만 개발한다. 기능 구현을 마치는 데 필요한 피드백이 무엇이며, 구현된 기능을 통해 검증하고자 하는 것이 무엇인지 스스로에게 물어야 한다. 다시 한 번 강조하지만, 피드백이 앱의 현 단계에 적절한지를 판단하는 것이 중요하다. 예를 들어, 앱의 기본 기능조차 구현되지 않았는데 인앱 구매In-App Purchase 기능을 개발하려고 힘을 쓸 필요는 없다.

이에 잘 맞는 애자일 개발 및 익스트림 프로그래밍에서 사용하는 용어 중 하나가 바로 YAGNI (You Aren't Gonna Need It, 그건 필요하지 않을 거야)인데, 실제로 코드가 필요하기 전까지는 미리 만들지 말라는 의미다.

실용주의 접근법의 변함없는 목표는 최소의 노력으로 최대의 학습을 달성하자는 것이다. 또한 항상 단순함을 지키며, 한 유형의 고객과 한 가지 제품에 집중해서 한 번에 한 문제씩 해결해야 한다. 종종 개발자들은 예외적인 시나리오 처리에 집중하는 경우가 많은데, 정상적인 시나리오조차 부실하다면 예외 상황까지 관심을 갖는 사람은 없을 것이다.

타임박스라는 개념은 작업의 완료보다는 시간 사용에 초점을 맞춘다. 즉 스프린트 기간 내에 어떤 기능을 구현해야 한다는 방식의 사고보다는, 스프린트 기간 내에 구현이 가능한 작업을 배치하는 방식이다. 학습 효과를 높이려면 앱을 새로 릴리스할 때마다 수반되는 변경 사항을 가능한 한 최소화하면서도 비즈니스 가치를 제공할 수 있어야 한다. 타임박스 프로그래밍은 특정 기간 내에 제품을 확실히 전달하는 것이 핵심이다. 각 타임박스 이터레이션이 끝날 때마다 구현할 산출물과 마감 시간을 정하도록 한다. 이런 개발법을 통해 생산성이 향상되면 고객과의 약속도 지킬 수 있게 된다.

고객을 이해하는 것이 기본이다. 또한 고객에 문제에 대해서도 잘 알아야 한다. 바로 그 문제를 앱이 해결해줘야 한다. 이런 일이 사업 분야 담당자의 역할이라고 생각할 수도 있겠지만, 더 나은 개발자가 되려면 이런 상황을 잘 이해해야 한다. 고객이 직면하고 있는 공통 문제가 무엇인지에 대해 질문하고 해결책을 찾아봐야 한다.

컨시어지 서비스

여러분이 개발하는 제품의 일부 핵심 기능 중에는 즉시 자동화 프로세스를 적용하기 힘든 것도 있을 수 있다. 이런 기능들은 수작업으로 제공하기도 한다. 이를 **컨시어지 서비스**Concierge Service 또는 **컨시어지 최소기능제품**Concierge Minimum Viable Product, CMVP이라고 부른다. 이 기능들은 언뜻 보면 개발자가 이해하기 힘들 수도 있다. 린 스타트업 개발법은 낭비를 최소화하는 것이 목표인데, 수작업으로 기능을 제공해야 하는 이유가 궁금할 것이다.

실제로도 수작업은 비효율적이지만 초기 단계에서는 문제가 없다. 컨시어지 서비스는 단기적 해법이며, 이를 통해 새로운 통찰력을 얻거나, 고객과 사용자의 문제를 해결하는 방법을 배울 수 있기 때문이다. 일단 문제점을 완벽히 이해하고, 이에 대한 해법도 알아낸 다음에는 바로 자동화하면 된다.

기막히게 좋은 기능을 구현하느라 석 달을 보냈는데, 사실 그 기능이 사용자가 원하는 것이 아니라는 것을 알면 기분이 어떨까? 아마도 업무 관련자들은 모두 크게 실망할 것이고, 담당자도 왜 이런 일이 생긴 건지 의아할 것이다. 그러므로 항상 문제 해결에 필요한 모든 정보가 있는지 여부와 고객의 요구사항을 제대로 이해하는지 여부를 자문해야 한다. 그렇지 않은 경우 노력은 했지만 아무도 원치 않는 제품을 만들게 된다. 결국 리팩토링에 많은 시간을 투입하거나 아예 처음부터 다시 시작해야 할 수도 있다. 이런 상황이 생기는 건 진짜 시간 낭비다. 게다가 고객의 신뢰도 잃게 된다.

부실해도 될까? 완벽해야 할까?

핵심 기능에 집중하는 이유는 그것이 바로 앱 개발자가 검증하려는 가설에 가장 큰 영향을 주기 때문이다. 그러나 핵심 기능에 집중하라는 것이 제품의 다른 기능들은 부실해도 된다는 의미는 아니다. 타임박스 개발법을 사용해 자주(매일 또는 매주), 그리고 정해진 일정마다 제품을 릴리스하도록 해야 한다.

여러분이 만들어낸 기능이 완벽하지 않을 수는 있지만, 이터레이션이 반복될 때마다 점차 기능을 개선할 수 있다. 첫인상을 줄 수 있는 기회는 한 번뿐이겠지만, 완벽을 목표로 시간을 들여 작업하는 일이 반드시 가설을 증명하는 데 도움이 되는 것은 아니다. 오히려 피드백을 빨리 받을 수 있는 기회를 방해한다. 더 중요한 점은 어떻게 초기 사용자를 선정할 것인가이다. 얼리 어답터는 주류 사용자들과는 매우 다르며, 그들이 기대하는 것도 차이가 있다. 그래서 얼리 어답터에게 앱을 테스트해달라고 요청할 때는 그들의 기대 수준을 낮추는 것이 매우 중요하다. 앱 개발사의 현재 수준에 대해서 솔직하게 말하고, 정말로 그들의 피드백을 원하며, 그들의 요구사항을 최대한 반영할 것이라고 말해야 한다. 이런 요구는 조금 가혹할 수도 있지만, 어차피 궁극의 완벽함이란 존재하지 않는다. 중요한 것은 개발사의 의도가 아니라 얼리 어답터의 의견이라는 것을 명심한다.

릴리스는 일찍 그리고 자주

릴리스는 일찍 그리고 자주하는 것이 좋다. 일반적으로 1주나 2주에 한 번씩 하는 것이 학습 효과를 극대화할 수 있다. 타임박스 프로그래밍은 중요한 기능을 제공하고자 할 때 도움이 된다. 다음 그림은 개발Build—측정Measure—학습Learn 피드백 사이클이다. 얼리 어답터를 확보해 피드백을 받으면 좋겠지만, 그런 과정이 앱을 개발할 때마다 항상 가능하지는 않다. 얼리 어답터를 확보하지 못한 경우라도 분석 데이터를 얻을 수 있는 훌륭한 도구가 있다. 이에 대해서는 13장, '플레이 스토어 및 앱 스토어 실험'에서 훌륭한 도구가 무엇인지, 그리고 통계 자료를 통해 피드백을 어떻게 수집하는지를 배울 것이다.

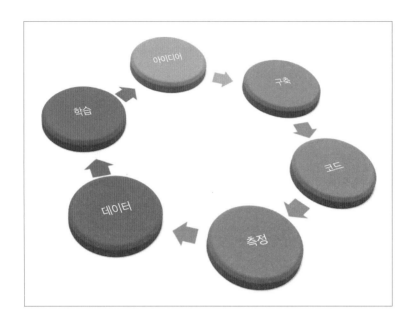

▌ 아무것도 없이 시작하는 법

텅 빈 종이와 기초적인 아이디어 그리고 최소기능제품^{MVP}만 갖고 시작할 수도 있다. 사실 아무것도 없는 것은 아니지 않는가? 하지만 이것만으로는 앱이나 회사를 만들 수 없을 것이며, MVP와 프로덕트-솔루션 핏에 대한 확신조차 없다면 고객을 모으기란 더욱 힘들 것이다.

닭이 먼저? 달걀이 먼저?

개발하려는 앱의 종류에 따라 다르겠지만, 머지않아 닭이 먼저냐, 달걀이 먼저냐 하는 문제에 맞닥뜨리게 된다. 즉, 사용자가 제작한 콘텐츠를 기반으로 하는 앱을 만드는 경우, 사용자가 없다면 콘텐츠도 없을 것이다. 하지만 반대로 생각하면 콘텐츠가 없는데 어떻게 사용자를 모을 수 있을까? 어디서부터 이 문제를 해결해야 할까?

친구 찾기 앱이든, 일자리 찾기 앱이든, 아니면 여러 회사를 한 군데 모으는 앱이든, 마켓을 기반으로 하는 유형의 앱이라면 반드시 이 문제를 해결해야 하며, 다른 유형의 앱도 유사할 것이다. 앱 스토어에는 많은 앱이 있다. 거의 같은 기능을 하는 앱들도 많은데, 사용자가 굳이 그 중에서 특정 앱을 사용해야 할 이유는 무엇일까? 개발사라면 조만간 "우리 앱이 다른 앱보다 좋은 이유는 무엇인가?"에 대한 대답을 찾아야 한다. 가격이 저렴해서 좋은가? 기능이 많아서 좋은가? 아니면 단지 많은 사람들이 사용하고 있어서 더 확신을 주는 걸까? 아무튼 막 시작한 개발사에게 많은 사용자나 콘텐츠가 있는 플랫폼이 있진 않을 것이다. 해결해야 할 닭과 달걀 문제만이 있을 것이다.

닭이 없다면, 달걀이 생길 수 없고...

달걀이 없다면, 닭이 생길 수 없고...

만들 때까지는 있는 척해라

닭과 달걀 문제를 해결하고 앱 개발도 시작할 수 있는 간단한 해법이 있다. 그 중 하나는 개발이 완료될 때까지 있는 척을 하는 것이다. 이는 속임수나 뭔가 나쁜 것처럼 느껴지나 실제로 그런 것은 아니며, 닭과 달걀 문제의 해결책이라고 할 수 있다. 즉, 거짓말이 아니라 위장을 하라는 것이다. 데이트 앱을 개발하고 있다면, 친구와 지인들에게 가입과 함께 잘 나온 프로필 사진을 등록해 달라고 부탁하는 것이다. 이런 방식은 사용자 프로필을 확보해야하는 경우뿐만 아니라, 다른 유형의 콘텐츠를 확보하는 경우에도 활용할 수 있다. B2B 앱을 개발하는 경우라면, 데이터를 확보하기 위해 유료로 기업 정보를 구매해 보유 데이터가 많은 것처럼 보여줄 수 있다. 이에 대한 자세한 내용은 매시업에 대한 내용을 다루는 10장, '그걸 위한 API는 있어요!'를 참고하도록 한다. 또 다른 검증된 해결책 중 하나는 구인, 구직 정보를 보여주는 앱처럼 여러 정보 소스에서 데이터를 모아 통합하는 앱을 만드는 것이다. 이 외에도 시작 단계에서 시도할 수 있는 방법은 매우 다양하지만 궁극적으로는 콘텐츠와 사용자를 발굴해 앱을 확대하는 것이 목표라는 것을 잊지 말자.

전문가가 되자

실천을 통해 누구나 전문가가 될 수 있다. 게다가 틈새 시장에 따라서는 쉽게 핵심 플레이어가 될 수도 있다. 일단 전문가처럼 행동하면서 빨리 학습하는 방식을 취하자. 예를 들어, 우리가 소셜 미디어를 결합한 디지털 전광판[1] 분야의 스타트업을 시작했을 때, 전광판에서 대해 알고 있는 것이라고는 지하철역이나 매장에서 흔히 볼 수 있는 텔레비전 화면이라는 정보일 뿐, 그 외에는 별다른 게 없었다. 디지털 전광판을 주제로 블로그에 글을 쓰기 시작하면서 많은 것을 배웠고, 점차 전문가가 됐다. 더 중요한 점은 이런 과정이 우리가 해결하려는 문제를 구체화하는 데 도움을 줬다는 점이다. 우리가 찾으려던 것은 어떻게 하면 디지털 전광판을 좀 더 인터랙티브interactive하게 할 수 있을 것인가라는 질문에 대한 답이었다. 아는 척하는 것은 목표를 정하는 데 도움이 되며, 일단 목표를 달성하게 되면 그것은 더 이상 위장이 아니라 실제가 된다. 이런 방식으로 긍정적인 입소문을 낼 수 있다. 괜찮은 방법이지 않은가? 물론 실제 결과가 있어야 한다. 만약 기대치를 만족시킬 수 없을 거라고 판단되면 위장을 해서는 안 된다. 대신 더 시간을 들여 일을 제대로 끝내고 그

---

1 포스터, 안내 표시, 간판 등 기존의 아날로그 광고판을 디지털 디스플레이를 활용해 각종 정보와 광고를 제공하는 디지털 게시판을 이르는 말이다. 일각에서는 내로캐스팅(narrowcasting), 스크린 미디어(screen media), 장소 기반 미디어(place-based media), 디지털 미디어 네트워크(digital media networks) 등으로 부르기도 하지만 디지털 전광판으로 부르는 게 일반적이다. (출처: 트렌드 지식사전 2, 2014. 5. 23, 인물과 사상사) – 옮긴이

과정에서 전문가가 돼야 한다. 결과를 실제로 꾸준히 만들어 낼 수 있다면 스타트업의 비전도 머지않아 현실이 될 것이다.

일단 시작하고 그 후 맞춘다

스타트업 아이디어의 대부분은 이미 존재하는 개념을 기반으로 한다. 약간의 기능 개선이나 가격, 서비스, 사용 방법의 차별화, 독특한 제안 등이 모두 여러분의 제품을 다른 제품과 구별시켜주는 USP^Unique Selling Point(독특한 판매 소구점)일 수 있다. 같은 서비스라도 다른 마케팅 방법으로 홍보하면 완전히 다른 제품이 되기도 하며, 실제로 그런 사례가 종종 생기는 것을 볼 수 있다. 예를 들어, 나는 한때 MVNE^Mobile Virtual Network Enabler[2] 프로젝트를 수행한 적이 있는데, 이들의 고객은 자신의 인프라를 직접 보유하지 않고도 모바일 서비스를 제공하는 **가상 이동 통신망 사업자**(MVNO)였다. 이들 가상 이동 통신 사업자 간의 가장 큰 차이점은 마케팅 전략뿐이었다. 어떤 회사든 큰 투자를 할 필요 없이 통신 서비스를 시작할 수 있다. 필요한 것은 일단 시작한 후에 맞춰 나가는 것뿐이다. 제대로 하려면 당연히 특허나 저작권에 대해서도 잘 알아야 하고, 사업상 리스크도 감수해야 하지만, 우선 첫 번째 MVP를 만들거나 앱을 개발할 때 도움을 받을 수 있는 (오픈 소스) 프로젝트가 많다.

비록 넉넉한 자금이 없어도 아이디어만을 구입하거나 또는 아이디어를 거의 유사하게 구현해 낸 앱을 구매할 수도 있다. 그러면 그 이후에는 개선하는 작업을 하거나, 다른 앱과의 차별화 요인을 알아내는 데 시간을 유용하게 쓸 수 있다. 대부분의 앱은 단지 약간의 변형만으로도 새롭게 시작할 수 있다. 예를 들어, http://codecanyon.net 서비스에 접속해 보자. 이곳은 앱 개발의 출발점으로 삼기에 좋은 곳이다. 여기에는 안드로이드와 iOS용 앱, 웹 기반 앱 등이 있다. 플래피 버드^Flappy Bird 복제 앱과 음식점 앱도 볼 수 있으며, 그 외에도 없는 게 없다.

---

2 자신의 주파수 및 무선국을 보유하고 독자적으로 이동 통신 서비스를 제공하는 사업자인 이동 통신 사업자(MNO)와 이들에게 이동 통신망을 임대해 이동 통신 서비스를 제공하는 사업자인 가상 이동 통신망 사업자(MVNO) 사이의 전문적인 중재 역할을 수행하는 업체. 데이터 서비스, 콘텐츠 관리, CRM, 프로파일 관리, 청구 및 결제 등의 서비스를 제공하고 시장 진입을 도와주는 서비스 사업자다. – 옮긴이

스타트업 회사에서 여행 앱을 개발한다고 가정해보자. 일단 유사한 종류의 앱이 있는지 찾아보고 그 중 한 개를 구입한다. 그 후 이 앱을 약간만 변경하는 것만으로도 회사가 알고 싶은 가설을 빠르게 검증할 수 있다.

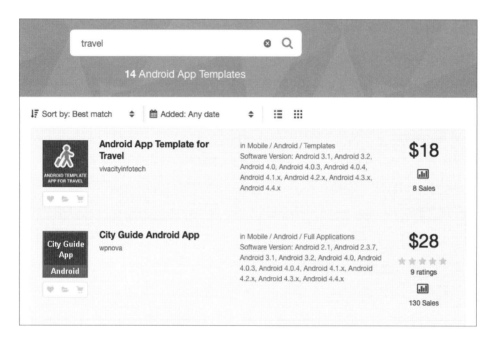

시간을 약간만 투자해도 실제 개발 기간을 많이 단축할 수 있다. 이러한 학습 과정을 거치면 앱 개발 초기라도 앱의 기능과 디자인을 정의할 때 도움을 받을 수 있다. 나중에는 앱을 완전히 처음부터 다시 개발하고 싶은 시기가 올 것이다. 하지만 이미 만들어져 있는 앱을 활용해 유용한 통찰력을 빨리 얻는 것이 도움이 되리라고 생각한다면 이런 식의 개발법도 고려할 필요가 있다.

개발이 끝나지 않은 앱으로 제안하기

앱을 개발하기 전이라도 앱에 대해 설명하거나 제안할 수 있을까? 아직 존재하지 않는 앱은 보여줄 수가 없기에 고객이 앱을 직접 확인할 수도 없고, 더군다나 그 앱을 사용해야 할 이유도 찾기 어렵다. 하지만 어떻게든 고객이 겪는 문제를 해결할 수 있는 아이디어를 가진 앱이 있다는 사실을 알려야만 할 것이다. 여기서 재밌는 사실은 앱 자체는 중요한 것이 아니라는 점이다. 왜냐하면 앱만을 제품이라 할 수는 없기 때문이다. 앱은 고객의 문제를 해결하는 수단일 뿐이다. 앱이 없다면 고객에게 슬라이드쇼나 동영상으로 앱의 기능과 왜 그 앱이 고객의 문제를 해결하는 데 도움이 되는지를 보여줘라. 이런 방식도 설득력이 있고 고객이 관심을 끌 수 있다는 것을 알게 될 것이다. 정말로 잘 설명했다면 제품 없이 선주문을 받을 수도 있다.

멋진 동영상을 제작할 기술이 없거나, 로고 또는 기타 디자인이 필요하다면 https://www.fiverr.com을 참고하자. 여기에서 많은 프리랜서 디자이너의 도움을 받을 수 있다. 또 다른 사이트인 https://99designs.com도 참고할 만하다.

동영상이나 프레젠테이션이라고 해서 MVP와 크게 다르지는 않다. 비록 앞에서는 프로덕트-솔루션 핏의 가설이 아닌 프로덕트-마켓 핏의 가설에 대한 예를 들었지만, 그 차이는 크지 않다고 할 수 있다. 스타트업의 대표라면 누구나 자신의 역할과 상관없이 영업 활동을 해야 하고, 아직 실물이 없더라도 제품을 팔 수 있어야 한다. 그것은 거짓말이나 허세가 아니다. 오히려 고객의 문제를 해결하는 솔루션을 제시하는 창의적인 방법이다.

그러나 가짜 사용기를 쓰거나 가입 고객 수를 속이거나, 실제보다 열 배씩 부풀려서는 안 된다. 사실을 왜곡해서는 안 된다. 대신 전문가가 되거나, 좋은 평판을 얻고자 노력하고, 아직 개발 중이더라도 구현 예정인 기능의 목록을 보여줘서 확신을 주는 웹사이트를 만들어야 한다. 고객이 신뢰할 만한 회사라는 것을 보여주기 위해 이용약관 등 회사 정책 페이지 링크도 추가하도록 한다. 또한 아직 제품을 판매할 준비가 되지 않았다 하더라도 미리 가격표를 웹사이트에 게시하는 것이 좋다. 또한 (매출) 트랙션 측정은 빠를수록 좋다. 15장, '트랙션 향상 및 리텐션 개선'에서는 트랙션 측정 방법에 대해 다루고, 17장, '수익 창출 및 가격 전략'에서는 가격 정책에 대해 좀 더 알아볼 예정이다.

▌ 업무를 짜임새 있게 유지하는 법

통계 자료나 고객 인터뷰에서 얻은 피드백을 제품에 반영하려면 앱의 구조나 동작 방식의 변화가 필요하다. 또한 기획의 요구사항이 종종 바뀔 때마다 이를 임시로 반영해야 할 수도 있다. 이런 상황은 결국 소스 코드에 대한 리팩토링을 요구한다. 리팩토링은 모든 개발자가 중요하다고 생각하지만, 시간이 충분하지 않기 때문에 실제로는 수행되지 않거나, (시간이 지나서) 잊혀진다. 때때로 리팩토링으로 인해 오히려 코드가 불안정해진다고 여기는 경우도 있다. 그러나 기술 부채가 너무 커지지 않도록 해야 한다. 기술 부채나 스파게티 코드는 개발에 충분한 시간을 투입하지 않았거나, 기본 프로세스를 불충분하게 수행하는 경우 발생하는 문제다. 특히 사업 분야의 역량만 보유한 스타트업의 경우, 외주 개발을 하거나 서드파티를 통해 일을 하게 된다. 이 경우 앱의 기술적 아키텍처에 대한 전문성은 거의 없을 것이다. 그럼에도 불구하고 스타트업이라면 꼭 자사의 제품을 직접 개발할 것을 추천한다. 만약 스타트업에 기술을 담당하는 공동 창업자가 없다면 지금 당장 책을 읽는 것을 잠시 멈추고, 개발자를 찾는 것이 좋겠다. 창업자가 원하는 기술을 가진 공동 창업자 또는 개발자 역할을 할 수 있는 사람들을 만날 수 있는 모임이나 웹사이트가 많이 있다. 예를 들어, https://angel.co 또는 https://cofounderslab.com도 도움이 될 것이다.

일이든 코드든 구조화가 잘 된 상태를 유지하는 게 중요하다. 디자인 패턴과 다양한 실천법을 활용하면 안드로이드와 iOS용 앱을 개발하는 데 도움이 될 것이다. 안드로이드 스튜디오에서도 리팩토링을 위한 기능을 꽤 많이 제공하며, 엑스코드Xcode의 경우에는 약간의 노력이 더 필요하다. 그럼에도 불구하고 리팩토링은 두 플랫폼 모두에서 똑같이 중요하다.

디자인 패턴

바퀴를 다시 발명할 필요가 없듯이, 이미 잘 되고 있는 것을 반복할 필요는 없다. 이를 일컫는 소프트웨어 개발 분야의 규칙 중 하나가 바로 반복하지 말라Don't Repeat Yourself라는 뜻의 DRY 원칙이다. 디자인 패턴 개발법은 공통 문제에 대한 해법으로서, 이런 패턴은 앱을 개발할 때 여러 곳에서 활용할 수 있다. 디자인 패턴은 신뢰도가 높으며, 개발 속도를 높이는 데도 도움이 된다. 즉 패턴 개발법은 최소한의 노력으로 고품질의 소프트웨어를 개발하는 데 유용하다. 또한 이 방법을 활용하면 다양한 업무로 인해 집중력이 분산되는 문제도 해결할 수 있다. 유명한 패턴 중에는 **모델-뷰-컨트롤러**Model View Controller, MVC 패턴과, 이와 약간 유사한 **모델-뷰-프리젠터**Model View Presenter, MVP 패턴이 있고, **모델-뷰-뷰모델**Model-View-ViewModel, MVVM 패턴도 있다. 디자인 패턴과 관련해서는 유명한 책도 많고, 자세히 다루는 것은 이 책의 범위를 넘어서지만, 그 중 MVC와 MVP는 대부분의 모바일 개발에서 사용되므로 특히 중요하다는 점은 강조하고 싶다. 패턴이라는 아이디어가 출현한 배경은 비즈니스 로직에서 데이터와 UI(사용자 인터페이스)를 분리하려는 의도 때문이다. 안드로이드 스튜디오나 엑스코드에서 생성해주는 대부분의 안드로이드 및 iOS 앱의 아키텍처를 자세히 살펴보면, 이들 패턴이 이미 적용됐다는 점을 알 수 있다. 컨트롤러는 다른 레이어에서 데이터를 가져온다. 레이어는 클라이언트일 수도 있고, 리포지토리 클레스일 수도 있다. 예를 들어, 데이터를 로컬 소스에서나 API를 통해서 가져올 수 있다. 컨트롤러는 모델(또는 뷰 모델)에서 획득한 데이터를 사용자 인터페이스에 전달한다.

독립적으로 운영하라

앱이 데이터를 가져오는 장소가 로컬이건, **모바일 백엔드 서비스**^{MBaaS}이건, 서드파티 API건, 자체 API건 관계 없도록 구현하는 것이 가장 이상적이다. 그리고 사실 이렇게 구현하는 것은 어렵지 않다. 다만 이를 위해서는 여러 요구사항을 제대로 구분해 그에 맞도록 구현해야 한다. 이 사실을 명심하자.

또 다른 중요한 교훈은, 서드파티 서비스를 항상 믿으면 안 된다는 사실이다. 파스^{Parse} 서비스에 대해서 들어본 적이 있을 것이다. 예전에는 가장 잘 나가는 모바일 백엔드 서비스로, 많은 개발자가 파스 서비스의 클라우드를 데이터 저장소로 이용했다. 하지만 지난 해초 사업 중단 계획을 발표함으로써 많은 개발자들을 충격에 빠지게 했다. 다행인 사실은 파스 서버의 오픈 소스 버전을 만들었다는 점이다. 어쨌든 내가 말하려는 게 이런 상황이다. 핵심 파트너 중 하나가 사업을 중단해도 독자의 사업이 중단되는 일은 없어야 한다.

데이터 레이어

앱이 잘 구성돼 있으면 서비스 공급자를 변경하는 일이 어렵지 않다. 데이터에 접근하는 레이어를 분리하고, 데이터 레이어와 컨트롤러 사이의 통신용 규약을 정의한다. 이런 규약을 안드로이드에서는 인터페이스, iOS에서는 프로토콜이라고 부른다. 규약에는 구현부는 없으며, 한 클래스와 다른 클래스 간의 약속만을 정의한다. 즉, 사용 가능한 메소드와 필요한 파라미터, 반환 타입을 정의한다.

예를 들어, 어떤 소스에서 데이터를 가져온다고 가정해보자. 그러면 IRepository 인터페이스 내에서 동작을 지시하는 메소드 이름과 결과 값, 파라미터 등을 정의할 것이다. 좀 더 구체적인 사례로, 클라우드 어딘가에 저장된 기업 뉴스를 가져오고 싶다고 해보자. 클라우드로는 파스 서버(Back4App 또는 그 외)나 아마존, 애저, 또는 파이어베이스 등이 될 수 있지만, 실제로 데이터가 어디에 놓일지는 중요하지 않다. 왜냐하면 이는 인터페이스일 뿐이고, 아직은 실제 구현에 신경 쓸 필요는 없기 때문이다.

안드로이드의 경우 다음과 같이 표시한다.

```
public interface IRepository{
  public void getNews(OnRepositoryResult handler, GetNewsRequest request);
```

iOS의 경우 다음과 같다. (스위프트 2.x)

```
protocol RepositoryProtocol {
  func getNews(handler: RepositoryResultDelegate, request: GetNewsRequest)
```

이 인터페이스나 프로토콜을 구현한 데이터 레이어 클래스가 실제 작업을 수행한다. 이 클래스는 원격 데이터 소스에서 데이터를 가져온다.

예를 들어, 안드로이드용 구현 예제는 다음과 같이 시작된다.

```
public class RemoteRepository implements IRepository {
...
  @Override
  public void getNews(OnRepositoryResult handler, GetNewsRequest request)
{
    // 비동기 방식으로 데이터를 가져와 결과를 반환한다.
  }
```

반면, iOS 구현 예제는 다음과 같이 시작된다.

```
public class RemoteRepository: RepositoryProtocol {
  ...
  func getNews(handler: RepositoryResultDelegate, request: GetNewsRequest) {
```

8장, '앱 실험용 클라우드 솔루션'에서는 파이어베이스로 구현한 예제를 볼 수 있다.

> 데이터 레이어는 데이터를 로컬에 가상으로 만든 데이터에서 가져올 수도 있다. 또한 데이터 소스 변경도 손쉽게 가능하다. 이런 방식을 테스트 목적으로 사용하면 편리하다.

▌ 기간을 단축하는 법

"기간을 단축하는 방법 따윈 없어!"라고 말하긴 힘들다. 잘 찾아보면 그런 서비스나 방법들이 있다. 이를 활용하면 시간과 자금을 대폭 줄일 수 있을 것이다. 만약 앱에 채팅 기능이 필요하거나, 또는 문자나 그림, 오디오나 비디오를 친구와 공유해야 해서 백엔드 서버와 통신이 필수적이라고 해보자. 이런 경우 앱은 다음과 같이 많은 요구사항이 발생한다.

- 앱과 백엔드 사이의 데이터 동기화
- 백엔드의 데이터를 앱으로 전송
- 데이터 저장소
- 데이터 스트리밍
- 오프라인 지원
- 이메일로 유저 등록 및 로그인
- 페이스북이나 트위터로 유저 등록 및 로그인

여러분의 회사에서 위의 모든 기능을 지원하는 백엔드를 직접 만들 수도 있을 것이다. 하지만 그러려면 꽤 시간이 필요할 테니 그렇게 하지 않는 것이 좋다. 시중에는 이러한 요구사항을 모두 (또는 일부) 지원하는 서비스가 이미 많이 있다.

8장, '앱 실험용 클라우드 솔루션'에서는 파스 서버에 대해 자세히 살펴본다. 이후에는 윈도우 애저도 살펴볼 것이다.

▌ 매시업

매시업mash-up은 재사용 데이터에 새로운 비즈니스 로직과 프레젠테이션 부분을 합성해서 만든 앱이다. 매시업은 웹 솔루션에서 많이 사용되고 있지만, 네이티브 앱 개발에서도 문제없이 사용할 수 있다. 매시업 구성 요소 중 재사용 데이터는 어디서든 구하기가 쉽다. 정부나 공공 기관들은 각 부서에서 생산한 공공 데이터를 API로 공개하고 있다. 그러므로 매시업 솔루션이라면 콘텐츠보다는 프레젠테이션 부분을 더 많이 고려해야 한다. 이 원칙은 데이터를 기반으로 한 앱이건 또는 기업이나 일반 사용자를 대상으로 하는 앱이건 모두 동일하다.

매시업 앱들은 다양한 제공처에서 데이터를 수집한 후, 이를 취합하고 통합한 뒤 화면에 출력한다. 간단한 예로는 데이터를 주면 인포그래픽을 생성하는 앱이나, 플리커Flickr에서 사진을 가져다 구글 지도에 표시하는 앱 등이 있다. 그 외에도 여러분이 생각하는 것 이상의 세련되고 복잡한 앱들이 있다. 매시업은 MVP의 개발이나 개념 증명Proof Of Concept을 할 때 매우 유용하다. 매시업이 수익성 있다고 여겨지는 분야는 정보 통합 서비스(애그리게이터aggregator)다. 이 분야의 대표적인 예로는 여러 보험 상품 정보를 수집해서 비교 견적으로 보여주는 웹 사이트가 있다.

매시업 솔루션으로 개발하면 비교적 빨리 제품을 만들 수 있지만, 수익 창출은 더 어렵다는 점을 기억해둬야 한다. 왜냐하면 매시업 솔루션의 가장 큰 단점은 서드파티 의존성이 크다는 것이기 때문이다. 매시업 방식으로 서비스를 시작해 규모가 점점 커지는 경우에도 계속 서드파티 데이터에만 의존해서는 안 되며, 더 많은 데이터를 확보해야 한다. 데이터 공급자가 데이터 제공을 중단하는 경우, 여러분의 사업도 중단될 수 있는 위험은 피해야 한다. 데이터 공급자를 핵심 파트너사로 삼아 위험을 줄이는 방법도 있다. 이 경우 의존성은 여전하지만 관리가 가능하므로 문제가 발생할 가능성이 줄어든다.

▌ 요약

5장에서는 일단 시작하고 개선하는 방법들에 대해 알아봤다. 닭과 달걀의 문제와, 이를 다루는 방법을 살펴봤다. 또한 디자인 패턴에 대해 알아보고 업무를 구조화하는 데 패턴이 어떻게 도움이 되는지도 배웠다.

마지막으로 서비스 방식으로 제공되는 모바일 백엔드(MBaaS)와 매시업을 간략히 소개했다. 8장과 11장에서는 이 두 가지 주제의 실제 구현 방법을 알아볼 예정이다. 그러나 우선은 MVP를 실제 얼마나 최소한으로 만들어야 하는지에 대해서 알아보자.

06

MVP는 언제나 당신이 생각하는 것보다 훨씬 작다

최소기능제품Minimum Viable Product에서 M은 최대가 아니라 최소의 의미라는 것을 명심하자. 개발사가 희망하는 모든 고객을 대상으로 기능을 기획하고, 이를 구현하는 데 3개월이 걸릴 것으로 예상되는 제품이라면 이를 최소기능제품이라 할 수는 없을 것이다. 하지만 반대로 사용자의 검증도 거치지 못한 제품을 만들어 불필요한 재작업과 개발주기 미준수, 매출 손실 등을 초래하는 것도 큰 문제일 것이다.

사실 글로 MVP를 정의하는 것은 그리 어렵지 않아 보인다. 문제는 팀이 최초로 출시하려는 제품과 관련해 최소 요건을 정의하는 중에 발생한다. '얼마나 최소여야 하는가?', '핵심 기능을 한 개 이상 정의해도 되는가?', '유스 케이스use case를 모두 취급해야 하나?', '화면에 12개 이상의 버튼을 사용해도 되는가?' 같은 질문부터 다른 많은 복잡한 질문을 겪다 보면 처음 계획한 MVP가 진짜 최소 요건인지, 그 기능만으로도 독자 생존이 가능한지 여부를 알기가 어렵다.

6장에서 설명하는 내용은 독자가 참고할 수 있는 용도로 기획했다. 또한 시장에 출시할 준비가 된 MVP를 제대로 정의하고 검증하는 데 도움을 주고자 한다.

다음과 같은 내용을 다룰 예정이다.

- 최소기능제품(MVP)이란?
- MVP 정의하기
- 빨리 실패하고, 철저하게 검증하기
- 반복하면서 MVP를 개선하기

▌ 최소기능제품(MVP)이란?

최소기능제품(MVP)의 정의는 다음과 같다.

> "팀이 최소한의 노력을 들여, 고객에 대한 최대한의 검증된 정보를 학습할 수 있게 하는 새 버전의 제품" – 에릭 리스

인스타그램이나 스냅챗, 틴더 같은 앱에서 한 가지 공통된 특징을 찾을 수 있다. 바로 앱이 처음 공개됐을 당시 지금보다 훨씬 단순했다는 점이다. 스마트폰이나 아이팟 같은 기기도 그랬다. 처음에는 한 가지 주요 기능을 잘 만들어 제공했다. 누구나 알고 있듯이 이들 제품은 수년 간의 자본 투자의 반복된 개발을 거친 후 지금과 같이 다양한 기능을 제공하게 됐다. 여기서 중요한 사실은, 이들 제품은 초기에는 고객 세그먼트의 핵심 문제를 해결하는 것을 목표로 최소의 기능을 가진 제품을 시장에 출시했던 우수 사례라는 점이다.

MVP의 이점

조직 내에서 린 방식으로 MVP 제품 설계와 개발 모델을 채택하면 비용은 최대한 줄이면서 아이디어를 훨씬 빠르게 검증할 수 있다.

- **단순함을 유지한다**: 가치와 효용을 즉시 제공하는 핵심 기능에만 집중하면, 완벽한 제품을 개발하려고 끊임없이 개발 사이클을 반복하는 것보다 훨씬 빠르게 시장에 제품을 출시할 수 있다.
- **돈을 절약한다**: 제품을 시장에 내놓고 검증하는 과정을 통해 추가 투자나 개발이 필요한지를 알 수 있다. 초기 버전이라도 일단 동작하는 제품을 갖게 되면, 향후 비용과 노력을 최소화하면서 버틸 것인지 아니면 개발 방향을 바꿔야 하는지를 판단할 수 있다.
- **배우고 발전한다**: MVP 개발 모델이 갖는 반복적, 개선적 속성은 곧 빠르고 민첩하다는 것을 의미한다. 이는 스프린트를 반복하면서 제품을 다듬고 개선하는 동시에, 개발 주기마다 사용자에게 받은 소중한 피드백과 통찰력을 제품에 반영할 수 있다는 의미다.

▎ MVP 정의하기

MVP를 어떻게 정의할 것인지에 대해서는 많은 의견이 있으며, 주로 '최소한이 얼마나 최소한이어야 하나?'라는 질문과 관련된다. '최소한'은 주관적인 개념으로, 제품마다 요구사항도 다르고 미묘한 차이도 존재한다. 그러므로 최소냐 아니냐로 판단하기보다는 MVP 정의에 도움이 되는 기법과 모범 사례를 알아보자. 일반적 시장의 요구사항은 MVP를 정의할 때 핵심 기능이 최소 한 가지 이상 포함되도록 하는 것이다.

지금부터는 다음 주제에 대해 좀 더 자세히 알아본다.

- MVP 만들기
- 컴포넌트를 모아서 MVP 만들기
- MVP를 기업에 적용하기

MVP 만들기

다음 첫 번째 그림에서 만들려는 MVP는 A지점에서 B지점으로 출근할 수 있는 교통 수단을 만드는 것이다. 차가 얼마나 빠른지, 멀리 가는지, 동력으로 가는지 또는 사람의 힘으로 가는지에 대한 정의는 필요 없다.

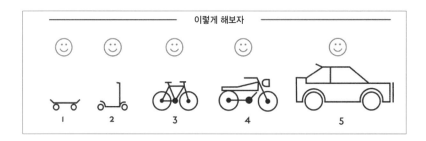

반대로 두 번째 그림에서는 여러 유스 케이스와 조건을 고려한 구현 방식이다. 결과적으로 시장에서 빠른 검증을 받을 수가 없고, 잠재적으로 비용도 증가하며, 고객에게 제품을 알리기도 힘들다.

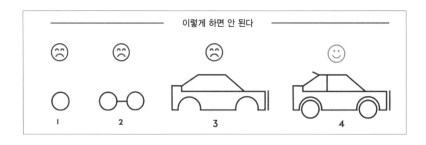

컴포넌트를 모아서 MVP 만들기

첫 번째 그림에서는 스케이트보드를 만들려고 여러 컴포넌트를 한데 모았다. 이를 위해서는 보드와 몇 개의 바퀴가 있어야 하고, 바퀴와 보드를 연결하는 장치도 있어야 한다. 이들이 하나로 합쳐지면 출근용 교통 수단이라는 MVP가 된다. 이 예제를 여러분이 계획하고 있는 MVP에 적용해보자. 예를 들어, 만약 MVP가 아주 기초적인 단계의 CRM 소프트웨어라고 가정해보자. 그러면 사용자에게 고객 정보 저장, 연락처 검색, 담당자간 공유, 판매 현황 조회 등을 수행할 수 있는 통합 화면을 제공해야 할 것이다. 즉 MVP를 정의하려면 다양한 컴포넌트와 기능들이 결합돼야 한다. 고객 관리 기능과 매출 조회 기능을 결합한 CRM 제품을 MVP라고 정의하면 어떨까? 결합하지 않은 각 기능만으로 미니 MVP를 만들 수도 있지만, 한 가지 기능으로만 구성된 MVP로는 시장에서 경쟁력 있는 CRM 제품이 될 수는 없을 것이다. 명심해야 할 것은 MVP의 'V^{viable}'는 독자 생존이 가능하다는 의미의 약자라는 점이다. 즉, 최소한 판매가 될 수 있을 만큼의 기능은 갖추어야 한다는 뜻이다.

MVP를 기업에 적용하기

전통적으로 기업용 소프트웨어 개발 방식은 기능을 완벽하게 갖춘 최종 버전을 상품으로 만들어 고객에게 제공하는 것이다. 이런 방식은 MVP의 '최소 요건'으로, '독자 생존 가능한' 제품을 만든다는 개념과는 거리가 있지만, 기업용 소프트웨어 개발팀도 최소 요건(가치와 효율을 제공하는 최적의 기능인가?)을 정의하고, 이에 따라 독자 생존(최적의 기능 구성이 독자가 비용을 지불하고 구매할 만한가?)이 가능하도록 균형을 맞추고자 노력할 수 있다.

기업형 제품에 맞도록 MVP를 정의하는 데 도움이 될 만한 몇 가지 방법을 알아보자.

- **데이터 중심 설계**: 제품을 정할 때 데이터를 기준으로 한다. 고객 의견, 사용량 지표, 기존 성능 보고서를 사용해 어느 때보다 간편하게 기능별로 계층 구조를 만들어 우선순위를 매길 수 있고, 가능한 한 최소 수준으로 설계할 수 있다.

- **시장 이해하기**: 모든 사람을 위해 모든 기능이 있는 제품을 만들 수는 없다. 기업 고객이 대상일 때도 명확한 목표 시장(고객) 세그먼트를 정하고 시작해야 한다. 개발하려는 제품이 누구를 위한 것인지 명확하게 정의하면 진입 장벽을 설계하고 MVP를 강화하는 데 도움이 된다.

- **최소 판매 가능 제품 (MSP)**: MVP를 정의했다면 해당 제품이 실제로 독자 생존이 가능한지 확인해야 한다. 제품의 목표 시장에서 실제로 테스트하여 사용자가 기꺼이 구매할 만한 최소한의 기능을 갖추고 있는지 확인해야 한다. 또한 제품 관리자의 직감이나 회사 내부의 추측에 의존해 주요 기능을 확정해버리는 실수는 피해야 한다. 반드시 검증하도록 하자.

- **점진적 UX 적용**: MVP 개념을 컴포넌트나 기능 단위 수준까지 구체화하도록 해야 한다. 이는 더 이상 해야 할지 말지를 고민할 문제가 아니다. 기본 아이디어는 각 개발 단계마다 추가 구현할 기능별 진도 계획(검증 후 개선을 위한 여유 일정도 고려)을 마련하는 것이다. 이를 통해 검증과 학습에 드는 시간과 비용을 아껴, 시장에서 제품의 (독자 생존 가능성을) 빨리 알아내고, 시간이 지날수록 점점 개선시킬 수 있다.

그러나 관련자 모두가 즉시 이런 프로세스를 이해할 것이라 생각해서는 안 된다. 특히 직원이나 팀이 전 세계 여기저기에 분산돼 있다면 이런 내용이 지속적으로 전파되도록 노력해야 한다. 내가 속한 회사인 도미니언 딜러 솔루션의 팀들은 미국 외 3개국에 흩어져 있다. 게다가 많은 팀이 인수 합병으로 구성된 까닭에 합병 전 기업 문화와 성향을 여전히 고수하는 등 어려운 상황이었다. 모든 사람이 MVP 개발이라는 개념을 이해하고 수용할 수 있도록 하기 위해 핵심 인력을 중심으로 이 개념을 확산시키고자 많이 노력했다. 이 과정은 수개월이 걸렸지만 결과적으로 일단 개념이 확립되자 다음에는 들풀처럼 확산됐다.

▌ 빠른 실패 – 철저한 검증

MVP의 핵심은 사용자 피드백을 받고, 사용자 테스트를 수행해, 출시할 제품을 사용자가 기꺼이 이용(구매)할 것인지를 검증하는 것이다. 불행히도 일부 팀은 최소 및 독자 생존 가능이라는 조건을 만족하지만, 검증은 놓치는 실수를 범한다. 검증을 통한 학습은 MVP를 정의하는 핵심 요소로서 시장의 수요를 확인하고, 스프린트 주기와 제품에 투입할 비용, 수익, 자원을 결정한다. 또한 너무 많은 돈과 자원을 잃기 전에 포기해야 할지, 사업 방향을 바꿔야 할지 또는 시장에서 인내하며 버틸지를 알려주는 가장 좋은 지표다. MVP는 시간과 자원, 운영비 측면에서 팀의 효율성을 극대화하는 '빠른 실패, 빠른 회복' 방식의 지속적 검증 모델을 따른다.

이어서 빠른 실패를 잘하는데 도움이 되는 세 가지 항목을 알아보자.

- 애자일 프로토타이핑 적용: 기술 부채 제거하기
- 린 UX 사이클 채택: 개발–측정–학습 피드백 루프
- 테스트 방법론과 우수 사례

애자일 프로토타이핑 적용 – 기술 부채 제거하기

프로토타입을 활용하면 기술 부채를 최소화하면서 아이디어 설계, 가설 테스트, 사용자 피드백 수집을 할 수 있다. 기술 부채라는 개념을 잠시 설명해보자. 프로토타입이나 제품을 시장에 최대한 빨리 출시하다 보면 코딩 최적화를 미루게 된다. 이처럼 언젠가는 추가로 최적화를 진행해야 하는 누적된 작업들을 기술 부채technical debt라고 한다.

오늘날의 최신 기술을 활용하면 기술 부채 없이도 고품질의 프로토타입을 만들 수 있다. 오히려 시간을 절약하고자 프로토타입을 생략할 경우 MVP 인터페이스와 함수가 코드 커밋 이후 재설계 및 재작성됨으로써 오히려 더 큰 손실이 발생할 수 있다.

애자일 프로토타이핑을 제품 설계와 개발 프로세스에 적용할 때 얻는 장점은 다음과 같다.

- **주인 의식 및 협업**: 팀 내의 의견을 반영함으로써 참여 의식을 고양할 수 있으며, 잠재적으로 기술 부채를 일으킬 수 있는 코드가 만들어지기 전에 프로토타이핑 과정에서 사용성 문제를 발견하고 이를 고칠 수 있다.
- **워크플로우의 효율성**: 방대한 스토리나 문서 작성에 대한 필요를 줄이거나 아예 없앨 수 있다. 목업이나 와이어프레임으로 사용자의 행위를 상상해 만든 문서와 실제로 클릭을 하면서 작성한 문서 사이에는 큰 차이가 있을 수밖에 없다.
- **빈번한 검증**: 사용자의 피드백을 실시간으로 수집하고, 스프린트가 진행될 때마다 신속하게 MVP를 개선할 수 있다.

린 UX 사이클

린 UX의 핵심 요소는 개발–측정–학습으로 이뤄지는 피드백 루프다. 이 개념은 원래 에릭 리스의 저서 『린 스타트업The Lean Startup』에서 출발한 것이다. 이 개념의 핵심은 향후 MVP 반복 주기와 제품 방향을 알려주기 위해 잠재적 위험이나 가설, 불확실성을 검증하는 것이다. 애자일 개발법에서는 루프Loop는 사이클Cycle을 만들고, 사이클은 스프린트Sprint에 반영된다. 이런 접근법은 MVP가 잘될지 아니면 어려움을 겪을지를 신속하게 효율적으로 증명할 수 있도록 한다.

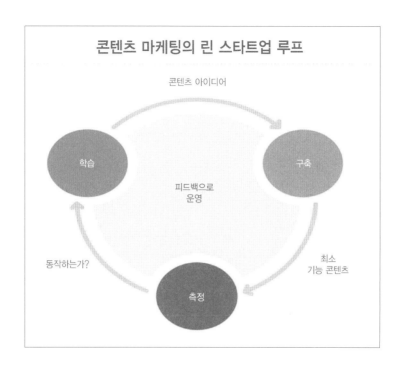

콘텐츠 마케팅의 린 스타트업 루프

콘텐츠 아이디어

학습

구축

피드백으로
운영

동작하는가?

최소
기능 콘텐츠

측정

피드백 중심 개발 모델의 장점

데이터 기반의 피드백 중심 개발 모델을 채택하면 조직에서 개발 비용과 자원을 훨씬 효율적으로 관리할 수 있다. 설계 프로세스에 영향을 끼치는 검증 사이클에서 사용되는 고품질의 프로토타입을 개발함으로써 개발 시간과 투입 노력을 즉시 줄일 수 있다. 세상에 많은 앱 중에는 앱 마켓에서 잘되는 것도 있고 그렇지 않은 것도 있다. 사업을 하는 데 있어 잘못된 가설에 근거해 마켓에 앱을 출시하는 일은 너무 위험하고 비용이 많이 든다.

개발-측정-학습 피드백 루프

피드백 루프에는 개발, 측정, 학습이라는 세 가지 단계가 있다.

1단계 – 개발

첫 번째 단계는 해결할 문제를 파악한 다음, 최대한 신속히 학습을 시작할 수 있도록 MVP를 정의하고 개발하는 것이다.

- **아이디어 구체화**: 아이디어나 콘셉트를 발굴한다. 해결할 문제가 무엇인지 명확한 용어로 기술한다.
- **프로토타입 개발**: 단순하고 작게 만든다. 다음 단계에 정보를 줄 수 있을 만큼의 충분한 유효성 검증을 얻을 수 있도록 가능한 한 작은 단위로 개발하는 것이 가장 좋다.
- **가설을 입증할 수 있는 실험/테스트를 정의**: 질문지를 작성하고, A/B 테스트나 업무 분석 과정을 정의한다.

2단계 – 측정

두 번째 단계는 상호작용 사이클 과정에서 검증된 학습 결과를 최대한 많이 수집하고, 테스트에서 알게 된 패턴과 통찰력을 토대로 MVP에 대한 향후 투자 및 반복 개발을 촉진하는 과정이다.

- **테스트 연구 시작**: 인터뷰를 하고, 설문을 배포하고, 프로토타입을 검증한다.
- **분석**: 데이터를 객관적으로 살펴본다. 무엇이 드러나는가? 공통된 패턴과 행동이 있는가?
- **구성**: 가치 있는 교훈을 얻을 수 있도록 행위와 패턴을 분류cluster한다.
- **컴파일**: 통찰력을 활용해, 분류된 결과를 향후에 제품을 개선, 반복, 릴리스할 때 도움이 되는 실행 가능 항목으로 바꾼다.

3단계 – 학습

이 단계에서는 MVP에서 방향 전환을 할지, 좀 더 버텨야 할지 여부를 결정해야 한다. 만약 버티기로 했다면 목표를 향해 개발 속도를 높여야 할 것이며, 방향 전환을 한다면 MVP의 초기 비전을 최소한으로 변경하거나 완전히 재설정해야 한다.

- MVP가 실제로 사용자 문제를 해결하는지 확인한다. MVP가 목표 사용자의 요구를 충족하는가?
- MVP의 독자 생존 가능성을 확인한다. 사용자가 기꺼이 비용을 지불할 만큼의 기능을 제공하는가?

▌ 10가지 필수 UX 테스트 방법

검증 절차는 MVP 제품 개발의 기초다. 또한 MVP의 개발–측정–학습 피드백 루프를 움직이는 동력이다. MVP를 정의하고 개발–측정–학습 사이클을 적용해 UX를 주기적으로 개선하는 데 사용하는 다양한 테스트 방법이 있다.

다음은 그 중에서 10가지 필수 UX 테스트 방법이다.

1. **설문 조사**: 비용 대비 효과가 가장 좋은 방법이다. 사용자가 누구인지, 무엇을 하고, 무엇을 원하는지, 무엇을 구입하고, 어디에서 쇼핑하며, 현재 보유한 것은 무엇인지를 파악할 수 있다. 시중에 무료로 사용 가능한 서비스도 많으므로 반드시 시도해야 하는 방법이다.

2. **페르소나/마켓 세그멘테이션**: 설문 조사 자료를 활용하여 사용자 그룹 중에서 의미 있는 패턴과 행동을 식별하라. 특정 고객 세그먼트에서 요구하는 기능과 그들이 겪는 불편함을 찾아낸다. 세그먼트에 맞는 최적의 MVP를 찾도록 한다.

3. **맥락 조사**: 때로는 사용자가 본인이 원하는 것이 무엇인지, 얻으려 하는 것이 무엇인지를 정확히 표현하지 못한다. 가장 이상적인 방법은 사용자가 기능을 직접 사용하도록 한 후에 이를 관찰하는 것이다. 사용자가 기능을 사용하는 동안 질문을 하고 조사하는 과정을 통해 잘 만든 기능과 개선이 필요한 기능을 알아낼 수 있다.

4. **사내 이해관계자 인터뷰**: 조직 내부에서도 알아낼 수 있는 정보가 많다. 중소기업 담당 부서, 고객 지원 부서, 품질 부서, 개발 부서, 마케팅 부서, 영업 담당자 등과 인터뷰해서 구축 대상, 이유 등을 알아낸다.

5. **업무 분석**: 특정 작업 및 워크플로에서 주로 활동하는 사용자를 관찰해서 발견 가능성, 유용성 및 성능을 측정한다.

6. **대면 사용성 테스트**: 모바일 기기 테스트를 하는 경우나 원격으로 프로토타입을 사용하기 어려운 경우에는 실험실이나 회의실, 커피숍 등에서 테스트 참여자를 직접 만나서 사용자 테스트를 진행하고 피드백 또는 배울 점을 알아낸다.

7. **중재식 원격 테스트**: 이 테스트는 가장 저렴한 방식의 사용자 테스트다. 화상회의 미팅, 구글 폼이나 인비전InVision 등의 서비스를 활용하면 인터넷에 연결된 누구와도 사용자 테스트를 진행하고 결과를 기록할 수 있다. 모집 대상도 부담없이 확대할 수 있으므로 대상 사용자의 범위를 제한할 필요가 없다.

8. **A/B 테스트**: 원격, 중재 등 다양한 조건에서 사용할 수 있다. 레이아웃이나 컨트롤, 버튼이나 콜투액션(CTA), 색상이나 작업, 성능 등을 비교 시험하는 방법이다. 무궁무진하게 응용이 가능하다.

9. **비교 벤치마크 연구**: 경쟁 앱을 가지고 동일한 작업을 비교 테스트한다. 완료율, 완료 시간, 작업 난이도 같은 핵심 지표를 비교 시험의 기초 값으로 사용한다. 예를 들어, 자포스Zappos 서비스에서의 결제 과정은 아마존의 결제 과정보다 빠를까? 효율적일까? 쉬울까?

10. **다중 변수 테스트**: 한 번에 한 개의 변수를 검증하는 방식은 오랜 시간이 걸리며, 테스터들이 예상보다 빨리 지칠 수도 있다. 테스트를 자주 하는 경우라면, 여러

변수를 동시에 테스트함으로써 테스트 결과를 빠르게 얻을 수 있고, 사용자 경험에 대한 전반적인 이해도 얻을 수 있다. 예를 들어, 버튼의 색상만을 변경하는 시험으로 얻게 되는 데이터는 버튼의 위치와 색상, 명칭 등을 동시에 바꾼 후 이를 한번에 시험함으로써 얻게 되는 데이터와는 비교할 수 없다. 다중 변수 테스트는 프로토타입 환경뿐만 아니라 실시간 환경에서도 수행할 수 있다. 옵티마이즐리 Optimizely 같은 제품을 사용하면 실사용자가 있는 실시간 환경에서도 다변수 테스트를 구성해 실행할 수 있다.

▌ 반복하며 개선하기 – 생존 가능한 수준에서 매력적인 앱으로

첫 MVP를 성공적으로 시장에 출시했고, 검증 학습을 통해 깨달음을 얻었다면 그 다음 단계는 무엇이 돼야 할까? 규모는 어떻게 키울까? 단지 같은 과정을 계속 반복하면 될까? 아니다, 절대 그래서는 안 될 것이다. 지금까지의 모든 절차는 제품과 사용자, 수익 모두를 한 단계 더 높게 도약시키려는 것이 목표였다. 그러므로 궁극적인 목표는 MVP가 단지 독자 생존이 가능한 수준이 아니라 더 많은 사람들이 매력을 느끼는 단계가 돼야 한다. 이를 **최소매력제품**(MLP)이라고 부르면 어떨까?

MLP^{Minimum Loveable Product}는 최소의 노력으로 최대의 매력을 주는 제품이라고 정의할 수 있다. 살다 보면 좋아하는 제품, 그리고 그것 없이는 살 수 없다고 느끼는 제품들이 있기 마련이다. 애플이나 아우디, 삼성처럼 유명한 브랜드가 만든 자동차나 스마트폰 같은 제품이 그것이다. 이들 제품은 우리 내면의 긍정적인 감정을 불러 일으키기 때문에 누구나 좋아한다. 이 제품들을 가지면 기분이 좋아진다.

이처럼 사용자에게 긍정적인 감정을 일으키는 데 사용되는 방법은 많지만, 가장 단순한 방법은 좋은 디자인을 이용하는 것이다.

매력적인 앱이 되는 5가지 방법

독자의 제품이 매력을 발산하는 사용자 경험을 갖도록 하는 데 도움이 되는 교훈을 정리했다.

- **가치에 집중한다**: 팀이 제품을 개발해야 하는 이유가 아니라 개발 방법에만 집중하는 경우가 종종 있다. 하지만 예를 들면, 사용자는 잔디 깎는 기계가 아니라 잔디를 깎아야겠다는 필요에 의해 구매 동기가 생기는 것이다. 즉, 가치를 주는 제품을 만들어야 한다.

- **제대로 할 수 있는 한 가지를 한다**: 확실한 한 가지 기능이 평범한 세 가지 기능보다 훨씬 낫다. 드롭박스와 인스타그램의 성공 스토리를 배울 필요가 있다. 그들이 진짜 잘하는 것 한 가지에만 집중하다 보니 그들의 제품을 좋아하는 많은 팬이 생긴 것이다.

- **검증과 반복을 자주 한다**: 끝도 없이 변경되는 목표를 위해 작업하는 것은 꿈과 기회, 의욕과 수익 모두를 잃는 지름길이다. 짧은 사이클에 따라 설계를 검증한다. 한 개 MVP의 유효 기간을 90일(12주 주기)로 설정하라. 90일은 목표를 잃지 않고, 꿈을 검증하는 데는 충분한 기간이다.

- **사용자를 최우선에 둔다**: 고객이 불편을 겪는 문제를 살펴봐야 한다. 문제가 무엇인지 직접 확인했는가? 아니면 단지 고객의 의견인가? 사용자 중심의 제품 설계란, 다른 사람을 중심에 두고 생각하는 것이다. 즉 내 생각이 아니라, 내 제품에 대한 고객의 생각이 중요하다.

- **계속 대화하고, 계속 진행한다**: 목표를 달성하면서 꾸준히 절차대로 진행한다. 설계가 중요하다고 여긴다면 행동으로 보여주자. 예를 들어, 초기 설계를 MVP의 전략이나 비전에 반영하고, 처음부터 와이어프레임과 프로토타입으로 시작하자. 말로만 고객이 중요하다고 하는 것이 아니라, 고객에게 MVP를 보여주고 테스트를 통해 검증을 받도록 한다.

▌요약

6장에서는 MVP의 개념과 중요성에 대해 알아봤다. MVP를 정의하고 구축하는 데 도움이 되는 기술을 다뤘다. 또한 린 애자일 UX 프로세스를 살펴봤으며, MVP 검증의 장점에 대해 알아봤다. 마지막으로 MVP가 생존만 가능한 수준에서 매력적인 앱으로 개선될 수 있는 방법을 배웠다. 이런 다양한 방법을 활용해 시간과 비용을 절약하자. 또한 사용자가 필요를 느낄 뿐 아니라 매력도 느끼는 제품을 개발해보자.

7장에서는 여기서 논의한 여러 아이디어에 대한 실제 사례를 알아본다.

사용자 우선 + 좋은 디자인 = 매력적인 제품

07

최소기능제품(MVP) 사례 연구

최소기능제품(MVP)을 개발할 때 사용할 수 있는 전략들은 매우 다양하기 때문에, 이러한 전략을 활용하면 앱의 비즈니스 모델 캔버스가 맞는지에 대한 답변을 찾을 수 있고, 다양한 신뢰 수준에 맞춰 빠르게 실험할 수 있는 프레임워크로도 활용할 수 있다.

7장에서는 MVP 사례 연구를 통해, 이러한 전략들을 일련의 반복 실험에 어떻게 적용할 수 있는지를 알아볼 예정이다.

실제 사례로는 전 세계 사람들과 온라인 영상 대화방에서 제스처 게임을 할 수 있도록 내가 고안한 앱인 펀위드샤라드Fun with Charades를 다룬다. 최초 목표는 무엇이었는지, 실패 위험이 컸던 핵심 가설은 무엇인지, 이를 테스트하는 가설 중심의 접근법을 어떻게 개발했는지, 학습을 통한 반복을 어떻게 했는지와 최후 결론은 무엇인지 알아본다.

▌ 펀위드샤라드 – 최초 목표

우리가 작성한 최초의 목표와 대상, 어려운 점은 다음과 같다.

- **목표**: 온라인에서 친구를 사귈 수 있는 재미있는 서비스를 제공한다.
- **대상**: 청소년, 대학생, 도시의 젊은 전문직 종사자, 캐주얼 게임 애호가
- **어려운 점**: 온라인 제스처 게임으로 사람들을 사귀게 하기

당시 고민들을 정리하면 다음과 같다.

- 사람들이 제스처 게임에 관심이 있을까? 엘렌^{Ellen}의 샤라드라는 게임이 유명하고, 헤드업샤라드^{Heads Up Charades}도 잘 알려져 있지만, 이 게임들이 유명하다는 사실이 곧 사용자가 온라인에서도 제스처 게임을 원한다는 직접적인 이유가 되지는 않는다.
- 제스처 게임을 정기적으로 할 만큼 충분히 매력적인가?
- 참가자들이 한 장소에서 동시에 진행하던 기존의 방식 그대로 게임으로 만든다면 사람들이 온라인 상에서 실시간으로 만나야 하는데, 그렇게 일정을 잡기는 어려울 것이다.
- 만약 친구나 지인과 일정을 잡기가 힘들다면, 온라인 포커처럼 친구가 아닌 사람들과 게임하는 방식이 있을 수 있다. 그렇게 되면 사용자가 불편해할까?
- 온라인 영상 채팅 방식에 대해 불편해하지는 않을까? 온라인 영상 채팅에 거부감이 없는 커뮤니티가 있을까?
- 비동기 방식의 모바일 앱을 만들고 사람들이 시간이 있을 때만 게임에 참여하도록 하면 효과가 있을 수도 있다. 그러나 한 손에 휴대폰을 든 채로 제스처를 취하는 것이 과연 현실적일까?
- 게다가 우리가 과연 게임에 흥미나 역량이 있는지도 궁금했다.

핵심 가설

이전 목록에서 가장 중요하다고 생각되는 점을 다음과 같이 정리했다.

- 사람들이 온라인 제스처 게임에 관심이 있는가?
- 사람들이 온라인 영상 채팅 방식을 불편해하지는 않는가?
- 사람들이 친구 초대 또는 공개 게임방 참가 같은 개념을 좋아하는가?
- 사람들이 게임방에서 다른 사람과 게임하는 경험을 좋아하는가?
- 사람들이 게임을 다시 하러 올 만큼 충분히 좋아하는가?
- 사람들이 친구들을 초대할 것인가?

이어서, 우리가 맹신하고 있는 가정이 있지는 않은지를 검증하고자 실험을 설계했다.

가설1

온라인에서 제스처 게임을 검색하는 사람들을 대상으로 하는 모집단 중 적어도 25%의 사람이 게임에 가입할 것이다.

- **대상 사용자**: 온라인 제스처 게임을 검색하는 사람
- **확보 방안**: 구글 애드 활용
- **검증 방안**: 회원가입 비율(%)을 측정한다.
- **실행 방안**:
  - 하루 안에 회원가입 페이지를 만든다.
  - 키워드를 정해서, 일주일 동안 광고를 게재한다.
  - 회원가입 여부를 확인한다.
- **실행 결과**: '제스처 온라인', '제스처 게임', '제스처 단어'를 검색한 사용자에게 광고를 노출시켰고, 25% 이상의 사용자가 가입을 했다.
- **배운 점**: 구글에서 온라인 제스처 게임을 검색한 사람들은 그 게임에 관심이 있다.

가설2

가상의 사이트에서 게임의 동작 방식을 확인한 대상 사용자 중 적어도 70%는 게임에 매우 흥미를 가질 것이다.

- **대상 사용자**: 인도에 거주하는 젊은 성인
- **확보 방안**: 친구 관계를 활용해사용자를 모집한다.
- **검증 방안**: 게임에 매우 흥미를 갖는 사람의 비율(%)을 측정한다.
- **실행 방안**:
  - 모크플로MockFlow 서비스로 하루 안에 가상의 사이트를 만든다.
  - 가상의 사이트로 사람들을 유입시킨다.
  - 피드백을 수집한다.
- **실행 결과**: 게임 방식에 대해서는 대부분이 관심을 가졌다. 하지만 사용자 중 일부는 온라인 영상 채팅 방식이 불편하다고 응답했다.

- **배운 점**: 제스처 게임은 대체로 인도에서 매우 유명하며, 온라인 방식의 제스처 게임에도 관심이 높다.

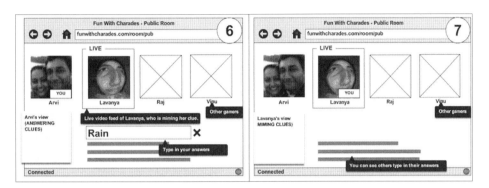

가설3

제스처 게임방에 새로 가입한 사용자 중 적어도 25%는 공개방에서 온라인 영상 방식의 제스처 게임을 할 것이다.

- **대상 사용자**: 신규로 가입한 사용자
- **확보 방안**: 해당 없음
- **검증 방안**: 공개방에서 온라인 영상 방식을 사용한 사람들의 비율(%)을 측정한다.
- **실행 방안**: 사용자를 공개방으로 초대한다.
  - 게임에 대해 설명한다.
  - 사용자가 영상을 켜고 게임을 시작한다.
  - 결과를 분석한다.
- **실행 결과**: 초대 받은 사용자의 80%가 공개방에 들어오지만, 5% 미만의 사용자만이 영상을 켰다.

- **배운 점**: 페이스 타임이나 행아웃으로 하는 화상 통화가 보편적인 시대이긴 하지만, 사람들이 거리낌 없이 온라인 영상 방식의 게임을 할 것이라는 생각은 잘못된 판단이었다. 좀 더 자세히 파악하기 위해 사용자들이 느낀 점에 대해 얘기를 들어봐야겠다.

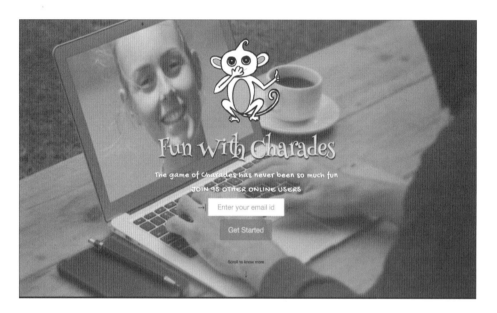

가설4

제스처 게임을 친구와 하는 경우 온라인 영상 방식에 대한 거부감이 줄어들기 때문에, 이 사용자 중 80% 이상이 온라인 영상 방식을 사용할 것이다.

- **대상 사용자**: 친구의 친구 관계로서, 얼굴만 아는 정도의 사람들
- **확보 방안**: 친구 관계를 활용해 사용자를 모집한다.
- **검증 방안**: 온라인 영상 방식을 이용하는 사용자의 비율(%)을 측정한다. 게임이 중단되면 크게 실망을 표할만큼, 이런 방식의 게임을 좋아하는 사용자의 비율(%)

- **실행 방안:**
  - 사용자를 공개방으로 초대한다.
  - 게임에 대해 설명한다.
  - 사용자가 영상을 켜고 게임을 시작한다.
  - 결과를 분석한다.
- **실행 결과:** 100%의 사용자가 영상을 켜고 게임할 준비를 했으며, 게임을 할 수 없다고 말하자 매우 실망했다.
- **배운 점:** 모르는 사람들과 온라인으로 게임을 할 것인지 물어봤을 때, 여성들은 조금 망설이는 반면, 그룹 내의 남성들은 예외 없이 모두 기꺼이 게임을 하겠다고 했다.

가설5

모르는 사람과 영상 채팅을 하는 서비스 사용자들을 대상으로 하는 경우 제스처 게임에 대한 거부감이 높지 않아, 제스처 게임을 할 때 적어도 25%는 온라인 영상 방식을 사용할 것이다.

- **대상 사용자:** 챗룰렛Chatroulette과 챗랜덤Chatrandom 커뮤니티의 사용자
- **확보 방안:** 구글 애드를 활용
- **검증 방안:** 영상 방식을 이용하는 사용자의 비율(%)을 측정한다.

- **실행 방안**:
  - 챗룰렛과 챗랜덤 커뮤니티에 구글 애드로 영상 기반 온라인 제스처 게임을 광고해, 게임을 통해 새로운 사람들을 만나는 기회를 제공한다.
  - 사용자를 공개방으로 초대한다.
  - 게임에 대해 설명한다.
  - 사용자가 영상을 켜고 게임을 시작한다.
  - 결과를 분석한다.
  - 왜 영상을 켜지 않았는지 알아보는 질문을 넣는다.
- **실행 결과**: 사용자의 50%가 페이지를 방문했지만, 10% 미만이 영상을 켰다. 질문 창(비디오를 켜고 싶지 않음/나중에 시도할 예정/켜는 방법을 모름)에는 5%가 응답했다.
- **배운 점**: 익명으로 운영되는 커뮤니티의 특성상 응답자에게 직접 연락해 피드백을 받을 수는 없으며, 그나마 응답한 사용자의 수도 너무 적어 어떤 결론을 도출하기는 어려웠다.

문제점

게임 참여자들과의 대화를 통해 많은 피드백을 얻었다. 피드백에서 얻어낸 문제점은 다음과 같다.

- 제스처 게임에 대한 어느 정도의 관심이 있으나 주로 친구나 가족과 하는 게임이라고 생각한다.
- 친구나 가족을 자주 만나는 사용자는 이 게임에 대한 흥미가 없었다. (명절처럼 가족들이 한자리에 모였을 때 하는 것을 더 좋아했다.)
- 일반 사용자는 온라인에서 낯선 사람과 하는 게임 방식을 불편해한다.
- 심지어 누드 사진을 다루는 커뮤니티조차 이 게임 방식에 흥미가 없었다.
- 화면 디자인을 개선하고 설명을 추가해도 사용자가 늘지 않았다.

- 이런 방식의 게임은 참여도가 높은 커뮤니티에서만 가능한데, 이런 게임을 한다고 해서 참여도가 높아질 것 같지는 않다.
- 물론 우스꽝스런 제스처 게임 같은 B급 정서를 좋아하는 사람들도 있지만, 실제로 진행된 게임은 너무 기술적이고 매니아스러워서 사용자가 늘 것 같지 않다.

잘한 점

- 성공에 필요한 사실들을 찾아냈고, 사고 과정과 가설을 알아냈다.
- 최소의 비용으로, 입증(또는 반증)할 만한 업무를 식별해냈고, 이를 신속하게 구축한 후, 반복 시험했다.
- 객관적이며 정직한 태도를 유지했고, 정량 지표와 대상 사용자를 측정했다.

부족한 점

- 글로벌 사용자를 확보하는 게 쉽지 않았기 때문에 초기 피드백은 대부분 특정 지역의 사용자에게서만 받았다. 결과적으로 얻어낸 피드백의 대표성이 부족했다.
- 사용자의 실제 행동과 우리가 이해한 내용 사이의 차이를 이해하기도 전에 너무 많은 것을 개발했다.
- 초기부터 더 많은 온라인 설문을 진행해 교훈을 얻었어야 했다.

▌ 요약

우리 팀은 여전히 최초의 목표에 대한 믿음이 있었다. 그 목표를 향해 계속 가다 보면 뭔가 결과가 나오긴 했을 것이다. 하지만 그 당시에는 우리 아이디어가 틀렸음을 인정하고, 다른 아이디어를 찾기로 결정했다. 지나고 보니 이는 잘한 결정이었고, 매몰 비용 오류를 벗어날 수 있었다.

대부분의 사람은 자원 낭비에 대해 강한 거부감이 있다(손실 회피). 이와 관련된 예제 중 하나가 환불이 불가능한 스포츠 행사 티켓이다. 환불 시점이 지나버린 티켓을 가진 사람들은 행사에 가고 싶지 않아도 티켓 값을 버릴 수 없으니 억지로라도 가야 된다는 의무감을 갖게 된다.

경제학에서는 이를 매몰 비용 오류라고 한다. 경제학자들은 이를 비이성적인 행동이라고 하는데, 이는 결정과 관련이 없는 정보를 기반으로 자원을 잘못 할당하는 비효율적인 행동이기 때문이다.(출처: 위키피디아)

이상의 사례 연구에서 얻을 수 있는 중요한 교훈은 아래와 같다.

- 실험을 실행할 때는 엄격함과 규율이 필요
- 새로운 학습과 발견을 채택하려는 의지
- 목표에 집중해야 할 필요성(하지만 이번 사례에서 우리 팀은 장기적으로 그러지 못했다)
- 사용자를 대신하는 측정 지표의 활용

이어서 8장에서는 서비스형 소프트웨어(SaaS) 방식의 클라우드 서비스를 활용해 신속하게 반복 실험을 구성하는 방법에 대해 자세히 알아본다.

08

앱 실험용 클라우드 솔루션

MVP는 최소한으로 만드는 것을 목표로 한다. 랜딩 페이지나 앱을 알리는 모의 버전 정도의 수준이면 충분하다. 그러나 곧 그 수준을 넘어서는 단계로 발전시킬 시기가 온다. 바로 그 때가 **개념 증명**(PoC) 버전을 구현할 시점이다. 이를 통해 기본 동작을 실제로 구현하거나 좀 더 발전된 가설을 증명할 수 있다.

요즘에는 네트워크 연결 없이 독립적으로 실행되는 앱은 거의 없다. 대부분의 앱은 페이스북이나 트위터로 콘텐츠를 공유하며, 게임의 경우 다른 게이머와의 랭킹 순위를 공유한다. 또한 사용자가 사진이나 영상을 올리고, 다른 사용자와 채팅을 하는 기능도 제공한다. 그런데 이런 기능을 구현하려면 백엔드 서버가 있어야 한다.

직접 API를 제공하는 서버를 구축할 수도 있지만, 앞에서 언급한 기능의 API를 제공하는, 이른바 **서비스형 모바일 백엔드**^{MBaaS}를 활용하는 것도 좋다. 이들 서비스는 여타 **서비스형 소프트웨어**(SaaS)와 같은 개념이며, 모바일용으로 특화된 기능을 추가로 제공한다.

8장에서는 MBaaS 솔루션을 제공하는 서비스들에 대해 살펴보고, 클라우드 백엔드 중 인기 있는 서비스인 파이어베이스^{Firebase}로 안드로이드 PoC를 구축하는 방법을 알아본다.

구체적으로는 다음과 같은 내용을 다룬다.

- 백엔드를 직접 만들 필요가 있는지 알아본다.
- 클라우드 솔루션을 활용해서 앱 실험을 한다.
- 내 서비스에 적합한 MbaaS 솔루션을 결정한다.
- 파이어베이스를 활용하는 안드로이드 PoC 앱을 알아본다.

▌ 백엔드를 직접 만들어야 할까?

백엔드를 만들지 여부는 앱의 필요에 따라 다르겠지만, 대부분은 백엔드를 직접 만들 이유가 없다. MVP를 만들 때는 더욱 그렇다. 시중에는 이미 완성형 제품을 제공하는 백엔드 서비스가 많다.

서비스들은 대부분 푸시 알림, 데이터 저장소, 소셜 가입 및 로그인(예를 들어, 페이스북이나 트위터의 자격 증명 기능을 이용해 회원가입이나 로그인을 하는 것)과, 앱의 오프라인 지원을 포함한 데이터 동기화 기능 등을 제공한다.

만약 이 모든 것을 스스로 프로그래밍해야 한다면, 기능을 구현하는 일만으로도 꽤 시간이 걸릴 것이고, 오류가 없는 수준까지 만들려면 훨씬 많은 시간이 필요할 것이다.

거의 모든 서비스들이 프리미엄^{Freemium} 방식으로 제공되며, 그 중 무료로 제공되는 서비스만 사용해도 MVP를 충분히 구축할 수 있다. 게다가 파이어베이스 같은 서비스는 실시간 기능도 지원하는데, 이를 이용하면 채팅 앱도 만들 수 있다. 뒷부분에서 파이어베이스로 PoC를 만들어볼 예정이니, 지금은 우선 사용할 수 있는 서비스의 종류를 알아보도록 한다.

다음 그림은 MBaaS가 제공하는 기능을 도식화한 것이다. 대부분의 솔루션은 웹 기반의 **콘텐츠 관리 시스템**[CMS]과 **애플리케이션 프로그래밍 인터페이스**[API], 그리고 **소프트웨어 개발 키트**[SDK]를 제공한다. 이러한 솔루션은 또한 데이터를 원격이나 로컬에 저장하는 기능도 있다. 게다가 로컬 데이터를 원격 저장소로 보내거나, 반대로 원격 저장소에서 데이터를 가져와 저장하는 데이터 동기화 및 푸시 알림 기능도 제공한다.

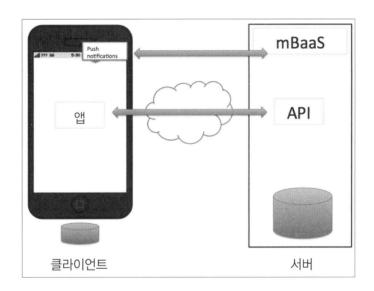

좀 더 자세히 설명하자면, API는 앱이 원격 서버(클라우드 솔루션)에 저장된 데이터와 통신하는 방법이다. 데이터는 http(s)를 이용해 REST(Representational State Transfer) 인터페이스를 통해 주고받는다. SDK는 앱과 함께 빌드되는 프로그램이다. SDK를 통해 API를 좀 더 편리하게 사용할 수 있다. API는 주로 데이터 수집이나 데이터 동기화 같은 작업들을 처리한다. API를 사용해서 서비스 구현을 단순화할 수 있지만, 그냥 REST 인터페이스를 사용해 웹사이트에 데이터를 출력하는 등의 작업을 할 수도 있다.

앱 실험을 위한 클라우드 솔루션 활용

MBaaS 솔루션을 이용하면 앱 구현을 꽤 빠르게 진행할 수 있다. 대부분의 솔루션은 가입 및 로그인, 검색과 저장 그리고 데이터 공유처럼 대부분의 앱에서 공통적으로 필요로 하는 기능을 제공한다. 그러나 MBaaS가 제공하는 가장 큰 장점은 확장성이다. 지금 당장은 MVP를 구현하는 것이 목표이기 때문에 기술적 측면에서 향후의 확장까지 고려하기란 쉽지 않다. 그러나 이러한 기술적 문제는 MBaaS라는 서드파티 솔루션을 활용하면 더 쉽다는 것만은 알아 두자. MBaaS 기반의 앱이 확장 가능하다고 해서 지금 당장 확장할 필요는 없다. 확장이 필요한 시점이 될 때 (기술적 관점에서) 좀 더 비싼 요금제로 바꾸면 된다. 확장 전략에 대한 자세한 내용은 15장, '트랙션 향상 및 리텐션 개선'을 참조한다.

고려 사항

MBaaS 사용 시에는 몇 가지 고려 사항이 있는데, 그 중 하나가 가격이다. 처음에는 무료 요금제부터 시작할 수 있겠지만, 향후 서비스를 확장해야 하는 경우에는 얼마나 가격이 오르는지, 대용량 서비스를 운영하는 경우에도 여전히 합리적인 가격인지를 알고 있는 것도 중요하다. 물론 이미 사업 규모가 꽤 커져서 더 이상은 비용을 걱정하지 않을 수도 있다. 또는 아예 처음부터 MBaaS는 첫 번째 MVP용으로만 사용한다는 전략을 세웠을 수도 있다. 어떤 경우라 하더라도, 확실한 전략이 있고, 이를 근거로 결정한다면 문제가 될 일은 없을 것이다.

또 다른 고려 사항은, 회사의 데이터가 페이스북이나 구글 같은 서드파티 회사의 서버에 저장된다는 사실이다. 즉, 제품을 개발하는 데 서드파티를 신뢰할 것인지를 여부를 정해야 한다. 물론 이는 솔루션의 속성에 따라 결정되는 경우가 많을 것이다. 그러나 어쨌든 '만약 서비스 제공자가 서비스를 중단하면 내 데이터는 어떻게 되는지', '데이터를 안전하게 확보할 수 있는지'와 같은 내용을 확실히 알고 싶을 것이다. 파스 서버와 파이어베이스 Firebase처럼 지명도가 높은 서비스를 선택한다면 대부분의 경우 데이터가 안전하다고 예상할 수 있다.

▌ 파스 이야기

앞서 살펴본 고려 사항 중 두 번째 사례가 좀 더 현실적인 문제다. 몇 년 전 파스Parse는 서비스 중단을 발표했다. 이 발표로 인해 많은 개인 개발자가 혼란에 빠졌는데, 이들 중에는 파스 서비스에 전적으로 의존하는 경우도 있었기 때문이다. 즉, 파스 서비스가 중단되면 사업을 중단할 수밖에 없었기 때문이다. 파스가 페이스북에게 인수됐기 때문에 더 나아질 것이라고 기대를 한 개발자도 있었다. 하지만 서비스 종료는 자명해 보였다. 이는 페이스북이 서비스 유지보다는 개발 인력에 더 관심을 보였기 때문이다.

다행스럽게도 이러한 상황은 해피 엔딩으로 끝났다. 파스는 서비스 종료 및 이전 계획을 잘 준비해서 발표했으며, 파스 서버는 오픈 소스 솔루션으로 공개됐다. 파스 서버는 누구나 직접 호스팅할 수 있게 됐다. 설사 직접 운영하지 못한다고 해도 괜찮다. 많은 회사가 파스 서버 호스팅 서비스를 시작했기 때문이다. 오픈 소스 파스 서버 그 자체로는 기존 파스 서비스에서 제공하던 기능을 다 제공하지는 않지만, 백포앱Back4App 같은 서비스에서는 이전과 동일한 기능을 추가해 제공하고 있다.

이상의 상황을 정리해보면, 개발사들은 서드파티 서비스들에 전적으로 의존해서는 안 된다. 즉 서비스 제공 파트너가 매우 중요하긴 하나, 교체가 불가피한 경우에도 파트너 서비스를 대체할 수 없다면 회사의 미래도 불확실해질 것이다. 이 이야기에서는 파스 서비스를 예로 들었지만, 똑같은 일이 파이어베이스에서도 일어날 수 있다. 현재는 구글의 서비스 중 하나이기 때문에 그럴 가능성은 적겠지만, 구글은 이전에도 일부 서비스를 종료한 선례가 있으므로 전혀 불가능한 일은 아니다.

전략적 고려 사항

클라우드 기반 서비스를 사용할 것인지 여부를 결정해야 하거나, 여러 개의 서비스 중에서 하나를 선택해야 할 상황이라면 다음과 같은 전략적 고려 사항을 염두에 두는 것이 좋다. 이들 서비스는 다음과 같은 장단점이 있다.

장점

- 제공 서비스를 이용하면 개발 기간을 단축할 수 있다.
- 바로 사용할 수 있는 회원가입 및 로그인 기능을 제공한다.
- 대부분의 서비스들이 트래픽 발생량에 따라 규모 확장 및 축소를 쉽게 할 수 있다.
- 거의 모든 서비스들이 푸시 알림 및 미디어 저장 기능을 제공하다.

단점

- 바로 사용할 수 있는 서비스들은 가격이 저렴하지 않다. 향후 비용이 문제될 수 있다.
- 저장된 데이터의 프라이버시가 문제될 수 있다. 서비스 제공자가 보안을 위해 올바른 조치를 취하고 있다는 사실을 확인해야 한다.
- 언제라도 서비스가 중단될 위험이 있다.
- 락인lock-in 효과로 서비스에 고착될 위험성이 있다. 즉, 특정 서비스 제공자에 모든 데이터를 저장하는 경우 다른 서비스를 이용하고 싶어도 이전하지 못할 수가 있다.

MBaaS 서비스 종류

앱의 백엔드 서버 역할을 하는 서비스는 다양하다. 앞에서 살펴본 전략적 고려 사항과 고객의 요구사항을 검토하면 여러분 회사에 적합한 서비스를 고를 수 있을 것이다.

일부는 실시간 데이터를 제공하므로 채팅 앱을 만들 때 이상적이다. 퀵블록스QuickBlox 같은 서비스는 블록 방식의 영구 데이터를 지원하므로 앱을 좀 더 빠르게 구현할 수 있다. 어떤 서비스는 전용 환경을 제공하고 쉽게 빠르게 사용할 수 있지만 유연성이 떨어진다. 다른 서비스는 상당히 유연하지만, 배우기가 매우 어렵다.

| 파이어베이스 | 애저 | 파스 | 아마존 |

대부분의 솔루션은 몽고DB처럼 문서 모델을 기반으로 하는 NoSQL 데이터베이스를 사용한다. 만약 관계형 데이터베이스가 필요하다면 애저Azure 서버에서 SQL 서버를 운영하는 것이 최선의 선택이다. 가능하면 앱 특성 및 회사의 개략 역량에 가장 가까운 서비스를 선택하도록 한다.

- **백포앱**Back4App : 파스 서버 호스팅 서비스를 제공한다. 이 서비스는 푸시 알림과, 데이터 및 파일 저장 기능과 클라우드 코드를 지원한다. 클라우드 코드는 파스 서버에서 실행되는 코드(대부분은 쿼리)의 한 종류다. 일반적으로 사용되는 안드로이드나 iOS용 파스 SDK를 통해 서버와 통신할 수 있다.

- **사시도**SashiDo : 백포앱처럼 파스 서버 호스팅 및 몇 가지 추가 기능을 제공하는 서비스다.

- **파이어베이스**Firebase : 확장 기능이 있는 실시간 백엔드 서비스로, 웹과 안드로이드, iOS를 모두 지원한다. 채팅 및 협업 도구로는 최적이며, 그 외 목적으로도 적합하다. 이미지나 비디오 같은 미디어 저장의 경우 파스 서버나 애저에 비해 약간 복잡하다.

- **바스박스**BaasBox : 모바일 앱용 오픈 소스 백엔드다. iOS와 안드로이드, 자바스크립트용 SDK가 있다.

- **퀵블록스**QuickBlox : 백엔드 인프라용 빌딩 블록을 제공하는 서비스다. 데이터 저장, 푸시 알림, 텍스트와 비디오 채팅 및 기타 기능을 제공한다. 개발자는 앱을 신속하게 만들 수 있지만 가격은 조금 비싸다. 이런 이유로 실제 앱보다는 PoC에 적합한 서비스다.

- **애저**Azure: 애저는 푸시 알림과 기타 모바일 서비스를 지원한다. 애저는 마이크로 소프트사의 핵심 사업 중 하나기 때문에 가장 신뢰할 만한 MBaaS 솔루션이라고 할 수 있다. 즉, 서비스의 지속성이 보장된다. 애저를 다른 MBaaS 서비스와 비교 하면 상당히 복잡하다고 느낄 수 있다. 이는 애저가 MBaaS 전용이 아니고 다른 기능을 제공하기 때문인데, 이를 활용하면 압도적으로 우수한 서비스를 만들 수 도 있다. 애저는 유연성이 높은 대신 학습 난이도가 꽤 높다. 앱의 필요에 따라 테 이블 및 BLOB 저장소(이미지나 문서 등)를 사용할 수 있고, 모바일 서비스나 API 서비스도 활용 가능하며, .NET이나 다른 언어로 자체 API생성도 할 수 있다. 애 저는 안드로이드, iOS 및 윈도우용 SDK를 지원한다.

- **백엔드리스**Backendless: 앱 개발 전반을 지원하는 플랫폼이며, 인스턴트 MBaaS 서 비스를 제공한다.

- **리모트스토리지**remoteStorage: 사용자별로 스토리지용 개방형 프로토콜을 제공한다. 믿을 만한 공급사의 스토리지 계정을 사용하거나, 자체 스토리지 서버를 설정해 서 사용할 수 있다.

- **클라우드부스트**CloudBoost.io: 데이터 스토리지, 검색, 실시간 등을 지원하는 완벽한 데이터베이스 서비스다.

- **펍넙**PubNub: 소프트웨어 개발자가 클라우드 인프라, 커넥션, 키 빌딩 등을 제공해 신속하게 실시간 앱을 구축 및 확장할 수 있도록 하는 실시간 네트워크다.

- **파스 서버**Parse server: 오픈소스 솔루션으로써 독자가 직접 다운로드해서 호스팅할 수 있다. 예를 들어, 헤로쿠Heroku 또는 애저에서 호스팅할 수도 있다. 서버는 몽 고DB 데이터베이스를 사용하고 아마존 S3 스토리지로 이미지나 오디오, 비디오 같은 파일을 저장한다. 안드로이드 및 iOS용 파스 SDK에는 백그라운드 기반 데 이터와 파일 업로드 및 캐싱 외에 유용한 기능이 포함돼 있다.

기술적 고려 사항

전략적 고려 사항 외에 기술적으로도 고려해야 할 사항이 있다. 특정 서비스를 선택하기 전에, 다음 질문에 답해보자.

- 실시간 기능이 필요한가?
- 많은 미디어(이미지나 비디오, 오디오 등) 파일을 취급하는가?
- 서비스 제공 업체의 신뢰도는 얼마나 중요한가?
- 해당 서비스에서 사용되는 기술에 얼마나 능숙한가?
- 서비스 변경에 따른 유연성은 얼마나 필요한가? 가용 시간은 얼마나 있는가?

계속해서 이번에는 파이어베이스를 이용하는 안드로이드 MVP를 살펴본다.

▌ Canvapp – 파이어베이스를 이용하는 안드로이드 MVP

파이어베이스를 사용해 안드로이드용 MVP 앱을 제작해보자. 이번 사례에서 다루는 것은 스마트폰으로 비즈니스 모델 캔버스를 작성하고 공유하는 앱이다. 다른 사람과도 쉽게 의견을 주고받을 수 있도록 남이 만든 캔버스도 보거나 편집할 수 있다. 비즈니스 모델 캔버스가 어떻게 생겼는지 기억이 나지 않는다면 잠깐 시간을 내어 2장, '린 스타트업 기초'를 다시 읽어보자.

이번 예제에서는 와이어프레임 도구를 사용하려고 한다. 다음 스워드소프트 레이아웃 SwordSoft Layout이라는 와이어프레임 도구로 앱의 구성을 그려본 것이다.

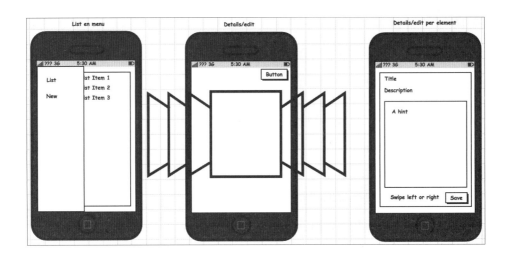

첫 번째 화면에는 슬라이딩 메뉴 방식의 비즈니스 모델 캔버스의 목록이 보인다. 두 번째 화면은 사용자가 새 캔버스를 만들 때, 또는 목록에서 캔버스를 선택할 때 표시되는데, 여러 페이지를 스와이프 방식으로 앞뒤로 이동할 수 있다. 각 페이지에는 제목과 설명, 힌트가 표시된다. 이 앱은 단지 세 개의 화면만 있는 매우 단순한 앱이지만 파이어베이스를 백엔드로 이용하는 방법을 설명하기에는 충분할 것이다. 이렇게 개발한 앱을 이용해서 앱 아이디어가 쓸 만한지를 검증해 보자.

빠른 진행을 위해 본 예제에서는 최초의 가설 검증을 끝낸 것으로 가정한다. 이번 솔루션에서 검증하려는 가설은 다음과 같다.

- 스타트업 창업자들은 다른 창업자에게서 피드백을 얻고자 캔버스를 공유한다.
- 스타트업 창업자들은 스마트폰이나 태블릿을 사용해 캔버스를 공유한다. 이를 통해 앱의 기술적인 구현에 집중할 수 있다.

이 프로젝트의 소스는 다음 주소에 있다. https://github.com/mikerworks/packt-lean-saas-canvapp

▌ 파이어베이스 가입하기

실제 동작을 보려면 파이어베이스 웹페이지(http://www.firebase.com)로 이동해 회원가입을 한다. 가입을 했다면 이제 첫 번째 앱 개발을 시작할 준비가 갖춰진 것이다. 가입 후 가장 중요한 정보는 파이어베이스가 제공하는 엔드포인트의 주소다. 왜냐하면 이 주소를 이용해서 앱을 설정하게 되기 때문인데, 예를 들어 다음 예제의 엔드포인트는 torrid-head-3108.firebaseIO.com이다.

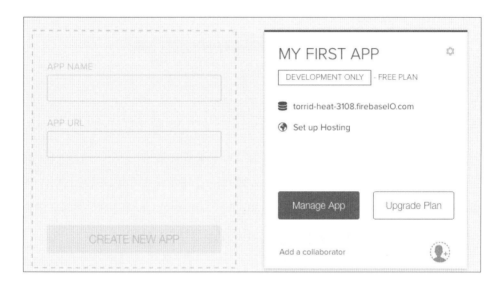

우선, 깃허브(https://github.com/mikerworks/packt-lean-saas-canvapp)에서 안드로이드 파이어베이스 예제를 내려 받아, 앱의 동작 방식을 직접 경험해보자. 물론 시간 여유가 있다면 아예 처음부터 앱을 만들 수도 있다. 본 예제에서는 이미 생성된 앱을 내려 받은 다음, 자세히 살펴보고 필요한 만큼 고쳐보자.

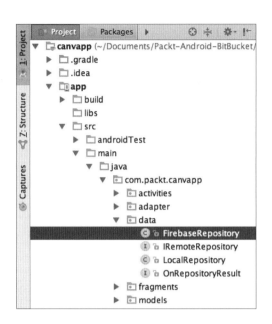

안드로이드 스튜디오나 자신이 선호하는 통합 개발 환경IDE이 있다면 실행해 앱을 연다. 앱에서 수정해야 할 것은 파이어베이스 엔드포인트다. 앱 내에서 데이터 패키지 노드를 축소시키고, FirebaseRepository 클래스를 연다. FirebaseRepository 클래스 내에서 생성자를 찾아 파이어베이스 레퍼런스 부분을 자신의 엔드포인트로 바꾼다.

```
public class FirebaseRepository implements IRemoteRepository {
  private Firebase reference;
  private Context context;
  public FirebaseRepository(Context context) {
    Firebase.setAndroidContext(context);
    this.context = context;
    reference = new Firebase("https://<your endpoint here>/canvapp/");
  }
}
```

앱을 실행하고 캔버스를 한두 개 추가하면 다음 그림처럼 보일 것이다. 와우! 원래 구상한 멋진 아이디어가 이미 구현된 것 같지 않은가?

앱은 파이어베이스에 저장된 캔버스 모델의 목록을 보여주고 있다. 각 캔버스의 제목과 설명도 볼 수 있다. 또한 캔버스를 클릭하면 누구나 내용을 보며 편집할 수 있다. 편집 화면에서 캔버스 요소를 스와이프할 수 있다. 새 캔버스를 만들 때는 메뉴의 옵션을 이용한다.

이 앱의 경우, 안드로이드 스튜디오를 실행해 새 프로젝트 만들기를 수행한 후, 곧바로 Navigation Drawer를 선택했다. 이렇게 하면 사전에 제작된 메뉴가 포함된 멋진 템플릿이 나타난다. 여기에 목록 및 새 캔버스 옵션이 나타나게 된다.

레이아웃

여기서 설명할 프로젝트(res/layout)에는 여러 레이아웃 리소스가 있다. 이들 레이아웃을 설명하자면 다음과 같다.

- **리스트**[list] **레이아웃**: 캔버스 목록을 표시한다.
- **페이저**[pager] **레이아웃**: 스와이프 가능한 요소들을 표시한다.

- **엘리먼트**^{element} **레이아웃**: 비즈니스 모델 캔버스의 각 요소별 제목과 설명, 힌트와 편집 상자를 보여준다.
- **로우**^{row} **레이아웃**: 캔버스 목록의 각 열을 표시한다.

레이아웃 파일은 크기가 작은 표준 코드만을 포함한다. 멋지지는 않지만 안드로이드 파이어베이스 PoC를 구축하는 데 꼭 필요하다. 원한다면 코드를 검토할 수 있겠지만, 지금은 가장 관련성이 높은 부분만을 검토해본다.

의존성

앱의 의존성 목록을 확인하려면 app 폴더 내에 build.gradle 파일을 연다. 많은 내용들이 있지만 파이어베이스 및 JSON 역직렬화^{deserialization}용 의존성 부분은 다음과 같다.

```
dependencies {
  compile fileTree(dir: 'libs', include: ['*.jar'])
  testCompile 'junit:junit:4.12'
  compile 'com.android.support:appcompat-v7:23.3.0'
  compile 'com.android.support:design:23.3.0'
  compile 'com.android.support:cardview-v7:23.1.1'
  compile 'com.android.support:recyclerview-v7:23.3.0'
  compile 'com.squareup.retrofit:converter-gson:2.0.0-beta2'
  compile 'com.firebase:firebase-client-android:2.5.2+'
}
```

res 폴더 내에서 canvas.json 파일을 찾는다. 이 파일 내의 JSON 데이터는 Gson으로 파싱된다. 이 데이터는 각 캔버스에 대한 템플릿 역할을 한다. 사용자가 해야 할 일은 각 요소에 값을 제공하는 것이다.

파일 내의 JSON 객체는 다음과 같다. 이 객체는 LocalRepository 클래스에서 처리된다.

```json
{
  "ELEMENTS": [
    ...
    {
      "ID": "PROPOSITIONS",
      "TITLE": "VALUE PROPOSITIONS",
      "DESCRIPTION": "what value do you deliver to the customer? Which of your
          customer's problems are you helping to resolve? What bundles of services
          are you offering? Which needs do you satisfy?",
      "HINT": "Enter your proposition here. What are the characteristics of it?
          What does it make unique? Is it price? Cost or risk reduction? A better
          design or performance? Is it more convenient? Why?..."
    },
    {
      "ID": "SEGMENTS",
      "TITLE": "CUSTOMER SEGMENTS",
      "DESCRIPTION": "For who are you creating value?\nWho are you most
          important customers?",
      "HINT": "Describe your customer segments here. Be as specific as
          possible. A niche market is much better as aiming for 'everybody'. If it is
          a platform what customers do you want to bring together. Who are your most
            important customers?..."
    },
    {
      "ID": "CHANNELS",
      "TITLE": "CHANNELS",
      "DESCRIPTION": "Through which channels do your customer segments want to
        be reached? How are you reaching them now? How are your channels
        integrated?\nWhich ones work best?",
      "HINT": "Describe your channels. How do you raise awareness? How can you
        help your customers to evaluate the value proposition? How can they
        purchase your services and how are they delivered?..."
    }
```

이 템플릿은 특정 유형의 비즈니스 모델 캔버스를 구현한다. BMC에는 다양한 변형도 존재한다. 예를 들면 애시 모리야(Ash Maurya)는 다른 구성의 캔버스를 사용한다. 모리야는 이를 린 캔버스라 부르는데, 이에 대해서는 2장, '린 스타트업 기초'를 참고한다.

자유롭게 이 템플릿을 수정하거나 설문 조사 형식처럼 이 템플릿에 상속된 전혀 다른 응용 프로그램도 만들 수 있다.

모델

캔버스는 일반적으로 비즈니스 모델 캔버스 섹션을 대표하는 Canvas 요소의 집합이라고 할 수 있다. 가급적 단순하게 하기 위해 이들 클래스에는 가장 기초적인 정보만 포함돼 있다.

앱에서 사용되는 가장 중요한 모델은 Canvas와 CanvasElement이다. Canvas와 Canvas Element 클래스는 모두 Parcelable 인터페이스를 구현한다. 이렇게 하면 (complex) 객체를 각 프래그먼트로 쉽게 전달할 수 있다.

```
public class Canvas implements Parcelable {
  private String id;
  public List<CanvasElement> ELEMENTS;
  public Canvas() {
    ELEMENTS = new ArrayList<>();
  }
  public void setId(String value) {
    this.id= value;
  }
  public String getId() {
    return this.id;
  }
  ...
```

CanvasElement 클래스와 템플릿 파일 내의 JSON 객체는 유사한 필드를 갖는다. 캔버스의 각 요소에는 아이디, 제목, 설명, 플레이스 홀더용 텍스트가 있다. 사용자가 입력한 내용은 value 필드에 채워진다.

```java
public class CanvasElement implements Parcelable {
  public String ID;
  public String TITLE;
  public String DESCRIPTION;
  public String VALUE;
  public String HINT;
  @Override
  public int describeContents() {
    return 0;
  }
  @Override
  public void writeToParcel(Parcel dest, int flags) {
    dest.writeString(this.ID);
    dest.writeString(this.TITLE);
    dest.writeString(this.DESCRIPTION);
    dest.writeString(this.VALUE);
    dest.writeString(this.HINT);
  }
  ...
  protected CanvasElement(Parcel in) {
    this.ID = in.readString();
    this.TITLE = in.readString();
    this.DESCRIPTION = in.readString();
    this.VALUE = in.readString();
    this.HINT = in.readString();
  }
  public static final Parcelable.Creator<CanvasElement> CREATOR = new
  Parcelable.Creator<CanvasElement>() {
    @Override
    public CanvasElement createFromParcel(Parcel source) {
      return new CanvasElement(source);
```

```
      }
      @Override
      public CanvasElement[] newArray(int size) {
        return new CanvasElement[size];
      }
    };
}
```

로컬 저장소는 템플릿이 포함된 원시 JSON 파일을 읽는다. 이는 데이터를 Canvas
ElementsModel 클래스로 변환하는데, 이 클래스는 캔버스 요소를 감싸는 래퍼의 역할을
한다.

```
public class LocalRepository {
  ...
  public static CanvasElementsModel getElements(Context context) {
    Reader reader = getStreamReaderForRawAsset(context,R.raw.canvas);
    return new Gson().fromJson(reader, CanvasElementsModel.class);
  }
  private static InputStreamReader getStreamReaderForRawAsset(Context
      context, int resId) {
    InputStream stream = context.getResources().openRawResource(resId);
    return new InputStreamReader(stream);
  }
}
```

이제 파이어베이스 관련 작업을 해보자. IRemoteRepository 인터페이스가 앱에 추가됐
다. 이는 특정 공급자에 록인lock in되는 것을 예방한다. 즉, 다른 MBaaS를 사용하게 되거
나 자체 API로 변경하게 되는 경우가 발생했을 때는 다음 3개의 메소드만 구현하면 쉽게
바꿀 수 있다.

```
public interface IRemoteRepository {
  Canvas createCanvas();
  void loadCanvasModels(OnRepositoryResult handler);
```

```
  void saveCanvasModel(Canvas model);
}
```

FirebaseRepository 클래스는 IRemoteRepository 인터페이스를 파이어베이스용으로 구현한 것이다. 다음 코드 부분은 캔버스를 저장하고 검색하는 데 필요한 내용을 보여준다. 우선 생성자를 살펴보자. 파이어베이스 엔드포인트에 대한 레퍼런스를 정의한다. 자신의 파이어베이스 앱의 엔드포인트와 일치하도록 레퍼런스 값을 수정한다.

```
public interface IRemoteRepository {
  Canvas createCanvas();
  void loadCanvasModels(OnRepositoryResult handler);
  void saveCanvasModel(Canvas model);
}
```

createCanvas 메소드에서 새로운 Canvas 객체가 생성된다. 객체는 LocalRepository 클래스를 통해 템플릿 파일에서 얻은 정보로 미리 채워진다. 여기서는 참조를 자식 노드 캔버스로 변경하고, 캔버스 노드는 그 노드의 자식 노드로 추가된다. push 메소드는 캔버스의 고유 식별자를 가져온다. 파이어베이스에서 생성된 그 ID를 Canvas 객체와 함께 저장한다. 마지막으로 이 메소드는 새로운 Canvas 객체를 반환한다.

```
@Override
public Canvas createCanvas() {
  Firebase ref = reference.child("canvases");
  Canvas canvas = new Canvas()
  CanvasElementsModel model= LocalRepository.getElements(context);
  canvas.ELEMENTS= model.ELEMENTS;
  Firebase postRef = ref.push();
  postRef.setValue(canvas);
  canvas.setId(postRef.getKey());
  return canvas;
}
```

파이어베이스의 장점 중 하나는 개발자가 온라인이나 오프라인 상태에 대해 신경쓰지 않아도 된다는 점이다. 기기가 오프라인 상태라도 메소드는 성공적으로 실행된다. 파이어베이스는 새로운 Canvas 객체를 로컬에 유지한다. 다시 인터넷 연결이 되면 파이어베이스는 액과 원격 저장소 간의 데이터를 동기화한다.

다음은 새로운 캔버스를 만들 때의 앱 화면이다.

saveCanvasModel 메소드 구현은 훨씬 간단하다. 이 메소드는 사용자가 어떤 변경을 할 때마다 파이어베이스의 데이터를 업데이트한다. 개발자는 주어진 Canvas 객체에서 setValue 메소드를 호출하기만 하면 된다. 이 메소드는 canvas 데이터 노드를 참조한다. 앞의 createCanvas 메소드에서 얻은 고유 ID는 올바른 노드를 찾을 때 사용한다. 마지막으로 setValue 메소드를 호출해 데이터를 파이어베이스로 보내면 된다.

```
@Override
public void saveCanvasModel(Canvas model) {
```

```
        Firebase ref = reference.child("canvases").child(model.getId());
    ref.setValue(model);
}
```

loadCanvasModels 메소드에서는 저장된 모든 캔버스를 검색하고, canvases 노드에다가
리스너를 추가한다. 데이터가 삽입되거나 기존 데이터가 변경될 때마다 onDataChange 이
벤트가 발생한다. 각 이벤트마다 스냅샷이 제공된다. 여기에는 캔버스 노드 아래에 모든
자식 노드의 (JSON) 데이터가 들어 있다.

수집된 스냅샷의 각 자식 노드는 역직렬화되어 Canvas 객체로 전달된다. 목록을 출력하거
나 업데이트될 수 있도록 CanvasList 프래그먼트에 알림이 전송된다.

```
@Override
  public void loadCanvasModels(final OnRepositoryResult handler) {
    Firebase ref = reference.child("canvases");
    ref.addValueEventListener(new ValueEventListener() {
      @Override
      public void onDataChange(DataSnapshot snapshot) {
        CanvasListModel model = new CanvasListModel();
        for (DataSnapshot canvasSnapshot: snapshot.getChildren()) {
          Canvas canvas = canvasSnapshot.getValue(Canvas.class);
          canvas.setId(canvasSnapshot.getKey());
          model.canvases.add(canvas);
        }
        handler.onResult(model);
      }
      @Override
      public void onCancelled(FirebaseError firebaseError) {
        System.out.println("The read failed: " +
                            firebaseError.getMessage());
      }
    });
  }
}
```

MainActivity 클래스는 Navigation Drawer 템플릿과 함께 제공되는 클래스에서 상속된다. 아주 일부만 수정됐으며, 다양한 프래그먼트를 출력할 수 있다. 또한 모든 메뉴 항목의 클릭을 처리한다. 앱이 처음 시작되거나 사용자가 메뉴에서 목록 옵션을 선택하면 onList 메소드가 호출된다. onEdit 메소드는 사용자가 메뉴에서 new canvas 옵션을 선택하면 호출된다.

또한 onEdit 메소드는 CanvasList 프래그먼트에서 출력된 비즈니스 모델 캔버스 목록 중에서 하나를 클릭할 때도 호출된다. onEdit 메소드에서는 canvas 파라미터가 전달된다. getRepository 메소드는 IRemoteRepository 인터페이스를 구현한 클래스를 반환하며, 본 예제에서는 FireBaseRepository 클래스를 말한다. 만약 파이어베이스 대신 파스 서버나 다른 MBaaS를 사용하는 경우에는 여기에서 다른 저장소를 반환하도록 변경하기만 하면 된다.

```
public void onList() {
  CanvasListFragment fragment = CanvasListFragment.newInstance();
  showFragment(fragment);
}
public void onEdit(Canvas canvas) {
  CanvasEditFragment fragment =  CanvasEditFragment.newInstance(canvas);
  showFragment(fragment);
}
public void onEdit() {
  Canvas canvas = getRepository().createCanvas();
  onEdit(canvas);
}
private void showFragment(Fragment fragment) {
  FragmentTransaction ft = getFragmentManager().beginTransaction();
  ft.replace(R.id.main_layout_container, fragment,
             fragment.getClass().toString());
  ft.commit();
}
...
public IRemoteRepository getRepository() {
  return new FirebaseRepository(this);
```

```
}
...
```

앱은 3개의 프래그먼트를 사용한다. 하나는 캔버스 목록을 표시하며, 다른 하나는 스와이프 가능한 캔버스 요소들의 컨테이너로 동작하고, 마지막 하나는 캔버스 요소 자체다.

CanvasListFragement에는 loadData 메소드가 있으며, 이 메소드는 저장소에서 loadCanvasModels 메소드를 호출한다.

```java
public class CanvasListFragment extends Fragment
        implements OnCardViewClicked, OnRepositoryResult{
    private RecyclerView recyclerView;
    private CanvasListAdapter adapter;
    private CanvasListModel viewModel;

...
    @Override
    public View onCreateView(LayoutInflater inflater, ViewGroup container,
                             Bundle savedInstanceState) {
        final View view = inflater.inflate(R.layout.fragment_canvas_list,
container, false);
        recyclerView = (RecyclerView)view.findViewById(R.id.canvas_recycle_view);
        loadData();
        return view;
    }

    private void loadData(){
        recyclerView.setLayoutManager(new LinearLayoutManager(getActivity()));
        recyclerView.setItemAnimator(new DefaultItemAnimator());
        ((MainActivity)getActivity()).getRepository().loadCanvasModels(this);
        }

    @Override
    public void onCardClicked(View view, int position) {
        ((MainActivity)getActivity()).onEdit(viewModel.canvases.get(position));
    }
```

결과가 검색되면 onResult 메소드는 결과를 가져와 캔버스 목록을 보여준다.

```
@Override
  public void onResult(CanvasListModel result) {
    viewModel = result;
    adapter = new CanvasListAdapter(viewModel,
                                    R.layout.adapter_canvas_list, getActivity());
    adapter.setOnCardViewClicked(this);
    recyclerView.setAdapter(adapter);
  }
}
```

CanvasPagerFragment는 컨테이너 프래그먼트다. 이 컨테이너는 여러 개의 캔버스 요소 프래그먼트를 가질 수 있으며, 각 프래그먼트는 캔버스의 각 요소를 나타낸다. 사용자는 이 요소를 앞뒤로 스와이프할 수 있다.

```
public class CanvasPagerFragment extends Fragment
      implements OnRepositoryResult, View.OnClickListener {

    private static final String ARG_CANVAS = "ARG_CANVAS";
    private Canvas canvas;
    private ViewPager pager;
    private CanvasElementPageAdapter pagerAdapter;

    public static CanvasPagerFragment newInstance(Canvas canvas) {
        CanvasPagerFragment fragment = new CanvasPagerFragment();
        Bundle bundle = new Bundle();
        bundle.putParcelable(ARG_CANVAS, canvas);
        fragment.setArguments(bundle);
        return fragment;
    }

    @Override
    public void onCreate(Bundle savedInstanceState) {
        super.onCreate(savedInstanceState);
```

```
        canvas = getArguments().getParcelable(ARG_CANVAS);
    }

    @Override
    public View onCreateView(LayoutInflater inflater, ViewGroup container, Bundle
savedInstanceState) {
        final View view = inflater.inflate(R.layout.fragment_canvas_edit,
container, false);
        pager = (ViewPager) view.findViewById(R.id.canvas_edit_pager);
        view.findViewById(R.id.canvas_edit_save).setOnClickListener(this);
        loadData();
        return view;
    }
```

loadData 메소드에서는 제공된 Canvas 객체를 기반으로 pagerAdapter를 생성한다.

 각 캔버스는 11개의 요소를 갖기 때문에, 11개의 CanvasElementFragment 클래스 인스턴스가 필요하다. 그러므로 아래 예제에서는 setOffscreenPageLimit 메소드를 11로 설정해서 모든 요소 프래그먼트에 접근할 수 있도록 했다. 이는 시연 목적으로 설정한 값이며, 실제 앱에서는 메모리 에러가 발생할 수 있으므로 피해야 한다.

```
private void loadData() {
  MainActivity ma = (MainActivity)getActivity();
  pagerAdapter = new CanvasElementPageAdapter(
    ma.getSupportFragmentManager(),getActivity(),canvas);
  pager.setOffscreenPageLimit(11);
  pager.setAdapter(pagerAdapter);
}

@Override
public void onClick(View v) {
  onSaveData();
}
```

사용자가 Save 버튼을 클릭하면 onSaveData 메소드가 호출된다. 이 메소드에서는 저장소에서 saveCanvasModel 메소드를 호출하고, 업데이트된 캔버스 객체를 전달한다. 마지막으로 캔버스 목록으로 되돌아간다.

```
private void onSaveData() {
    Canvas canvas = pagerAdapter.getCanvas();
    MainActivity activity = (MainActivity)getActivity();
    activity.getRepository().saveCanvasModel(canvas);
    activity.onList();
  }
  ...
  }
}
```

CanvasElementFragment는 비즈니스 모델 캔버스의 요소를 나타낸다. 예를 들어, 이것은 사용자가 가치 제안에 대한 아이디어를 입력하는 카드가 될 수도 있다.

```
public class CanvasElementFragment extends Fragment {
    private static final String ARG_ELEMENT = "ARG_ELEMENT";
    public static CanvasElementFragment newInstance(CanvasElement element) {
        CanvasElementFragment fragment = new CanvasElementFragment();
        Bundle bundle = new Bundle();
         bundle.putParcelable(ARG_ELEMENT, element);
        fragment.setArguments(bundle);
        return fragment;
    }
    private CanvasElement element;

    public CanvasElement getElement(){
        if (getView() != null) {
            EditText editValue = (EditText) getView().findViewById(R.id.element_
value);
            element.VALUE = editValue.getText().toString();
        }
        return element;
```

```
    }
    @Override
    public void onCreate(Bundle savedInstanceState) {
        super.onCreate(savedInstanceState);
        element = getArguments().getParcelable(ARG_ELEMENT);
    }
```

OnCreateView 메소드에서는 엘리멘트 객체를 뷰에 바인딩한다.

```
@Override
public View onCreateView(LayoutInflater inflater, ViewGroup container,
                         Bundle savedInstanceState) {
  final View view =
    inflater.inflate(R.layout.fragment_canvas_element, container, false);
  ((TextView)view.findViewById(R.id.element_text_title)).setText(element.TITL
      E);
  ((TextView)view.findViewById(R.id.element_text_description)).setText(elemen
      t.DESCRIPTION);
  ((TextView)
   view.findViewById(R.id.element_value)).setHint(element.HINT);
  if (element.VALUE != null) {
    EditText editValue = (EditText)
                         view.findViewById(R.id.element_value);
    editValue.setText(element.VALUE);
  }
  return view;
}
}
```

▍파이어베이스 대시보드

앱을 실행해서 캔버스를 몇 개 추가한 후 파이어베이스 대시보드^{Firebase dashboard}로 이동하
게 되면, 사용자가 만든 모든 캔버스가 대시보드에 나타나는 걸 볼 수 있다. 모든 변경 사

항은 이곳에 즉시 반영된다. 이는 물론, 테스트하고 있는 앱이 온라인 상태일 경우에만 해당된다.

파이어베이스가 채팅 애플리케이션에 적합한 이유가 바로 이 기능 때문이다. 이 기능은 다른 방식으로도 활용이 가능하다. 만약 새로운 캔버스 노드를 여기에 추가하면 그 즉시 앱에도 출력된다. 이 기능을 한번 직접 테스트해보기 바란다. 노드를 몇 개 추가하거나, 실행해보거나, 파이어베이스의 다른 기능도 테스트해본다. 대시보드의 모습은 다음과 같을 것이다.

 이 예제를 명확하게 하기 위해 이미 로컬에 저장된 제목과 설명, 힌트 필드는 여기에도 저장된다. 가능하면 데이터 중복을 피하고 각 요소의 ID와 VALUE 속성만을 저장한다.

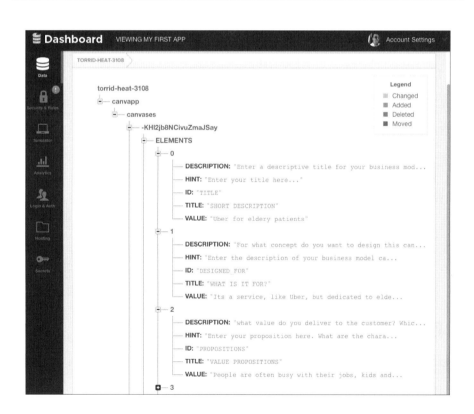

파이어베이스를 이용하면 아주 약간의 코딩만으로도 데이터를 클라우드에 저장할 수 있다. 확장성에 대해서도, 온라인 또는 오프라인 여부나 다른 많은 경우에 대해서도 걱정할 필요가 없다. 파이어베이스는 사용자 관리(회원가입 및 로그인)와 보안, 사용 제한 기능과 페이징 옵션 등 다양한 기능을 제공한다.

▌ 요약

8장에서는 앱의 백엔드를 직접 개발하지 않고 서드파티 솔루션을 활용하고자 할 때 이용할 수 있는 서비스들에 대해서 살펴봤다. 또한 서드파티를 활용할 때의 올바른 전략적, 기술적 고려 사항을 검토했고, 파이어베이스를 모바일 백엔드로 사용하는 예제 앱도 만들어봤다. 이 앱으로부터 뭔가를 배울 수도 있고, 앱 아이디어를 구현하는 초기 프로젝트로 사용하거나 향상시킬 수 있다.

8장에서 다룬 앱은 안드로이드 전용이다. 이 앱을 iOS용으로 제작하려면 어떻게 해야 할까? 스위프트와 엑스코드를 사용해서 처음부터 다시 작성해야 할까? 한 번의 코딩으로 여러 (모바일) 플랫폼용 앱을 만들어낼 수 있는 옵션이 있을까? 9장에서는 이들 질문에 대한 해답을 자세히 알아본다.

09

네이티브, 하이브리드 또는 크로스 플랫폼

대부분의 개발자가 시장 점유율이 높은 것이 반드시 더 좋은 건 아니라는 사실을 잘 알고 있다. 즉, 안드로이드의 점유율이 높다는 것이 앱 개발 시 반드시 안드로이드를 선택해야 한다는 것은 아니라는 의미다. 마찬가지로 iOS 앱이 돈을 더 많이 번다고 해서 모두 그리로 갈 필요는 없다. 그렇다면 플랫폼을 선택할 때 무엇에 집중해야 할까?

9장에서는 이에 대한 해답을 찾기 위해 실용주의적인 접근법을 시도해보려고 한다. 요약하면 다음과 같다.

- 플랫폼을 선택하는 데 가장 큰 영향을 주는 실제 요소인 고객 요구사항과 기술 요구사항, 회사의 기술 역량
- 네이티브 앱과 하이브리드 앱의 강점과 약점, 장점과 단점
- 두 가지 플랫폼을 동시에 대응할 수 있는 크로스 플랫폼용 개발 도구

그럼 가장 기본적인 질문부터 다뤄보자.

▌고객은 누구인가?

대상 고객들이 다른 플랫폼보다 어느 특정 플랫폼을 선호할 수도 있고, 두 플랫폼을 모두 좋아할 수도 있다. 대상 고객에 대한 정보를 많이 알면 알수록 네이티브냐 하이브리드냐 여부를 정하는 것뿐만 아니라, 앱에 관련된 여러 의사 결정을 하는 데 도움이 된다. 조사할 때는 기존 개념과 고정관념에 얽매이지 않도록 한다.

예를 들어, 업계 관계자 대부분은 iOS 사용자와 안드로이드 사용자 간의 표면적인 차이를 이미 알고 있다. 즉, iOS 사용자는 안드로이드 사용자에 비해 더 부유하고, 더 교육 수준이 높고, 더 젊다는 것이다.

여러 연구 결과에 따르면 시장 점유율은 안드로이드가 높지만, 앱에 돈을 쓸 의사는 iOS 사용자가 높다고 한다. 애플은 2016년에 개발자에게 200억 달러를 지급했다고 밝혔다 (https://www.apple.com/newsroom/2017/01/app-store-shatters-records-on-new-years-day.html 참조). 앱 애니App Annie에 따르면 구글 플레이 스토어의 다운로드 수는 앱 스토어 대비 두 배나 많지만, 수익은 iOS가 안드로이드의 두 배가 된다고 한다(https://www.

google.com/url?q=http://bgr.com/2016/07/20/ios-vs-android-developers-profits-app-store-google-play/sa=Dust=1501582800060000usg=   AFQjCNFJYS1AAoGra88ceEN2y6y87Ud A7g 참고).

이러한 수치에 근거해서 결정을 해야 할까? 어쩌면 여러분의 수익 모델은 앱으로 돈을 버는 것일 수도 있다. 그게 아니라면, 고객이 중요하게 생각하는 점에 집중해야 한다. 잠재고객에 대해 이해하려면 널리 알려진 정보가 아니라 더 깊은 곳을 탐색해야 한다. 유익한 통찰력을 얻기에는 고객이 너무 추상적일 때가 많다. 대신 앱애니^{App Annie}나 플러리^{Flurry}처럼 실력 있는 인텔리전스 도구를 사용해 심층 연구를 수행하고, 시장 조사원과 협업해 데이터를 수집해야 한다.

추측하지 말라

특정한 세분시장^{market segment}의 크기는 업계 평균을 따르지 않을 수도 있으므로, "애플 사용자는 더 부유하다"라는 고정관념을 깊이 조사하고, 업계와 기존 사용자 기반에 대해 구체적으로 알아봐야 한다. 잠재 고객이 선호하는 플랫폼을 알아내기 위해 가능한 모든 분석을 사용해야 한다.

예를 들어, 다음과 같은 정보를 수집해 분석한다.

- 분석 서비스
  - 모바일용 구글 애널리틱스(https://www.google.com/analytics/analytics/#?modal_active=none)
  - 야후 플러리 펄스(https://developer.yahoo.com/flurry-pulse/)
  - 로컬리틱스(https://www.localytics.com)
  - 어도비(https://www.adobe.com/marketing-cloud/web-analytics/mobile-web-apps-a nalytics.html)

- 앱 스토어 분석 결과
- 모바일 웹사이트 사용량
- 데스크탑 웹사이트 사용량

이들 데이터 외에 대상 고객과 관련해서 자체 수집한 수치를 분석함으로써, 고객이 특정 플랫폼을 선호하는지를 결정할 수 있다.

대부분의 사용자는 iOS나 안드로이드 중 하나를 선호한다. 어떤 것을 선호하느냐에 따라 구입 기기도 결정되고, 사용하는 앱 스토어 등도 결정된다.

▌ 기술적 요구사항은 무엇인가?

모든 앱이 독립형인 것은 아니다. 경우에 따라서 앱은 다른 플랫폼 관련 서비스나 앱과의 연동이 필요하다. 일부 서비스는 엄격한 제약을 두기 때문에, 여러분이 앱을 개발할 때 발목을 잡기도 한다. 하지만 이런 제약 조건은 개발 우선순위를 정하는 데 도움이 되기도 한다.

다음에서 보게 될 크로스 플랫폼 도구를 활용하면 다중 플랫폼을 대상으로 배포할 수 있다. 이들 도구가 다중 플랫폼을 지원하기도 하지만, 반대로 다른 기능을 제한하거나 네이티브 앱과의 호환성을 낮추기도 한다. 물론 여러분의 기술적 요구사항 및 네이티브와의 통합 요구사항의 수준에 따라 이런 제한이 전혀 문제가 되지 않기도 한다.

기술적 역량은 얼마나 되는가?

때로는 두 플랫폼 중 하나를 선택하는 것이 문제가 되지 않을 수도 있다. 팀이 하나의 플랫폼에만 전문성이 있다면 잘하는 플랫폼을 위주로 선택하는 편이 실용적이다. 익숙하지 않은 플랫폼으로 개발한다면 결국 다음과 같은 문제가 생길 수 있다.

- 시장 진입에 걸리는 시간 증가
- 기술 비용의 증가
- 버그나 오류 등으로 인한 재작업 위험성 증가

이런 문제로 인해 의미 있는 데이터 수집과 이를 통한 학습이 지연될 수 있다.

익숙한 플랫폼으로 개발하면 다음과 같은 이점이 있다.

- 기술 비용의 절감
- 실수 위험의 감소
- 시장 진입에 걸리는 시간 단축
- 반복 학습 사이클의 단축

그러나 규칙에는 항상 예외가 있기 마련이다. 예를 들어, 성공 경험이 많은 열정적인 팀이 특정 플랫폼으로 개발하기 원한다면 이를 허용하는 것이 좋다. 하지만 이것은 개인적인 판단일 수 있다. 모범 사례대로 구축하는 것에 익숙하고 경험이 많은 개발팀의 경우에만 이를 고려하는 것이 좋다.

▌ 네이티브 대 하이브리드 - 강점과 약점

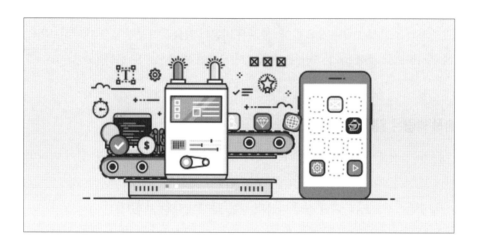

지금까지 고객, 기술적 필요, 기술적 역량 측면에서 기본 요구사항을 다뤘으므로, 이제는 네이티브 방식과 하이브리드 방식의 차이점을 알아보자. 대부분의 개발자라면 이들 간의 기본적 차이점에 대해서는 잘 알고 있겠지만, 각각의 강점과 약점을 숙지해둬야 한다. 이 과정을 거치면 여러분의 필요에 가장 잘 맞는 접근법을 더 효율적으로 결정할 수 있다. 우선 이 둘에 대해 간략히 알아보자.

네이티브 앱

네이티브 앱이란, 특정 플랫폼을 위해 개발된 앱을 말한다. 모바일 분야에서의 플랫폼이라면 통상 iOS와 안드로이드를 말한다. 네이티브 방식의 특정 플랫폼용 앱은 OS를 직접 호출하는 API를 사용할 수 있기 때문에, 개발자나 디자이너가 사용자 경험 측면에서 훨씬 더 많은 제어권과 유연성을 갖는다는 것이 가장 큰 장점이다.

네이티브 방식을 선택하면 기기가 제공하는 모든 기능을 구석구석 활용할 수 있지만, 그에 상응하는 대가를 지불해야 한다. 네이티브 앱은 개발 비용 및 요구되는 기술적 전문성이 훨씬 높다. 특히 두 개의 플랫폼을 모두 네이티브로 개발하는 경우에는 더욱 그렇다.

하이브리드 앱

하이브리드 앱은 일부는 네이티브로, 일부는 웹^{Web}으로 구성된 앱이다. 앱의 웹 부분은 HTML과 CSS, 자바스크립트로 구성되며, 보통 웹킷^{Webkit}이라고 불리는 기기 내의 렌더링 엔진에서 실행된다. 대부분의 경우 UI 요소를 구현하는 데만 웹 부분을 사용한다.

모바일 웹 앱 대비 하이브리드 앱의 장점은 네이티브의 API 호출을 할 수 있다는 것이다. 그런 면에서 하이브리드 앱은 순수 웹 앱과 네이티브 앱의 중간에 해당한다. 이는 단지 네이티브 래퍼로 감싼 웹 앱의 수준을 넘어서며, OS 고유의 기능을 활용하기 위해 네이티브 코드를 추가할 수 있다.

네이티브로 개발할 때의 장점과 단점

순수주의 개발자들은 '모든 것을 항상 네이티브로 만든다'라는 철학을 고수했지만, 최근엔 이런 태도가 많이 바뀌었다. 사업은 항상 자원이 제한적일 수밖에 없는데, 네이티브로 갈 때 아래와 같은 단점을 무시할 수는 없기 때문이다.

- 네이티브 앱을 개발하고 유지하는 데는 더 많은 비용이 든다.
- 작성하는 데 더 오랜 시간이 걸리므로 빨리 앱을 출시할 때는 문제가 된다.
- 네이티브 개발에는 좀 더 특화된 전문 지식이 필요하며, 이는 다시 비용과 시간이 많이 든다는 것을 의미한다.
- 이를 위한 선행 경험이 없다면 이를 먼저 습득해야 한다.

네이티브로 개발할 때 우려점 중 하나는 한 플랫폼을 위해 만든 아이디어를 다른 플랫폼에서 베낄 수 있다는 것이다. 즉, 여러분의 아이디어를 훔치려는 위험성은 언제나 도사리고 있으며, 참신한 아이디어는 항상 복제된다는 사실을 기억해야 한다. 19장, '차별적 경쟁 우위 구축'에서는 이러한 위험으로부터 독자의 지적재산권을 보호하는 방법을 알아본다.

하지만 이런 단점과 위험에도 불구하고 네이티브 앱에는 확실한 장점이 있다.

- 네이티브 앱은 플랫폼 및 OS에 특화된 방식이다. 그러므로 GUI 툴킷에서 파일 시스템에 이르기까지 다양한 방식의 API를 직접 호출해서 활용할 수 있다.
- 기기와의 인터페이스나 앱에 대한 미세한 조절이 가능하므로, 로딩 시간 단축이나 정교한 UI 요소 조절 등 사용자 경험에 큰 영향을 미치는 세부 사항을 다룰 수 있다.
- 특정 플랫폼용 앱이나 서비스와의 통합은 네이티브 앱으로만 가능하다.

이상의 사항을 고려해보면, 네이티브냐 하이브리드냐를 결정하는 것이 언제나 명확하지는 않다는 것을 알 수 있다.

때로는 선택이나 논쟁의 여지가 없는 경우도 있다. 예를 들어, 특정 플랫폼용 솔루션과의 통합이 필수 요구사항이라면 고민할 필요도 없이 네이티브로 가야 한다. 그러나 선택이 필요한 상황이 발생한다면 네이티브가 장점을 발휘하는 영역에 대해서는 사용자의 편의성을 위주로 판단하는 것이 중요하다.

네이티브로 개발할 때의 가장 큰 장점

네이티브 앱은 사용자 경험에 영향을 주는 요소를 세밀하게 제어할 수 있다. 린 관점에서 앱을 보자면, 사용자 경험을 전면 중심부에 두는 것이 중요하다. 스마트폰이 보편화되면서 소비자들은 점점 더 많은 모바일 앱을 필요로 한다. 이런 경향에서는 사용자 경험이 종종 앱의 성공과 실패를 결정한다. 2010년 이후의 여러 연구에 의하면 소비자들은 실행 속도가 기대에 못미치는 앱이나 서비스는 바로 포기한다.

- 2010년 말, 이퀘이션 리서치Equation Research는 3천 명이 넘는 모바일 기기 사용자를 대상으로 조사를 진행했다. 그 중 84%는 모바일 앱 성능이 적어도 어느 정도는 중요하다고 답했고, 50% 이상의 응답자는 모바일 앱은 2초 안에 실행돼야 한다고 응답했다.

- 꽤 자주 인용되는 조사로서 2011년 고메즈닷컴^{Gomez.com}과 아카마이^{Akamai}가 수행한 조사에 따르면, 페이지 로딩 시간이 1초 늦어지면 매출이 7% 감소한다고 한다. 또한 40%의 소비자는 웹 페이지 로딩 시간이 3초 이상 걸리는 경우 포기한다고 한다.
- 2016년 7월 씽크위드구글^{Think with Google}은 앞의 조사 결과를 바탕으로 실제로 많은 전자상거래 사이트에서 얻은 측정 항목을 활용해 머신 러닝 모델을 만들어 사이트를 평가하고, 전환율과 이탈률을 예측했다. 결과는 예상한 바와 같았다. 페이지 복잡도가 높을수록 전환율이 감소했고, 로딩 시간이 늦을수록 이탈률이 증가했다.

성능은 전반적인 사용자 경험에 영향을 주는 한 가지 요인일 뿐이다. 매력적인 사용자 인터페이스를 가진 앱을 개발할 수도 있지만, 다중 플랫폼을 지원하는 앱의 가장 큰 어려움은 아무래도 네이티브 앱 같은 모양과 느낌이 없다는 것이다. 그럼에도 하이브리드 앱이 제공하는 장점은 살펴볼 만한 가치가 있다.

하이브리드 앱을 개발할 때의 장점과 단점

하이브리드 앱은 순수 웹 앱과 순수 네이티브 앱의 중간쯤에 해당하며, 웹 앱과 네이티브 앱의 장점을 모두 취할 수 있다. 네이티브에서 앱에서 언급했듯이 하이브리드 앱을 선택하는 것이 맞는지 틀리는지를 고민할 필요 없이 자신의 상황에 적합한 것을 결정하면 된다. 하이브리드 앱은 네이티브 앱과 똑같은 성능이나 그래픽 지원을 받지는 못하지만 다른 종류의 장점이 있다.

- 한 번의 코딩으로 여러 플랫폼에서 실행할 수 있다. 크로스 플랫폼 도구는 자바스크립트나 C# 같은 코드를 여러 플랫폼에 맞는 네이티브 언어로 변환한다. 일부 웹 코드를 감싼 단순한 네이티브 앱이라도 안드로이드와 iOS 스토어 모두에 등록할 수 있으므로 모든 사용자에게 접근할 수 있는 기회를 갖는다.

- 앱의 일부를 하나의 코드 베이스로 개발할 수 있으므로 부담감이 훨씬 줄어든다.
- 개발 시간이 짧아지면 개발 비용도 줄어들며, 그 결과 앱을 더 빨리 출시할 수 있다.
- 하이브리드 앱은 네이티브 앱으로 구성돼 스토어에 등록되므로, 네이티브 앱으로 개발했을 때와 차이 없이 동일하게 노출될 수 있다.

이들 장점을 보면 왜 많은 개발자가 하이브리드 방식으로 개발하지 않는지 의문이 들 것이다. 그 이유는 크로스 플랫폼 개발 도구로 만든 앱에 다음과 같은 단점이 있기 때문이다.

- 성능을 높이는 것이 어렵다. 하이브리드 앱의 성능 문제는 사용자 경험과 만족에 부정적인 영향을 준다.
- 크로스 플랫폼 개발 도구로는 특정 인터페이스 방식을 구현하는 것이 불가능하거나 매우 어렵다.
- 앞서 언급했듯이, 다른 네이티브 앱이나 서비스와의 통합이 불가능하거나 매우 어렵다.
- 앱의 복잡도가 증가하기 때문에, 하이브리드 개발자도 네이티브 부분에 문제가 생겼을 때 이를 해결할 수 있도록 네이티브 기술을 어느 정도는 숙지해야 한다.
- 이상의 내용을 고려할 때, 개발자들의 일부는 하이브리드를 선택할 거라고 믿을 수 있는 몇 가지 현실적인 상황이 있다.

불편한 진실 – 명확한 목표가 있다면 하이브리드가 좀 부족해도 문제되지 않는다

순수주의자는 이번 섹션을 좋아하지 않을 수도 있지만, 여기서 중요한 점은 한정된 예산이나 시간과는 관계없이 가장 좋은 앱을 만들어야 한다는 것이다. 네이티브를 주장하는 사람들은 특정한 플랫폼용 하나를 만들거나 두 가지 플랫폼용 모두를 만드는 것을 원할 텐데, 그런 전략으로는 스타트업의 제한된 예산과 마감 일정을 맞출 수가 없다.

MVP 개발 시 가장 중요한 제약 사항은 바로 '최소'라는 것이다. 즉, 기능이나 호감도를 모두 최소 수준으로 유지하면서도 사용자를 확보하고, 가설을 검증하고, 교훈을 얻을만큼의 기준은 넘어서야 한다.

네이티브가 아니면 안 된다는 식의 비실용적인 사고방식을 고수하다가 예산을 날려버리지 않게 조심해야 한다. 이는 사실 린 방법과는 반대되는 것이다. 완벽주의나 순수주의는 MVP를 출시해서 교훈을 얻기도 전에 제품 발표를 지연시키고, 비용 손실을 초래하고, 완전히 망칠 수도 있다.

하이브리드로 앱을 더 빨리 출시할 수 있다면 그렇게 해야 한다. 다운스트림 기술 부채(하이브리드를 순수 네이티브로 전환할 때 발생하는)가 발생해도 나중에 앱에 문제를 일으키기 전에 해결(상황)할 수만 있다면 괜찮다.

가능한 한 짧은 시간에 최고의 앱을 만들고 싶다면 하이브리드를 포함해 모든 가능성을 고려해야 한다. 하이브리드 앱이 성공할 수 있고 성공해야 한다는 점은 주목할 필요가 있다. 트위터나 에버노트^{EverNote}, 트립케이스^{TripCase}는 모두 잘 알려진 예로서, 하이브리드도 장기적으로 보면 완벽히 실행 가능한 방식이라는 것을 보여준다.

▌ 최종 결정하기 – 고려할 사항

앞에서는 목표 고객과 기술 요구사항, 기술 역량 같은 기본 질문에 대한 답변을 작성했다. 그 후에 네이티브 앱과 하이브리드 앱의 장단점과 기능을 살펴봤다. 또한 하이브리드의 유용한 측면을 살펴봄으로써 네이티브가 아니면 안 된다는 잘못된 신념을 지적하고자 했다. 그러면 이제는 실질적이면서 구체적인 질문, 즉, '어떤 선택을 하는 것이 내게 최적인가'라는 질문에 답해야 할 시간이다.

- **앱의 기술적 요구사항**: 네이티브 기능이 앱에 중요한가? 그게 아니라면 하이브리드 방식을 채택함으로써 얻게 되는 이점, 즉 시장 출시 시간 단축이나 비용 절감, 다중 플랫폼 지원 등에 대해서 적극 고려한다.

- **시장 출시 속도 요구사항**: 6개월 내에 시장에 출시해야 하는가? 그렇다면 네이티브 앱으로는 대응이 힘들 수도 있다.
- **사용성 및 기능**: 사용자 경험이 중요한 앱인가? 디자이너 또는 사용성을 중요하게 생각하는 사람이라면 동의하지 않을 수도 있겠지만, 실용성은 이념보다 중요하다. 네이티브가 기능적으로 우위에 있는 것은 사실이지만, 20%의 비용만으로 80%의 결과를 얻을 수 있다면 하이브리드를 긍정적으로 검토할 충분한 이유가 된다.
- **인적 역량 및 예산**: 이 예산에는 개발뿐만 아니라 장기 유지 보수 및 기술 부채도 포함해야 한다. 이 작업을 수행할 인력이 있는가? 안드로이드 및 iOS 개발자를 모두 운영할 예산이 있는가?
- **장기 목표**: 현재의 필요와 자원을 장기 목표에 맞게 평가해본다. 나중에 네이티브 앱으로 전환해서 처음부터 코드를 다시 작성할 것 같은가? 발생 가능성이 있는 여러 시나리오를 그려보고, 이들이 장단기적으로 사업 목표에 줄 영향에 대해서 고려한다.

실용적인 의사 결정은 늘 제대로 해야 한다. 실제로 할 수 있는 일을 놓치지 말고, 해야 할 일에 충실해야 한다. 고정된 앱 개발 방식에 집착하지 않는 게 중요하다. 대신 주주들에게 중요한 사항, 즉, 시장 점유율이나 시장 기회, 잠재 역량이나 지적재산권 같은 중요한 사항에 주력해야 한다. 사용성, 디자인, 성능, 보안 분야의 우수 사례를 따라 훌륭한 앱을 개발하는 데 집중해야 한다.

▌ 크로스 플랫폼 도구 활용

시중에는 다양한 크로스 플랫폼 개발 도구가 있다. 지금부터는 많이 사용되는 몇 가지를 선정하고 각 도구의 장단점을 알아본다.

어도비 폰갭

어도비사의 폰갭Adobe PhoneGap은 아파치 코르도바Apache Cordova의 오픈 소스 배포판이다. 앱 개발용 프레임워크는 아니지만 HTML5와 CSS, 자바스크립트 같은 웹 기술로 만든 앱을 패키징해서 릴리스하는 기능을 제공한다. 이 도구는 어도비의 크리에이티브 클라우드 Creative Cloud의 하나로, 다른 하이브리드 도구와 같은 장점이 있다.

- 클라이언트를 웹 언어로 작성하고, 주요 플랫폼에 네이티브 앱으로 릴리스할 수 있다.
- 네이티브 경험이 없는 개발자라도 웹 앱을 만들어 네이티브로 변환할 수 있다.
- 검증용 앱을 구현하고, 미리보고, 다운로드하는 과정을 쉽게 만들어주는 다양한 도구를 사용할 수 있다.

다른 크로스 플랫폼 도구와 비교해서 폰갭의 단점은 다음과 같다.

- 네이티브 앱보다 성능이 떨어진다.
- 그래픽 역량이 부족하며, 네이티브 같은 모양이나 느낌이 나질 않는다.
- 앞서 언급했듯이 폰갭은 프레임워크가 아니다. 폰갭은 웹 코드를 네이티브 언어로 변경하는 것이 아니라, 앱을 그냥 네이티브로 패키징하는 기능만 제공한다.

자마린

자마린Xamarin은 안드로이드, iOS, 윈도우, 맥에서 C# 앱을 개발하기 위해 특별히 설계됐다. 이 회사는 2016년 초 마이크로소프트사에 인수됐고, 이를 계기로 기존 서비스를 가장 뛰어난 크로스 개발 도구로 만들었다. 앱의 상당 부분이 공통 코드 베이스에서 만들어지기 때문에 확실히 시간과 비용을 절약할 수 있다. 그러나 UI단이나 특정 플랫폼용 기능 관련 코드를 네이티브로 작성할 수밖에 없으므로 효율성이 3~4배까지 향상되는 것은 아니다.

앱은 비주얼 스튜디오나 자마린 스튜디오(자체 IDE), 맥용 비주얼 스튜디오에서 개발할 수 있다.

마이크로소프트에 따르면 자마린은 안드로이드나 iOS용 SDK 및 네이티브 SDK용으로 개발된 서드파티 컨트롤이나 도구를 완벽하게 지원하며, OS 릴리스가 새로 나올 때마다 지속적으로 업데이트된다.

이 글을 쓰는 시점에는 학생용, OSS용, 개인 개발자용은 무료로 제공되며, 전문용과 기업용은 유료로 제공된다.

앱셀러레이터

앱셀러레이터Appcelerator에서는 자바스크립트로 앱을 한 번만 만들면 어떤 기기에서든 네이티브 방식으로 실행된다. 제공하는 도구는 다음과 같다.

- 비주얼 앱 디자이너
- API 구축용 프레임워크
- 모바일 애널리틱스analytics

여기서 언급한 다른 도구와 마찬가지로 앱셀러레이터도 네이티브 API에 직접 접근할 수는 있지만 성능과 그래픽 측면에서 여전히 한계가 있다. 앱셀러레이터는 비교적 합리적인 가격 정책을 가지고 있지만, 일부 개발자는 버그로 인해 사용할 가치를 느끼지 못할 수도 있다.

▌ 올바른 도구를 선택하는 법

하이브리드 방식을 채택할 예정이라면, 시장에 나와 있는 도구들에 대해서 알아보는 것이 좋다. 가장 좋은 출발은 이 책에서 다룬 바와 같이 먼저 요구사항과 우선순위를 정하는 것이다. 시중에서 구할 수 있는 도구의 장단점 대비 요구사항 및 역량을 비교해본다. 디지털 분야는 변화 속도가 워낙 빠르기 때문에 그 사이에 가격과 품질의 큰 변화가 있더라도 놀랄 필요는 없다.

다음은 2017년 초반의 가장 인기 있는 크로스 플랫폼 개발 도구들 중 몇 가지를 나열한 것이다.

- **아이오닉**Ionic : 오픈 소스 기반의 HTML5 앱 프레임워크
- **센차**Sencha Ext JS: 데이터 집약적 HTML5 앱 구축 도구
- **모바일 앵귤러**Mobile Angular : 앵귤러 JS와 부트스트랩을 사용하는 모바일 UI 프레임워크

- **프로그레스 텔레릭**[Telerik] **플랫폼**: 프로그레스사에서 제공하는 iOS, 안드로이드, 윈도우폰용 개발 플랫폼
- **유니티**[Unity]: 크로스 플랫폼 지원 게임 엔진으로 모바일을 포함해 다양한 플랫폼을 지원
- Libgdx: 크로스 플랫폼 게임 개발용 오픈 소스 플랫폼

이들 도구에 대한 자세한 내용은 해당 웹 사이트의 문서를 참조한다. 또한 깃허브에는 여기에 나열된 많은 개발 도구에 대한 코드 리파지토리가 있다. 특히 폰갭이나 자마린처럼 대중적인 도구의 경우 다양한 튜토리얼과 강의, 단계별 학습 과정을 플러럴사이트[Pluralsight]나 유데미[Udemy], 린다닷컴[Lynda.com] 같은 온라인 교육 사이트에서도 찾을 수 있다.

▌요약

9장에서는 실용적인 관점에서 하이브리드와 네이티브에 대한 장단점을 살펴봤다. 여러분과 여러분의 고객에게 최적의 접근법을 결정하기 위해 확인해야 할 가장 중요한 질문도 다뤘다. 마지막으로는 하이브리드 방식의 앱 개발을 하기로 한 경우 이를 제대로 구현할 수 있도록 하는, 시장에서 가장 많이 사용되는 크로스 플랫폼 도구를 훑어봤다.

10장에서는 실험을 좀 더 빨리 수행할 수 있도록 해주는 매시업과 온보딩 전술, 앱 스토어 전략 등의 방법에 대해 살펴본다.

10

그걸 위한 API는 있어요!

10장에서는 매시업으로 어떻게 가설을 증명할 수 있는지 알아본다. 이 방식을 이용하면 단순한 랜딩 페이지를 만드는 수준보다는 노력이 더 필요하지만, 정식으로 앱을 개발하는 것보다는 시간을 절약할 수 있다. 앱이나 다른 자원을 결합한다면, 문제를 해결하는 솔루션을 최소한의 노력으로 개발할 수 있다. 이는 적어도 가설을 검증하는 목적으로는 꽤 유용한 방식이다. 일단 검증을 통해 원하는 결과를 얻은 후에는, 얼마든지 더 견고한 솔루션을 개발할 수 있다. 또는 외부 자원들을 결합해서 자신만의 제품이나 서비스로 내놓는 전략을 세울 수도 있다. 이런 방식으로 개발된 앱을 정보 통합Aggregated 앱이라고 한다. 아니면 페이스북이나 트위터, 유튜브 같은 소셜 네트워크들과 긴밀하게 통합된 앱을 만들 수도 있다. 소셜 앱을 활용하면 직접 고객을 확보하는 것보다 언제나 쉽게 고객을 확보할 수 있다. 따라서 소셜 컴포넌트와 통합하는 방법은 현명한 전략이며, 특히 매시업mash-up 솔루션을 만드는 경우에는 더욱 효과적이다.

다양한 앱과 서비스를 결합할 수 있으며, 이렇게 하면 흥미로운 매시업 솔루션 그 이상의 결과를 낳기도 한다. 거의 모든 분야에서 관련된 데이터를 제공하고 있으며, 이 데이터 중 상당한 양을 API를 통해 공개적으로 이용할 수 있다. 데이터를 다른 데이터와 결합하고 시각화해서 다른 방식으로 표시할 수 있다. 가장 인기 있는 매시업이 바로 그런 식으로 동작하는데, 기존 데이터를 색다르게 시각화하는 것이다.

10장에서는 다음 내용을 다룬다.

- 가설 증명에 있어 매시업이 주는 장점
- 대표적인 매시업의 예
- 이용 가능한 API와 모바일용 SDK
- 모바일 매시업 솔루션을 만들고 가설을 증명하는 법
- IFTTT 레시피로 가설을 증명하는 법

▌ 성공하거나 빨리 실패하거나

매시업 방식을 사용하면 성공할 수도 있지만 빨리 실패할 수도 있다. 실패했다면 비교적 초기 단계에서 가설을 다시 세울 수 있다. 실패에서 배운 교훈으로 사용자가 정말로 원하는 앱을 만드는 데 필요한 것을 알아내고 좀 더 나은 앱을 개발할 수 있다.

또한 자체적으로 구축한 것보다 훨씬 큰 플랫폼에서 제공하는 검증된 API나 SDK를 사용함으로써 오류 발생 가능성도 줄일 있다. 예를 들어, 인앱In App 구매 외에 결제 기능을 사용하고 싶다면 결제 서비스 공급자의 상용 솔루션을 사용할 수 있다.

앱에서 싱글 사인온single sign on 기능을 제공하는 방식으로 소셜 네트워크 플랫폼을 활용할 수도 있다. 예를 들어, 사용자가 자신의 페이스북 계정으로 회원가입을 하거나, 로그인할 수 있도록 구현할 수도 있다. 이렇게 하면 등록 절차가 쉬워지므로 더 많은 사람이 가입하게 된다. 즉, 사용자에게는 등록에 필요한 단계를 줄여주고, 서비스 제공자에게는 이름과 프로필 사진 같은 추가 정보를 얻도록 해준다. 그 결과, 가입 즉시 개인화된 정보를 제공할 수 있게 된다. 11장, '온보딩과 등록'에서는 신규 가입자에 대한 온보딩 과정에 대해서 다루고 있다.

매시업 솔루션의 예

지금부터는 매시업에 대해 자세히 알아보자. 매시업이란 정확히 무엇이며, 어떻게 구현할 수 있을까? 보통 매시업은 하나 이상의 소스로부터 데이터를 가져다 추가적인 로직을 적용하고, 별도의 화면을 구성해 출력한다.

매시업은 보통 재사용 가능한 데이터와 특정한 복합 기능, 화면 출력 및 신규 로직의 조합으로 구성된다. 하지만 반드시 이들 네 가지 조합을 가져야 하는 것은 아니다. 다양한 소스에서 데이터를 수집하고 결합하는 솔루션도 매시업이라 할 수 있다. 누구나 API를 활용해 다양한 유형의 데이터 세트를 사용할 수 있다. 단순히 데이터를 모았다는 사실만으로도 앱의 부가가치가 올라갈 수 있다. 예를 들어, 모든 구직 정보를 보여주는 앱을 생각해보자. 이런 앱이 없다면 사용자는 각기 다른 십 수개의 웹사이트를 찾아 다녀야 할 수도 있다. 데이터 마이닝^{Data mining} 및 다양한 다른 기법을 통해 데이터를 더욱 풍부하게 만들 수도 있다.

매시업은 API를 활용해 복잡한 기능(데이터 처리 및 결제)을 처리할 수도 있고, 여러 작업을 디지털 세상이 아닌 실세계에 맡기는 데 사용될 수도 있다. 즉, 주문형 3D 프린팅 작업이나 상품 배달, 또는 꼭 사람이 해야 하는 작업에 활용될 수 있다. 아마존의 메카니컬 터크^{Mechanical Turk} API가 좋은 예다. 이 API를 이용하면 자잘한 업무를 다른 사람에게 맡길 수 있다. 예를 들면, 댓글을 작성하거나, 사용자가 입력한 내용을 검토하거나, 특정 내용을 조사하는 등의 업무를 다른 사람에게 맡길 수 있다. 시중에는 이런 SaaS 솔루션이 꽤 많이 있으며, 이들 대부분은 API를 제공하고 있다. 이들 API를 묶어서 새로운 솔루션을 만드는 데 활용할 수 있다. 이를 통해 개발자는 자신의 가설을 훨씬 빠르게 시험해 볼 수 있다.

API 발행

만약 공유하고 싶은 데이터가 있다면 스스로 API를 제공하는 것도 가능하다. 여러분의 데이터가 다른 사람이 그 API를 활용해 서비스를 만들 수 있는 데이터라면, API 서비스를 유료로 할 수도 있다. 여러분이 제공하는 API가 진짜로 가치가 있다면 이를 통해 수익성 있는 사업을 할 수도 있다. 그리고 계속해서 수익을 낼 수 있는 흥미로운 사업 모델로 발전시킬 수 있다.

 이제 기존의 방식만으로는 앱을 통한 수익화가 어렵기 때문에, 여러분의 앱 또는 앱 생태계와 연관된 API 발행을 고려하는 것도 좋다. 세일즈포스(SalesForce)나 익스피디아(Expedia) 같은 많은 회사가 이미 수익의 대부분을 API에서 얻고 있다. 따라서 이런 사업 모델도 관심을 가질 만하다.

레고냐 듀플로냐

아무것도 없이 시작한 솔루션과 매시업 솔루션은 마치 레고Lego와 듀플로Duplo 같은 관계라 할 수 있다. 만약 서드파티 제품을 활용한다면 앱을 좀 더 빠르고, 저렴하면서도 스마트하게 개발할 수 있다. 가볍고 재사용 가능한 마이크로서비스는 복잡한 대규모의 앱에도 쉽게 결합할 수 있다. 레고가 훨씬 재미있는 것은 분명한 사실이지만, 탑을 빨리 짓는 속도는 듀플로가 더 우월하다.

또한 매시업 방식을 따르면 필요한 모든 기술을 공부하는 대신에 중요한 것에만 집중할 수 있다. 즉, 독자의 솔루션에 **고유 가치 제안**(UVP)을 강화하는 기능만을 개발할 수 있게 된다.

매시업에는 여러 가지 유형이 있다. 소비자 매시업이나 비즈니스 매시업, 데이터 매시업이나 논리 매시업을 생각해보자. 특정 데이터가 필요한가? 항공권이나 여행 경품을 제공할 것인가? 결제 솔루션이 필요한가? 아니면 대량의 SMS를 보내야 하거나, 조명을 어둡게 하거나, 외주를 줘야 할까? 일단 찾아보자. 그런 역할을 하는 API가 있다.

API 대 SDK

API는 대부분 REST 서비스로 제공되는 인터페이스다. **소프트웨어 개발 키트**Software Development Kit, SDK는 iOS나 안드로이드 같은 특정 플랫폼에서 API를 구현하는 데 사용된다. 이를 이용하면 시스템 통합 과정을 원활하게 수행할 수 있다. 파이어베이스를 이용한 안드로이드 앱을 다룬 8장, '앱 실험용 클라우드 솔루션'에서 이미 SDK의 예를 살펴봤다. API 자체로도 모든 기능을 수행할 수 있지만 SDK를 사용하면 많은 시간을 아낄 수 있다.

의존성 관리

API와 SDK는 태생적으로 자주 업데이트된다. 이런 이유로 의존성 관리를 똑똑하게 하는 게 중요하다. 새 버전의 SDK가 릴리스 될 때마다 앱 전체 코드를 업데이트하거나 모듈을 이것저것 업데이트하고 싶지는 않을 것이다.

안드로이드

안드로이드의 경우 프로젝트에 라이브러리 모듈을 추가하는 대신 외부 그래들 의존성을 사용해야 한다. 만약 안드로이드 스튜디오 사용자라면 바로 그래들을 사용할 수 있다. 프로젝트의 app 폴더 안에 있는 build.gradle 파일에서 앱에 대한 의존성 목록을 찾을 수 있다. 의존성 섹션은 다음과 같다.

```
dependencies {
...
    compile 'com.android.support:recyclerview-v7:23.1.1'
    compile 'com.android.support:cardview-v7:23.1.1'
    compile 'com.squareup.retrofit:retrofit:2.0.0-beta3'
    compile 'com.squareup.picasso:picasso:2.5.2'
    compile 'com.squareup.retrofit:converter-gson:2.0.0-beta2'
    compile 'com.squareup.okhttp:okhttp:2.4.0'
    compile 'net.hockeyapp.android:HockeySDK:3.6.2'
}
```

이 예제에서 볼 수 있듯이 RetroFit과 HockeyApp, 그 외 의존성들이 여기에 정의돼 있다. 이미 익숙한 독자도 있을 것이다. 예를 들어 Retrofit과 Gson converter는 HTTP로 전달되는 데이터를 가져다가 그 결과를 객체로 역직렬화하는 솔루션이다. 의존성은 로컬 라이브러리를 참조할 수도 있지만, 앞서 설명한 것처럼 반드시 의존성을 사용하는 것이 좋다. 그래들에 대한 자세한 설명은 웹사이트 http://gradle.org를 참고한다.

iOS

iOS(와 그 밖에 많은 언어 및 IDE들)의 경우에도 Gradle을 사용할 수 있다. 특히 안드로이드와 iOS 플랫폼 모두를 대상으로 개발하는 하는 경우로, 젠킨스Jenkins나 팀시티TeamCity 같은 빌드 서버를 활용하여 앱 개발시 동일 환경을 가져가려는 경우에 그래들이 특히 유용하다. 이에 대해서는 18장, '지속적 배포'에서 자세히 배운다.

iOS 개발에서만 사용할 수 있는 잘 알려진 해결책은 코코아팟CocoaPod이다. 코코아팟은 iOS 프로젝트(오브젝티브 C나 스위프트)용 의존성 매니저다. 이 도구는 자신의 프로젝트 외에도 의존성이 있는 코코아팟 프로젝트를 포함하는 워크스페이스를 만들어 타사 라이브러리를 관리한다.

pod 파일에는 의존성 목록이 들어 있으며 다음과 같다.

```
platform :ios, '8.0'
    use_frameworks!
    target 'example-project' do
        pod 'ZXingObjC', '~>3.0'
        pod 'JSONJoy-Swift', '~> 1.0.0'
        pod 'SwiftHTTP', '~> 1.0.0'
end
```

이 예제에서도 알 수 있듯이, pod 파일은 다른 포드 중에서도 Zxing 라이브러리를 참조한다. 이 솔루션은 바코드 이미지를 생성하고 스캔하는 기능을 완벽하게 수행한다. 코코아팟을 설치하고 구성하기란 아주 쉽다. 터미널에서 gem install cocoapods 라고 입력만 하면 된다. 다음으로는 프로젝트에서 사용할 레퍼런스를 포함하는 pod 파일을 정의한다: 의존성 라이브러리를 실제로 얻으려면 pod을 설치해야 한다. 터미널에서 이 명령어를 실행하면 pod 파일 내에 의존성 목록이 추가된다. MVP를 구축하는 부분에서 이 절차를 자세히 알아볼 예정이다.

```
$ gem install cocoapods
$ pod install
```

 지금 언급하고 가야 할 것이 카르타고(Carthage)다. 카르타고는 코코아팟의 대체 솔루션으로, 맨 처음 알려진 스위프트의 의존성 매니저다. 코코아팟은 루비로 개발된 반면 카르타고는 스위프트로 개발됐다. 카르타고는 유연성이 높은 대신 사용하기에는 조금 복잡하다고 한다.

코코아팟에 대한 자세한 내용은 https://cocoapods.org를 참고한다. 카르타고에 대한 정보 및 카르타고와 코코아팟의 차이점을 알고 싶다면 https://github.com/Carthage/Carthage을 참고한다.

▌ 사용 가능한 API

(오픈) API를 활용하면 다양한 주제와 소스로부터 데이터를 수집할 수 있다. API는 SaaS형 서비스를 제공하는 회사들의 웹사이트에서도 찾을 수 있고, 사용 가능한 API들의 목록을 모아서 제공하는 사이트에서 찾을 수도 있다. 예를 들어, https://www.programmableweb.com 또는 http://mashable.com을 살펴보면 여러분의 앱을 만드는 데 도움이 될 만한 API 뿐만 아니라, 이미 만들어진 매시업 솔루션도 살펴볼 수 있다. 대부분의 API가 모바일 앱용이라고 명시하고 있지는 않지만, 데이터를 JSON 또는 XML

로 사용할 수만 있다면 실제로 문제가 되지는 않는다. 웹사이트에서는 특정 카테고리나 특정 데이터 유형, 최근에 등록된 항목 등에 따라 다양한 검색 방법을 제공한다. 아래 그림을 보면 날씨 관련 정보가 가장 관심이 높은 데이터로, 많은 앱이 이 데이터를 사용한다는 점을 알 수 있다. 대표적인 예로 인스타웨더InstaWeather(http://instaweather.me/)라는 앱이 있다. 11장에서는 우리가 만드는 MVP에 이들 API를 어떻게 사용하는지 알아본다.

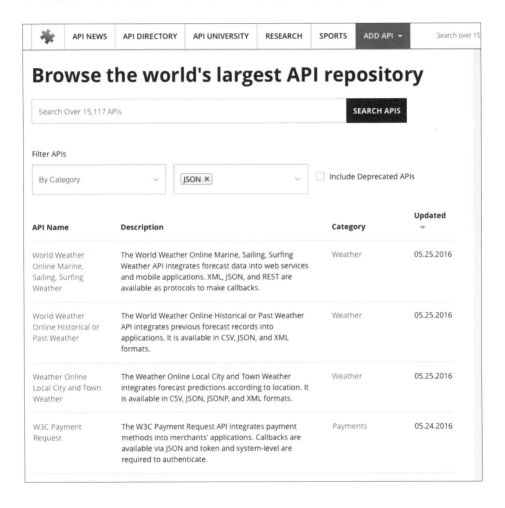

다음은 API와 매시업 예제를 찾아볼 수 있는 사이트이다.

- http://www.mashable.com
- https://www.data.gov
- http://www.opendatanetwork.com
- https://data.sfgov.org
- http://data.worldbank.org/developers
- https://dev.socrata.com
- http://developer.nytimes.com

데이터 소스가 있는 웹사이트에서 API를 제공하지 않는다면, (사이트) 스크래핑 같은 대안을 생각해볼 수 있다. 이는 일자리나 부동산, 보험처럼 통합 정보를 제공하는 서비스들이 많이 사용하는 방식이다. 사이트 스크래핑 방식은 쉽지 않으며 오류 발생 가능성도 높지만, 특정 데이터를 얻는 유일하면서도 가장 빠른 방법이기도 하다. 특히 MVP를 통한 첫 번째 실험의 경우는 더욱 그렇다.

가설을 증명할 iOS 앱, 무비우버

지금까지는 이론을 다뤘으니, 이제 MVP를 만들어보자. 이 MVP는 다양한 소스로부터 가져온 데이터를 결합해서 가치 있는 앱을 빨리 만드는 것이 목표다. 이를 위해 지금부터는 유명한 영화들의 촬영 장소를 검색할 수 있는 iOS용 앱을 만들고자 한다. 가설을 검증하기 위해서 API와 SDK를 사용하도록 한다.

가설

가설 없이 시작할 수는 없으니 우선 가설을 세워보자. 모든 사람은 영화를 좋아한다. 그 중 일부는 다른 사람보다 더 좋아할 것이다. 만약 어떤 영화 매니아가 샌프란시스코처럼 유명 영화가 촬영된 장소를 방문하기 위해 도시 곳곳을 여행한다고 가정해보자. 아마 대부분의 장소는 대중 교통 수단으로 다니기 힘들테니, 이동을 위해 우버 서비스를 이용한다고 해보자.

이 앱은 우버를 이용해서 샌프란시스코를 여행하고, 영화 관련 유명 장소를 찾는 앱이 될 것이다. 이 앱은 데이터가 필요하며, 그 데이터를 아마도 지도 같은 곳에다 표시하고, 우버 같은 실생활 서비스와의 연결을 제공해야 할 것이다. 그리고 **인터넷 무비 데이터베이스**(IMDB)에서 제목을 검색해 영화와 관련된 추가 정보를 제공할 수도 있다. 이 앱을 무비우버MoviUber라고 부르자. 여기서는 이 앱에 대한 비즈니스 모델은 깊이 다루지 않는다. 다만 가설들이 그럴 듯하게 연결될 수 있는 지만 알아내려고 한다. 지금까지 언급한 가설이 동작한다면 괜찮지 않을까? 그렇게 하려면 어떻게 해야 할까?

고객 인터뷰를 통한 아이디어 검증

먼저 이 매시업 앱이 실제로 수요가 있는지를 알아야 할 것이다. 그러려면 이 기획안을 일단 구현한 후, 시험삼아 검증을 해야 할 것이다. 주변에서 우버 서비스 이용자이면서 영화를 아주 좋아하는 사람을 찾아보자. 그들에게 이 기획안을 설명하고 생각을 들어보자. 질문할 때는 자유로운 답변을 할 수 있도록 하는 게 좋다. 만약 친구에게 "정말 좋은 생각이지 않니?"라고 물으면, 당연히 좋다는 응답을 받게 될 것이다. 이러면 듣기는 좋겠지만 제대로 된 검증을 하는 데는 별로 도움이 되지 않는다.

어쨌든 답변을 해주는 사람이 기획안에 대해서 아주 관심이 많다면 아마도 새로운 아이디어나 기능을 말해줄 수도 있고, 사실은 기획안이 전반적으로 별로라는 사실을 깨닫게 될 수도 있다.

10장에서는 매시업 솔루션을 만드는 것에 집중하고 있으므로, 이상의 과정을 통해 기획안이 철저히 검증됐다고 가정하고 넘어가자. 즉, 이 기획안은 꽤 괜찮은 아이디어이며, 고객 인터뷰를 통해 긍정적인 피드백을 충분히 수집했다고 하자. 그러면 이제 앱을 만들어보자.

앱 만들기

시작에 앞서 MVP의 요건을 정리해보자.

- **영화 촬영지**: 목록을 통해 영화와 촬영지를 고를 수 있다.
- **우버 버튼**: 장소에 데려다 줄 차량을 호출한다.
- **IMDB 기능**: 선택 사항이지만, 기능이 있으면 꽤 좋을 듯하다. 특정 영화에 대한 상세 정보를 출력하는 기능을 만들자.
- **지도**: 사용자가 한 장소에서 다른 장소로 이동할 경우, 동선을 계획하는 데 필수적인 기능이다.

영화 촬영지

소크라타Scrata에서 제공하는 샌프란시스코 데이터 API를 사용해 영화 촬영지 정보를 얻을 수 있다.

구체적인 위치는 다음 주소에서 제공하는 데이터 세트를 검색해 알아낼 수 있다. https://data.sfgov.org/Culture-and-Recreation/Film-Locations-in-San-Francisco/yitu-d5am. 즉, 샤론 스톤이 갔었던 곳을 가고 싶다면, 바로 이 데이터 세트에서 찾을 수 있다.

그러나 여기서는 데이터 세트를 내려 받는 것보다는 API를 통해 데이터에 접근하는 편이 더 편리할 것이다. 그런 API는 https://dev.socrata.com/foundry/data.sfgov.org/wwmu-gmzc에서 찾을 수 있다. 관련 정보를 좀 더 찾아보면 API외에 SDK도 제공된다는 것을 알 수 있는데, SDK를 사용하는 게 더 낫다. Soda-Swift는 소크라타 오픈 데이터 서버에 접근할 수 있는 네이티브 스위프트 라이브러리다. 이 라이브러리는 깃허브의 다음 주소에서 찾을 수 있다. https://github.com/socrata/soda-swift.

우버

우버는 iOS 스위프트 라이브러리를 포함해서 여러 플랫폼용 API와 SDK를 제공하며, 깃허브의 다음 주소에서 찾을 수 있다.

https://github.com/uber/rides-ios-sdk

API에 대한 설명은 다음 주소에서 찾을 수 있다.

https://developer.uber.com/docs/tutorials-rides-api

IMDB

IMDb용 API는 아직 없지만, OMDb용 API는 제공된다. 이 API는 무료로 영화 정보를 제공하는 웹 서비스다. 주소는 http://www.omdbapi.com이다.

마지막으로, 지도는 애플 맵을 사용할 예정이다. 지도는 MapKit 프레임워크만 있으면 된다. 이를 위해서는 SDK를 다운로드해야 한다. 또한 https://github.com/socrata/soda-swift에서 소크라타 샘플 앱을 다운로드한다. 즉, 샘플 앱을 활용해 MVP를 제작할 예정이며, 앱에서 토큰이나 데이터 세트 같은 몇 가지 부분만을 고치려고 한다. 토큰을 받으려면 먼저 소크라타에서 개발자 계정을 생성해야 한다. 등록은 https://dev.socrata.com에서 무료로 할 수 있다. 그 다음으로는 웹사이트에서 앱을 생성해야 한다. 엑스코드에서 Socrata-Swift 프로젝트를 열고, SODASample 프로젝트에서 QueryViewController를 연다. 클라이언트용 도메인과 토큰을 수정한다.

```
let client = SODAClient(domain: "data.sfgov.org", token: "<your token>")
```

refresh 메서드에서 쿼리용 데이터 세트를 수정하고 order 필드를 title로 변경해야 한다.

```
func refresh (sender: AnyObject!) {
...
  let cngQuery = client.queryDataset("wwmu-gmzc")
  cngQuery.orderAscending("title").get { res in
    switch res {
    case .Dataset (let data):
      self.data = data
...
  }
}
```

cellForRowAtIndexPath 함수에서 다음 코드와 같이 item의 필드를 title 및 locations
로 변경한다.

```
override func tableView(tableView: UITableView, cellForRowAtIndexPath
                        indexPath: NSIndexPath) ->
UITableViewCell {
  let c = tableView.dequeueReusableCellWithIdentifier(cellId) as
  UITableViewCell!
  let item = data[indexPath.row]
  let name = item["title"]! as! String
  c.textLabel?.text = name
  if (item["locations"] != nil) {
    let street = item["locations"]! as! String
    c.detailTextLabel?.text = street
  }
  return c
}
```

이제 앱을 실행하면 첫 번째 탭에 영화와 촬영지 목록이 나타난다. 이 목록을 두 번째 탭
의 지도에도 표시하려면 추가 작업이 필요하다.

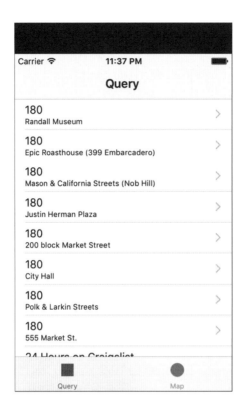

지도에 촬영지를 표시하기

지도 위에 정확한 위치를 잡으려면 위도와 경도 값이 필요하지만, 안타깝게도 우리에겐 주소밖에 없다. 그러므로 이 주소를 실제 위치로 변경해야 한다. 그렇게 하려면 MapViewController를 열고 `updateWithData` 함수를 찾아 `CLGeocoder`로 수정해야 한다. 이 클래스는 주소를 실제 경도와 위도 값으로 변환할 때 매우 유용하다.

각 위치에서 특정 주소에 해당하는 위도와 경도가 무엇인지를 결정한다. 주어진 조건에 맞는 장소 표시 중 하나를 발견했다면, 그 장소에 핀 포인트를 만들어 지도에 추가한다. 앱이 구축되면 사용자가 샌프란시스코 지도를 이동시키면서 핀 포인트를 볼 수 있게 된다.

실제 코드는 다음과 같다.

```
func updateWithData(data: [[String: AnyObject]]!, animated: Bool) {
    self.data = data
      if (!isViewLoaded()) {
        return
      }

      if mapView.annotations.count > 0 {
        let ex = mapView.annotations
        mapView.removeAnnotations(ex)
      }

      var anns : [MKAnnotation] = []
      for item in data {
          var location = item["locations"]  as? String
          if (location != nil){
              location  = location! + " San Fransisco, CA"
              print(location)
              let geocoder:CLGeocoder = CLGeocoder();
              geocoder.geocodeAddressString(location!) { (placemarks:
                [CLPlacemark]?, error: NSError?) -> Void in

                print(placemarks?.count)
                if placemarks?.count > 0 {
                let topResult:CLPlacemark = placemarks![0];
                let placemark: MKPlacemark = MKPlacemark(placemark:
                  topResult);

                let a = MKPointAnnotation()
                a.coordinate = placemark.coordinate;
                a.title = item["title"] as! NSString as String
                a.title = a.title! + " " + (item["locations"] as!
                  NSString as String)
                anns.append(a);

                if (error == nil && a.coordinate.latitude != 0 &&
                  a.coordinate.longitude != 0){
```

```
                    self.mapView.addAnnotation(a);
            }

    }
  }
        let w = 1.0
        let r = MKCoordinateRegionMakeWithDistance(
            CLLocationCoordinate2D(latitude: 37.79666680533*w,
            longitude: -122.39826411049*w), 40000, 40000)
        self.mapView.setRegion(r, animated: false)
    }
}
```

지도는 다음과 같다.

우버 기능 통합

이제 핀 포인트가 있는 지도가 생겼으니, 우버의 기능과 통합해보자. 간단하게 우버 탑승 요청 버튼을 앱에 표시하려고 한다.

https://developer.uber.com에서 신규 앱을 생성한다. 우버에 계정이 없다면 가입한 후 로그인한다.

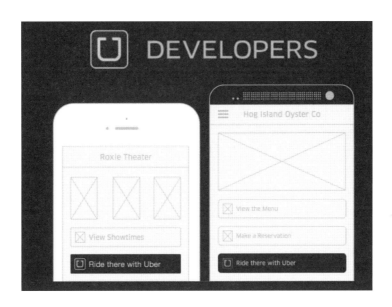

앱의 이름과 설명을 입력한 후 저장한다. 그러면 앱에서 우버 기능을 구현하는 데 필요한 클라이언트 ID가 나타난다. 우버 스위프트 SDK는 깃허브 주소 https://github.com/uber/rides-ios-sdk에서 내려 받을 수 있다. 하지만 앱에 우버 기능 통합을 위해서는 코코아팟을 이용하는 것을 추천한다.

이전에 이 작업을 수행한 적이 없다면 코코아팟을 먼저 설치한다.

```
$ gem install cocoapods
```

콘솔 앱에서 Soda Swift 프로젝트가 있는 폴더로 이동한다. 신규 pod 파일을 생성하기 위해 다음 명령을 입력한다.

```
$ pod init
```

생성된 pod 파일을 열면 UberRides 프로젝트가 워크스페이스에 로드된다.

```
use_frameworks!
target 'SODAKit' do
end
target 'SODATests' do
end
target 'SODASample' do
  pod 'UberRides'
end
```

이어서 다음 명령어를 사용해 설치한다.

```
$ pod install
```

파일에서 오른쪽 클릭 버튼을 눌러 info.plist 콘텐츠를 수정하고 Open as, Source code를 선택한다. 이들 키-밸류 쌍을 딕셔너리에 추가하고 우버 개발자 사이트에서 자신의 Uber client ID를 찾아 추가한다.

```
<key>UberClientID</key>
  <string>your uber client id</string>
  <key>UberCallbackURI</key>
  <string></string>
  <key>LSApplicationQueriesSchemes</key>
  <array>
```

```
    <string>uber</string>
  </array>
```

테스트용 우버 샌드박스 모드를 사용하기 위해 AppDelegate 파일도 같은 방식으로 수정한다. 앱을 테스트할 때마다 사용자 위치를 지정해야 하는 불편함이 있다는 점을 참고하자. UberRides를 임포트하고 didFinishLaunchWithOptions 함수에서 샌드박스 모드를 활성화한다.

```swift
import UIKit
import UberRides

@UIApplicationMain
class AppDelegate: UIResponder, UIApplicationDelegate {

  var window: UIWindow?

  func application(application: UIApplication,
   didFinishLaunchingWithOptions launchOptions: [NSObject:
    AnyObject]?) -> Bool {

      // 참이면 모든 요청은 샌드박스에서 처리된다.
      Configuration.setSandboxEnabled(true)
      return true
    }
}
```

QueryViewController에서 UIKit을 임포트한 곳 아래에서 MapKit 및 UberRides를 새로 임포트한다.

```swift
import MapKit
import UberRides
import CoreLocation
```

didSelectRowAtIndexPath 함수는 좀 더 수정할 여지가 있다. 사용자가 아무 행이나 클릭하면 탑승을 요청할 수 있는 버튼이 나타난다. 코드나 사용자 인터페이스를 좀 더 다듬으면 좋겠지만, 그렇게 하면 MVP의 작업 범위를 넘어서게 된다. 버튼을 선택하면 선택한 항목의 위도와 경도 정보를 가져온다. 이 시점에서 우버에게 사용자가 내릴 목적지를 알려줘야 한다. 반면 탑승 장소를 지정하는 기능은 없다. 우버 SDK의 기본값은 사용자의 현재 위치다. 위치 값이 늘 정확한 것은 아니지만 MVP 목적으로는 충분하다.

 Uber Rides SDK는 CLLocationManager에서 locationServicesEnabled() 값을 확인한다. 사용자의 현재 위치를 가져오려면 이 값이 반드시 참(true)이어야 한다.

```swift
override func tableView(tableView: UITableView!,
  didSelectRowAtIndexPath indexPath: NSIndexPath!) {

  let item = data[indexPath.row]
  var location = item["locations"]  as? String;
  if (location != nil){

      location  = location! + " San Fransisco, CA"
      let geocoder:CLGeocoder = CLGeocoder();

      geocoder.geocodeAddressString(location!) { (placemarks:
        [CLPlacemark]?, error: NSError?) -> Void in

        if placemarks?.count > 0 {

          let topResult:CLPlacemark = placemarks![0];
          let placemark: MKPlacemark = MKPlacemark(placemark:
            topResult);

          if (error == nil && placemark.coordinate.latitude != 0 &&
            placemark.coordinate.longitude != 0){
```

```
        let behavior = RideRequestViewRequestingBehavior(
         presentingViewController: self)

        let dropOffLocationlocation = CLLocation(
         latitude: placemark.coordinate.latitude,
         longitude: placemark.coordinate.longitude)

        let parameters = RideParametersBuilder().
          setDropoffLocation( dropOffLocationlocation).build()

        let button = RideRequestButton(rideParameters:
          parameters, requestingBehavior: behavior)

        self.view.addSubview(button)
      }
    }
  }
}
```

마지막 부분의 메소드에서 Uber 버튼을 뷰에 추가하는 것을 볼 수 있다. 여기에는 현재 사용자의 위치와 목적지에 대한 데이터가 들어간다. 이제 사용자가 차량을 탑승하기 위해 앱 내에 버튼을 클릭하면 우버 호출을 위한 모든 정보가 전달된다.

데이터 추가

마지막으로, 필요하다면 영화 위치 데이터를 추가하고, OMDb API에서 영화 관련 이미지와 정보를 추가로 가져오는 방법을 다룬다. 이미 영화 제목을 아는 경우 API로 질의를 할 수 있다. 응답 결과는 JSON 형식으로 반환되며, 결과에는 줄거리와 배우에 대한 정보뿐 아니라 IMDB 이미지에 대한 인터넷 주소도 포함돼 있다. 이 정보를 앱에서 보여줌으로써 사용자에게 더 다양한 영화 정보를 제공할 수 있다.

API 키를 얻으려면 http://www.omdbapi.com에 접속해 **API 키 링크**를 클릭한다. 이메일 주소를 등록하면 한 개의 키를 무료로 받을 수 있다. 활성화가 됐다면 요청할 때 API를 추가한다. http://www.omdbapi.com/?t=Basic+instincty=plot=shortr=jsonapikey=〈api 키〉.

이 쿼리에 대한 응답은 다음과 같다.

```
"Title":"Basic Instinct","Year":"1992","Rated":"R","Released":"20 Mar
1992","Runtime":"127 min","Genre":"Drama, Mystery, Thriller","Director":"Paul
Verhoeven","Writer":"Joe Eszterhas","Actors":"Michael Douglas, Sharon Stone,
George Dzundza, Jeanne Tripplehorn","Plot":"A violent, suspended police detective
investigates a brutal murder, in which a seductive woman could be involved.","
Language":"English","Country":"France, USA","Awards":"Nominated for 2 Oscars.
Another 5 wins & 18 nominations.","Poster":"http://ia.media-imdb.com/images/M/
MV5BMTcxMjY2NzcyM V5BMl5BanBnXkFtZTYwMjAxNTQ5._V1_SX300.jpg","Metascore":"41","im
dbRating":"6 .9","imdbVotes":"131,796","
```

다양한 데이터세트에서 데이터를 묶은 다음, 이를 다른 방식(모바일 기기 위에 지도와 목록을 출력하는 방식)으로 표시하고, 우버 기능을 추가함으로써 한 장소에서 다른 장소로 쉽게 이동할 수 있도록 했다. 이로써 꽤 유용한 iOS용 매시업 앱을 만들었다. 참고로 OMDb 데이터 연동을 포함해서 전체 코드를 좀 더 연구하고 싶다면 팩트 홈페이지에서 소스 코드를 다운로드할 수 있다.

지금까지는 MVP 작업을 위해 코딩해야 했다. 그렇다면 코딩하지 않고 가설을 증명할 수 있는 방법은 없는지 궁금할 것이다. 물론 방법이 있다. 그 방법이 사용자 인터뷰나 측정 지표 분석은 아니다. 지금부터는 이프디스댄댓(If This Then That, IFTTT) 서비스로 MVP를 만들어보자. 이를 통해 흥미로운 작업을 간단하게 자동화할 수 있다.

보세요! 코드가 없어요. IFTTT로 가설 검증하기

IFTTT같은 서비스는 API에 논리적인 요소를 추가할 수 있다. 만약 특정 데이터 피드(채널)에 무슨 이벤트가 발생하면, 미리 지정해둔 동작을 수행한다. 이 서비스는 특히 사물인터넷(IoT) 분야에서 많이 사용하지만, 다른 서비스를 연결하는 경우에도 유용하다. https://ifttt.com/?reqp=1&reqr=에 접속하면 서비스의 동작 여부를 직접 확인할 수 있다.

IFTTT는 코딩을 하지 않아도 되므로, (레시피라고 부르는) 소규모 과업을 자동화하는 환경을 만드는 데 안성맞춤이다. 그러므로 이 서비스를 이용하면 실제 제품을 만들기 전에 미리 가설을 검증하는 데 도움이 된다. 만약 ITFFF에 가입을 하지 않았다면 일단 가입을 하고 난 후에 이후 내용을 읽도록 하자. 증명이 필요한 가설은 간단하게 다음과 같이 정리했다.

> ℹ️ 사용자는 가방에 타월을 넣었는지 여부를 확인 받고자 한다. 타월은 #towelday(5월25일)에도 중요하지만, UFO가 쉽게 착륙할 공항으로 갈 때도 챙겨가야 한다. 타월로 UFO에게 신호를 보내야만 사용자를 태워줄 수 있기 때문이다.

지금 읽은 가설이 제대로 된 것인지 궁금한가? 이 가설을 이해하지 못한 독자는 『은하수를 여행하는 히치하이커를 위한 안내서the hitchhiker's guide to the galaxy』(더글러스 애덤스, 1995)를 먼저 읽는 것도 좋을 듯하다. 웹 사이트인 http://www.towelday.org에서도 관련 내용을 확인할 수 있다. 어쨌든 IFTTT가 무엇이고, 이 가설 검증을 위해 무엇을 해야 하는지를 알아보자.

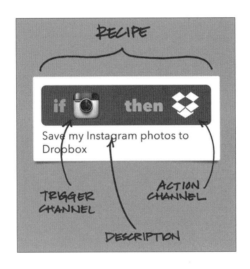

레시피와 채널, 트리거

새 레시피를 생성하는 것은 간단하다. 우리가 만들 MVP에서는 사용자의 위치가 트리거가 된다. 이번 예제에서는 IFTTT 안드로이드 앱을 만들어본다.

채널 부분에는 Android location을 선택하고, 트리거 부분에는 You enter an area를 선한다.

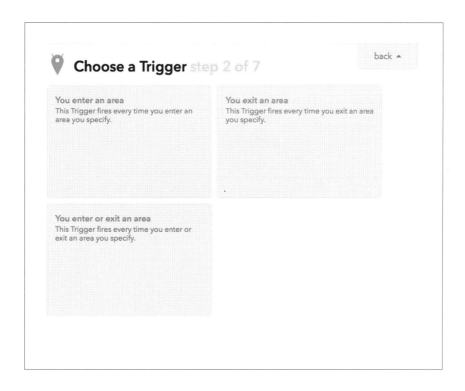

다음으로는 가장 가까운 공항을 지정 위치로 정의한다. 본 예제에서는 로테르담 공항 Rotterdam Airport을 지정했다.

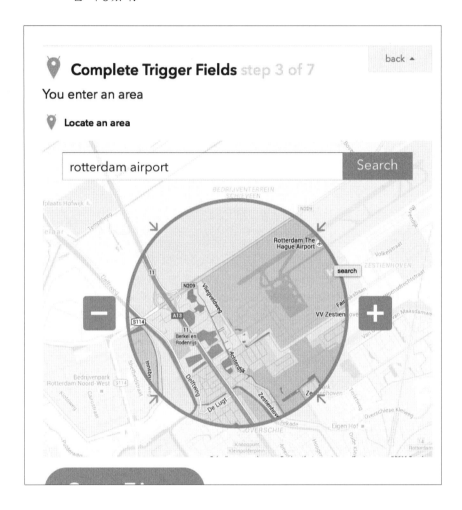

사용자가 이 영역에 진입할 때마다 알림을 받고자 한다. 이벤트에 대한 메시지를 보내는 채널은 트위터를 사용하기로 하자. 그러면 이벤트가 발생할 때마다 트위터로부터 다이렉트 메시지(DM)를 받게 된다.

이것으로 끝이다. 이 기능은 기본적으로 여러분 자신을 위해 개발했지만, 레시피 공유 기능을 이용하면 다른 사람도 사용할 수 있다. 이런 방식을 잘 활용하면 간단히 가설을 검증해 볼 수 있다. 또한, 이 과정을 통해 가설 검증을 완료한 후에는 언제든지 같은 작업을 수행하는 실제 앱을 만들 수도 있다.

또 다른 레시피를 예로 들어보자. 만약 집에 스마트 온도계가 있다면, 사용자가 집을 떠나 공항에 있는 동안은 집 안의 온도를 낮추도록 설정할 수도 있다. 또한 '공항에 도착하면 이메일을 전송'하는 레시피도 참고할 만하다. 이 기능은 별다른 추가 작업 없이도 여러분이 안전하게 도착했다는 것을 가족에게 알려준다. https://ifttt.com/recipes/134835-send-an-email-when-you-land

▍요약

10장에서는 API와 매시업이 가설을 검증하는 데 어떻게 도움이 되는지를 살펴봤다. 최소한의 노력만으로도 MVP를 만들 수 있었다. 데이터를 사용하고 결합하는 용도로만 API를 사용해봤지만, 요즘에는 과업을 아웃소싱하는 데도 사용한다. 예를 들어 이미지 인식이나 3D 프린팅, 음식 배달이나 사람이 해야 하는 심부름 등에도 API를 사용한다.

또한, 매시업 솔루션이 무엇이고, 어떤 종류의 매시업이 있는지도 배웠다. 그리고 다양한 API를 결합해 아이디어를 보여주는 iOS MVP를 만들었다.

마지막으로 IFTTT에서 제공하는 서비스를 살펴봤다. IFTTT는 사용자의 필요를 근거로 정식 앱을 만들기 전에 먼저 가장 빠르게 가설을 검증하는 서비스다. IFTTT에는 활용할 수 있는 레시피가 매우 많으며, 직접 레시피를 작성할 수도 있다. 또한 페이스북이나 트위터 같은 소셜 네트워크에서 API와 SDK를 통합해 얻게 되는 혜택에 대해서도 다뤘다.

11장에서는 소셜 네트워크와의 통합에 대해서 자세히 알아본다. 특히 이 통합이 온보딩 절차에 미치는 영향에 대해서 자세히 살펴본다. 또한 온보딩 및 등록 절차에 대해서도 자세히 설명한다.

11

온보딩과 등록

11장에서는 앱의 온보딩onboarding과 등록registration에 대해 중점적으로 다룬다. 이 단계는 플레이 스토어 또는 앱 스토어에서 앱을 내려 받은 사용자에서부터 시작하는데, 이는 이미 중요한 전환의 시작이기 때문이다. 즉, 지금부터는 앱을 내려 받은 사용자에서 정기적으로 실행하는 사용자로 전환시켜야 한다. 하지만 이 일이 말처럼 쉽지는 않다. 연구에 따르면 평균 20%의 앱은 단 한번만 실행되고 버려진다. 구글 플레이 스토어와 앱 스토어에는 너무 많은 경쟁 앱이 있다. 그러므로 앱에 대한 완벽한 온보딩 전략이 필수이며, 이를 통해서 높은 전환율을 달성할 수 있다. 앱을 내려 받은 사용자에게 좋은 첫 인상을 심어줘야 한다. 가능한 자연스럽게 전환이 되도록 하려면 사용자에게 무엇을 줄 수 있는지를 보여주는게 중요하다. 사용자들이 앱을 계속해서 사용할 이유가 무엇일지 고민해야 한다. 또한 사용자들이 앱을 내려 받는 시점부터 즉시 가치를 알 수 있도록 해야한다.

사용자가 회원가입을 하길 바라는 이유는 다양하다. 그 중 하나는 등록 사용자가 익명 사용자보다 가치가 있다는 점인데, 오히려 가입을 요구하는 절차가 회원 확보에 장벽이 될 수도 있다. 특히 앱의 첫 화면에서부터 가입을 요구하는 경우가 대표적인 예다. 이 경우 사용자는 아직 앱에 대한 단서가 없기 때문에 가입을 주저하게 돼서 결과적으로 많은 잠재 고객을 시작부터 잃을 수 있다. 질문을 많이 할수록 절차는 더 복잡해진다. 다행히 다양한 기법을 이용하면 이런 상황을 피할 수 있다. 11장에서는 온보딩 프로세스의 장벽을 낮추는 방법과, 소셜 로그인 방식이 어떻게 온보딩 프로세스에 도움을 주는지 알아본다. 그리고 문자 메시지[SMS]를 이용한 가입 절차와 검증 방법에 대해서도 알아본다.

이런 기능들을 시연하기 위해 패브릭[Fabric][1]과 파이어베이스 SDK를 사용해 앱을 만들 것이다. 또한 앱 인지도를 높이는 방법과, 지속적 온보딩 절차를 통해 양쪽 스토어 모두에서 경쟁 우위를 점하는 방법을 배운다. 11장의 후반부에서 다루겠지만, 이러한 절차는 장벽을 낮출 뿐 아니라, 사용자 프로필에 많은 정보를 담도록 유도한다.

11장에서는 다음과 같은 주제를 다룬다.

- 온보딩이란 무엇인지와 장벽을 낮춰 전환율을 높이는 방법
- 페이스북 또는 트위터를 통한 소셜 로그인
- 왓츠앱[WhatsApp]처럼 전화번호로 가입할 수 있는 대체 가입 방법
- 지속적 온보딩으로 두 영역(낮은 장벽과 풍부한 데이터) 모두에서 최고의 결과를 얻는 방법
- 지연[Late] 온보딩을 포함해 온보딩을 보여주는 앱
- 친구 찾기 및 공유가 앱의 인지도 향상 및 온보딩 프로세스에 도움을 주는 방법

---

1 패브릭 서비스는 이 책이 번역되는 도중 파이어베이스에 인수 및 통합이 진행되고 있어 현재 신규가입을 받지 않고 있다. 11장에서 설명하는 패브릭을 이용한 예제는 통합 작업 이후에는 파이어베이스에서도 사용 가능할 것으로 보이며, 기존 계정이 없다면 온보딩 과정에 대한 사례 연구로 봐주기 바란다. -옮긴이

▌ 사용자 온보딩이란?

온보딩 과정은 앱을 방금 내려 받은 잠재적 사용자가 처음을 앱을 실행하면서부터 시작된다. 따라서 사용자로 하여금 앱이 주는 혜택을 즉시 알아챌 수 있도록 해야 한다. 잠재적 사용자에서 앱을 적극적으로 사용하는 활성 사용자로 전환시키려면 앱의 첫 화면에서부터 절차가 시작돼야 한다. 이를 위해서는 시각적 측면에서 흥미로운 첫 인상을 사용자에게 심어줌으로써 앱을 사용해야 할 필요성을 알려줘야 한다. 구체적으로는 한 페이지 또는 여러 페이지의 슬라이드로 소개 페이지를 보여주는 방법이 있다. 이 경우 화면 크기가 제한된 모바일 기기의 특성을 고려해 페이지를 짧고 간단하게 구성해야 할 것이며, 앱의 용도와 차별점을 명확하게 설명해야 한다. 정확한 동작 방식은 앱을 사용하면서 알게 될 것이다.

 사용자에게 기능(무엇)을 설명하기에 앞서 혜택(왜)이 무엇인지 보여주어야 한다.

최대 서너 개의 혜택을 보여준다. 예를 들어, 사용자가 앱을 일상 생활에 적용하는 방법과 그럴 경우 어떤 가치가 있는지를 설명할 수 있다. 슬라이드 형식으로 페이지당 한 개씩 혜택을 제시한다. 이때 사용자가 혼동하지 않도록 메시지를 명확하게 전달한다. 개념을 설명할 때는 일관성 있는 스타일과 어휘, 접근법을 사용한다. 얼핏 보면 온보딩 절차는 명확한 듯 보이지만 실제는 그렇지 않다. 유명한 앱을 포함해 많은 앱이 앱에 대한 충분한 설명 없이 성급하게 첫 페이지부터 회원가입을 요구한다. 모든 사람이 알고 있는 페이스북 앱이라면 이렇게 해도 별 문제가 없을 것이다. 하지만 여러분이 만든 앱에서는 그런 접근 방식은 좋지 않다. 일반적인 흐름은 다음과 같다. 사용자가 앱을 내려 받으면 앱에 대한 짧은 소개가 나타나고, 바로 회원가입 양식이 나타난다. 여기에는 사용자 이름과 비밀번호, 비밀번호 확인 및 그 외 필수 정보를 넣어야 하는데, 사용자는 아직 앱에 대한 확신이 없기 때문에 이 단계에서 많은 잠재적 사용자가 가입을 포기한다.

왜 중요한가?

훌륭한 소개 페이지는 앱의 핵심 가치가 무엇이며, 사용자에게 무엇을 제공하는지를 명확하게 다룬다. 또한 온보딩은 성공적인 전환에 결정적인 영향을 미친다. 각 단계마다 포기하는 사용자가 발생하며 이를 완전히 피하는 방법은 없지만, 온보딩 절차를 잘 설계하면 포기하는 사용자 수를 최소화할 수 있다. 예를 들어, 매일 100명이 앱을 다운로드하는 경우를 가정해보자. 이들 중 60명은 가입을 하고 나머지 40명은 가입을 일단 보류하거나 아예 가입 시도를 하지 않는다. 가입한 60명 중에서 30명만 다음 달에도 앱을 계속 사용하고, 그 중 15명만이 친구를 초대하고, 콘텐츠를 공유하고, 앱 안에서 구매를 한다. 이는 매우 낙관적인 가정이라 할 수 있다.

마지막 결론만 보면, 매출을 일으키거나 인지도를 향상시켜주는 사용자, 즉 15명의 고객을 얻었다고 할 수 있다. 하지만 잠재적 사용자에서 등록 고객으로의 전환율을 보면 85명을 잃었다고 볼 수 있다. 그러므로 전환율을 높일 수 있는 방법이 있어야만 한다. 그러려면 좀 더 똑똑한 방법을 취해야 하며, 그 과정에 대한 피드백을 수집해야 한다.

온보딩은 전환율과 관련이 있다. 전환율의 예는 다음과 같다.

- 앱 스토어 또는 구글 플레이 스토어에서 앱을 인식하게 된 사람 중 앱을 다운로드한 잠재적 사용자
- 앱을 다운로드한 잠재적 사용자 중에서 회원가입을 한 실제 사용자
- 회원가입을 한 실제 사용자 중에서 앱을 정기적으로 실행하는 사용자
- 정기적 사용자 중에서 친구를 초대하거나 앱을 홍보하는 열정적 사용자

▌ 해적 지표

전환율을 높이려면 최적화 프로세스에 대한 연구가 필요하다. 또한 프로세스로부터 무언가를 배우고자 한다면 측정이 필요하다. 전환율은 14장에서 다룰 예정이다. 이때 모바일 앱 개발에 적용할 수 있는 실행 가능한 지표도 자세히 살펴본다.

해적 지표apparently that is what pirates say, AARRR는 온보딩 절차가 중요한 이유와, 전환 깔때기에서 각 단계가 나타내는 내용을 완벽히 나타낸다. 이를 간단히 정리하면 다음과 같다.

- A는 획득Acquisition이나 인지Awareness를 의미하며, 사용자가 스토어에서 앱을 발견해 내려 받는 것을 말한다.
- A는 활성화Activation를 의미하며, 사용자가 회원가입을 하는 것을 말한다.
- R은 유지Retention를 의미하며, 사용자가 앱을 정기적으로 사용하는 것을 말한다. 앱을 내려 받은 사람 중 얼마나 많은 사람이 1주 후에, 1달 후에, 1년 후에도 앱을 사용하고 있는가?
- R은 추천Referral을 의미하며, 사용자가 친구를 초대하거나 콘텐츠를 공유함으로써 다른 사람들에게 전파하는 것이다. 앱이 입소문이나 공유를 통해 퍼지고 있는가?
- R은 매출Revenue를 의미하며, 사람들이 앱 내에서 구매하거나 다른 방식의 이익 창출에 기여하는 것을 말한다.

실행 가능한 지표는 온보딩 프로세스에서 문제가 있는 지점을 식별하는 데 도움을 준다. 이에 대한 자세한 내용으로는 13장, '플레이 스토어 및 앱 스토어 실험' 및 15장, '트랙션 향상 및 리텐션 개선'을 참조한다.

높은 전환율

앱 스토어에 등록된 앱들에 대한 리뷰를 보다 보면, 모바일 앱은 온보딩 절차에 그리 집중하지는 않는다는 인상을 받게 된다. 이와 반대의 전략을 채택함으로써 앱에 차별성을 줄 수 있다. 만약 온보딩 스토리가 더 매력적이고 회원가입에 대한 장벽이 낮다면, 획득 단계에서 활성화 단계로 전환하기가 나을 것이다. 추가로 사용자에게 앱의 동작 방식을 알려주면 사용자는 기능에 대한 확신을 갖게 되며, 고객 유지율을 높일 수 있다. 사용자는 앱을 자주 지속적으로 사용하게 된다. 남보다 유리한 조건에서 출발하려면 사용자의 장벽을 낮추는 방법이 필요하다. 이미 잘 알려진 온보딩 기법이 다수 있기 때문에 이를 활용하지 않을 이유가 없을 것이다. 이러한 기법 중 일부는 다음과 같다.

- 소개하기
- 튜토리얼(또는 둘러보기)
- 죠이 라이드Joy ride
- 소셜 로그인
- 지속적 온보딩

소개하기 기법은 슬라이드를 몇 개 보여주며 회원가입을 요구하는 앱들과 달리 내부의 콘텐츠를 즉시 보여주는 방식이다.

튜토리얼 또는 둘러보기 기법은 예제를 통해 마치 실제로 사용하는 것처럼 보여주는 방식이다.

죠이 라이드 Joy ride 기법은 핵심 기능을 주기적으로 강조해서 보여주는 방식이다. 이 방식은 앱의 목적을 알려줄 수 있는 훌륭한 방식이지만, 복잡한 앱의 경우 오히려 사용자에게 혼란을 줄 수도 있으므로 주의해야 한다.

소셜 로그인 기법은 사용자가 자신의 페이스북 또는 트위터 계정으로 빠르게 가입할 수 있도록 하는 것이다. 이는 사용자가 앱을 계속 사용하도록 하는 경우에 필요하지만 만약 최초 앱 사용 시에는 앱에 대한 안내를 보여주다가, 계속 진행할 필요가 있을 때만 가입을 요청한다면 장벽을 낮출 수 있다.

마지막으로는 **지속적 온보딩** 기법이 있다. 이 기법은 사용자가 이후 단계에서 자기 소개를 완료하도록 하는 방식으로, 장벽을 낮추고 풍성한 사용자 프로필을 얻을 수 있는 강력한 기법이다.

장벽을 낮추는 방법

아마도 회원가입이나 로그인을 요구하지 않는 것이 최고의 온보딩 방식일 것이다. 앱을 사용하기도 전에 가입이나 로그인을 요구하는 게 꼭 필요할까? 다르게 생각해보면, 익명 사용자보다는 등록 사용자가 더 중요한 것이 사실이다. 또한 등록 사용자는 나중에 수익을 낼 수 있는 고객으로 전환할 수도 있다. 익명 사용자는 방문자일 뿐이다. 방문자에 대해서는 많은 정보를 알 수 없고 결과적으로 전환시키는 것도 힘들다.

장벽을 낮추려면 가입 절차를 가능한 한 원활하게 진행하는 게 좋다. 사용자가 가입하는 과정에서 여러 페이지에 걸쳐 많은 항목을 입력해야 하는 앱을 본 적이 있다. 이런 경험은 모바일 기기에서는 특히나 좋은 경험이 아니므로 전환 시 손실이 클 수밖에 없다. 전형적인 온보딩과 등록 절차는 다음처럼 진행된다.

여러분은 이것보다 더 잘할 수 있다. 멋지고 흥미를 끄는 소개 페이지를 만들어 사용자가 앱의 핵심 가치를 즉시 알 수 있도록 하자. 동작에 대해 명확하게 지시(강조 표시가 된 버튼에 설명이 덧붙여진 모습을 생각해보자)하고, 단순화된 가입 양식을 더하면 유용할 것이다. 사용자가 가입하면 얻게 되는 혜택을 알려주거나, 게임 요소를 도입해서 포인트를 주는 식으로 가입을 유도하자.

소셜 로그인 옵션은 전환율을 높이고, 사용자 정보를 얻을 수 있는 효과가 큰 방식이다. 페이스북이나 트위터 버튼만 클릭하면 가입이 되기 때문에 사용자가 가입할 가능성이 높다.

 온보딩 사례 연구를 보려면 http://www.useronboard.com을 확인한다. 이 사이트에는 유명한 여러 앱의 온보딩 절차가 나와 있으며, 댓글이나 개선 제안 등도 볼 수 있다. 예를 들어, 왓츠앱(WhatsApp)이나 요(Yo), 트위터(Twitter), 포스퀘어(Foursquare)나 스냅챗(Snapchat) 등 많은 앱을 찾아볼 수 있다.

더 많은 예제를 보려면 http://uxarchive.com을 확인한다.

페이스북이나 트위터 같이 소셜 네트워크를 이용한 로그인

소셜 로그인은 사용자뿐 아니라 개발자에게도 여러 가지 이점이 있다. 바로, 많은 입력 항목을 가진 긴 등록 절차를 간소화할 수 있다는 점이다. 사용자가 가입할 확률이 높아지게 되면 접근 권한을 적절히 조절함으로써 사용자의 다양한 정보(실명이나 프로필 사진 등)에 즉시 접근할 수 있어 개인화 설정에도 적합하다.

소셜 로그인 방식을 이용하면 양식 입력 방식의 가입에 비해 50% 정도 더 많은 가입을 처리할 수 있다. 또한 나중에 친구 초대에 사용할 수 있는 연락처 목록과 같은 다른 정보도 얻을 수 있다. 앱의 성격에 따라 사용자가 페이스북이나 트위터, 핀터레스트나 링크드인 등 소셜 네트워크를 사용해 로그인하도록 설정할 수 있다. 개발 중인 앱이 (다면 시장) 플랫폼과의 접속을 제공하는 경우라면 사용자의 특성에 따라 로그인 방식을 달리 설정할 수도 있다. 예를 들어, 이러닝e-learning 서비스라면, 교사나 직장인을 위해서는 링크드인을, 학생들에게 페이스북을 로그인 방식으로 사용하는 식이다.

소셜 로그인을 사용할 경우 얻을 수 있는 이점은 다음과 같다.

- 빠른 등록 절차와 그에 따른 높은 전환율
- 검증된 이메일 주소를 즉시 확보
- 입수된 정보가 진짜일 가능성 증가
- 충성도 높은 고객을 확보하기 위한 개인별 맞춤 기능
- 높은 참여도
- 고객 지원 필요성 감소(예, 암호 재설정 기능 등)
- 반복 이용하는 사용자 수의 증가
- 초대나 공유를 통한 추천 기회의 증가

모든 것을 만족하는 솔루션은 없다. 어떤 소셜 네트워크를 지원할지 정해야 하며, 여러 개를 지원할 수도 있다. 다만 여러 국가에 출시할 글로벌 버전의 경우에는 주의할 점이 있다. 페이스북이나 링크드인을 통한 로그인은 미국과 유럽 대부분 지역에서는 완벽하게 동작하겠지만, 다른 지역(예, 중국이나 러시아)에서는 이러한 서비스가 별로 인기가 없거나 아예 접속할 수 없는 경우도 있을 수 있다. 따라서 특정 지역만을 위한 별도의 온보딩 옵션을 마련해야 한다. 예를 들어, 해당 지역에 맞는 소셜 네트워크를 지원하거나, 폴백fall-back 메커니즘을 제공해야 할 것이다. 즉, 사용자가 소셜 로그인을 사용할 수 없거나 원하지 않는 경우, 가입 신청서 방식의 온보딩 절차를 수행해야 한다. 이런 기능을 지원할지 여부는 여러분에게 달려있다. 이를 지원한다면 추가 회원가입을 받을 수 있겠지만, 기능을 개발하고 전환하는 데 비용이 발생할 것이다. 이런 이유로 일부 앱은 한 개 또는 여러 개의 소셜 로그인을 통한 가입만 받는다.

▌ 당신이 가진 것을 보여주시오

또 다른 접근법은 (앱의 특성상 그럴 수 있는 경우) 앱의 콘텐츠를 즉시 보여준 후 필요할 때만 가입을 요청하는 것이다.

이 방법은 소개 과정이 전혀 또는 거의 필요하지 않다. 예를 들어, 전자상거래 솔루션(인 터넷 쇼핑몰)의 사례를 보면, 꼭 필요한 경우에만 가입을 요구한다. 즉, 일반적으로 상품을 실제로 결제하려는 시점에서야 가입을 요구한다. 모바일 앱에서는, 내용만 읽던 사용자가 직접 글을 쓰려고 하는 경우에만 가입을 요구한다. 그 외에 뉴스 앱의 경우에는 기사에 대해 댓글을 쓰려고 할 때에 가입을 요구한다.

이런 방식의 접근법을 택함으로써 장벽을 더 낮출 수 있다. 하지만 단점은, 대부분의 사람은 가입을 하지 않기 때문에 그 만큼 가치가 떨어진다는 것이다. 익명 사용자는 아무래도 소셜 네트워크에 공유도 많이 하지 않을 것이고, 앱 사용자의 연락처를 모르기 때문에 연락처를 통한 친구 초대도 할 수 없기 때문이다.

전화번호 방식 회원가입 – 훌륭한 대안

왓츠앱이나 몇몇 앱은 기기의 전화번호로 사용자를 식별해 가입하는 방식을 사용한다. 즉, SMS 인증 기능을 통해 사용자가 본인의 전화번호를 입력하면 인증 코드가 담긴 문자를 보내주고, 사용자는 이를 입력하는 방식이다. 이 방식을 사용하면 정확히 맞는 전화번호를 확보할 수 있다. 사용 편의성을 높이기 위해 SMS 인증 코드를 가로채 입력 칸에 자동으로 채우는 방식의 구현 사례도 있다. 이렇게 하면 온보딩 절차에서 한 단계를 제거하는 효과가 있다.

앱의 실제 기능을 즉시 확인 → 필요 시 전화번호 요청 → 인증 문자로 전화번호 확인 → 필요 시 추가 정보를 요청하거나 프로필을 완성하도록 독려

사용자의 전화번호는 인증용으로만 사용되며, 앱에서 다른 목적으로 사용되지 않는다는 것을 명확히 밝히는 것이 좋다. 전화번호를 사용하면 사용자의 참여를 좀 더 이끌어 낼 수 있다. 그 이유는 간단하다. 사용자는 자신의 전화번호가 앱의 모든 작업에서 사용된다는 것을 이미 인지하고 있기 때문이다. 전화번호 방식의 회원가입 기능 구현을 한번에 해결 해주는 서비스도 이미 있다. 11장에 뒷부분에서 설명할 예제 앱에서는 패브릭Fabric과 파이어베이스Firebase를 사용하는데, 가장 사용하기 쉽고 또 무료이기 때문이다.

▌ 지속적 온보딩 – 나중에 사용자 프로필 채워 넣기

회원으로 가입시키려면 사용자로부터 최소한의 정보만을 요구해 장벽을 낮추는 것이 현명하다. 그리고 나중에 사용자가 자신의 프로필에 세부 정보를 채우도록 유도하는 것이다. 바로 이 개념이 지속적 온보딩이다. 사용자 프로필은 사용자가 향후 수행할 작업에 따라 채워진다. 이렇게 하면 앱이 시간이 지남에 따라 더욱 적절한 맞춤형 환경을 제공하게 된다.

링크드인LinkedIn이 지속적 온보딩의 대표적이 예다. 링크드인은 모든 사람에게 리마인더reminder(독촉 알림)를 보여줘서 사용자가 인지하도록 한다. 즉, 리마인더를 통해 사용자가 프로필을 채울 것을 요구하고, 지인들을 보증하거나(다른 사람의 프로필 데이터를 풍성하게 해주거나), 연결을 통해 네트워크를 확대할 것을 요청한다. 사용자는 주기적으로 리마인더를 받는다. 하지만 그렇다고 의무적으로 행동을 취해야 하는 것은 아니다.

사용자의 행동에 대해 링크드인이 대단한 보상을 주는 것은 아니지만, 그래도 효과는 꽤 높다. 누구나 자신의 프로필이 올스타(별 다섯개) 레벨이 되길 원하기 때문이다. 잠시 후 샘플 앱에서도 보겠지만, 여러분의 모바일 앱도 이런 방식의 아이디어를 활용할 수 있다.

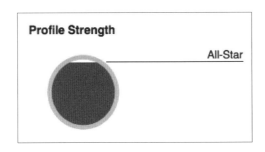

▍온보딩 예제 앱 만들기 – 텔 어 스토리

온보딩과 관련된 다양한 아이디어를 시연하기 위해 트위터 인증용으로 패브릭을, 전화번호 인증용으로 파이어베이스 SDK를 사용하는 안드로이드 앱을 만들어본다. 트위터 인증용으로 패브릭이 아니라 파이어베이스를 사용할 수도 있지만 패브릭이 제공하는 기능이 좀 더 사용하기 편하다.

이 앱의 이름을 텔 어 스토리Tell a story라고 하자. 이 앱은 다수 사용자가 함께 이야기를 작성할 수 있다. 누구나 다른 사람들이 작성한 이야기를 읽을 수 있다. 하지만 이야기를 쓰려면 트위터나 전화번호로 회원가입을 해야 한다. 이제 앱의 정확한 절차를 설명하는 두 개의 와이어프레임을 가지고 시작해보자.

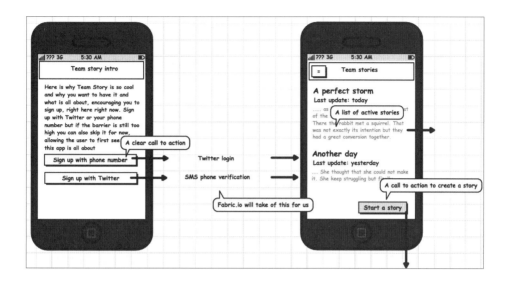

사용자가 앱을 처음 실행하면 소개 화면이 나타난다. 이 화면에서는 앱의 목적과 사용 이유가 명확하게 설명돼 있다. 그리고 두 가지 행동을 하도록 요구한다. 하나는 **전화번호로 가입하는 버튼**이고, 다른 하나는 **트위터로 가입하는 버튼**이다. 가입이 완료되면 기존에 사용자들이 만들어 둔 이야기의 목록이 나타난다. 사용자는 목록을 탐색할 수 있고, 그 중 한 이야기를 클릭하면 상세 보기로 전체 이야기가 표시된다. 사용자는 즉시 이야기 작성을 시작할 수도 있다. Start a story 버튼을 시각화해서 행동이 필요하다는 것CTA, call to action을 명확하게 나타낸다.

상세 보기에서는 작성자의 이름을 포함해 이야기의 모든 줄이 표시된다. 사용자는 이야기 전체를 읽거나, Contribute to story 버튼을 클릭해 이야기를 작성할 수 있다. 버튼을 클릭하면 Contribute to… 라는 화면으로 이동해 새로운 줄을 입력할 수 있다. 만약 사용자가 Start a story 버튼을 클릭해서 새 스토리를 작성해도 같은 화면을 보게 된다. 이 경우 사용자는 이야기 제목을 입력하라고 요청받는다. Add new line to story 버튼을 누르면 이야기에 새 줄이 추가되며 새 이야기 작성이 시작된다.

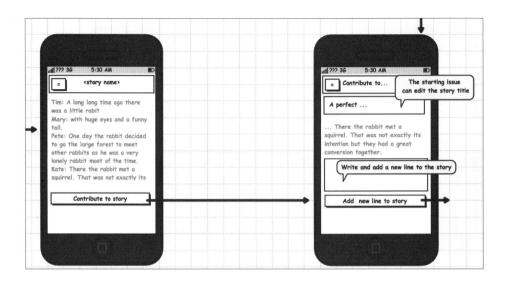

필요 시 회원가입 요청

또한 추후 가입을 위한 지연 온보딩 옵션을 앱에 추가해야 한다. 이를 위해 Skip for now 버튼을 소개 화면에 추가할 것이다. 13장, '플레이 스토어 및 앱 스토어 실험'에서는 분할 테스트와 관련해 어떤 방식이 가장 효과적인지 배울 예정이다. 어떤 구현 방식이 가장 전환율이 높은지 알아야 한다. 이 피드백에 근거해 소개 화면에 Skip for now 버튼이나 가입 버튼을 제거할 수도 있고, 아니면 소개 화면에 세 가지 옵션을 모두 유지하기로 결정할 수도 있다.

주의할 점은, 그림에서 지연 온보딩 절차를 설명하기 위해 이 버튼에 강조 표시를 했을 뿐, 실제 구현에서도 '추후 가입' 버튼을 누르도록 유도할 필요는 없다는 것이다. 즉, 이 버튼은 단지 가입에 대한 사용자의 부담을 더는 것이 목적이라는 사실을 명심하자.

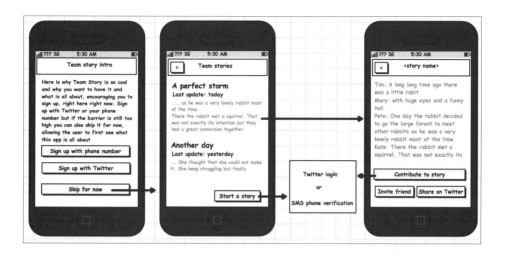

만약 사용자가 앱이 주는 혜택에 대한 확신이 없어 일단 Skip for now 버튼을 눌렀다면 즉시 이야기 목록을 보게 된다. 사용자가 새로운 이야기를 작성하려 하거나, 기존 이야기에 자신의 이야기를 추가할 때만 트위터나 전화, 문자를 통한 회원가입 요구를 받게 된다. 예제용 앱에서는 이 두 가지를 모두 지원하고자 한다. 그러면 지금까지 본 내용을 구현해보자.

구현

참고로 11장의 샘플 프로젝트 코드는 다음 주소에서 확인할 수 있다. https://github.com/mikerworks/packt-lean-onboarding

> ⓘ 코드 샘플은 이 책을 작성하는 당시의 최신 코드를 사용한다. 패브릭의 전화 인증 서비스인 Digits는 파이어베이스의 전화 인증 서비스로 대체했고, 이에 맞는 코드로 업데이트했다. 그리고 안드로이드 자바 예제는 코틀린(Kotlin)으로 변경했다.

앱을 먼저 살펴볼 수도 있지만, 만약 여러분이 직접 구성할 요량이라면 패브릭이나 파이어베이스를 먼저 구성해야 한다.

https://fabric.io를 방문해 계정을 생성한다. 가입이 완료돼야 다음 단계로 진행이 가능하다. 팀 이름(예, packt-demo)을 입력하고 플랫폼(안드로이드)를 선택하면, 여러 개의 옵션을 보여주는 페이지가 나타난다. 먼저 트위터 옵션을 선택한다. 첫 부분의 정보는 안드로이드 프로젝트를 구성하는 방법을 알려준다. (수동으로 작업하거나) 위자드wizard를 사용해 패브릭 환경에서 첫 번째 앱을 생성하고, 이름은 onboarding으로 지정한다. 여러분의 앱에서 패브릭 SDK를 사용하려면 이 과정을 거쳐 키와 ID를 얻어야 한다.

다음으로, 전화번호 인증 작업을 구현하기 위한 작업을 수행하자. 패브릭의 Digit 서비스도 정확하게 동작하기는 하지만, 파이어베이스의 전화 인증으로 대체했다. 따라서 파이어베이스에서도 몇 가지 사항을 설정해야 한다. http://console.firebase.google.com으로 이동해서 신규 프로젝트를 생성한다. 만약 아직 파이어베이스에 가입하지 않았다면 가입을 먼저 진행하도록 한다.

파이어베이스의 셋업 지시 사항을 따른다. 인증 섹션에서는 앱에 적용할 가입 방식을 고를 수 있다. 전화 가입 옵션을 클릭하고 이를 활성화시킨 다음, 샘플 앱을 계속 따라가도록 하자.

앱을 살펴보자. 여러분의 설정에 맞춰 API 키와 시크릿을 실시간으로 수정할 수 있다. 일단 안드로이드 스튜디오에서 불러온 후, app 폴더를 확장한다. build.gradle 파일을 찾아서 연다.

파일을 열어보면 패브릭과 파이어베이스 의존성을 가진 항목이 몇 개 있다. 나중에 이 항목들을 사용해 트위터나 파이어베이스 전화 인증으로 로그인할 것이다. 추가로 TweetComposer 클래스를 사용해 트위터에다 이야기를 공유할 수 있다. 추후에 최신 버전으로 업데이트가 필요할 수도 있다. 버전은 다양한 패키지 이름의 접미사 부분에 나와 있다.

```
...
apply plugin: 'io.fabric'
repositories {
    maven { url 'https://maven.fabric.io/public' } maven {
        url 'https://maven.google.com'
    }
    mavenCentral()
}
dependencies {
    ...
    compile('com.twitter.sdk.android:twitter:1.13.3@aar') {
        transitive = true;
    }
    compile('com.twitter.sdk.android:tweet-composer:1.0.3@aar') {
        transitive = true;
    }
    ...
    implementation 'com.google.firebase:firebase-auth:11.4.2'
    implementation 'com.google.firebase:firebase-database:10.2.4'
}
apply plugin: 'com.google.gms.google-services'
```

이제 app/src/main/ 폴더에서 AndroidManifest.xml 파일을 연다. 메타 데이터 섹션에는 ApiKey 값이 들어 있다. Fabric.io에서 여러분의 구성에 맞는 값을 되도록 수정한다.

```
<meta-data
  android:name="io.fabric.ApiKey"
  android:value="독자의 API 키를 입력한다" />
```

온보딩 활동과 관련된 레이아웃에는 이 앱을 사용해야 하는 이유와 얼마나 사용하기 쉬운지를 설명하는 간략한 소개가 표시된다. 전화번호 및 트위터 가입 버튼 모두가 사용자의 동작을 명확히 요구하도록 구성했다.

또한 의도적으로 작게, 그리고 덜 눈에 띄게 만든 버튼이 하나 더 있다. 바로, 앱의 내용만을 보고 싶은 사용자를 위해 가입 절차를 일단 건너뛰도록 한 버튼이다.

strings.xml 파일을 열어 twitter_key와 twitter_secret를 업데이트한다. 그 값을 앞에서 구한 값을 대체한다. 이 값은 패브릭 웹사이트에서 알 수 있다.

```xml
<resources>
  <string name="twitter_key">독자의 트위터 키를 입력한다</string>
  <string name="twitter_secret">독자의 트위터 시크릿을 입력한다</string>
```

OnboardingActivity 클래스를 연다. onCreate 메서드 내에서 initFabric 메서드를 호출한다. 이 메서드에서 트위터 인증 및 공유에 필요한 초기화를 진행한다.

```
private fun initFabric() {
    val authConfig = TwitterAuthConfig(getString(R.string.twitter_key),
getString(R.string.twitter_secret))
    Fabric.with(this, Twitter(authConfig))
    Fabric.with(this, TwitterCore(authConfig), TweetComposer())
}
```

Skip 버튼용 클릭 리스너는 현재 화면에서 목록 화면으로 바로 이동시켜준다. 트위터 로그인 버튼을 클릭하면 승인을 요청하는 트위터 대화 상자가 표시된다. 승인이 완료되면 성공에 해당하는 콜백 메서드가 실행된다. 그러면 TwitterSession 객체를 저장하고 onShowList 메서드를 호출해 사용자에게 이야기의 목록을 보여준다.

 구현을 간단히 하기 위해 AuthenticationHelpers는 앱이 실행되는 동안에만 세션을 유지한다. 상용 버전의 경우, 세션이 만료될 때까지 유지시키는 편이 사용하기에 편리하다.

setupTwitterLoginButton 및 signinWithTwitterAuthCredential 메서드에서 방금 본 구현 내용을 확인할 수 있다.

```
private fun setupTwitterLoginButton() {
  twitter_login_button.setCallback(object : Callback<TwitterSession>() {
    override fun success(result: Result<TwitterSession>) {
      mTwitterSession = result.data
      Log.i(javaClass.simpleName, "Twitter login @" +
result.data.getUserName() + ")")
      val credential = TwitterAuthProvider.getCredential(
                        result.data.getAuthToken().token,
                        result.data.getAuthToken().secret)
                  signinWithTwitterAuthCredential(credential)
    }
    override fun failure(exception: TwitterException) {
      Log.d(javaClass.simpleName, "Login with Twitter failure",
```

```
exception)
    }
  })
}
```

signinWithTwitterAuthCredential 메서드는 트위터 사용자를 파이어베이스의 사용자로 등록한다.

```
private fun signinWithTwitterAuthCredential (credential: AuthCredential) {
  mAuth.signInWithCredential(credential)
  .addOnCompleteListener(this, OnCompleteListener<AuthResult> {
    if (it.isSuccessful) {
      AuthenticationHelper.user = it.result.user Log.i(javaClass.simpleName,
          "User logged in or registered with twitter name ${AuthenticationHelper.
user?.displayName}")
      continueFlow()
    }
    else {
      if (it.exception is FirebaseAuthInvalidCredentialsException) {
        onboarding_code_feedback_text.text = "Invalid code."
      }
    }
  })
}
```

전화번호로 가입하려면 문자 메시지(SMS)로 코드를 보내라고 파이어베이스에 알려줘야 한다. 이 작업은 sendPhone 메서드에서 수행한다.

```
private fun sendPhone() {
  val number = onboarding_phone.text.toString()
  PhoneAuthProvider.getInstance().verifyPhoneNumber(
    number, 60, TimeUnit.SECONDS, this, getCallback());
}
```

콜백 구현 코드는 getCallback 메서드에 있다. onCodeSent가 가장 중요한 이벤트다. 코드가 전송된 후 반환된 verification ID를 저장한다. 이후에 이 코드로 사용자를 인증한다.

```
private fun getCallback():
PhoneAuthProvider.OnVerificationStateChangedCallbacks {
  val callbacks = object :
PhoneAuthProvider.OnVerificationStateChangedCallbacks() {
    ...
    override fun onCodeSent(verificationId: String?, token:
PhoneAuthProvider.ForceResendingToken?) {
      mVerificationId = verificationId;
      mResendToken = token;
      ...
    }
  }
  return callbacks
}
```

코드가 사용자에게 전송되면, 사용자는 자신의 폰을 인증하기 위해 코드를 입력해야 한다. 이 작업은 sendCode 메서드에서 수행된다.

```
private fun sendCode() {
  val verification = mVerificationId if (verification != null) {
    val code = onboarding_code.text.toString()
    val credential = PhoneAuthProvider.getCredential(verification, code)
    signInWithPhoneAuthCredential(credential)
  }
}
```

signInWithPhoneAuthCredential 메서드는 해당 전화번호를 가진 사용자를 파이어베이스의 사용자로 등록한다. 나중에 이 전화번호를 사용해 사용자의 작업 여부를 확인한다.

```
private fun signInWithPhoneAuthCredential(credential: PhoneAuthCredential) {
  mAuth.signInWithCredential(credential)
  .addOnCompleteListener(this, OnCompleteListener<AuthResult> {
    if (it.isSuccessful) {
      AuthenticationHelper.user = it.result.user
      Log.i(javaClass.simpleName,
          "User logged in or registered with phone no
${AuthenticationHelper.user?.phoneNumber}")
      continueFlow()
```

다음은 두 명의 등록된 사용자를 보여준다. 첫번째 사용자는 트위터 로그인으로 가입했고,
다른 한 명은 전화번호로 가입했다.

이제 MainActivity를 연다. onCreate 메서드를 보면 다음 순서로 onList 메서드를 호
출한다는 것을 알 수 있다. onList 메서드에서는 신규 StoriesFragment를 생성하고,
showFragment 메서드를 호출해 기본 이야기의 목록을 표시한다.

```
fun onList() {
  val fragment = StoriesFragment.newInstance()
  showFragment(fragment)
}
fun onCreateStory() {
  val newStory = Story()
  newStory.lastUpdate = "today"
  val fragment = StoryContributeFragment.newInstance(newStory)
```

```
    showFragment(fragment)
}
fun onContribute(story: Story) {
  val fragment = StoryContributeFragment.newInstance(story)
  showFragment(fragment)
}
fun onReadStory(story: Story) {
  val fragment = StoryDetailFragment.newInstance(story)
  showFragment(fragment)
}
fun onLateOnboarding(story: Story) {
  val intent = Intent(this, OnboardingActivity::class.java)
  intent.putExtra(OnboardingActivity.ARG_LATE, true)
  intent.putExtra(OnboardingActivity.ARG_STORY, story)
  startActivityForResult(intent, REQUEST_LATE_ONBOARDING)
}
private fun showFragment(fragment: Fragment) {
  val ft = fragmentManager.beginTransaction()
  ft.replace(R.id.main_fragment_container, fragment,
fragment.javaClass.toString())
  ft.commit()
}
```

또한 MainActivity는 전체 이야기를 보여주는 StoryDetailFragment나 StoryContribute
Fragment처럼 다른 프래그먼트를 표시하는 역할도 하며, 지연 온보딩 목적으로 사용되
는 OnboardingActivity에 대해 호출하는 역할도 한다. 즉, 소개 단계에서 가입을 건너뛴
사용자가 이후에 추가나 편집 작업을 위해 가입할 때 사용되는 메서드다. 이야기에 콘텐
츠를 추가하거나, 이야기를 새로 시작하려고 할 때 다시 한번 회원가입을 요청하는 화면
이 표시된다.

```
val repository: Repository get() = Repository(this)
```

getRepository 메서드는 나중에 설명할 Repository 클래스의 신규 인스턴스를 반환한다.

데이터 패키지로 Repository 클래스를 찾을 수 있다. 코드를 보면 getDummyContent 메서드는 더미 이야기 목록을 생성한다.

 Repository 클래스는 이미 파이어베이스용으로 준비되어 있지만, 온보딩 개념에 대해 시연을 하는 것이 목적이므로, 데이터는 앱이 실행되는 동안만 유지된다. 9장 '네이티브, 하이브리드 또는 크로스 플랫폼'을 읽었다면 파이어베이스를 셋업하고, 스토리를 클라우드에도 저장하도록 수정하는 것이 어렵지 않을 것이다.

클래스는 다음과 같다.

```kotlin
class Repository(private val context: Context) {
  fun getStories(handler: OnRepositoryResult) {
    val content = getDummyContent()
                 handler.onResult(content)
  }
  fun updateContributions(story: Story) {
    if (story.id == null) {
      addStory(story)
    }
    dummyContentList.forEach {
      if (it.id.equals(story.id, ignoreCase = true)) {
        it.contributions  = story.contributions
      }
    }
  }

  fun addStory(story: Story) {
    if (story.id == null) {
      story.id = UUID.randomUUID().toString()
    }
    dummyContentList.add(story)
  }

  companion object {
```

```kotlin
    private var dummyContentList = mutableListOf<Story>()
    private fun getDummyContent(): List<Story> {
      if (dummyContentList.isEmpty()) {
        val dummy = mutableListOf<Story>()
        val s1 = Story("A first story", "MikeR", "Today")
        s1.id = "1"
        s1.contributions.add(Contribution("Once upon a time",
"MikeR"))
        s1.contributions.add(Contribution("a giant rabbit did
exist", "Pete"))
        s1.contributions.add(Contribution("in a galaxy far far
away", "Floris"))

        val s2 = Story("A second story", "MikeR", "Yesterday")
      ...
        dummy.add(s1)
      ...
        dummyContentList = dummy
      }
      return dummyContentList
    }
  }
}
```

getStories 메서드는 모든 스토리와 데이터를 비동기 방식으로 반환한다. update
Contributions 메서드는 기존 스토리에 신규 기고를 하거나, 또는 스토리가 없는 경우라
면 addStory 메서드를 호출해 신규 스토리를 생성한다. addStory 메서드는 스토리별 고
유 ID를 생성하고, 스토리를 목록에 추가한다.

models 패키지에는 Story와 Contribution 클래스가 있다. Story에는 제목과 여러 기고
문이 있으며, 각 기고문에는 작성자와 콘텐츠가 있다. 뒤에서 보겠지만 Parcelable 인터
페이스 구현은 데이터를 한 프래그먼트(또는 액티비티)에서 다른 곳으로 전달할 때 좀 더 편
리하다.

```kotlin
class Story : Parcelable {
  var id: String? = null
  var title: String? = null
  var initiator: String? = null
  var lastUpdate: String? = null
  var contributions = mutableListOf<Contribution>()
...
  fun getFullStory(includeAuthors: Boolean): String { ...  }

val summary: String
    get() {
      val builder = StringBuilder()
      if (contributions != null) {
        var start = contributions.size - 3
        if (start <= 0) {
          start = 0
        }
        for (build in start..contributions.size - 1) {
          builder.append(contributions[build].paragraph.toString()
  + "\n")
        }
        return builder.toString()
      } else {
        return "This story has not started yet!"
      }
    }
  ...
```

getSummary 및 getFullStory 메서드는 Story 객체를 조금 더 똑똑하게 만드는데, 마지막 세 줄 또는 전체 스토리를 텍스트 형식으로 반환한다.

Contribution 클래스는 Story 클래스와 같은 이유로 Parcelable 인터페이스를 구현한다. 각 Contribution 인스턴스에는 작성자와 단락별 멤버가 있다.

온보딩 뷰 바로 다음에 사용자가 보게 되는 첫 번째 뷰는 앱의 전반적인 것을 알려준다. 만약 사용자가 복잡한 앱을 최초로 실행한 경우라면, 특정 기능을 강조해 보여주는 것이 도움이 될 것이다. 온보딩 절차 중에 이런 기능을 강조해 보여준다면 더 효과적으로 사용자가 가입하도록 유도할 수 있다. 본 예제 앱에서는 이런 강조가 아주 명확하게 나타난다.

모든 사람은 이야기를 좋아할테니, 사용자의 첫번째 액션은 아마도 나열된 스토리 요약문 중에 맘에 드는 것을 골라 클릭을 하는 것이다(다시 말하지만, 이 가설은 검증이 필요하다). 만약 사용자가 플로팅 액션 버튼(+ 기호로 표시된 버튼)을 클릭하면 새로운 스토리를 작성하게 된다.

```kotlin
class StoriesFragment : Fragment(), OnCardViewClicked, OnRepositoryResult {
  private var recyclerView: RecyclerView? = null
```

```
private var adapter: StoryAdapter? = null
private var viewModel = mutableListOf<Story>()
...
```

StoriesFragment 내부를 살펴보면 RecyclerView 위젯과 StoryAdapter가 여기에 표시된 데이터를 출력하는 데 사용되는 것을 알 수 있다. onCreateView 메서드에서 loadData 메서드가 호출되고, 이는 다시 Repository 클래스의 getStories 메서드를 호출해 프래그먼트를 result의 핸들러로 전달한다.

```
override fun onResult(result: List<Story>) {
  viewModel = result.toMutableList()
  adapter = StoryAdapter(viewModel)
  adapter?.setOnCardViewClicked(this)
  recyclerView?.adapter = adapter
}
```

결과가 들어오면 StoryAdapter 클래스의 인스턴스가 만들어져 RecyclerView 인스턴스에 연결된다. StoryAdapter는 각 스토리를 목록의 행에 바인딩한다.

```
override fun onCardClicked(view: View, position: Int) {
  (activity as MainActivity).onReadStory(viewModel[position])
}
```

만약 사용자가 행 중 하나를 클릭하면 OnCardViewClick 이벤트가 실행돼 MainActivity에서 onReadStory 메서드를 호출하고, 선택한 스토리를 매개변수로 전달한다. 그리고 StoryDetailFragment 구현부로 이동한다.

이 프래그먼트는 기고자의 이름을 포함해 전체 스토리를 사용자에게 표시한다. 여기에서 사용자는 CONTRIBUTE 버튼을 클릭해 기고를 할 수 있다(예제 이미지 참조).

```
class StoryDetailFragment : Fragment() {
  private var mStory: Story? = null
  override fun onCreate(savedInstanceState: Bundle?) {
    super.onCreate(savedInstanceState)
    mStory = getArguments().getParcelable(ARG_STORY)
  }
}
```

onCreate 메서드에서는 선택한 스토리가 번들을 통해 수신된다. 여기가 바로 Parcelable 을 구현해야 할 위치다. onCreateView 메서드에서 스토리의 내용은 스토리 객체의 getFullStory 메서드를 사용해 textView용 텍스트로 설정된다.

onClick 메서드에서는 CONTRIBUTE 버튼과 같은 다양한 버튼 클릭에 대한 핸들러를 찾아볼 수 있다. 이 메서드는 onContribute 메서드를 호출하며, 현재 선택한 스토리를 포함해 MainActivity의 onContribute 메서드를 호출한다. 최종적으로는 StoryContributeFragment 클래스와 연관된 레이아웃을 표시한다.

StoryDetailFragment의 onShare 메서드에서는 트윗 메시지를 작성하고 공유하는 데 필요한 행을 찾을 수 있다.

```
private fun onShare() {
  val builder = TweetComposer.Builder(getActivity())
        .text(String.format(getString(R.string.sharing_text),
mStory?.title))
        builder.show()
}
```

StoryContributeFragment를 사용하면 사용자가 기존 스토리에 추가 기고를 하거나 새로운 스토리를 시작할 수 있다. 이 지점에서부터 사용자는 수동 사용자에서 활성 사용자로 변경된다. 또한 아직 가입하지 않은 사용자라면 이 작업을 하기 위해 가입을 완료해야 하므로 더 이상 익명이 아닌 등록 사용자가 된다. 프래그먼트는 번들 파라미터로서 선택된 스토리를 갖는다. 사용자가 새로운 스토리를 작성하려고 + 버튼을 누른 경우라면 번들 파라미터에는 아무 값도 없을 수 있다. 기존 스토리인 경우에는 스토리의 요약(기고문의 마지막 세 줄 정도) 부분이 표시된다.

사용자가 CONTRIBUTE 버튼을 클릭하면 onContribute 메서드가 호출된다. 여기에서 신규 Contribution 객체가 생성되고, 선택적으로 새로운 스토리 객체가 생성된다. contribution 이 스토리에 추가되며, AuthenticationHelper 클래스에 현재 사용자가 이미 인증됐는지 여부를 질의한다. 만약 사용자가 트위터 가입 또는 파이어베이스 전화 가입을 통해 인증되면, 기고자의 이름(트위터 이름이나 전화번호)을 입력하고 진행할 수 있다. 또한 스토리 저장을 관리하는 Repository 클래스의 updateContributions 메서드를 호출한다.

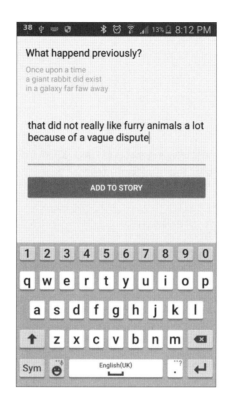

만약 사용자가 아직 인증 전이라면, 대신 MainActivity의 onLateOnboarding 메서드를 호출한다. 여기서 (contribution이 포함된) 스토리를 매개변수로 전달한다.

```
fun onLateOnboarding(story: Story) {
  val intent = Intent(this, OnboardingActivity::class.java)
 intent.putExtra(OnboardingActivity.ARG_LATE, true)
 intent.putExtra(OnboardingActivity.ARG_STORY, story)
 startActivityForResult(intent, REQUEST_LATE_ONBOARDING)
}
```

OnboardingActivity는 온보딩을 즉시 처리한다. 이때의 개념은 처리를 아예 안 하는 것보다는 늦게라도 처리하는 것이 낫다는 것이다. 만약 사용자가 스토리에 기고를 하거나 새 스토리를 쓰고 싶다면 먼저 가입을 해야 한다. 이제 액티비티에는 이를 나타내는 메시지가 표시되고, 사용자는 트위터 계정을 사용하거나 전화번호를 사용해 가입할 수 있다.

```
private fun continueFlow() {
  if (mIsLateOnboarding) {
    val returnIntent = Intent()
    returnIntent.putExtra(OnboardingActivity.ARG_STORY, mStory)
    setResult(Activity.RESULT_OK, returnIntent)
    this.finish()
...
```

만약 지연 온보딩이 성공하면 결과는 MainActivity로 반환되며, 스토리에 기여도를 추가한다.

```
override fun onActivityResult(requestCode: Int, resultCode: Int, data:
Intent) {
  if (requestCode == REQUEST_LATE_ONBOARDING) {
    if (resultCode == Activity.RESULT_OK) {
      val story =
data.getParcelableExtra<Story>(OnboardingActivity.ARG_STORY)
      val lastContribution = story.contributions.last()
      lastContribution.contributor = AuthenticationHelper.userName
      repository.updateContributions(story)
      onList()
    }
  }
}
```

그런 다음 MainActivity 클래스의 onList 메서드를 호출해 스토리 목록을 다시 표시한다. 이번에는 목록에 더 이상 익명이 아닌 기고자가 표시된다. 드디어 가입이 완료됐다.

지금까지 가입과 지연 온보딩을 구현하는 방법에 대해서 살펴봤다. 이 개념이 마음에 든다면 구현한 앱을 이용해 추가 실험을 해보는 것도 좋을 것이다. 예를 들어, 다음 두 가지 기능을 더한다면 훨씬 좋은 앱이 될 것이다. 하나는 (스토리를 함께 쓸 수 있는) 친구 초대 기능이고, 다른 하나는 (페이스북이나 트위터같은 소셜 미디어에 스토리를 보낼 수 있는) 공유 기능이다. 이런 기능을 추가하면 더 많은 사람들이 앱을 접하게 되며, 앱의 사용자를 확대하는 데 큰 도움이 된다. 이에 대해서는 트랙션과 리텐션에 대한 내용을 다루는 14장, '앱에서 A/B 테스트 수행하기'에서 살펴볼 예정이다.

주목할 만한 방식으로 그로스 해킹Growth hacking이 있다. 그로스 해킹은 기존 사용자가 새로운 친구를 초대해서 앱을 쓰도록 하는 연속된 프로세스를 말한다. 사람들이 앱을 다운로드하는 이유는 그들이 앱에 대해 알게 됐기 때문일 것이다. 이때 친구 추천 기능을 구현하면 전환율을 높일 수 있다.

 그로스 해킹
그로스 해킹(마케팅을 뜻하는 신조어)은 관련 책을 따로 사서 읽어볼 만한 가치가 있는 주제다. 앱을 개발하기 전부터 어떻게 성장 엔진을 만들 것인가를 고려해야 한다. 앱으로 해결하려는 문제와 관련된 고객군을 미리 확보하자. 이는 앱 아이디어를 사전 검증하고, 앱에 대한 인지도를 높일 수 있는 좋은 방법이다. 이를 위한 가장 좋은 방법은 블로그를 개설해 앱 주제에 대해 정기적으로 글을 쓰는 것이다.

완벽한 전환 시나리오는 다음과 같다. 사용자가 가입을 하고 스토리를 작성하거나 다른 스토리에 기여를 한다(활성화), 이후 계속해서 사용하기로 한다(리텐션), 그는 앱의 홍보 대사가 되어, 스토리를 공유하고 스토리를 함께 작성할 친구를 초대한다(추천).

입소문을 통한 마케팅은 가장 효과적인 방법 중 하나기 때문에 추천 기능은 매우 중요하다. 잠재적인 앱 사용자 중 70% 이상이 친구나 동료, 가족들의 추천을 받아 앱을 다운로드한다. 이런 사실은 염두에 둔다면, 이제는 사용자로 하여금 앱의 인지도를 높이도록 목표를 설정해야 한다. 이는 팀 스토리 앱이 추구하는 방향과 일치한다. 추천 기능은 종종 앱을 홍보하는 유일한 방법이기도 하다. 추천 기능이 유용한 이유는, 대부분의 모바일 앱의 경우 사용자가 일으키는 매출보다 사용자 확보에 드는 (광고) 비용이 높기 때문이다.

소셜 앱이나 메시징 앱, 게임 같은 앱은 본질적으로 친구 초대를 하기에 적합한 특징을 가지고 있다. 반대로 상호 협력할 필요가 없는 경우에는 추천이 별로 의미가 없을 것이다. 즉, 많은 다른 종류의 앱은 공유나 초대가 별로 중요하지 않을 수도 있다. 이런 경우라 할지라도 드롭박스^{Dropbox}처럼 친구를 추천하면 추가 용량을 제공하는 방식으로 추천에 따른 혜택을 얻을 수 있다.

▌ 요약

11장에서는 사용자를 가입시키고 온보딩하도록 하는 다양한 방법을 살펴봤다. 또한 가능한 가입에 지장을 주는 장벽을 낮추는 것이 중요하다는 사실을 배웠다. 처음부터 앱이 제공하는 혜택과 앱을 사용하는 이유를 분명히 해야 한다. 아니면 사이먼 사이넥^{Simon Sinek}의 주장처럼, "나는 왜 이 일을 하는가"에 대해 대답할 수 있어야 한다.

파이어베이스나 패브릭 SDK를 사용한 소셜 로그인을 쉽게 구현해봤고, 사용자에게 다양한 가입 옵션을 제공하는 방법과, 초기 가입을 건너뛰는 옵션을 제공하는 방법도 배웠다. 가입 절차 건너뛰기는 장벽을 낮출 수는 있지만 반드시 좋은 것은 아니다. 익명 사용자는 등록 사용자보다 가치가 덜하다. 또한 등록 사용자를 유료 사용자(고객)로 전환하는 일은 더 쉽다. 그러나, 자신의 앱에 가장 적합한 방식을 스스로 찾을 필요가 있다. 처음부터 커다란 사용자 기반에서 성장하길 원할 수도 있다. 12장에서는 확장 가능한 솔루션을 갖는 것이 얼마나 중요한지에 대해서 알아본다.

12

확장할 수 없는 일을 하자

MVP를 일단 확보한 후 제1목표는, 가설을 검증하기 위한 첫 번째 실험 주기를 운영하는 것이다. 이 단계에서의 주요 목표는 검증 학습이다. 가설이 증명된 후에야 규모 확대와 최적화를 고려해야 한다.

린 모델 관점에서의 개선이란, 사용자 피드백이 시간이 지나며 누적된 결과로 나타나는 것이다. 그 피드백 루프를 최초 실험의 중심으로 삼을 때, 기존 비즈니스 관행을 넘어서는 혁신이 나타나게 된다.

12장에서 배우는 내용은 다음과 같다.

- 어떻게 얼리 어답터를 확보하고, 소규모 실험실을 구축할 수 있는가? 이렇게 하는 것이 왜 학습 효과를 극적으로 향상시키는가?
- 유명한 와이어프레임 및 프로토타이핑 도구를 활용해 학습을 극대화하는 방법
- 품질과 예산, 빠른 시장 진입과 기타 제한 사항들 간의 균형을 맞추는 방법
- 규모를 확장하는 데 있어 필수불가결한 기술 부채 관리 방법

이 주제들을 다루기 전에 먼저 확장할 수 없는 것을 해야 하는 이유를 살펴본다.

▌ "확장할 수 없는 일"이란 무엇인가?

이 단계에서의 목표는 실험을 통해 학습을 극대화하고, 개발–측정–학습 주기를 1회 수행하는 데 드는 시간을 최소화하는 것이다. 피드백 루프를 실험의 중심으로 삼는 것이 겉보기에는 비논리적으로 보일 수도 있다. 하지만 실제로는 학습 속도를 크게 향상하는 데 도움이 된다.

예를 들어, CEO나 창업자가 고객을 직접 응대하는 것은 매우 비효율적으로 보인다. 하지만 만약 스타트업이 피드백 루프를 단축하고 고객의 요구사항을 깊이 이해하고자 한다면, 이는 명확한 목표를 가진 전략이라 할 수 있다.

마찬가지로 고객에게 대화형 와이어프레임이나 초기 코딩 수준의 프로토타입을 제시하는 것은 낭비처럼 보인다. 그러나 이 절차를 MVP 테스트의 한 단계라고 여긴다면, 꽤 적합한 접근법이라고 할 수 있을 것이다.

지금부터 살펴볼 도구와 기법을 사용하면, 확장은 조금 어렵지만 초기 학습 속도를 높이고, MVP 발전 단계에서 발생하는 기술 문제로 인해 당황하지 않도록 해준다.

확장할 수 없는 일을 하는 세 가지 이유

좁은 시장 내에서 확장할 수 없는 일을 하는 것은 실험과 학습, 제품 개발에 상당한 이점이 있다. 전통적인 제품 중심의 접근법 대신 사용자 중심 방식을 채택하는 데는 세 가지 주요 이유가 있다.

개선된 테스트와 데이터 수집

앞으로 살펴보겠지만 다음은 얼리 어답터와의 직접적인 상호작용으로, 다운스트림 데이터를 수집하는 것보다 훨씬 가치 있는 정보를 제공한다. 게다가 이 피드백을 통하면 기능 구현과 적절한 변경, 재설계 등에 도움이 된다. 필요한 피드백을 빨리 받을수록 돈도 더 많이 절약할 수 있다.

고객의 마음을 빨리 얻을수록 값비싼 오류의 가능성을 줄일 수 있다. 그 예로 다음 장점을 살펴보자.

- 미리 확보한 정보를 활용함으로써 사용자의 요구사항을 추측하는 것이 아니라, 실제로 원하는 기능만을 개발할 수 있다.
- 지금부터 다루게 될 사용자 테스트 도구와 절차를 통해 사용자가 원하는 디자인을 설계할 수 있다.
- MVP와의 초기 상호작용을 통해 사용성 문제를 더 빨리 인식할 수 있다.

첫 사용자는 가장 중요한 기능과 설계, 사용성 흐름을 찾도록 도와주므로, 확장을 시작하기 전에 미리 중요한 것에 집중할 수 있다.

통제 가능한 실패

모든 실험이 성공하는 것은 아니다. 아이디어가 실패하면 다음과 같은 몇 가지 이유로 일찍 또는 빨리 실패하는 것이 낫다.

- 통제된 환경에서 저예산으로 수행한 실험을 실패하는 것이, 큰 시장에서 모든 기능을 갖춘 제품이 실패하는 경우보다 손실이 적다.
- 가설의 검증과 실수의 발견은 빨리 완료할수록 손실 발생 가능성을 줄인다.
- 소규모의 빠른 실패는 회사에 끼치는 부정적인 소문의 확산을 제한하거나 없앨 수 있다.

린 개발법을 제대로 적용하면 실패를 통한 학습이 가능하며, 오히려 피봇pivot하거나 재시작할 수 있는 기회가 될 수 있다.

더 매력적인 제품 개발

앞서 언급했듯이 MVP를 사용하면 선별적으로, 적절하게, 유용한 제품을 만들 수 있다. 하지만 기능functionality이란, 전체 제품 구성의 일부일 뿐이다. 사용자가 여러분의 제품을 단지 필요해서 쓰는 게 아니라, 쓰고 싶어서 쓰도록 해야 한다.

매력적인 제품은 유용하기만 한 제품에 비해 중요한 이점이 있다.

- 제품을 즐기는 사람은 제품을 오랫동안 사용하게 된다.
- 열정적인 사용자 집단은 제품에 대해 더 많은 소문을 낸다.
- 제품에 매력을 느끼는 고객은 더 높은 충성도를 유지한다.

린 개발법, 즉 학습 우선 접근법에서는 고객이 원하는 것뿐만 아니라 고객이 앱을 사용하는 방법을 이해해야 한다. 처음부터 사용자 경험을 우선순위로 둬야만 사용자 및 사용자의 플랫폼, 그리고 사용자의 삶과 함께 동작하는 제품을 만들 수 있다.

얼리 어답터는 제품에 대한 필요성을 가장 크게 느끼는 사람들이기 때문에 사용자 경험을 개선하는 데 가장 중요한 자산이 된다.

▐ 소규모 실험실을 구축하고 얼리 어답터를 확보하는 방법

실제 실험실에서 첫번째 테스트를 수행할 때는 개발–측정–학습 주기의 가속을 목표로 전략을 짜야 한다. 앞에서 언급했듯이 초점은 제품이 아니라 학습에 맞춰져야 하므로, 초기 작업은 대부분 큰 규모로 수행하는 것이 오히려 실용적이지 않다.

규모를 키울 수 없는 작업의 정확한 속성은 상황에 따라 다르다. 그러나 다음 세 가지 전략은 피드백 루프를 가속하는 데 도움이 될 것이다.

- 작은 시장은 운영을 시험할 수 있는 미니 실험실을 역할을 하며, 확장도 용이하다.
- 사용자를 직접 모집하고 상호작용하면 여러분의 아이디어 및 고객에 대한 상세한 정보를 즉시 얻게 된다.
- 이 초기 단계에서 얼리 어답터를 대상으로 사용자 경험을 완성시키는 것은 나중에 하는 것보다 대부분 더 효과적이며 경제적이다.

확장이 힘든 작업이란, 수동으로 하는 작업, 적당히 할 수 없는 작업 또는 본인의 전문 분야 외의 작업을 의미한다. 예를 들어, 사용자 확보 및 고객 서비스 작업은 개발자에게 있어서는 지루하거나 아주 고된 일이다.

그러나 린 개발자가 얻게 되는 위 전략의 압도적인 혜택을 고려하면, 그 중요성은 더 크다고 할 수 있다. 다음 세 가지 전략은 MVP의 테스트 기반을 구축하고, 개발–측정–학습 주기를 단축하며, 확장에 근접한 실험이 되도록 하는 데 도움을 준다.

좁은 시장에 집중하기

처음에는 특정 지역이나 소집단처럼 좁은 시장에 한정해서 실험을 하는 것이 매우 유용하다. 이유는 다음과 같이 여러 가지가 있다.

- 목표 시장에서의 확장이나 시장 포화 상태에 도달하는 것이 대형 시장에서보다 훨씬 쉽다.
- 좁은 시장에서는 소수의 얼리 어답터에서 출발해 시장의 대다수를 차지하는 임계점에 비교적 쉽게 도달할 수 있다. 일단 특정 시장이나 인구 통계학적 분류, 지리적 분야 중 하나에서 포화상태를 달성하게 되면 이를 토대로 활용해 규모를 확장할 수 있다.
- 데이터 수집 및 테스트가 더 쉽고, 저렴하며, 유용성이 높다.

작은 시장에 대한 가설을 검증할 실험실이라고 생각해보자. 첫번째 가설을 입증할 때는 제한된 환경에서 고객에 대해 학습하는 것이 더 좋다. 대규모로 그렇게 하는 것은 일반적으로 쉽지도 않고 낭비 요소도 많다.

직접 얼리 어답터 모집하기

창업 보육 센터로 유명한 와이콤비네이터Y Combinator의 공동 설립자인 폴 그래엄Paul Graham은 "확장할 수 없는 일을 하라"고 말했다.

그는 이 말을 여러 에세이의 제목으로 인용하면서, "설립 초기에 창업자가 해야 하는, 확장이 안되는 일 중 가장 일반적인 업무는 사용자를 직접 모집하는 일이다"라고 말했다. 비록 작업이 번거롭고 느리더라도 모든 스타트업은 이 작업을 수행해야 한다는 것이다. 그는 자신의 주장을 입증하기 위해 지불 처리 회사인 스트라이프stripe가 시작했던 사례를 든다. 스트라이프의 창업자는 새로운 사용자들에게 접근해서 기회가 될 때마다 그들의 노트북에서 즉시 새로운 스트라이프 계정을 생성해줬다.

이러한 작업은 확실히 확장이 불가능하지만, 사용자를 확보하려면 손수 모집해야 할 수도 있다. 일단 어느 정도 규모의 얼리 어답터를 모은 후에는 거기서부터 학습을 하고 제품을 발전시킬 수 있다.

직접 사용자를 모집하는 또 다른 중요한 이유는 토요타 생산 시스템의 핵심 원리인 겐치 겐부츠genchi genbutsu와도 맥락을 같이 한다. 제프리 라이커Jeffrey Liker는 토요타에 관한 이십 여 년간의 연구를 집대성한 그의 저서 『The Toyota Way(토요타 방식)』(NatlBookNetwork, 2005)에서 이 개념에 대해 설명했다. 그는 "어떤 사업의 문제도 일단 직접 가서 보지 않는다면 정말로 이해했다고 단언할 수 없다"라고 말했다.

이것이 바로 첫 사용자로부터 직접 수집한 데이터가 금과도 바꿀 수 없을 만큼 중요한 이유다. 직접적인 상호작용을 통해 사용자가 여러분의 아이디어를 어떻게 인식하는지, 그것이 유용하다고 여기는지, 돈을 지불할지 여부를 알 수 있다.

사용자 경험 완성

스티브 잡스Steve Jobs는 "먼저 고객 경험으로부터 시작하고 역으로 기술로 돌아와야 한다"고 말했다.

에어비앤비Airbnb의 설립자도 "완벽한 경험을 가지고 시작한 후, 뒤돌아오며 일해야 한다"라고 하며 같은 말을 반복했다. 여기서 주목할 점은, 사용자 경험이 제품에만 국한되는 것이 아니라, 기업 자체 또는 기업이 제공하는 서비스와의 상호작용을 포함한다는 것이다.

사용자는 린 개발법의 중심이기 때문에 제품을 설계할 때도 사용자를 중심에 배치하는 것이 중요하다. 실험 단계에서 사용자 경험을 완성하면 다음과 같은 목표를 달성할 수 있다.

- 사용자에게 처음부터 좋은 경험을 제공하면, 사용자는 필연적으로 발생하는 사용성 관련 오류에 대해서도 너그럽게 이해할 뿐만 아니라 피드백도 기꺼이 제공한다.
- 제품에 대한 느낌은 기능만큼이나 중요하다. 감정적 경험을 향상시키는 것은 기능 및 사용성을 높이는 것만큼이나 효과가 크다.
- 사용자가 행복감을 느낄수록 충성도가 높아지며, 제품을 추천할 가능성도 커진다.

데이터 수집부터 지지자 확보에 이르기까지 사용자의 참여를 최대한으로 이끌어내려면 사용자를 단순히 관찰하면서 피드백에 응답하는 수준을 넘어서야 한다. 즉, 지나치다 싶을 정도의 서비스를 제공할 필요가 있다. 한마디로 첫번째 사용자들은 왕족처럼 우대해 줘야 한다.

이전 회사에서 근무할 당시 초기 몇 년간, 나는 고객에게 직접 전화를 걸어 제품과 서비스가 맘에 드는지 확인했다. 너무 바빠서 시간이 없을 때조차도 우리 서비스를 사용하며 서비스 문제에 대해 말해주는 고객들과 직접 접촉하고 그들이 만족하도록 도왔다.

에어비앤비의 창업자들도 문제 해결에 직접 참여한 것으로 유명하다. 그들은 뉴욕 지역의 서비스 품질 문제로 성장세가 더뎌지자, 뉴욕으로 직접 가서 사용자들의 문제를 해결했다.

게비아Chebbia는 "우리는 카메라를 가지고 집마다 방문해서 아파트 내부 사진을 찍어 온라인에 올렸습니다. 저는 집주인들의 거실에서 살다시피 했습니다. 그 결과 집집마다, 동네마다 서비스가 성장하기 시작했습니다. 그리고 뉴욕을 방문했던 사람들이 자기 도시로 돌아가 아이디어를 적용하기 시작했습니다."라고 말했다.

이 사례는 사용자를 만족시키려면 얼마나 많은 일을 해야 하는지, 그리고 사용자와의 직접적인 상호작용을 통해 얼마나 많이 배울 수 있는지를 보여준다.

▌ 확장 불가 MVP에서 확장 가능 코드로의 전환 방법

이제 MVP를 확보했을 뿐만 아니라, 실제 사용자와 시장도 포함된 실험 환경도 갖추게 됐다. 즉, 최초 이터레이션은 실험 목적이지만, 동시에 실제 제품이기도 한 것이다. 그러므로 처음부터 향후 성장을 전제로 계획을 세울 필요가 있다. 지금부터는 기술 부채에 대한 걱정을 낮추고, 적은 비용으로 테스트를 진행하며, 동시에 지속적으로 확장하는 데 도움이 되는 도구와 기법에 대해 알아보자.

와이어프레임과 프로토타입을 이용한 학습에 집중하기

5장, '실용주의 접근법'에서 설명했듯이, 와이어프레임과 프로토타이핑은 실제 소프트웨어 코드로 직접 확장할 수는 없지만 사용자에게 뭔가를 제공함으로써 많은 다운스트림 문제를 예방할 수 있다. 사용자가 제품에 어떻게 반응하는지에 대한 데이터를 수집해 사전 피드백을 수집할 수도 있다. 디자인 선택 사항에 대한 데이터가 있다면 이를 활용해 향후 디자인을 수행할 때 기능 추가와 수정을 언제, 어떻게 해야 하는지를 결정할 수 있다.

와이어프레임 스케치와 프로토타입 디자인은 초기 설계 단계에서 매우 이상적이고 비용이 적게 드는 선택이다. 대표적인 예로는 손으로 그린 스케치나 포토샵 파일, HTML 목업 등이 될 수 있다. 이러한 디자인 파일을 실제 대화형 프로토타입으로 변환시켜주는 유료 도구도 있다.

또한 디자인과 개발, 사용자 테스트 분야에서 팀 내 협업을 가능하게 해주는 디자인 툴도 시장에 많다. 그 중에서 다음 세 가지는 가장 인기 있고 유용한 툴이라 생각해 소개한다. 우리 팀에서는 이 세가지 툴 모두를 오랫동안 사용했는데 상당히 도움이 됐다. 이런 도구를 채택함으로써 고객 불만이 아니라 프로토타이핑으로 개선점을 찾을 수 있었고, 결과적으로 많은 시간과 돈을 절약할 수 있었다.

제플린

제플린Zeplin의 목적은 디자이너와 개발자 간의 간격을 줄이는 것이다. 디자이너는 포토샵이나 스케치에서 파일을 가져올 수도 있으며, 제플린에서 글꼴 세부 정보 및 색상표 같은 디자인 명세를 산출할 수도 있다. 이미지 및 CSS, 색상 파일들을 주요 플랫폼에 맞도록 크기를 조정해 내보내는 기능도 제공한다. 슬랙Slack과도 통합돼 있어 사용이 편리하다.

제플린은 디자인 결과물을 개발자가 전달받아 애플리케이션에 맞도록 잘라 쓰는 과거 방식의 문제를 피하는 데 매우 유용하다. 이들 디자인은 의식적으로든 무의식적으로든 개발과정 중에 손상되며, 그 결과 디자인이 종종 지저분하게 된다. 제플린은 모든 파일을 즉시 사용할 수 있는 상태로 제공해 많은 시간과 번거로움을 덜어준다.

제플린은 무료로 사용해볼 수 있고, 가격도 예산에 맞춰 합리적으로 결정할 수 있으므로 테스트된 디자인을 코드에 적용할 예정이라면 한번 사용해 볼만 하다.

인비전

인비전Invision은 고수준과 저수준의 디자인과 테스트를 하는 데 필수 도구다. 인비전을 사용하면 개발팀은 사용자나 다른 사람들과 실시간으로 의사소통이 가능하므로 협업 및 공동 창작을 할 수 있다. 이 소프트웨어 세트는 인터랙티브 디자인을 만들고, 이를 테스터나 이해 관계자에게 보여주며, 피드백 데이터를 즉시 받을 수 있기 때문에 초기 단계의 UI 디자인과 실험에 특히 유용하다.

인비전은 계속해서 주기적으로 기능 및 도구를 추가해서 드로잉 보드와 프로토타입 간의 격차를 줄여나가고 있다. 예를 들어, 크래프트Craft를 사용하면 스케치나 포토샵의 디자인을 휴대폰에서 직접 테스트할 수 있는 대화형 프로토타입으로 변환할 수 있다. 인스펙트Inspect 도구는 제플린처럼 작동하는데, 디자인 파일에서 글꼴 정보나 색상표 정보 같은 코딩 정보를 가져온다.

유저테스팅닷컴

유저테스팅닷컴UserTesing.com은 앱과 웹사이트용으로 다양한 테스트 솔루션을 제공한다. 비디오와 오디오 녹음 및 분석 기능은 웹사이트나 출시됐거나 미출시된 앱에서 모두 이용할 수 있다. 데이터 처리도 빠르게 이뤄지므로 신속하게 대응할 수 있다.

유저테스팅닷컴이 제공하는 도구의 특징 중 하나는 사용자의 기기를 사용해 비디오 및 오디오 녹음을 할 수 있다는 점이다. 이를 통해 이해 관계자와 다른 팀 구성원에게 하드 데이터와 사람들의 실제 반응을 보여줄 수 있다. 경우에 따라서는 한 디자인이 다른 디자인보다 낫다는 것을 증명할 때 이 기능이 매우 유용하게 활용될 수 있다.

확장성과 지속성에 초점을 두기

지금까지 책을 읽었다면 이제 얼리 어답터를 모집하고, 좁은 시장 내에서 프로토타입과 인터랙티브 디자인을 제공하는 것이 왜 중요한지, 이 디자인을 어떻게 제공하는지에 대해서 이해했을 것이다. 그러나 실험이 진행됨에 따라 확장 불가능한 프로토타입에서 확장이 가능한 코드로의 전환이 필요하다. MVP가 발전함에 따라 많은 기술적 결정을 내려야 한다. 기술적 결정의 예를 들면 다음과 같다.

- 언제 약식 코딩 방식을 채택할 것인가?
- 언제 자동화 및 최적화를 할 것인가?
- 어떻게 기술 부채를 처리할 것인가?

실험 초기부터 이런 문제를 고려하고 있어야 한다. 이러한 기술적 고려 사항을 이해하면 진행 중 생긴 문제를 해결하는 데 도움이 되며, 문제가 너무 커지기 전에 처리할 수 있다.

완벽한 코드냐 일정 맞추기냐

단계마다 코딩 효율과 안정성을 취할 것인지, 아니면 예산과 출시일 같은 현실적인 필요를 맞출 것인지를 선택해야만 한다.

앞에서 큰 성공을 거둔 두 회사의 창업자들이 고객 경험에 우선순위를 어떻게 결정하는지와, 제품을 시장에 내놓기 위해 할 수 있는 어떻게 최선을 다하는지를 살펴봤다. 이는 다행스럽게도, 또는 불행하게도 코딩할 때는 완벽주의자가 될 수 없다는 것을 뜻한다. MVP를 만들고 엄격한 제약 조건 속에서 작업할 때는 학습을 우선순위로 설정해야 하며, 이상적인 코드나 그 외 것들은 잠시 미뤄둬야 한다.

내가 좋아하는 말이 있다. "완벽한 수준이 좋은 수준의 적이 되지 않도록 하라."

실험을 완벽하게 수행하는 것은 고객 중심의 이터레이션을 반복하는 과정에서 성취돼야 한다. 검증 과정 없이 완벽한 디자인, 완벽한 코드, 완벽한 기능 구현을 추구하는 것은 나중에 사용자가 거부할 제품을 만드는 위험한 행위다. 자금을 낭비하지 않으려면 최대한 빨리 현실에서 학습할 수 있도록 시장에 제품을 출시하는 것을 반복하는 데 집중해야 한다.

자동화와 최적화

빠른 시장 출시가 중요한 상황에서는 테스트 및 빠른 배포를 우선으로 고려하는 것이 타당하다.

개발 수명 주기에 특정 단계가 되면 이제 확장 불가능한 단계에서 확장 가능한 단계로의 전환이 필요하다. 소규모 시장에서는 수작업이나 간단히 약식으로 업무를 처리하는 관행이 더 잘 맞고 경제적일 수 있겠지만, 이러한 방식은 시간이 지나고 사업이 성장하게 되면 더 이상 지속 가능하지 않다.

코딩과 배포, 모니터링 등 분야에서의 자동화는 안전하고 안정적이며, 성능이 우수한 앱을 만드는 토대다. 프로젝트의 시작 시점에서는 자동화를 적용하는 것이 늦어질 수도 있다. 그래도 최대한 빨리 학습하고 적용함으로써 시간이 지나면서 발생하는 기술 부채를 최소화하고, 버그가 많아서 신뢰할 수 없는 앱을 사용자에게 배포해서 고통을 주는 일이 없도록 해야 한다.

기술 부채 처리하기

기술 부채란, 개발 과정에서 장기적으로 바람직한 접근법 대신 당장 편한 해법을 택한 결과로 발생하는 추가적 작업 비용을 의미하며, 금융 부채와 유사한 개념이다. 약간의 빚은 필요할 수도 있지만 빚이 너무 많으면 죽을 수도 있다.

앞서 언급했듯이 완벽을 추구하다 보면 예산이 초과되거나 일정이 무기한 지연될 수도 있다. 하지만 약식 코딩으로 인해 누적된 문제도 어느 시점에서는 해결해야 한다. 즉, 완벽주의는 단기적으로 문제가 될 수 있고, 기술 부채는 장기적으로 문제가 될 수 있다.

기술 부채를 바라보는 다양한 관점이 존재한다. 장기적으로 또는 단기적으로 볼 수도 있고, 신중함 대 무모함의 관점으로 볼 수도 있으며, 의식적 또는 무의식적으로 볼 수도 있다. 실제로도 금융 부채처럼 특정 목표를 달성하기 위해서 기술 부채가 필요한 경우도 있다. 하지만 두 가지 모두 지나치면 통제가 불가능해질 수도 있다.

기술 부채를 관리하는 가장 좋은 방법은, 제품 수명 주기 내에서 의도적으로, 그리고 반복적으로 이터레이션마다 부채를 처리함으로써 백로그에서 제거하는 것이다. 여기서 주목할 것은 반복적으로 수행한다는 점이다. 결론은 간단하다. 좋은 애자일 실천법을 이용하면 기술 부채에 파묻히지 않도록 예방할 수 있다.

기술 부채를 다루는 몇 가지 요령은 다음과 같다.

- **기술 부채 관리 계획 수립**: 제대로 실행할 수 있는 계획이야말로 기술 부채를 다루는 첫 걸음이다. 계획을 스프린트 주기의 일부로서 꾸준히 포함시켜야 하며, 고객에게 영향을 미치는 정도에 따라 가장 영향이 큰 부채부터 작은 부채까지 순서로 우선순위를 정해야 한다.

- **부채 기록**: 백로그를 작성하면 언제, 어디서, 왜 그런 결정을 했는지를 추적하는 데 도움이 된다. 로그 기록에는 약식 코딩을 수정하는 데 시간이 얼마나 걸릴지를 추정한 값도 포함시켜야 하며, 추정 시에는 모든 대출은 시간이 지남에 따라 이자가 발생한다는 점을 기억해야 한다.

- **부채를 돈으로 수량화**: 코딩 시간을 청구 가능한 시간으로 환산한다. 그러면 기술 부채와 금융 비용 간의 직접적 상관 관계를 명확히 할 수 있다. 이는 팀과 개발자들이 재무적 관점에서 기술 부채를 이해하도록 도와주며, 향후 의사 결정을 하는 데 있어 우선순위를 제대로 결정할 수 있도록 한다.

- **계획 실행**: 책임을 지는 사람이 없다면 기술 부채 관리 계획도 무의미하다. 문서화된 가이드라인, 책임자, 상환 일정을 수립하고, 부채 관리 계획이 실행되는지 철저히 검토한다.

부채 관리 계획이 탄탄하면 불필요한 기술 부채가 생기는 문제를 예방할 수 있다. 부채가 불가피한 경우라면 실행 계획을 전략적으로 운용함으로써 부채에 휘둘리지 않고 관리해야 한다.

▌ 요약

확장할 수 없는 일을 하는 것은 학습 우선순위를 정하고, 개발-측정-학습 주기를 단축해 시장 출시를 앞당기는 것이다.

대부분의 경우 확장할 수 없는 일은 하는 것은 일을 제때에 마무리하는 유일한 방법이다. 실험 단계에서는 작업이 낯설기도 하고, 업계의 모범 사례와 달리 피상적으로 보여질 수도 있다. 하지만 이런 초기의 노력이 종종 성공과 실패의 차이를 말해주기도 한다.

제품이 성장하도록 열정적으로 전념한다면, 시장에서 데이터를 수집하고, 신속히 방향 전환을 하며, 시간이 지남에 따라 학습, 반복, 개선을 하는 데 도움이 되는 MVP를 출시할 수 있을 것이다.

13장에서는 플레이 스토어 및 앱 스토어 실험을 통해 MVP에 대해 더 많이 학습할 수 있는 방법을 살펴본다.

13

플레이 스토어 및
앱 스토어 실험

MVP를 통해 지속적으로 학습하기 위해서는 꾸준히 테스트를 수행하고, 데이터를 수집해 앱을 발전시켜야 한다. 그러나 앱 스토어 자체가 이런 검증 학습을 막는 장벽이 되기도 한다.

다음에서 살펴보겠지만, 플레이 스토어와 앱 스토어라는 이 두 플랫폼에는 앱 출시 관련 모든 단계에 영향을 주는 요구사항과 제한 조건이 있다. 예를 들어, 스토어 기재사항listing 요구, 앱 승인 과정의 지연, 베타 배포 옵션 등에 있어 두 플랫폼은 모두 다르다.

그러나 이러한 문제를 해결하는 방법도 있다. 13장에서는 이런 방법을 살펴본다.

- 분할 테스트란 무엇인지와, 이 테스트가 모든 앱 개발자에게 중요한 이유
- 스토어 기재사항 및 앱에서 분할 테스트를 실행하는 방법

- 실제로 분할 테스트를 수행할 때 피할 수 없는 한계와 장애물을 극복하는 방법
- 앱 스토어와 구글 플레이에서의 분할 테스트 수행 사례와 핵심적인 분할 테스트 기법

이 주제를 다루기에 앞서 실험이 무엇인지에 대해 간단히 알아보자.

▌ 실험이란 무엇인가?

비즈니스 실험도 과학 실험과 마찬가지로 가설을 세운 후 실험을 수행해 가설의 유효성을 검증한다. 린 개발법에서는 MVP가 가치와 성장에 대한 근본 가설을 검증하는 실험의 역할을 함으로써, 아이디어가 문제를 해결할 수 있는지, 제품이 지속적으로 성장할 수 있는지를 검증한다.

MVP 자체가 이미 실험이라 할 수 있지만, MVP를 이용한 다른 실험도 많다. 13장에서는 앱 스토어에서 테스트할 때의 장애물, 앱 스토어 내에서와 앱 내에서 분할 테스트를 수행하는 방법을 알아보고, 이들 기술을 어떻게 적용하는지도 살펴본다.

실험 기법으로서의 A/B 테스트

분할 테스트는 다른 실험처럼 가설을 세우고 시행하는 실험이라고 간주할 수 있다. 분할 테스트는 전체 MVP가 검증하려는 가치 가설 같은 대규모 가설에 비해 규모가 훨씬 작다. 그러나 기본 원칙은 동일하다.

분할 테스트를 처음 들어봤을 수도 있다. 분할 테스트란, 어떤 그룹의 사용자에게는 기존과 다른 버전의 웹 페이지나 앱을 제공해 어떤 버전이 더 전환율이 높은가를 검증하는 테스트이다. A/B 테스트라고 불리는 양방향 분할 테스트에서는 두 개로 분리된 랜딩 페이지 헤드라인을 통해 전환율에 미치는 영향을 테스트할 수 있다.

또한 다음과 같은 테스트도 가능하다.

- 헤드라인이나 클릭 유도 문구 같은 카피라이팅
- 색상이나 버튼 모양 같은 디자인 요소
- 스크린샷이나 앱 설명과 같은 앱 스토어의 기재사항 요소

분할 테스트를 수행하는 이유

상세한 내용은 뒤에서 다루겠지만 분할 테스트에는 많은 장점이 있다. 그 중 가장 중요한 장점은 다음과 같다.

- 분할 테스트를 통해 사용자를 더 잘 이해할 수 있다.
- 전환율을 높일 수 있다. 이는 가장 기본적인 최적화 방법이다.
- 사용자 경험 및 사용성을 향상시킬 수 있다.
- 사용자 보존율retention이나 타임인앱time-in-app 같은 중요한 수치를 보다 잘 이해하며 개선할 수 있다.

13장에서는 두 가지 유형의 앱 실험을 다룬다. 바로, 스토어 기재사항 테스트와 앱 테스트다.

스토어 기재사항 테스트

검색 엔진에서의 검색어 순위처럼 앱 스토어 내 앱 순위는 사용자가 앱을 찾고 시도하는 것에 엄청난 영향을 미친다. 만약 독자가 앱 스토어 내 순위와 전환율을 개선할 수 있다면 다음처럼 상당한 이점을 누릴 수 있다.

- 자연스럽게 앱 노출 및 사용자가 증가한다.
- 다운로드 비율이 증가한다.
- 사용자 획득 비용이 감소한다.

앱 스토어 순위를 높이는 일 또는 **앱 스토어 최적화**App Store Optimization, ASO는 그 중요성이 커짐에 따라 새로운 SEO(검색 엔진 최적화)라고 불린다. 인터넷상의 여러 검색 엔진처럼 앱 스토어 검색 알고리즘은 키워드의 적절성이나 사용자 평가 같은 다양한 예측 가능한 요소를 기반으로 순위를 결정한다.

앱 시장에서는 앱 개발자가 자신의 앱 스토어 순위를 높일 수 있는 방법을 알려주지 않는다. 그러나 비공식적으로 널리 알려진 ASO 개선 기법은 다음처럼 몇 가지 중요한 분야에 중점을 둔다.

- 다운로드율 및 제거율
- 사용자 평가의 수준
- 헤드라인과 설명에 사용된 키워드의 적절성
- 기재사항에 사용된 용어와 아이콘, 스크린샷 등의 유용성

기재사항 테스트는 직접적 또는 간접적으로 모든 분야를 개선하는 데 도움을 주도록 고안된 분할 테스트다. 분할 테스트 요소를 나눌 때마다, 여러분이 영향을 끼치려는 결과를 측정한다. 예를 들어, A/B 테스트는 설명을 두 가지 버전으로 만들어 비교한 후, 설치율을 파악해 테스트의 결과를 판단할 수 있다. 리뷰 권유 방식을 비교하는 테스트에서는 긍정적 리뷰에 미치는 영향을 조사할 수 있다.

앱 테스트

분할 앱 테스트는 실험 도구 중에서도 가장 중요한 도구다. 앱 스토어 기재사항 테스트를 통해서 전환율을 높일 수는 있지만, 앱 테스트를 수행하면 사용자에 대해 학습하고, 제품을 개선하며, 참여율을 높일 수 있다.

앱 테스트 수행에 필요한 테스트 항목은 사용자 경험, 사용성, 참여도를 향상시킬 목적으로 설계된 분할 테스트들이다. 앱 테스트는 다음을 비롯한 다양한 앱 관련 변수에서 수행할 수 있다.

- 화면 디자인
- 사용자 흐름
- 이미지
- 버튼

테스트 활동을 판단하는 데 도움이 되는 적절한 지표에는 특정 대상에 대한 전환율이나 리텐션, 앱에 머무른 시간처럼 참여 지표가 포함된다. 예를 들어 광고 전환율을 향상시키고자 변경을 했다면, 광고 전환율을 측정해야 한다. 앱 스토어 기재사항 테스트와 마찬가지로 특정 테스트에 영향을 끼치는 결과를 측정하는 지표에 집중해야 한다.

왜 신경을 쓸까?

앱 테스트는 케이크의 꽃 장식 같은 것이 아니다. 테스트를 통해 앱을 살릴 수도, 죽일 수도 있다. 테스트는 린 개발자의 작업 방식 방식에 있어 핵심이 됐기 때문에, 테스트가 이토록 중요해진 이유를 알아둬야 한다.

경쟁이 치열하다

경쟁이 치열하고 포화 상태인 앱 시장에서 눈에 띄려면 다른 방법이 필요하다. 스태티스타Statista에 따르면, 구글 플레이의 앱은 2013년 7월 기준 100만 개에서 2017년 3월 기준

280만 개로 증가했다. 비슷한 시기인 2013년 6월부터 2017년 1월까지 앱 스토어의 앱은 90만 개에서 220만 개로 증가했다.

이렇게 앱이 넘쳐나는 환경에서는 두 가지를 명심해야 한다. 하나는 앱의 홍수 속에서 눈에 띄어야 한다는 점이고, 다른 하나는 사용자의 지속적인 관심을 끌고, 그 관심을 유지해야 한다는 점이다.

사람들은 매월 수십 시간을 앱을 사용하는 데 보내지만 지루한 앱은 가차없이 삭제한다. 주요 기술 블로그에서 자주 언급되는 로컬리틱스Localytics의 2016년 자료에 따르면, 네 명의 사용자 중 한 명은 앱을 딱 한 번만 실행한 후 포기(삭제)한다고 한다. 앱 사용 포기율의 이면을 보면, 사용자의 바쁜 일정부터 사용성 문제까지 매우 다양한 이유가 있다.

이런 원인의 영향을 전혀 받지 않더라도, 개발자가 경쟁력을 유지하기 위해 실험해야 하는 딱 한 가지 이유가 있다.

실험 요소

참여 지표와 마찬가지로 전환율은 다음을 비롯한 여러 요소의 영향을 받는다.

- **트래픽 소스**: 정확한 수치는 정보 소스에 따라 다르지만, 일반적으로 연구 결과에 따르면 40~50% 이상의 사용자가 앱 스토어에서 검색을 통해 앱을 찾는다고 한다. 네 명의 사용자 중 한 명은 검색을 통해 앱을 찾는다는 구글 보고서를 생각해보자.
- **앱 기재사항 자체**: 앞서 언급했듯이 앱 스토어 내의 아이콘이나 설명, 스크린샷 등 모든 기재사항은 전환율에 영향을 미칠 수 있다.
- **분야**: 모든 분야가 동일한 평균 전환율을 갖지는 않는다. 스플릿메트릭스splitmetrics에서 발표한 데이터에 따르면, 음악 앱은 앱 스토어 전환율이 가장 높고, 게임은 가장 낮다.

- **앱 가격**: 무료 앱은 유료 앱과는 다른 기준에 따라 평가된다. 일반적으로 무료 앱은 다운로드 비율이 높지만 그에 비례해 포기율도 높다.

이들 요소에 영향을 미치는 가장 좋은 방법은 실험을 수행하는 것이다. 분할 테스트를 통해 앱 스토어 전환율을 20% 이상 향상시킬 수 있다.

물론 전환율이 감소하면 사용자 획득 비용도 줄어든다. 하지만 인앱 분할 테스트를 통해 참여도를 높이면 직접적인 수익 증가를 기대할 수 있다.

앱 시장에도 그 자체의 어려움이 있지만, 그렇다고 이를 극복할 수 없는 것이 아니다. 다음으로는 이들 장애물 중 일부를 살펴보고 이를 극복함으로써 테스트를 최대한 활용하는 방법을 알아본다.

구글 플레이나 앱 스토어에서 실험을 수행하는 것이 어려운 이유

MVP가 앱 스토어에 등록되면 분할 테스트를 수행하기가 더 어려워진다. 앱은 각 앱 스토어의 규정을 따라야 한다. 향후 업데이트를 한다면 다시 앱 스토어의 승인을 기다려야 한다. 게다가 특정한 제한으로 인해 테스트를 수행하거나 정확한 데이터를 수집할 수 없는 경우도 있다.

스토어 기재사항으로 테스트할 때의 장애물

두 가지 주요 플랫폼은 각각 다르게 작동하며, 플랫폼마다 고유한 일련의 요구사항이 있다. 일반적으로 구글 플레이는 테스트하기 쉬운데, 그 이유는 기재사항을 재작성하는 시간이 짧고, 요구사항이 덜 엄격하며, 스토어 기재사항에 간단한 분할 테스트 옵션을 제공하기 때문이다.

그러나 앱 스토어 고객의 잠재적 중요성과 구매력은 iOS용 앱을 만들 만한 충분한 이유가 된다.

다음은 테스트를 더 어렵게 하는 주요 플랫폼 간의 차이점이다.

앱 스토어마다 요구사항과 기재사항이 다르다

앱을 등록할 때는 두 개의 스토어가 각기 다른 동작 방식을 갖는다는 것을 숙지해야 한다. 각 앱을 다르게 코딩해야 할 뿐만 아니라 각 시장에서의 가시성을 극대화할 수 있는 요령을 배워야 한다.

이 책을 쓰는 시점에 각 앱 스토어의 요구사항을 세 가지로 나눠 비교했다.

- **앱 제목**: 구글 플레이에서는 제목이 50자로 제한되며, 앱 스토어에서는 30자로 제한된다.
- **앱 설명**: 애플에는 짧은 설명에 해당하는 항목이 없으나, 대신 '부제목'란이 있다. 부제목도 30자로 제한된다. 만약 두 플랫폼 간의 설명 항목 차이가 너무 복잡하다고 느낀다면, 이 항목을 홍보 문구 항목으로 변경할 수도 있다. 애플의 홍보 문구는 170자로 제한된다. 구글은 이를 '릴리스 노트^{Release notes}'라고 부르며, 500자로 제한한다.
- **앱 카테고리**: 앱 스토어에서는 기본 카테고리와 보조 카테고리를 선택할 수 있다. 그러나 특별한 경우에 한해 카테고리를 추가해 잠재적으로 가시성을 높일 수 있다. 반면, 구글 플레이는 앱과 게임 모두에 대해 하나의 상호 카테고리만 허용한다. 구글은 카테고리와 함께 애플리케이션 유형 지정을 허용한다.

이처럼 앱 스토어 최적화 테스트를 수행할 때 고려해야 할 차이점 외에도 다음과 같은 차이점이 있다.

- 허용되는 스크린샷의 개수
- 허용되는 홍보 동영상의 길이
- 소셜 미디어 작업 허용 여부
- 프로모션 그래픽 허용 여부

결과를 측정하는 표준 방식은 없다

각 스토어에서는 실험 결과를 측정할 수 있는 별도의 지표를 제공한다.

- **애플**: 다운로드나 판매에 관한 데이터와 보고서를 볼 수 있는 아이튠즈 커넥트 iTunes Connect에서 판매 추이를 볼 수 있다. 앱 애널리틱스App Analytics는 참여율과 수익화, 마케팅같은 표준 지표를 추적할 수 분석 패키지다.
- **구글**: 구글 개발자 콘솔에서 사용자 획득 지표를 추적할 수 있으며, 특정 채널, 지역, 시간으로 한정해 집중적으로 살펴볼 수도 있다. 모바일용 구글 애널리틱스나 파이어베이스 애널리틱스는 애플의 앱 애널리틱스처럼 수익화, 참여율, 마케팅 결과 등을 추적할 수 있다.

정확한 수치는 다르기 때문에, 실험을 동시에 수행하더라도 결과를 동일 기준으로 비교할 수는 없다. 애플과 구글은 테스트 환경을 지속적으로 개선하고 있으므로, 이 책이 출간된 이후 일부 기능이 변경됐을 수도 있다.

A/B 테스트용으로 제한된 인프라

앱이 스토어에 등록되면 스토어 자체에서 분할 테스트를 수행할 수 있는 여지가 줄어든다. 일반적으로 애플은 스크린샷부터 키워드나 버그에 이르기까지 앱 스토어 전반에 걸쳐 좀 더 엄격한 표준을 적용한다고 알려져 있다. 따라서 분할 테스트를 제공하지 않는다는 것이 이상한 일도 아니다.

구글 플레이에서는 스토어를 분할해서 등록하는 기능을 제공한다. 이 방식을 통해 두 가지 유형의 실험을 생성할 수 있다.

- **글로벌**: 글로벌 테스트에서는 그래픽, 스크린샷, 프로모션 영상, 아이콘을 테스트할 수 있다. 이들 테스트는 앱에서 기본 설정한 언어만을 대상으로 지원하기 때문에, 다른 언어를 사용하는 사람에게는 그 언어로 지역화된 버전이 나타난다.

- **지역**: 지역화 테스트를 수행할 때는 글로벌에서 말한 변수 외에도 최대 다섯 개 언어로 설명을 추가할 수 있다.

이 실험들은 구글 개발자 콘솔에서 생성해 실행할 수 있다. 콘솔에서는 목표물의 정보, 속성, 변형 정보를 선택할 수 있다.

병렬 실험을 수행하기 어려운 이유

이제는 왜 병렬로 실험을 수행하는 일이 쉽지 않은지 분명해졌을 것이다.

- 스토어별로 기재사항에 대한 요구가 다르다는 것은 각 기재사항이 달라져야 한다는 것을 말한다.
- 코딩 요구사항이 다르기 때문에 병렬로 앱을 제작하는 것이 어렵다.
- 앱 스토어마다 A/B 테스트 기능이 다르기 때문에 동일한 기재사항으로 동시에 테스트를 진행할 수는 없다.
- 측정 지표가 다르다는 것은 결과도 조금씩 다르다는 것을 뜻한다.
- 각 스토어의 턴어라운드 시간이 다르다는 것은 업데이트 시간표도 다르다는 것을 뜻한다.

또 다른 문제는 테스트 조건이 시간에 따라 변동하기 때문에, 연속적으로 테스트를 진행할 때 안정적으로 통제해서 신뢰할 만한 결과를 얻기 어렵다는 점이다. 예를 들어, 사용자의 행동 및 마켓의 성격은 동일한 테스트임에도 두 테스트가 실행되는 중에 시간이 지남에 따라 충분히 결과가 바뀔 수 있다. 테스트의 효율성을 높이려면 일부 어려움이 있을 수 있다. 계속해서 이를 해결하는 방법을 알아보자.

▌사용자가 앱을 찾는 첫 방법은 무엇인가?

사용자가 어디서 유입되었고, 어떻게 앱을 발견했는지를 알면 테스트나 사업을 할 때 꽤 유용하다. 즉, 정량적 및 정성적 측면에서 비교할 수 있는 다양한 트래픽 소스에 대해서 알게 될 뿐만 아니라, 앱 스토어 외부에서 테스트를 수행해 고객에 대한 더 많은 정보를 얻을 수도 있다.

실험을 자체적으로 검토하기 전에, 앱을 찾게 되는 주요 포털과 트래픽 유발 원천에 대해서 알아보면 도움이 될 것이다.

- **앱 스토어 검색**: 앞서 언급했듯이 구글의 연구 자료에 따르면, 40% 이상의 사용자가 앱 스토어 내에서 검색을 통해 앱을 찾는다. 즉, 앱 스토어 검색은 가장 중요한 트래픽 소스이며, 앱 스토어 인덱스 작업 및 최적화가 최우선순위가 돼야 한다.
- **기존 방식의 검색**: 동일한 연구 자료에서 27%의 사용자는 검색 엔진에서 앱을 발견한다고 한다. 그러므로 이 방식 역시 중요한 트래픽 소스라고 할 수 있다.
- **앱 팩**: 앱 팩App packs이란, 사람들이 구글 검색 창에서 앱을 검색할 때 검색 결과에 표 형식으로 보여주는 앱 검색 결과 화면을 말한다. 앱 팩에 출력되는 앱은 앱 스토어 순위가 아니라 검색 엔진이 판단한 결과다. 그러나, 검색 알고리즘도 순위와 관련된 공통 요소를 많이 참고하기 때문에 검색 결과는 서로 밀접하게 관련돼 있다.
- **딥링크**: 앱까지 직접 연결하는 URI인 딥 링크Deep link는 검색 광고나 다른 디지털 광고처럼 다양한 위치에서 직접 실행될 수 있다. 앱이 설치되지 않은 경우에는 앱을 설치하라는 메시지를 표시함으로써 앱이 원래 하려고 했던 작업을 완료할 수 있도록 한다.

이처럼 구글은 스토어 내에서의 정보 테스트를 허용한다. 스토어 내의 검색이나 앱 팩처럼 특정 트래픽 소스에서는 사용자가 직접 앱으로 연결되므로, 안드로이드 개발자라면 이들 옵션을 특히 더 활용해야 한다.

마이크로 테스트 기법으로 데이터 수집

제한적이긴 하나 테스트가 가능한 구글의 플레이 스토어와 달리 애플의 앱 스토어에서는 기재사항 테스트를 할 수 없다. 그럼에도 불구하고 외부의 랜딩 페이지를 통하면 스크린 샷, 헤드라인, 아이콘 또는 설명과 같은 필수 콘텐츠를 테스트할 수 있다.

마이크로 테스트라고 부르는 이런 테스트 기법을 사용하다는 것은 앱 스토어의 기재사항 페이지와 유사한 랜딩 페이지로 실험한다는 것이다. 즉, 최대한 앱 스토어와 유사한 모양 으로 테스트를 만든 후, 사용자가 설치 버튼을 클릭하면 실제 스토어의 목록으로 이동시 킨다.

테스트 기간이 끝나면 가장 전환율이 높았던 랜딩 페이지를 사용해 앱 스토어 기재사항 을 다시 작성한다.

결과를 추적하고 분석하려면 분할 테스트를 제공하는 서비스를 활용해야 한다. 이 서비 스 중에는 무료 플랫폼도 있고 유료 플랫폼도 있지만, 제공하는 기능의 품질을 고려해보 면 유료 플랫폼을 사용하는 편이 훨씬 좋다. 가장 많이 사용되는 서비스는 다음과 같다.

- **구글 애널리틱스**Google Analytics(GA): 구글 애널리틱스의 일부로 제공되는 핵심 테스트 솔루션은 기존의 모든 GA 과정과 쉽게 작업할 수 있다.
- **옵티마이즐리**Optimizely: 전 세계적으로 가장 많이 사용되는 분할 테스트 서비스 중 하나로, 직접적인 랜딩 페이지를 훨씬 넘어서는 기능을 제공한다.
- **언바운스**Unbounce: 또 다른 유명한 랜딩 페이지 플랫폼 중 하나로, 사용하기 쉬운 랜딩 페이지 빌더를 제공한다.
- **키스메트릭스**Kissmetrics: 가장 강력한 분할 테스트 및 분석 서비스 중 하나로, 심층 고객 조사용으로 매우 좋다.

조금만 조사해보면 예산에 맞는 가격대는 무엇인지, 필요에 맞는 기능은 무엇인지 결정할 수 있다. 마케팅 테스트와 앱 테스트처럼 광범위한 추적 작업을 계획 중인 팀이라면 여러 서비스에 대해 좀 더 깊이 살펴보는 편이 좋을 것이다. 예를 들어, 키스메트릭스는 앱과 웹 모두에 대한 분석 기능을 제공하므로 한 곳에서 더 많은 분석을 다루고 관리할 수 있다.

앱 테스트 실행

여러 버전의 웹 페이지 요소를 이용해 분할 테스트 실험을 수행하는 방식처럼, 테스트를 통해 앱 내의 디자인 요소나 워크플로우 변화 같은 인앱 요소에 대한 데이터를 수집할 수도 있다. 이 방식은 앞에서 설명한 개발–측정–학습 주기를 실제로 적용한 방식이다.

프리 프러덕션preproduction 버전으로 작업할 때는 테스트를 병렬로 진행할 수 있다. 두 개 버전의 앱을 동시에 테스트하면 수집할 수 있는 데이터도 두 배가 된다.

두 플랫폼 모두에서 병렬로 테스트를 실행하는 방법은 다음과 같다.

- **구글 알파**Google Alpha **배포**: 상용 앱을 릴리스하기 전에 구글 계정이나 G 스위트G Suite 계정이 있는 사용자만을 대상으로 오픈(또는 클로즈드) 알파 테스트나 베타 테스트를 수행할 수 있다. 동시에 실행할 수 있는 테스트는 오픈과 클로즈드 각 한 개씩이므로, 구글은 오픈 베타 및 클로즈드 알파 테스트를 수행하라고 권장한다.
- **앱 테스트 플라이트**TestFlight: 이 서비스는 구글 알파 배포와 유사하며, 오픈이나 클로즈드 베타 테스트를 생성할 수 있게 해준다. 최대 2,000명의 오픈 베타 테스터까지 빌드를 분할할 수 있으므로 여러 버전의 앱에 대한 피드백을 받을 수 있다.
- **서드파티 응용 프로그램**: 베타버전의 배포를 간소화하는 데 도움이 되는 여러 서비스가 있다. 2017년 초 구글이 인수한 회사인 인스톨Install, 디플로이게이트DeployGate, 패브릭Fabric 등은 모두 프로토 타이핑 단계를 쉽고 효율적으로 만들어주는 플랫폼이다.

제대로 구성된 배포 방식을 적용하고, 창의적인 기재사항 분할 테스트 기법을 활용한다면 두 개의 앱 시장으로 인해 발생하는 장애물을 극복할 수 있을 것이다. 14장에서는 앱 스토어 및 구글 플레이에서의 예제 실험을 통해 알아본 도구와 기법을 실제로 적용해본다.

▌ 요약

실험을 바탕으로 한 과학접 접근법은 린 개발법의 근간이다.

분할 테스트 및 실험은 모든 개발자가 사용하는 기초 도구지만, 시장에서 실제로 테스트를 수행하는 일은 꽤 까다롭고 번거로운 과정이다. 13장에서는 실세계의 장애물과 제한을 우회하고, 학습을 향상시키며, 성장을 가속화하는 데 도움은 주는 기술을 다뤘다. 제시된 사례들을 통해 앱 스토어와 구글 플레이에서 자신만의 실험을 실행하는 방법을 배웠다.

잘 맞는 도구와 적절한 기술, 창의적 실험 방식을 활용한다면 앱을 스토어에 출시한 이후에도 실험과 학습을 지속할 수 있을 것이다.

지금까지는 고객이 좋아할 만한 앱을 만드는 방법을 알아봤다. 14장에서는 분할 테스트 기법을 통해 앱 내의 구성 요소 중 가장 효과적인 것을 선택하는 방법을 알아본다.

14

앱에서
A/B 테스트 수행하기

성공하는 앱 개발자는 사용자로부터 받은 피드백을 통해 배운다. 즉, 사용자의 워크플로우 향상을 위해 기능을 개선하거나, 추가 또는 제거해야 하는지를 조사하고 반영한다. 14장에서는 사용자에게 직접 질문할 수 없는 경우에도 피드백을 얻기 위해 사용할 수 있는 도구에 대해 알아본다. 고객의 문제를 해결하는 앱을 만들 때는 수 차례에 걸친 테스트와 최적화가 필요하다. 분할 테스트(또는 A/B 테스트)는 가장 전환율이 높은 워크플로우를 찾아내는 데 유용한 지속적 프로세스다. 예를 들어, 분할 테스트를 사용하면 앱에 맞는 최적의 등록 절차를 알아낼 수 있다. 10장, '그걸 위한 API는 있어요!'에서 이미 온보딩 프로세스를 향상하는 데 도움이 되는 제안을 살펴봤다. 이제는 거기에 추가로 몇 가지 실험을 수행하고, 앱에 가장 적합한 것이 무엇인지 측정할 수도 있다. 또한 사용자 유지, 참여, 인앱 구매와 같은 다른 주제에 관한 의견을 제시할 수도 있다. 14장에서는 통계 수치를 조사하는 일이 중요한 이유와, 통계 수치에서 무엇을 배울 수 있는지를 다루고자 한다.

또한 실용주의적 관점에서 볼 때 적절한 도구는 무엇인지 조사한다. 파이어베이스의 원격 구성 및 애널리틱스 기능이 주는 효과에 대해서도 간단히 알아본다. 분할 테스트는 시점에 관계없이 언제나 사용할 수 있는 방법이다. 심지어는 앱이 이미 스토어에 등록돼 있더라도 상관없다. 14장의 후반부에서는 앱 스토어나 플레이 스토어의 기재사항에 대해 분할 테스트를 수행하는 방법을 알아본다.

특히 다음과 같은 내용을 배운다.

- 통계가 중요한 이유
- 실행 가능한 지표(측정 지표) 학습
- 분할 테스트란 무엇이며, 앱을 개선할 때 분할 테스트가 유용한 이유
- 테스트 도구에 대한 조사
- 파이어베이스의 원격 구성 및 애널리틱스 사용법

▌ 왜 통계가 중요한가?

통계가 없다면 피드백도 없다. 즉, 사용자 자체와 사용자의 행동을 통해 얻게 되는 통찰력을 전혀 활용할 수 없게 된다. 분석에 필요한 데이터 수집 기능을 추가하지 않았다면 결코 앱을 릴리스해서는 안 된다.

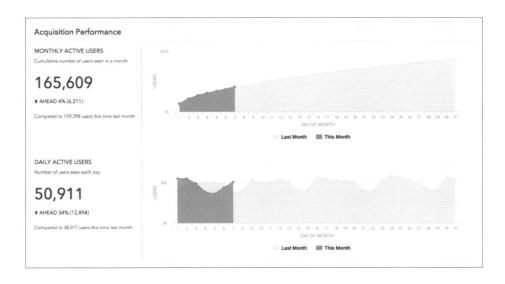

일반적으로 통계를 통해서 얻을 수 있는 정보는 다음과 같다.

- 사용자 획득 성과
- 사용자 행동 및 전환
- 사용자 인구 통계
- 세그먼트나 집단에 따른 사용자 행동
- 재무적 통찰력

따라서 적절한 통계는 앱 사용량에 대한 정보를 제공해준다. 즉 다음과 같은 질문에 대한 대답을 제공한다. '앱이 얼마나 잘 되고 있는지와, "잘 되고 있는"의 정확한 의미가 무엇인지?', '다운로드 횟수인지, 활성 사용자의 숫자인지? 아니면 일일 신규 가입자의 숫자인지?' 단지 통계를 수집만 하는 게 아니라, 실행 가능한 지표를 얻는 것이 중요하다. 데이터를 많이 수집하는 일은 어렵지 않다. 하지만 수집한 데이터가 정말로 중요한지를 판단하는 일은 어렵다. 숫자에 파묻혀 허우적대서는 안 된다. 비즈니스 목표가 무엇인지 판단하고 그에 따라 무엇을 측정해야 하는지 정해야 한다. 그리고 적절한 행동을 즉시 할 수 있게 알려주는 구체적인 수치를 얻는 것이 중요하다.

▌ 실행 가능한 측정 지표

10장, '그걸 위한 API는 있어요!'에서 이미 전환율과 측정 지표에 대한 개념을 살펴봤다. 모바일 앱 사용량에 관한 통계를 수집하는 것은 대부분의 경우 사용자부터 얻을 수 있는 유일한 피드백이기 때문에 중요하다. 만약 이 피드백으로부터 뭔가를 배우고자 한다면 수집한 데이터의 양보다는 질이 더 중요하다는 점을 명심해야 한다. 가능한 한 많은 데이터를 모으고 싶다는 유혹이 있겠지만 실제로는 그와 반대로 중요한 문제에 집중해야 한다. 실행 가능한 지표만이 진정 의미있는 것이다. 애시 모리야Ash Maurya는 저서 『린 스타트업Running Lean 』(한빛미디어, 2012)과 『스케일링 린Scaling Lean 』(에이콘출판, 2017)을 통해 전체 사용자 수보다는 신규 사용자 수가 더 중요하다고 강하게 주장했다.

획득Acquisition과 참여Engagement는 중요한 측정 지표다. 획득 지표에는 앱 다운로드 수, 신규 사용자 수, 활성 사용자 수가 포함된다. 참여 지표에는 사용자가 앱을 실행(계속 사용)하는 빈도, 보존율 및 해지율이 포함된다. 앱을 다운로드한 사용자 중 얼마나 많은 수가 지속해서 앱을 사용하는지 살펴보는 것은 꽤 흥미롭다. 예를 들어, 사용자들이 한 주 후까지 또는 한 달 후까지도 앱을 사용하는지 관찰한다. 또 다른 중요한 측정 지표는 고객 생존 값customer lifetime value과 핵심 유입 행동key funnel behavior이다. 그러나 일단 획득 지표와 참여 지표를 먼저 살펴보자.

획득

사용자가 앱을 다운로드하려면 먼저 그런 앱이 있다는 것을 알아야 한다. 이를 위해서는 소셜 미디어나, 웹 사이트 또는 다른 채널을 통해 앱을 알려야 한다. 그런 앱이 존재하고, 실제로는 더 유용한 앱이라는 것을 어떻게 알 수 있을까? 매일 신규 사용자를 얻는 것은 중요하다. 신규 사용자를 얻지 못한다면 활성 사용자의 수는 점점 감소할 것이다. 앱이 아무리 훌륭하다고 해도 일부 사용자에게는 유용하지 않을 수 있다. 그렇지만 그게 문제가 되지는 않는다. 해지율보다 획득율이 높다면 앱은 성장하기 마련이다.

참여

사용자 참여 측정 지표는 앱의 고착성과 관련이 있다. 사용자들은 점점 더 많은 시간을 모바일 기기를 사용하는 데 보내고 있는데, 이는 앱 개발자에게는 물론 좋은 현상이다. 하지만 모바일의 경우 사용자가 집중력을 지속적으로 유지하는 것이 어렵기 때문에 앱을 더 이상 사용하지 않는 사람의 비율인 평균 이탈률은 오히려 모바일 앱이 더 높은 경우가 많다.

여러분은 아마도 사용자가 세션session이나 특정 기간 동안 앱을 사용하는 시간이 궁금할 것이다. 세션은 사용자에게 전화가 오는 등 다른 이벤트가 발생하기 전까지 사용자가 앱과 상호작용하는 시간을 말한다. 앱의 유지율을 높이려면 사용자에게 앱이 있다는 사실을 종종 알려줘야 하며, 또는 앱을 정기적으로 사용할 수밖에 없는 충분한 이유를 제공해야 한다. 이메일이나 푸시 알림을 활용하면 사용자의 주의를 끌 수 있으므로 앱에 대한 관심을 유지할 수 있다.

유지율이란, 특정 기간(예를 들어, 2개월이나 그 이상)이 지난 후에도 활성 사용자로 남아 있는 사용자 수를 말한다. 해지율은 동일 기간 이후에 더 이상 앱을 사용하지 않는 사용자를 말한다. 앱이 성장하려면 유지율이 해지율보다 높아야 한다. 이를 위해서는 관련 콘텐츠, 적절한 보상, 새롭고 향상된 기능을 통해 지속적으로 가치를 제공해야 한다. 간단히 말해, 사용자가 지속적으로 앱을 사용할 만한 이유를 줘야 한다는 것이다.

향후 전환율을 고려하면 일단위나 주단위의 활성 사용자가 가장 가치 있는 사용자다. 참여율이 높을수록 사용자가 느끼는 가치는 커진다. 사용자는 추천을 하거나, 광고를 클릭하거나, 인앱 구매(매출)를 통해 앱의 수익 창출에 기여하는 우수 사용자가 될 수 있다.

▌ 전환과 해적 지표

10장, '그걸 위한 API는 있어요!'에서 배운 해적 지표는 앱 사용자의 전환율에 관한 것이다. 사용자 획득에서 매출까지의 전환 단계는 다음 그림과 같다.

특히 여러분 앱의 경우에는 **인식, 방문 및 스토어 검색, 앱 다운로드, 앱 실행, 활성화(등록)**, 최종 **유지**와 같은 단계로 구성된다. 단순한 구성을 위해 광고 수익이나 인앱 구매(매출)는 여기에 표시하지 않았다.

각 단계가 진행됨에 따라 사용자 수는 줄어든다. 이는 아주 자연스런 현상이지만 그렇다고 너무 많은 사용자를 잃지 않도록 해야 한다. 1,000명의 사람이 웹 사이트나 트위터를 통해 앱을 알게 됐다고 가정해보자. 그 중 800명은 스토어에 등록된 앱을 보려고 링크를 클릭한다.

스토어에서는 앱 아이콘과 몇 개의 스크린샷, 앱 설명과 다른 사용자의 리뷰를 확인한다. 약 300명 정도의 사용자는 '흠, 내게 맞는 앱은 아니네'라고 생각한다. 그 결과 약 500명의 사용자만이 앱을 다운로드한다. 하지만 그 중 100명 정도는 다운로드 중에 걸려온 전화나 메시지 때문에 앱에 대해 잊어버린다. 그래서 400명만이 실제로 앱을 실행한다. 그리고 온보딩 메시지와 함께 등록 요구를 받게 된다. 즉, 앱을 실행하자마자 페이스북이나 트위터를 이용한 가입 요구를 받는 것이다. 이 과정에서는 200명 정도만 실제로 등록을 한다. 나머지 200명은 나중에 가입해야겠다고 생각한다(하지만 아마도 대부분은 잊어버릴 것이다). 이제 200명의 사용자가 앱을 시작한다. 만약 앱에 대해 자주 상기시켜 주지 않거나, 앱을 계속 사용할 만한 이유를 주지 않는다면, 며칠 내에 앱에 대해 잊어버리게 될 것이다. 일주일 정도 지나면 50명의 사용자는 여전히 앱을 사용하고 있을 것이고, 한 달 정도 지나면 25명 정도만이 계속 사용하고 있을 것이다.

이 현상이 부정적인 시나리오일까? 전혀 아니다. 이는 대부분의 앱이 겪는 매우 현실적인 상황이다. 성공한 앱과 실패한 앱 사이에서 고민하고 있다면 이것을 분명히 고려해야 한다. 게다가 아직까지는 수익 창출에 대해서는 다루지도 않은 상태다. 이에 대해서는 17장, '수익 창출 및 가격 전략'에서 구체적으로 살펴볼 예정이다.

다행히도 우리에겐 전환율을 높일 수 있는 도구가 있다. 무엇보다 정확한 전환율을 아는 것이 중요하다. 만약 스토어에 방문한 모든 사람이 앱을 다운로드했음에도 불구하고 가입까지 한 사용자 수가 아주 적다면, 뭔가 추가 작업이 필요하다는 것은 확실하다. 즉, 온보딩 절차 중에 사용자의 가입을 방해하는 무언가가 있을 것이다. 이러한 특이 상황에서는 온보딩 장벽을 높이는 요소가 무엇인지와 이를 바꾸려면 무엇을 해야 하는지 찾아야 한다. 또 다른 예로는 인앱 구매로의 전환이 일어난 횟수이다. 사용자가 실제로 뭔가를 구매하는 고객으로 전환하지도 않으면서 구매를 해야만 갈 수 있는 곳을 방문한다는 것은 꽤 재미있는 패턴이다. 이런 경우에도 변경이 필요한 무언가가 있다. 아마도 제품이 주는 부가가치가 불명확하거나 가격대가 너무 높은 것일 수도 있다.

▌잠재 고객을 알아내기

그렇다면 무엇을 변경해야 할까? 소수의 베타 사용자만 있다면 이메일로 직접 물어볼 수도 있다. 설문을 쉽게 할 수 있는 도구도 있지만 대부분의 사용자는 이를 귀찮게 여긴다.

무료 구매 같은 보상을 제공하면 도움이 된다. 보상은 배지(게임화)같은 디지털 방식일수도 있고, 실제 물건일 수도 있다. 만일 후자 같은 보상에 관심이 있다면 http://www.kiip. me/developers 사이트에서 킵Kiip이 제공하는 서비스를 확인해보자. 킵은 앱에 추가할 수 있는 훌륭한 SDK를 제공한다. 예를 들어, 사용자가 프로필을 모두 작성했다면 무료 커피 쿠폰을 제공할 수 있다.

앱 사용자가 누군지 알고 싶다면, 그들의 거주 지역이나, 앱을 이용하는 목적 같은 추가 정보를 얻어야 한다. 또한 나이, 성별, 사용 기기 종류, 앱을 사용하는 시점이나 상황 같은 것도 안다면 훨씬 좋을 것이다. 사용자의 기대에 완전히 부응하는 앱을 만들려면 잠재 고객에 대해 잘 아는 것이 중요하다. 그리고 이는 더 많은 수익 창출로 이어진다. 실제로도 잠재 고객을 알아내면 페이스북 광고나 구글 광고보다 더 높은 전환율을 성취할 수 있다. 페이스북은 잠재 고객 및 사용자에 대해 더 많이 알고 있으므로 광고를 보다 구체적으로 타겟팅할 수 있으며, **광고 클릭율**Click Through Rate, CTR을 높일 수 있다. 이에 관해서는 15장, '트랙션 향상 및 리텐션 개선'에서 트랙션 및 리텐션에 대해 더 자세히 배운다. 우선 앱의 잠재 고객에 대해 더 많이 알아내려면 어떻게 해야 하는지 알아보자.

▌ 앱을 개선할 때 유용한 분할 테스트

분할 테스트라고도 부르는 A/B 테스트의 가장 기본적인 수행 방식은, 서로 다른 그룹의 사용자에게 무작위로 표시된 두 개의 구현을 보여주는 것이다. 소수의 사람(5% 정도라고 가정해보자)에게는 A라는 새로운 기능이나 화면이 나타나고, 다른 5% 사람에게는 기능 B가 나타난다. 그 외 나머지 사용자에게는 아직 새로운 기능을 보여주지 않는다. 전환율이나 다른 기준에 따라 가장 인기가 있다고 증명된 기능은 이후 구현을 완료하고 모든 잠재 고객에게 제공한다.

예를 들어 가입 처리에 가장 적합한 것을 알아내고 싶다면, 다음과 같은 분할 테스트를 설정한다.

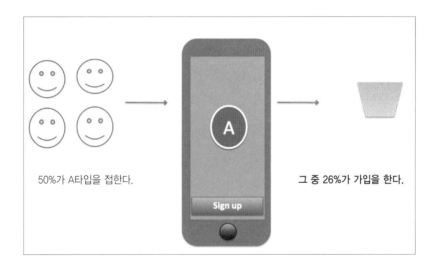

50%가 A타입을 접한다.   그 중 26%가 가입을 한다.

테스트 대상자의 50%가 Sign up(회원가입) 버튼이 있는 A타입을 보게 되고, 이런 방문자의 26%가 실제로 가입을 한다. 나머지 74%는 '흠, 내게 맞는 앱은 아니네'라고 생각하거나, 가입은 나중에 하기로 한다. 하지만 아마도 대부분은 잊어버릴 것이다. 그러면 테스트 대상 사용자의 나머지 50%에게는 어떤 일이 생길까? 그들은 B타입을 보게 된다. 거기에는 Get started!(시작하기) 버튼이 나타나는데, 무려 63%의 고객이 가입을 한다.

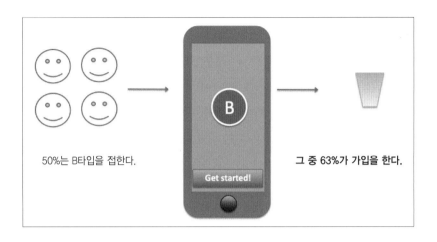

50%는 B타입을 접한다.   그 중 63%가 가입을 한다.

Get started!

이론적으로만 보면 B타입이 더 높은 전환율을 기록했으므로 이를 기준으로 구현하는 것이 맞다. 하지만 실제는 좀 다를 수 있다. 잠재 고객에 대해 거의 아는 것이 없다면 앞의 결론 대로 가야겠지만, 잠재 고객에 대한 정보가 더 있다면 결과를 그대로 받아들이기보다는 또 다른 질문을 고려해볼 수도 있다. A타입을 보게 되는 잠재 고객과 B타입을 보는 고객은 비교할 만한가? 한 기능을 다른 기능보다 선호하도록 고객이 분류돼 있을 수도 있지 않을까?

즉, 정말로 무작위 테스트를 수행한 것인지는 결코 알 수 없을 것이다. 앞서 언급했듯이 잠재 고객에 대해서, 그리고 그들이 앱을 사용하는 목적을 알아야만 성공적으로 앱을 통해 수익을 얻을 수 있다. 1단계는 사용자 정보를 수집함으로써 잠재 고객을 파악하는 것이고, 2단계는 A/B 테스트를 수행할 때 이 지식을 활용하는 것이다. 만약 잠재 고객을 구분해낼 수 있고, 고객별로 가장 적절한 방안을 알아낼 수 있다면 어떨까? 시중에는 좀 더 복잡한 분할 테스트를 수행할 때 도움이 되는 도구들이 있다. 이제 이 도구들을 살펴보자.

분할 테스트 간의 차이점 줄이기

앞에 예제를 보면 A타입과 B타입은 거의 차이가 없는데, 여기에는 다 이유가 있다. 만약 두 타입 간의 차이가 너무 크면 무엇을 비교 시험하는지 알 수 없게 된다.

위의 그림은 결코 해서는 안 되는 방법을 보여준다. 만약 온보딩을 대상으로 하는 분할 테스트에서 A타입의 전환율이 61%이고, B타입의 전환율이 66%라면 이 결과를 어떻게 봐야 할까? 이는 전환율에서 있어서도 큰 차이가 없을뿐더러, 어떤 요소 때문에 그러한 개선이 발생했는지도 명확히 알기 어렵다. 예를 들면, 배경색을 바꾼 것 때문인지, 또는 문구(클릭 유도)를 바꾼 것 때문인지, 아니면 가입 버튼의 색상을 바꾼 것 때문인지 알 수가 없다. 결과적으로 이 예제에는 매개변수가 너무 많다는 것이 문제다.

테스트의 목적이 무엇인지 생각해보자. 가설은 무엇이며, 분할 테스트를 통해 이 가설을 어떻게 증명할 것인가? 한 번에 한 가지 요소만 테스트하면 어떤 요소가 전환율 개선에 영향을 주었는지를 알 수 있다. 이때 한 번의 테스트로는 어떤 요소가 가장 효과적인지를 완전히 이해하기 힘들기 때문에 여러 번의 분할 테스트를 실행하도록 한다. 사용자가 그렇게 행동하리라 추정하는 것은 중요하지 않다. 실제 사용자의 행동이 중요하다. 그리고 이를 최대한 빨리 알아내는 것이 좋다.

테스트에 영향을 주는 주요 이벤트도 고려해야 한다. 예를 들어, 휴일이나 특정 기념일 같은 때에 시행한 테스트는 결과가 다를 수 있다. 따라서 테스트 시행 기간은 적어도 2주 정도로 잡아야 한다.

분할 테스트용 도구와 실행 가능한 측정 지표

기술적 관점에서 볼 때 웹 분야의 분할 테스트 실험은 비교적 쉽다고 할 수 있으나, 모바일 최적화 실험은 훨씬 어렵다. 가장 큰 이유는 플레이 스토어나 앱 스토어 때문이다. 웹 브라우저는 항상 인터넷에 연결된 온라인 상태지만, 기기에 설치된 앱이 늘 온라인 상태인 것은 아니다.

모바일 앱의 분할 테스트는 아직 웹 사이트의 A/B 테스트처럼 성숙한 단계가 아니다. 그러나 사용자를 대상으로 테스트할 때 도움이 될 만한 도구는 있다. 측정하고 싶은 분야를 결정했다면 그 목적에 맞는 가장 편리한 도구를 선택하면 된다.

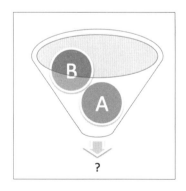

다음에서는 이런 여러 가지 도구 중 일부를 소개한다.

- **파이어베이스**^{Firebase}: 원격 구성 및 애널리틱스 같은 다양한 옵션을 제공한다. 파이어베이스에서 이 두 가지 기능을 결합하면 앱의 분할 테스트를 수행할 수 있는 좋은 도구가 된다. 원격 구성 기능을 사용하면 앱의 UI를 즉시 업데이트할 수 있다. 아마도 여러분은 이미 온보딩 목적으로 데이터 스토리지와 실시간 데이터 공유 기능을 사용하고 있을 것이다.
- **태플리틱스**^{Taplytics}: 플레이 스토어 또는 앱 스토어에서 업데이트가 필요 없는 수준으로 변경을 할 때 사용할 수 있는 분할 테스트 도구다. 심지어는 코드를 변경하지 않고도 빠르게 여러 개의 테스트 이터레이션을 수행할 수 있어 모바일용 분할 테스트에 가장 적합한 솔루션이라고 할 수 있다.
- **패브릭**^{Fabric}: 패브릭 SDK는 온보딩용으로 여러 가지 유용한 도구를 제공한다. 옵티마이즐리^{Optimizely}를 비롯한 SDK를 쉽게 설치하고 관리할 수 있는 플랫폼이다. 패브릭 계정이 있더라도 옵티마이즐리에 별도로 가입해야 한다. 옵티마이즐리는 앱에 분할 테스트를 쉽게 통합할 수 있다. 패브릭은 대중적인 테스트 도구로서, iOS와 안드로이드 모두에서 사용할 수 있다. 파이어베이스 및 태플리틱스와 마찬가지로 A/B 테스트를 실행하기 위해 앱 스토어나 플레이 스토어에서 앱을 업데이트할 필요가 없다.

그 외 관심 가질 만한 도구로는 스플릿포스^{SplitForce}, 플러리 애널리틱스^{Flurry Analytics}, 어메이징 A/B 테스팅^{Amazing A/B testing}, 어라이즈^{Arise}, 스위치보드^{Switchboard}, 린플럼^{Leanplum}, 앱티마이즈^{Apptimize} 등이 있다. 이들은 모두 iOS와 안드로이드를 모두 지원한다. 또한 대부분 도구는 고객 세그먼트 기능도 지원하는데, 이 기능을 사용하면 특정 고객 유형에만 해당하는 테스트를 수행할 수 있다. 목표에 가장 적합한 도구를 선택하는 것이 중요하다. 대표적으로 파이어베이스 원격 구성과 애널리틱스에 대해 알아보고, 작동법도 살펴보자.

파이어베이스를 활용한 분할 테스트

파이어베이스를 활용해 안드로이드 또는 iOS용 앱을 분할 테스트할 수 있다. 파이어베이스 원격 구성 및 설정에 대한 안내는 https://firebase.google.com/docs/remote-config/에서 볼 수 있다.

본 예제는 안드로이드를 대상으로 하는 구현이다. https://github.com/mikerworks/packt-lean-firebase-split-testing에서 샘플 프로젝트를 다운로드하도록 한다. 이 주소에는 코틀린으로 작성한 안드로이드 앱이 있으며, 앱의 온보딩 절차용 분할 테스트를 어떻게 실행하지는 보여준다. 이 앱은 파이어베이스의 원격 구성과 애널리틱스를 사용한다.

이 프로젝트는 안드로이드 스튜디오 도구 메뉴의 파이어베이스 옵션을 통해 생성했다. 파이어베이스 어시스턴트가 Analytics애널리틱스와 Remote Config원격 구성용 프로젝트를 구성하는 방법을 알려준다.

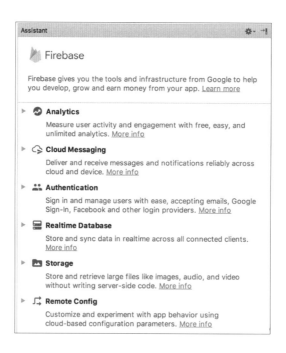

샘플 프로젝트의 경우 이미 구성이 완료된 상태다. app 폴더 내에 build.gradle 파일을 보면 파이어베이스에 대한 종속성을 확인할 수 있다.

```
dependencies {
...
    implementation "org.jetbrains.kotlin:kotlin-stdlib-jre7:$kotlin_version"
    implementation 'com.android.support:appcompat-v7:25.4.0'
    implementation 'com.android.support.constraint:constraint-layout:1.0.2'
    implementation 'com.google.firebase:firebase-config:11.6.0'
}
apply plugin: 'com.google.gms.google-services'
```

프로젝트 내에 google-services.json 파일은 여러분 자신의 것으로 대체해야 한다. 이 파일은 앱 구성을 마치면 바로 파이어베이스에서 다운로드할 수 있다(Project Overview에서 settings를 선택한다). 이를 위해 파이어베이스 어시스턴트를 사용할 수도 있고, https://console.firebase.google.com의 파이어베이스의 개발자 콘솔로 이동할 수도 있다.

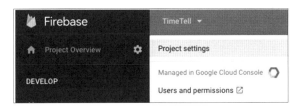

아직 파이어베이스 계정이 없다면 계정을 먼저 생성해야 한다. 콘솔에서 프로젝트를 추가하고 구성할 수 있다.

Project Overview에서 Grow 섹션으로 이동해 원격 구성 옵션을 선택할 수 있다. 오른쪽에서 A/B 테스트를 선택하면 원하는 분할 테스트 타입을 결정할 수 있다.

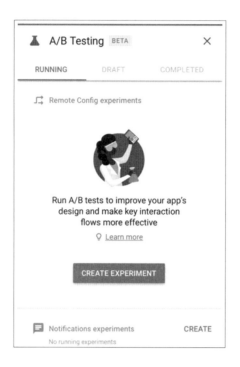

예제 프로젝트가 이미 발행된 앱이라고 가정하고, 새로운 온보딩 경험을 시험하려 한다고 해보자. Create experiment 버튼을 클릭하면 실험으로 가장 효과적인 동작을 알아낼 수 있다. 가입 분야 전환율을 가장 높게 만드는 원인을 파악하려고 한다.

타입 A와 타입B라는 두 가지 타입이 있다. Control group은 원래 앱을 보게 되고 다른 타입은 나타나지 않는다.

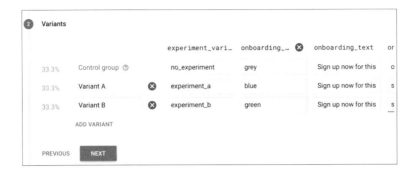

실험용 매개변수는 한 개 또는 그 이상을 정의할 수 있다. 각 타입은 이들 매개변수에 맞는 값을 갖고 있다. 테스트 가능한 것의 예를 들면, Sign up 버튼의 배경색(파랑blue 또는 녹색green), 가입 문구나 배경 그림(딸기strawberry나 오렌지oranges) 등이다. 다중 매개변수를 정의할 수도 있지만 두 개나 세 개 이내로 제한하는 것이 가장 좋다.

분할 테스트용 사용자 세그먼트를 정의할 수도 있다. 예를 들어, 단순하게 하기 위해 총 사용자의 5%를 목표로 할 수 있다. 좀 더 복잡한 세그먼트 옵션도 사용할 수 있다. 예를 들어 특정 국가나 18세에서 36세 사이의 사용자 등이다. 사용자에 대한 많은 정보를 얻은 경우에는 특정 세그먼트를 만들 수도 있다.

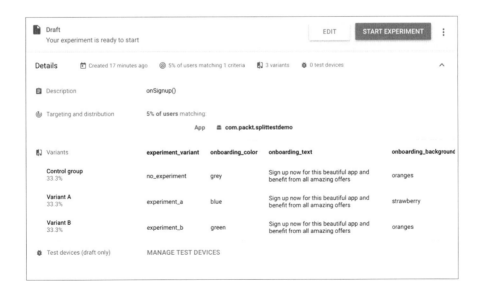

앱은 여기에서 정의한 값을 읽을 수 있다. 기본값은 (res/xml 폴더 내에) remote_config_defaults.xml 파일의 프로젝트에서 찾을 수 있다. (인터넷이 연결되지 않았거나 하는 등의 이유로) 원격 구성 값을 가져올 수 없는 경우에도 앱이 제대로 동작하도록 해야 한다.

MainActivity 앱에서 앱의 동작을 확인할 수 있다. 파이어베이스 원격 구성과 애널리틱스가 여기서 초기화된다. 개발자 모드는 디버그 버전으로 활성화된다. 이렇게 되면 캐시된 데이터가 제거되며 변형 버전을 먼저 테스트할 수 있게 된다.

또한 폴-백 옵션으로 remote_config_defaults.xml 파일용 변수를 사용해야 한다는 것을 firebaseRemoteConfig 인스턴스에게 알려준다.

```
val firebaseRemoteConfig = FirebaseRemoteConfig.getInstance()
                           var firebaseAnalytics: FirebaseAnalytics? = null
override fun onCreate(savedInstanceState: Bundle?) {
  ...
  val configSettings = FirebaseRemoteConfigSettings.Builder()
        .setDeveloperModeEnabled(BuildConfig.DEBUG)
        .build()
  firebaseAnalytics = FirebaseAnalytics.getInstance(this)
  firebaseRemoteConfig.setConfigSettings(configSettings)
  firebaseRemoteConfig.setDefaults(R.xml.remote_config_defaults)
  val token = FirebaseInstanceId.getInstance().getToken()
  Log.i(javaClass.simpleName, "token = ${token}")
  val cacheExpiration = 1L
  Log.i(javaClass.simpleName,"fetch")
firebaseRemoteConfig.fetch(cacheExpiration).addOnCompleteListener(this)
}
```

마지막으로 디바이스 토큰을 로깅한다. 이후에 테스트 기기에서 특정 버전을 테스트하려면 이 토큰이 필요하다. 이 코드 스니펫snippet의 뒷부분에서 데이터를 가져와 결과를 수신한다.

모든 매개변수와 값을 가져왔다면 firebaseRemoteConfig 객채에다 이들 값을 적용한다. firebaseRemoteConfig 메소드를 호출하면 UI가 업데이트된다.

```kotlin
override fun onComplete(task: Task<Void>) {
  if (task.isSuccessful) {
    Log.i(javaClass.simpleName, "complete success")
    firebaseRemoteConfig.activateFetched()
  }
  else {
    Log.i(javaClass.simpleName, "complete no success")
  }
  applyRemoteConfiguration()
}
```

여기서는 현재 타입에 적용 가능한 모든 색과 텍스트를 설정한다.

```kotlin
private fun applyRemoteConfiguration() {
  val variant = firebaseRemoteConfig.getString("experiment_variant")
  Log.i(javaClass.simpleName, "experiment = ${variant}")
  firebaseAnalytics?.setUserProperty("Experiment", variant)
  val onboardingColor = firebaseRemoteConfig.getString("onboarding_color")
  Log.i(javaClass.simpleName, "onboarding color= ${onboardingColor}")

  if (onboardingColor=="blue") {
    findViewById(R.id.sign_up_button).setBackgroundColor(Color.parseColor("#0000ff"))
  }
  else {
    findViewById(R.id.sign_up_button).setBackgroundColor(Color.parseColor("#00ff00"))
  }
  val onboardingText = firebaseRemoteConfig.getString("onboarding_text")
  Log.i(javaClass.simpleName, "onboarding text= ${onboardingText}")
  (findViewById(R.id.sign_up_text) as TextView).text = onboardingText
  val onboardingBackground =
```

```
firebaseRemoteConfig.getString("onboarding_background")
Log.i(javaClass.simpleName, "onboarding bg= ${onboardingBackground}")

if (onboardingBackground=="strawberry") {
  (findViewById(R.id.image).setBackgroundResource(R.drawable.strawberry))
}
else {
  (findViewById(R.id.image).setBackgroundResource(R.drawable.oranges))
}
}
```

이 코드는 온보딩 절차용 타입 A와 타입 B를 표시한다. 이 두 타입 간의 전환율 차이를 측정하는 것이 목표이므로, `fireBaseAnalytics` 객체용으로 사용자 속성을 설정하고, 사용자가 가입 버튼을 클릭하면 아래처럼 이벤트를 기록한다.

```
private fun onSignup() {
  logEvent("signUp")
  Log.i(javaClass.simpleName, "sign up button clicked")
}
private fun logEvent(eventName: String) {
  firebaseAnalytics?.logEvent(eventName, Bundle())
}
```

이 방법을 사용하면 각 가입 버튼에 대한 클릭 수를 측정할 수 있고, 각 타입별 결과를 파이어베이스 애널리틱스 대시보드 콘솔에서 확인할 수 있다.

우선 두 가지 타입을 모두 테스트해야 한다. 처음으로 앱을 실행하고 테스트가 무난하게 진행됐다면 다음과 같은 로그 결과를 볼 수 있다. (filter on: token)

```
11-10 11:22:09.856 27547-27547/com.packt.splittestdemo I/MainActivity: token =
cG-QulinNq0:APA91bH2lOQThh57qNseb3PDoBRDy-mPXvE_vezn1nNFBiDrWd0a...
```

토큰 값을 복사하고 파이어베이스 콘솔로 돌아간다. 여기서 테스트 장치를 설정할 수 있다. Instance ID token 필드에 토큰을 붙여넣고 Variant A^{타입A}나 Variant B^{타입B}를 선택한다.

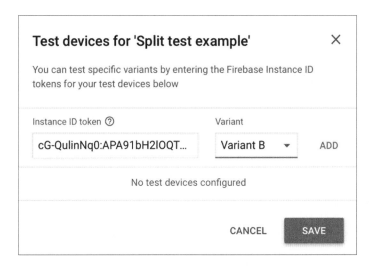

Variant A를 선택하고 앱을 실행하면 다음 페이지의 왼쪽 스크린샷처럼 보인다. 즉, 딸기 그림 배경에 파란색 SIGN UP 버튼이 표시된다. 그러나 콘솔에서 Variant B를 선택하고 앱을 다시 실행하면 순식간에 오른쪽에 표시된 스크린샷처럼 오렌지 그림 배경에 녹색 SIGN UP 버튼이 표시된다.

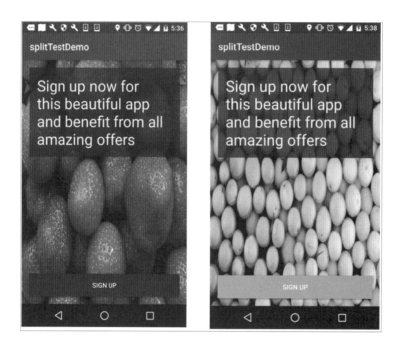

전환율 측면에서 딸기 그림 배경에 파란색 **콜투액션**Call to Action 버튼을 가진 온보딩 페이지가 나을까? 아니면 오렌지 그림 배경에 녹색 버튼을 가진 페이지가 더 나을까?

이 분할 테스트를 2~3주 실행해보면 두 결과 중 어느 쪽이 가장 높은 전환율을 제공하는지 알 수 있다. 그리고 더 나은 쪽을 모든 페이지에 적용해 사용자에게 제공하면 된다.

이상은 단순한 예제일 뿐이다. 즉, 분할 테스트에 대한 소개만을 다루고 있을 뿐이며, 그 밖에도 14장에서 다루지 않은 다른 옵션이 많이 있다. 앞으로는 여러분이 직접 분할 테스트를 시도하기 바란다. 파이어베이스의 분할 테스트에 대한 자세한 정보는 다음 주소에서 얻을 수 있다.

https://developer.android.com/distribute/best-practices/develop/in-appa-b-testing.html

https://techcrunch.com/2017/10/31/google-firebase-gets- predictions-crashlytics-integration-and-a-new-ab-testing-service/

https:// firebase.google.com/docs/remote-config/use-config-ios

▎ 요약

14장에서는 통계가 중요한 이유와, 특히 어떤 통계 값이 중요한지를 살펴봤다. 또한 분할 테스트가 무엇이며, 무엇을 해야 하고, 무엇을 하지 말아야 하는지도 배웠다. 또한 분할 테스트를 수행할 때 사용할 수 있는 여러 도구와 앱에서 분할 테스트를 설정할 때 적합한 도구도 알아봤다. 측정 지표의 의미도 배웠고, 사용자 획득과 유지의 중요성도 충분히 배웠다. 15장에서는 사용자 유지 방법과 개선법에 대해서 더 알아본다. 트랙션을 개선하고 그것을 앱에 적용하기 위해 수행해야 할 몇 가지 실용적인 접근법을 검토할 것이다. 이어서 바로 시작해보자.

15

트랙션 향상 및 리텐션 개선

15장에서는 트랙션traction에 대해서 배운다. 트랙션은 견인력이라고도 표현하며, 누군가 제품을 사용하기 위해 비용을 지불할 의향이 있다는 걸 의미한다. 다시 말해 트랙션은 수익을 내는 비즈니스를 하고 있다는 지표라 할 수 있다. 14장에서 실행 가능한 측정 지표를 얻었으므로 이제 트랙션 향상 방법을 살펴보자. (사용자가 앱을 지속해서 사용하는) 트랙션이 충분하지 않거나, (사용자가 앱에서 이탈하는) 이탈률이 높다면, 고객과의 접점에서 마케팅할 수 있는 기회는 사라지고 트랙션을 잃게 된다. 그렇다면 어떻게 해야 리텐션retention (고객 유지율이라고도 함)을 높일 수 있는지 알아보자. 또한 고객 이탈률을 낮게 유지하는 방법에 대해서도 알아보자.

구체적으로는 다음과 같은 내용을 다루고자 한다.

- 트랙션의 정의
- 트랙션을 향상하는 방법 및 '그로스 해킹'을 시작하는 시점
- 리텐션을 개선하는 방법
- 앱 사용자와 지속적으로 연락하는 방법
- 앱 사용자를 깨우는 알림 메커니즘 구현에 필요한 사항

▋ 트랙션

트랙션이 무엇인지에 대해 먼저 알아보자. 이 개념은 기본적으로 시간에 따라 사업이 성장하고 있다는 것을 알려주는 지표다. 트랙션은 대규모 시장의 수요가 있다는 증거로서, 좀 더 구체적으로는 수용^{adoption}과 참여^{engagement}와 관련이 있다. 비즈니스가 잘 진행되고 있는 상황이라면, 트랙션은 서비스 또는 제품에 대한 여러분의 가설이 맞다는 확증이라고 할 수 있다. 트랙션은 실질적인 진척이 이뤄지고 있다는 의미로, 앱의 각 단계에서 매우 중요하다. 시작 단계의 경우, 트랙션은 처음에 가입한 소수의 얼리 어답터를 의미할 것이며, 최종 단계라면 (인앱) 구매를 한 사용자를 의미한다. 여러분의 앱에서는 일반인을 사용자로 전환하는 것과 전환된 사용자를 고객으로 유도하는 것이 얼마나 효과적으로 이뤄지고 있을까?

심지어는 여러분의 앱을 베끼는 앱(카피캣)의 증가도 트랙션이 될 수 있다. 즉, 앱의 사용자가 증가할 뿐만 아니라, 해결할 가치가 있는 문제를 앱이 실제로 해결하고 있다는 것이 증명되는 것이다.

수익성(매출), 등록 사용자 및 활성 사용자의 수(리텐션), 참여, 트래픽 같은 정보나 파트너십의 수 등 모든 항목이 트랙션을 측정하는 데 활용될 수 있다. 하지만 격리된 정보는 트랙션에 대한 실제적인 증거가 되지 못한다. 예를 들어, 사용자를 늘리기 위한 이벤트를 진행

할 때 **고객 획득 비용**Customer Acquisition Cost, CAC이 **고객당 평균 매출**Average Revenue Per User, ARPU 보다 높다면 트랙션을 결정하는 데 매출만을 고려하는 것은 의미가 없다. **평생 고객 가치**Lifetime Customer Value, LTV가 신규 사용자를 등록시키는 비용보다는 높아야 한다. 그러려면 비용을 낮추거나 LTV를 높여야 한다. 후자를 위해서라면 구독 방식을 도입하는 것도 한가지 방법이 될 수 있다. 그러면 일회성 인앱 구매에서 끝나지 않고 지속적인 매출을 기대할 수 있다.

앱의 확장성 개선은 트랙션 향상에도 도움이 된다. 그러나 이런 개선 효과가 여러분의 앱에도 적용되는지를 확인하기 위해서는 11장 '온보딩과 등록'에서 봤듯이 확장할 수 없는 작업을 종종 해야 한다. 이전에 언급했던 '컨시어지 서비스'는 확실히 확장할 수 없는 작업의 하나라고 할 수 있으며, 유용한 통찰력을 많이 얻을 수 있는 작업이기도 하다. 그 외에도 전화 상품 판매나 네트워크 마케팅 같은 방식도 있다. 이런 마케팅 방식은 영업부서에서는 별로 부담을 갖지 않겠지만 대부분의 개발자는 싫어할 것이기 때문에, 트랙션 향상을 위해서 시도해볼 만한 다른 방식을 알아보는 것이 좋다.

앱의 인지도를 높이고 초기 사용자를 발굴하는 몇 가지 방법이 있다. 만약 다음에 나열한 사이트에서 여러분의 앱을 발견하고 다운로드했다면, 트랙션의 첫번째 신호라고 봐도 될 것이다.

페이스북이나 링크드인, 트위터에 외에도 제품을 소개할 만한 사이트는 다음과 같다.

- **프로덕트 헌트**Product hunt : https://www.producthunt.com
- **베타리스트**Betali.st : http://Betali.st
- **스타트업 리스트**Start-up list : http://startupli.st
- **레딧 스타트업**Reddit startups : https://www.reddit.com/r/startups

이 사이트들은 (잠재적인) 초기 사용자들이 있는 곳으로, 새로운 앱과 서비스에 대해 호기심이 많은 사람들이 모여 있다. 이들은 신제품에 대해 품평하기를 좋아하기 때문에, 딱 우리가 찾고 있는 사람들이라고 할 수 있다.

한 가지 분명히 해야 할 것은, 앱의 첫 번째 (베타) 버전이 출시되기 전에 앱에 대한 블로그가 있어야 한다는 점이다. 만약 없다면 당장 만들어야 한다. 앱을 개발하기 전에 먼저 잠재 고객을 확보하는 것이 중요하다. 블로그 독자들에게 요구하는 콜투액션도 명확히 해두는 것이 좋다. 이메일 뉴스레터도 쉽게 구독할 수 있도록 해서 정기적으로 소식지를 발송하자. 앱이 출시된 후에도 블로그를 계속 운영하면서 실험(이메일에 대한 분할 테스트)을 수행하고, 전환율(이메일 읽는 단계에서 앱 페이지로 이동하고, 다운로드하고, 실행하는 단계로 전환)이 가장 높은 방식이 무엇인지를 찾는다.

무료만? 유료만?

일부에서는 가격 트랙션만이 유일하게 의미 있는 트랙션이라고 한다. 만약 앱이 완전히 무료라면 이론적으로 수요는 무한대가 될 것이다. 하지만 매출이 전혀 없다면 중요성은 훨씬 낮아지게 된다. 시작할 때부터 앱 사용에 대한 대가를 요청하는 것은 트랙션을 측정하는 궁극적인 방법이다. 매출을 빨리 일으킬수록 앱이 적절한지 여부를 더 빨리 검증할 수 있다. 만약 이런 접근법이 효과가 없다고 생각된다면, 생각을 다시 해서 주변에 크라우드펀딩 사이트를 둘러보기 바란다. 앱에 대한 그럴듯한 스토리도 당연히 필요하다. 사람들에게 이 앱이 얼마나 훌륭한지를 말해주는 것도 필요하지만, 우리에게는 이미 스토리가 있지 않은가?

수익 없이 살아남을 수 있는 사업은 없다. 실제로 완전히 무료인 앱은 존재하지 않는다. 수익은 다양한 곳으로부터 온다. 인앱 구매 기능은 수익을 창출하는 방법 중 하나일 뿐이며, 극소수의 사용자(2% 이하)만이 실제로 인앱 구매를 한다. 98%에 달하는 대다수의 사용자는 대가를 지불하지 않고 앱을 사용한다. 프리미엄 모델이 가능한 이유는 호스팅 비용이 비싸지 않고 큰 노력 없이도 앱을 확장하는 것이 가능하기 때문이다. 그러나 여전히 사용자 그룹 전체에 대해 계속해서 관심을 가져야 한다. 사용자 댓글에 답장을 해야 하며, 소셜 미디어에도 꾸준히 글을 올려야 한다. 이 과정은 시간이 많이 소모되는 일이다. 사용자 중 2%로부터 벌어들인 수입으로 그 비용을 충당할 수 있어야 한다.

유료 버전 앱에 어떤 기능을 포함시킬지 결정하는 것은 결코 쉽지 않다. 앱의 각 부분이 사용자에게 어떤 가치를 주는지에 대해 정확히 이해해야 한다. 아예 유료 앱만 제공하기로 결정할 수도 있다. 처음부터 사용자에게 과금을 하게 되면 진입장벽은 높아지겠지만, 판매 개수가 곧바로 트랙션의 증거가 된다. 수익화에 관해 다루는 17장, '수익 창출 및 가격 전략'에서는 가격 전략을 좀 더 자세히 다룰 예정이다.

물론 앱으로 수익을 창출하는 다른 방법도 있다. 예를 들어 광고 게재를 생각해 볼 수 있다. 또한 웹과 모바일 채널을 활용하는 솔루션도 고려해볼 수 있다. 즉, 앱을 상품으로 보기 보다는 서비스에 대한 채널로 활용하는 것이다. 이때 앱은 무료로 제공하되, 웹 서비스에 대해서는 구독 비용을 받는다. 이런 접근 방식은 특히 비즈니스 분야 솔루션의 경우 적합하다. 이 방식은 앱 자체만을 제공하는 비해 가치가 높기 때문에 통상 매출이 더 많이 발생한다. 이러한 사실은 인식의 문제일 뿐이지만 마케팅에서는 그 인식이 매우 중요하다. 또한, 사용자는 작은 기기에서 실행되는 앱에 대해서는 비용을 지불할 의사가 대부분 적다는 사실도 고려해야 한다. '설마 그럴까'하는 의심이 들 수 있겠지만 실제로 그렇다. 그렇다고 앞으로는 초대형 TV용 앱만 개발하라는 의미는 아니다.

개발자의 관점에서 보면 이런 상황은 정말 이해가 되지 않을 것이다. 개발자라면 기기의 크기가 중요한 것이 아니며, 기기의 크기와 작업량이 비례하지 않는다는 사실을 알 것이다. 어쨌든 중요한 것은 마케팅 채널과 그 채널의 가치다. 이들은 트랙션 및 그것이 결정되는 방식에 영향을 준다.

목표를 분명히 세우지 않으면, 트랙션도 다른 종류의 성공 지표도 측정할 수 없다. 목표가 추상적일수록 결과를 분명하게 알아채기가 어려워진다. 측정 가능한 결과(실행 가능한 측정 항목)를 도출하려면 분명한 목표를 정해야 한다. 분명한 목표는 숫자로 세워야 한다. 예를 들면 다음과 같은 식이다. 특정 기간(1개월) 동안 신규 가입자를 얼마나 많이(1천명) 유치해야 하는가? 사용자의 전환율을 25%까지 올리기 위해서 얼마나 많은 수의 이메일을 발송해야 하는가?

유지율 개선

모바일 앱의 유지율 및 참여는 앱의 성공을 보여주는 측정 지표 중 하나다. 앱 유지율이 높고 참여 비율이 높은 것이 앱 성공의 원인이 되는 경우가 많다. 유지율이란, 특정 시간 동안 사용자가 앱을 다시 실행하는 빈도를 말한다. 참여는 활동의 지표다. 사용자가 앱을 사용하는 동안 무엇을 하는지, 특정 세션 내에서 얼마나 자주, 얼마나 오랫동안 그것을 하는지를 말한다. 이 둘 중 더 중요한 것은 유지율이다. 사용자가 앱에 머물 수 있도록 하는 요소에 대해 이해하면 유지율을 높일 수 있다.

항상 사용자에게 줄 수 있는 가치가 무엇인지를 고민해야 한다. 그리고 사용자가 정기적으로 앱을 실행할 만한 이유를 제공해야 한다. 유지율이 가장 높은 앱은 소셜 앱이다. 그 이유는 사람들이 최신 정보를 얻고자 주기적으로 앱을 실행하기 때문이다. 이를 **포모**fear of missing out, FoMo 증후군이라고 하는데, 최신 경향에 뒤처지는 것에 대한 두려움을 말한다. 이와 관련된 기술은 페이스북이 잘 구사하고 있으며, 안타깝게도 다른 앱은 페이스북처럼 매일 사용되지는 않는다.

이탈률은 유지율과는 거의 정반대의 개념이다. 사용자의 이탈을 막을 수는 없지만 가능한 낮게 유지하는 게 중요하다. 최신 통계에 따르면, 앱이 일주일에 한 번도 실행되지 않는 경우 60%의 사용자가 앱에 대해 잊어버린다고 한다. 그러므로 주기적으로 앱의 콘텐츠를 업데이트하거나 신규 기능을 추가함으로써 적절히 앱을 상기시켜 줘야한다. 또한 이러한 업데이트가 발생할 때마다 사용자에게 알려줘야 한다. 푸시 알림이 그 예다. 이 방식은 사용자의 관심을 상기시켜서 앱을 다시 실행하도록 하는 매우 일반적인 접근법이다.

쉬운 온보딩 절차, 흥미로운 최신 콘텐츠 및 기능 제공, 개인화(소셜 가입 전략 등), 인센티브 부여, 푸시 알림 전송 등은 유지율을 높이고 참여의 가치를 높이는 데 크게 기여한다.

인센티브화incentification는 게임화gamification와 밀접한 관련이 있다. 두 가지 모두 앱 내에서 특정 기능을 수행하면 보상을 받는 식이다. 게임화는 (포스퀘어나 스택 오버플로우에서 활용되는) 배지처럼 디지털 보상에 가깝지만, 인센티브화는 가까운 커피숍에서 이용할 수 있는 무료 커피 쿠폰처럼 디지털이 아닌 실제 보상을 의미한다. 인센티브화의 개념을 더 자세히 알고 싶다면 http://kiip.me를 확인해보자.

유지율 향상에는 여러 가지 방법이 있다. 유지율을 향상하면 트랙션도 높아진다. 지금부터는 푸시 알림을 통해 사용자와의 소통을 유지하는 법을 살펴본다. 사용자가 앱을 계속해서 실행해야 할 이유를 제공해야 하며, 주기적으로 앱의 존재를 상기시킬 필요가 있다. 즉 앱이 잊혀지다 버려지고, 결국에는 삭제되는 운명을 맞지 않으려면 사용자에게 적절히 앱에 대해 알려줘야 한다.

그러나 사용자에게 스팸성 정보가 돼서는 안 된다. 너무 많은 메시지를 전송하는 것이 아니라, 적절히 구분된 고객군에게 맞는 정보를 보내야 한다. 사용자가 너무 오랫동안 앱을 실행하지 않는 경우에 한해서 그들이 흥미를 가질 만한 콘텐츠를 정중하게 보내는 것이 좋다. 이 방식은 수작업으로 해야 하는 컨시어지 서비스 중 가장 좋은 사례라 할 수 있다. 어떤 종류의 메시지가 가장 효과적이고 어떤 고객군이 가장 전환율이 높은지를 알아내자. 이렇게 알아낸 결과는 추후에 자동화를 수행할 때 활용할 수 있다. 이미 많은 사용자 기반이 있다면, A/B 테스트를 수행해 어떤 메시지가 가장 효과적인지 알아낼 수도 있다. 고객군을 분류해 분할 테스트를 도와주는 서비스도 많다. 또한 알림 메시지의 빈도에 대해서도 생각해 보자. 1주일에 한 번 정도가 적당할까? 아니면 2주가 적당할까? 중요한 것은 이야기와 체험을 제공하는 것이다. "X라는 새로운 기능을 확인해 보세요" 또는 "친구 Y가 올린 글 확인하기"처럼 사용자를 위한 문구 내에는 명확한 행동 요구가 담겨야 한다.

푸시 알림도 유지율을 높이는 데 기여할 수 있다. 통계에 의하면 푸시 알림을 받기로 선택opt-in한 사용자가 평균적으로 유지율이 25% 더 높았다. 그런데 iOS 앱에서 푸시 알림의 기본 설정은 옵트인opt-in 방식이다. 즉, 푸시 알림을 받겠다고 명시적으로 선택한 경우에만 알림을 받게 된다. 반대로 안드로이드는 기본 설정이 옵트아웃opt-out 방식이다. 사용자가 알림을 받지 않겠다고 설정하지 않는 한 무조건 푸시 알림을 받게 된다.

알림

알림 메시지와 배지를 사용해서 앱 사용자와 소통하는 방식으로는 다음 세 가지가 있다.

- 로컬 알림
- 푸시 알림
- 인앱 알림

로컬 알림

로컬 알림은 사용자의 기기에서 실행되는 서비스처럼 동작한다. 앱과 관련된 로컬 알림은 앱이 활성화되지 않아도 수신할 수 있다. 또한 인터넷 연결이나 서버 접속도 필요 없다. 그 대신 알람처럼 특정 날짜와 시간을 기준으로 설정한다. 이 값은 앱에서 초기화된다. 로컬 알림을 설정해 사용자에게 앱을 상기시킬 수 있으며, 사용자가 앱을 실행하면 즉시 알림이 취소된다. 로컬 알림은 사용자에게 앱의 존재를 상기시켜주는 좋은 도구다.

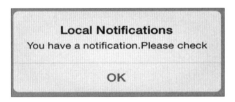

로컬 알림을 활용하면 앱의 유지율을 높일 수 있다. 앱이 종료되거나 비활성화될 때면 알림을 설정할 수 있으며, 앱이 다시 활성화되면 알림을 취소할 수 있다. 현재 기준으로 한 주나 두 주 후로 날짜를 설정해 두고, 사용자가 그 기간 동안 앱을 실행하는 것을 잊고 있으면 알림이 나타난다. 반면, 알림을 설정해둔 기간 중에 앱을 실행한다면 알림이 취소되면서 사용자는 알림을 받지 않게 된다.

푸시 알림

푸시 알림 작업을 시작하기 위해서는 (인터넷에 연결된) 서버가 필요하다. 푸시 알림은 마케팅 활동을 위한 훌륭한 도구로, 앱에서 새로운 기능이 추가됐거나 신규 콘텐츠가 등록됐을 때 이를 사용자에게 알릴 수 있다. 어떤 알림이 적절한가는 앱에 특성에 따라 달라진다. 데이트 앱이라면 새로운 사람이 등록될 때마다 알려주는 게 좋을 것이다. 예를 들어, 새로 성사된 만남의 횟수나 수신 메시지 개수를 배지 형태로 출력하면 유용할 것이다. 뉴스 앱의 경우, 새롭고 중요한 기사가 뜰 때마다 알림을 받는 것이 좋다. 관심 분야나 지리적 위치에 따라 고객군을 분류하는 것도 가능하다. 예를 들면, 해당 도시의 소식에 대해서만 사용자에게 알림을 보내는 식이다.

인앱 알림

마지막으로 인앱 알림을 사용해 앱 내에 새로운 이벤트가 있다는 사실을 알릴 수 있다. 탭이나 메뉴 등 관련이 있는 위치에 배지를 표시하는 것도 가능하다. 또한 앱 사용 중에도 특정 동작을 유도하기 위해 인앱 알림을 사용할 수도 있다. 예를 들어, "이 앱에게 별 5개를 주세요!" 같은 알림을 생각해보자. 사용자가 앱을 5번 실행했고, 앱이 죽거나 하는 문제가 없을 때만 '별 5개 평가'를 요청하는 대화상자를 띄우는 영리한 방식도 있다. 즉 앱에 대해 매우 호의적인 사용자에게만 앱을 평가할 수 있도록 장벽을 낮추는 것이 중요하다. 앱에 대해 별로 만족하지 않는 사용자에게는 쉽게 평가할 수 없도록 장벽을 유지하는 전략이다. 이는 앱 스토어나 플레이어 스토어에서 좋은 평점을 유지하는 데 큰 도움이 된다.

시중에는 이런 기능을 제공하는 컴포넌트도 있다. 그 중 하나가 iOS용 iRate다. 코드 몇 줄만 추가하면 앱에 '평가해주세요' 또는 '별5개를 주세요' 같은 팝업을 띄울 수 있다. 언제, 그리고 어떤 조건에서 팝업을 띄울지 설정할 수 있다.

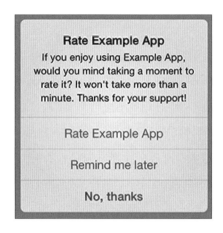

각 유형별 알림을 사용할 때는 사용자를 귀찮게 하지 않는 것이 중요하다. 사용자에게 질문을 너무 많이 하지 않아야 한다. 사용자에게 알려야 할 적절한 내용이 있을 때만 알림을 띄워야 한다. 특별한 사유가 없더라도 푸시 알림을 보내 사용자가 앱을 실행하도록 할 수는 있다. 하지만 이런 경우가 자주 생기면 사용자는 귀찮게 생각하고 앱을 지워버릴 수도 있다.

푸시 알림 제공 서비스

푸시 알림을 안드로이드나 iOS 기기로 전송하려면 기기로 메시지를 전송하는 푸시 알림 서버가 필요하다. 직접 서버를 구축하는 것도 가능하지만, 이런 용도로 개발된 기존 제품을 사용하면 훨씬 편리하다. 기존 제품은 개발 기간을 획기적으로 단축할 수 있다는 장점 외에도 확장성, 다중 플랫폼 지원, 고객군 설정 기능 등 다양하게 제공되는 기능을 통해 어떤 메시지를 어떤 사용자에게 전달할지 쉽게 결정할 수 있다.

이러한 서비스의 예로는 어번 에어십Urban Airship, 애저 푸시 노티피케이션 허브Azure Push Notification Hub, 아마존 푸시Amazon Push, 백포앱닷컴back4app.com 같은 호스팅형 파스 서버 솔루션, 파이어베이스 푸시 노티피케이션 서비스Firebase push notification services 등이 있다. 이 서비스들의 가격은 모두 다르며, 지원하는 운영체제도 다양하다.

예를 들어 다음은 애저 푸시 노티피케이션 허브의 개념도다. 이 서비스에서는 iOS와 안드로이드 기기에 푸시 알림을 전송하며, 원한다면 윈도우 폰 기기에도 전송이 가능하다.

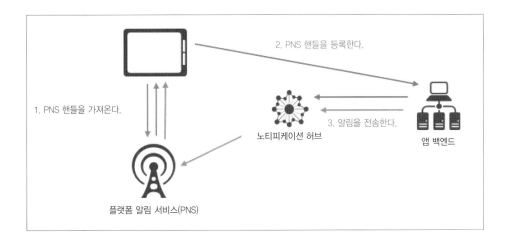

안드로이드나 iOS 이외의 운영체제로 푸시 알림을 보내려고 하거나, 푸시 알림을 서구 지역 외로 발송하려 한다면 다양한 옵션을 신중히 검토하는 것이 좋다. 예를 들어, 만약 중국 시장에 앱을 출시하기를 원한다면, 앞서 언급한 서비스들을 전혀 이용할 수 없다. 이 경우, 아마존이 바이두Baidu의 푸시 알림을 지원한다는 사실을 알고 있다면 좋을 것이다. 아마존은 기기의 운영체제가 아마존이든, iOS이든, 바이두, 안드로이드, 윈도우이든 관계없이 어떤 기기에도 알림을 보낼 수 있는 단일 허브를 갖고 있다.

안드로이드의 푸시 알림은 **구글 클라우드 메시징**Google Cloud Messaging, GCM 프로토콜로 전달된다. 애플은 iOS용으로 **애플 푸시 노티피케이션 서비스**Apple Push Notification Service, APNS를 사용한다. iOS용으로 푸시 알림을 구성하는 일은 인증서 처리로 인해 좀 더 복잡하다. 그러나 이미 인증서와 프로필 배포에 경험이 있는 개발자라면 구현이 어렵지는 않을 것이다.

백포앱Back4App은 푸시 알림(안드로이드 및 iOS용) 기능이 포함된 파스 서버를 호스팅형으로 제공하는 서비스다. 특정 고객군(세그먼트)이나 모든 사용자에게 푸시 알림을 보낼 수 있다.

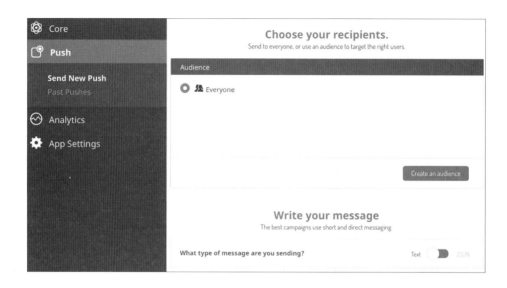

이처럼 대부분의 서비스는 안드로이드와 iOS 및 기타 플랫폼을 지원한다. 확장성, 지원하는 플랫폼, 가격 정책, 통합 편리성 등은 푸시 알림 서비스 공급자를 선택할 때 고려해야 할 사항이다.

	아마존	애플(APNS)	바이두	구글(GCM)	마이크로소프트
아마존	지원함	지원함	지원함	지원함	지원함
애저	지원함	지원함	불명확	지원함	지원함
파이어베이스		지원함		지원함	불명확
어번 에어십	지원함	지원함		지원함	지원함
파스 서버		지원함		지원함	

구현

두 개 플랫폼에 대한 구현 방식은 대동소이하다. 사용자가 앱을 실행하면 푸시 알림을 수신할 수 있도록 앱과 기기가 등록된다. 그 결과, 토큰(또는 안드로이드의 경우 선택적으로 등록 ID)이 생성되는데, 추후 이 토큰을 이용해서 특정 앱과 특정 기기에 알림을 보낼 수 있다.

안드로이드와 iOS 간의 가장 큰 차이점은, 알림을 수신하는 데 있어 iOS는 옵트인 방식인 반면 안드로이드는 옵트아웃 방식이라는 점이다.

아이폰 사용자는 앱의 푸시 알림을 허용할지를 묻는 팝업을 보게 되며(옵트인), 이는 OS가 자체적으로 수행한다.

안드로이드의 경우, 기기와 앱을 등록하면 무조건 푸시 알림을 받게 된다. 사용자는 첫 번째 알림을 받고 나서야 그 사실을 알게 된다. 안드로이드에서는 앱 설정을 통해 푸시 알림을 끌 수 있다(옵트아웃).

다음은 App 클래스에 등록을 하는 안드로이드 자바 예제다. GCM_PROJECT_NUMBER는 구글 개발자 콘솔의 프로젝트 번호를 말하며, 뒤에 다시 언급된다.

```java
private GoogleCloudMessaging gcm;
...
String regid =
gcm.register(FlavorConstants.PushConfiguration.GoogleConfiguration.
 GCM_PROJECT_NUMBER);
Log.i(getClass().toString(), "Obtained RegId from GCM : " + regid);
```

또한 iOS(스위프트 3.x, iOS 10)의 AppDelete 클래스의 예제도 있다. iOS의 경우, 개발자 포털에서 몇 가지를 구성해야 한다. 자세한 내용은 뒤에서 다시 다룬다.

```swift
func registerForPushNotifications(){
        print ("PN - register for PN")
        let center = UNUserNotificationCenter.current()
        center.delegate = self
        center.requestAuthorization(options:[.badge, .alert, .sound]) { (granted,
error) in
            if error == nil {
                print ("PN - No error")
            }
            else{
```

```swift
                print ("PN - Error ")
            }
            if (!granted){
                print ("PN - Not granted")
            }
            else{
                print ("PN - granted")
            }

            guard granted else { return }
            self.getNotificationSettings()
        }
    }

    func getNotificationSettings() {
        UNUserNotificationCenter.current().getNotificationSettings { (settings)
in
            print("Notification settings: \(settings)")
            guard settings.authorizationStatus == .authorized else { return }
            UIApplication.shared.registerForRemoteNotifications()
        }
    }

 func application(_ application: UIApplication, didRegisterForRemoteNotifications
WithDeviceToken deviceToken: Data)
    {
        let installation = PFInstallation.current()
        installation?.setDeviceTokenFrom(deviceToken)
        installation?.saveInBackground()
        PFPush.subscribeToChannel(inBackground: "global") { (result, error) in
            print("PN - subscribed to global")
        }
    }
```

설정

안드로이드 앱에서 GCM을 설정하려면 구글 개발자 콘솔로 이동한다. 주소는 다음과 같다.

  https://console.developers.google.com/

여기서 앱을 설정하고, 서버 키를 얻을 수 있다.

애플 푸시 알림 Apple push notifications, APNS을 설정하려면 애플 개발자 포털로 이동해, identifiers/ app ID 섹션(앱용 app id는 이미 생성됐다고 간주)에서 앱을 찾아야 한다.

Application Services:		
Service	**Development**	**Distribution**
App Groups	Disabled	Disabled
Associated Domains	Disabled	Disabled
Data Protection	Disabled	Disabled
Game Center	Enabled	Enabled
HealthKit	Disabled	Disabled
HomeKit	Disabled	Disabled
Wireless Accessory Configuration	Disabled	Disabled
Apple Pay	Disabled	Disabled
iCloud	Disabled	Disabled
In-App Purchase	Enabled	Enabled
Inter-App Audio	Disabled	Disabled
Wallet	Disabled	Disabled
Push Notifications	Enabled	Configurable

Edit 버튼을 클릭하고 Push Notifications 섹션을 찾아 내려간다. Download 버튼을 클릭해 인증서certificate를 내려 받거나, 필요 시 Create Certificate 버튼을 클릭한다.

지시사항이 나오면 이를 따른다. 키체인keychain 앱을 사용해 CSR(인증서 서명 요청) 파일을 생성한다. 이 작업은 빌드 머신에서 하는 것이 좋다.

CSR 파일을 애플 개발자 포털에 업로드한다.

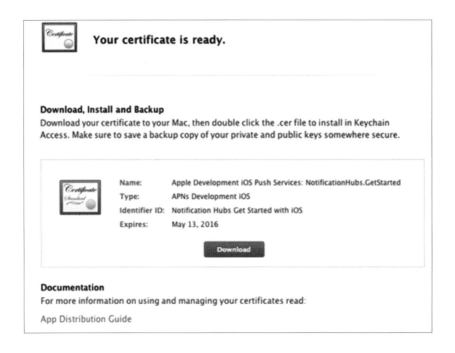

(개인키와 공용키가 포함된) 인증서를 내려 받고, 더블 클릭해서 설치를 한다. 키체인 앱에서 APNS 인증서를 찾고, 팝업 메뉴에서 Export를 선택한다.

파일용 비밀번호를 입력하고 저장한다. 그러면 P12라는 확장자의 파일이 생성된다. 이 파일은 추후에 애저 푸시 노티피케이션 허브 같은 알림 서비스에 업로드하는 식으로 사용한다.

다음 예제는 노티피케이션 허브의 한 화면을 보여준다. 여기의 샌드박스sandbox 모드(개발 자용)에다 인증서 파일을 업로드할 수 있다. 이런 방식은 다른 서비스도 크게 다르지 않다. 어떤 서비스에서든 이 파일을 업로드해야 제대로 동작한다.

다음은 여러분이 여기서 구성할 수 있는 모든 푸시 서비스의 예다.

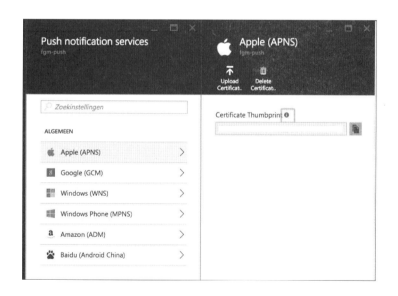

어느 알림 서비스를 사용할지 결정했다면 각 서비스와 관련된 참고 자료를 찾아보자. 특히 iOS의 푸시 알림 구성은 조금 까다로울 수도 있다.

▮ 수신 알림 처리

기기에 알림이 도착하면 운영체제는 메세징 영역에 이를 표시한다. 그것으로 어떤 동작을 할지 정의할 수 있다. 안드로이드에서는 NotificationCompat 빌더로 특정 액션을 정의하고, 알림을 처리하는 PushHandler 클래스를 구현할 수 있다. 다음은 안드로이드 자바 예제다.

```java
public class PushHandler extends NotificationsHandler {
  Context ctx;
  @Override
  public void onReceive(Context context, Bundle bundle) {
    ctx = context;
    String nhMessage = bundle.getString("message");
    Parcelable parselableObject = bundle.getParcelable("parcel");
    consumeNotification(nhMessage,parselableObject);
  }
  private void consumeNotification(String msg, Parcelable
                                     parselableObject) {
    Log.i(this.getClass().toString(), "Consume notification");
    Log.i(this.getClass().toString(), "Notification msg = "+msg);
    if (parselableObject != null) {
      Log.i(this.getClass().toString(), "Consume has parcel");
    }
    displayNotificationMessage(ctx, "Message", msg,msg);
  }
  public static void displayNotificationMessage(Context context, String
      title, String contentText,
      String tickerText) {
    displayNotificationMessage(context,title,contentText,tickerText,null);
  }
  public static void displayNotificationMessage(Context context, String
      title, String contentText, String tickerText, Parcelable parselableObject) {
    ...
    NotificationCompat.Builder builder = new
    NotificationCompat.Builder(context);
    Uri soundUri =
```

```java
        RingtoneManager.getDefaultUri(RingtoneManager.TYPE_NOTIFICATION);
    Bundle extras = new Bundle();
    extras.putParcelable("parcel", parcelableObject);
    Notification notification = builder.setContentTitle(title)
                                .setContentText(contentText)
                                .setTicker(tickerText)
                                .setSmallIcon(R.mipmap.appicon)
                                .setContentIntent(pendingIntent)
                                .setPriority(Notification.PRIORITY_HIGH)
                                .setSound(soundUri)
                                .setVibrate(new long[] {0, 500})
                                .setExtras(extras)
                                .build();
    NotificationManager notificationManager = (NotificationManager)
        context.getSystemService(Context.NOTIFICATION_SERVICE);
    notificationManager.notify(0, notification);
}
```

iOS의 경우에도 동일한 작업을 수행할 수 있다. 이 이벤트는 AppDelegate 클래스에서 처리하는 것으로, 다음은 iOS 11의 스위프트 4/3.x 예제(이전 버전의 iOS에서는 다른 방식으로 작동함)이며, 파스 서버를 이용해서 푸시 알림을 받는다.

여기에서 푸시 알림이 도착하면 어떻게 해야 하는지를 결정할 수 있다. completion 핸들러는 알림이나 배지를 표시할지, 또는 소리를 발생시킬지 여부를 결정한다.

```swift
func application(_ application: UIApplication,
didFailToRegisterForRemoteNotificationsWithError error: Error) {
    print("Failed to register: \(error)")
}
 func userNotificationCenter(_ center: UNUserNotificationCenter,
willPresent notification: UNNotification, withCompletionHandler
completionHandler: @escaping (UNNotificationPresentationOptions) -> Void) {
    print ("PN - willPresent")
    let userInfo = notification.request.content.userInfo as
NSDictionary
```

```
        let body = notification.request.content.body
        for (key, value) in userInfo {
          print("userInfo: \(key) -> value = \(value)")
        }
        if ... {
        print ("PN - completion handler silent")
          completionHandler([])
        } else {
        print ("PN - completion handler alert badge sound")
          ?    completionHandler([.alert,.badge, .sound])
        }
      }
      ...
}
    func userNotificationCenter(_ center: UNUserNotificationCenter,
didReceive response: UNNotificationResponse, withCompletionHandler
completionHandler: @escaping () -> Void) {
        print ("PN - Did receive")
        ...
        completionHandler()
}
```

▌ 알림 전송

알림을 보내기 위해서는 서비스에서 제공하는 웹 페이지를 이용할 수도 있고, 서비스에서
제공하는 기능을 활용해서 프로그램을 짜서 보낼 수도 있다.

다음은 백포앱의 파스 서버용 클라우드 코드 예제다. 이 코드는 특정 채널을 수신하는 모
든 기기에 메시지를 전송하는 기능을 한다. 모든 사용자에게 푸시 알림을 보낼 수도 있고,
분류별로 나눈 고객군을 설정할 수도 있다. 또한 제목과 메시지를 설정할 수 있으며, iOS
의 경우에는 아이콘의 배지 숫자도 설정할 수 있다.

```
Parse.Push.send({ channels: "channel or channels", data: { title: "title", sound:
'default', badge: 2, alert: "message", extraParam: "something" } },
{ success: function () { response.success("ok"); },
error: function (error) { response.success("nok: " + error); }, useMasterKey:
true }); // push send
```

어떤 서비스를 사용하든 기본 코드는 모두 동일하다. 또한 사용자가 정의한 매개변수도 같이 보낼 수 있다.

```
 data: { title: "title", sound: 'default', badge: 2, alert: "message",
extraParam: "something" }
```

이상으로 상위 개념 수준의 푸시 알림에 대해 알아봤다. 상세한 구현 방안에 대해서는 좀 더 자세한 자료가 필요할 수도 있다. 이를 위해서는 구글과 애플이 제공하는 튜토리얼을 별도로 살펴보는 것이 좋다.

▌ 요약

15장에서는 트랙션이 무엇이며 왜 중요한지를 배웠다. 참여와 유지율도 중요한 요소라는 점을 확인했다. 또한 다양한 유형의 알림과 각 유형별 장점이 무엇인지 살펴봤다. 앱의 특정 이벤트가 발생하면 이를 사용자에게 알릴 수 있고, 이를 통해 유지율을 높일 수 있다. 앱에 대한 평가를 요청하는 식으로 알림을 보내 앱에 대한 인식율을 개선할 수도 있다. 마지막으로 푸시 알림을 전송하는 데는 어떤 서비스를 이용할 수 있는지 배웠고, 실제로 안드로이드와 iOS앱을 위한 푸시 전송 기능을 구현해봤다.

16장에서는 확장성에 대해 알아본다. 초기에는 확장되지 않는 작업들을 자주 수행하겠지만, 일단 충분한 트랙션을 확보한 후에는 확장성에 대해 고려해야 할 시기가 올 것이다. 이는 특히 앱이 백엔드를 사용할 때 더욱 중요하다.

16

확장 전략

16장에서는 앱의 확장성을 결정하는 요소와 성공적인 확장에 필요한 요소를 알아본다. 또한 확장이 중요해지는 시점과 확장 전략에 영향을 주는 요소를 알아본다. 앱 개발 초기에는 확장이 전혀 중요한 요소가 아니다. 실제로 앞에서는 확장할 수 없는 작업을 하라고 권유했다. 그렇다면 전략을 바꾸게 되는 요인은 무엇일까? 실제로는 바뀐 것은 없다. 가설을 검증하는 것은 여전히 중요하며, 증명이 끝날 때까지는 확장을 시도하는 것은 시간낭비다. 그러나 앱의 확장 가능성을 고려해야 하고, 앱이 인기를 얻어 급속히 성장하는 경우에 대한 전략을 마련해야 한다. 현재는 앱의 백엔드가 100개의 동시 접속을 처리하는 것으로도 완벽하다고 할 수 있지만, 1000개나 그 이상의 동시 접속이 필요할 수도 있다. 이런 확장을 신속히 대응하지 못해 시스템 중단이 발생하면 사용자에게 불편을 끼치게 되고 결국 이탈률이 크게 높아진다. 지속적인 성장은 고사하고, 사용자 이탈로 인해 순간의 명성조차 날아가게 된다. 이는 심지어 더 큰 낭비를 초래한다. 따라서 계획을 세워야 하며, 16장에서는 이 계획을 정의하는 데 도움을 주고자 한다.

16장에서 다룰 주제는 다음과 같다.

- 앱의 확장성을 고려한 개발의 중요성
- 언제, 어떻게 앱을 확장할지를 결정하는 방법과, 이를 위한 분석의 유용성
- 확장 가능한 백엔드를 구축할 때 필요사항

▎ 확장성을 고려하되 당장 확장하지는 마라

실생활에서 확장성에 대한 정의는 문화마다 다를 수 있지만, 앱의 경우 발생 가능한 대부분의 상황에도 잘 동작하고 대응할 수 있어야 한다.

문제가 발생할 것 같은 느낌이 드는 순간이 바로 확장을 고려할 시점이다. 하지만 무엇보다 가장 중요한 것은, 바로 신속히 할 수 있어야 한다는 것이다. 탄력을 받고 있는 그 순간에 바로 확장이 이뤄지도록 해야 한다.

앱을 개발했고 프로덕트 헌트Product Hunt나 베타리스트Betalist 같은 사이트에 올렸다고 해보자. 아마도 열정적인 얼리 어답터들이 초기 사용자가 될 것이다. 초기 단계 스타트업 회사라면 앱을 확장하는 방법에 대해서 지나치게 고려할 필요는 없지만, 사용자가 예상보다 갑자기 많아지면 어떻게 확장할 것인지에 대해 고려는 해두어야 한다.

확장성이란 단지 백엔드 솔루션에만 해당하는 것이 아니다. 확장성은 앱 서비스를 어느 정도까지 자동화할 수 있는지, 얼마나 쉽게 앱 사용자에게 서비스를 제공할 수 있는지에 대한 것이기도 하다. 앱 서비스가 거의 100%에 가깝게 자동화될 때만 진짜로 확장 가능한 솔루션을 갖추게 될 것이다. 사람의 개입이 필요한 경우에는 앱이 제대로 확장될 수가 없다. 앱의 요구사항을 더 많이 지원할수록 확장성은 더 떨어진다.

앱의 확장성은 앱 및 대상 고객의 성격에 따라 제한되기도 한다. 예를 들어, 게임 앱인 플래피 버드Flappy Bird는 원래부터 확장성이 매우 높다. 이 게임은 백엔드가 아예 없으며, 앱 스토어나 플레이 스토어에서 배포되기 때문이다. 순위표(리더보드)같은 기능은 구글이나 애플이 제공한다. 이러한 서비스들의 확장성은 믿을 만하다. 소셜 앱은 복잡한 백엔드 솔루션이 필요하기 때문에 확장이 어려울 수 있다. 앱 자체는 스토어를 통해 배포되지만, 앱 사용자는 텍스트뿐만 아니라 이미지나 비디오와 관련된 데이터를 다운로드하고 업로드할 수 있어야 한다. 서버는 이러한 부하를 처리할 수 있어야 한다.

이 데이터들은 모두 어딘가에 저장되고 요청 시 신속하게 전달돼야 한다. 또한 사용자가 생성한 콘텐츠가 쏟아져 들어오는 경우, (자동화할 수는 있겠지만) 이를 중재하는 게 더욱 중요해진다. 중재 작업은 보통 수작업으로 이뤄지는데, 이는 앱의 확장성에 영향을 끼친다. 한편 우버Uber 같은 앱은 다른 종류의 비기술적인 문제를 겪게 된다. 즉, 수작업을 요구하는 다양한 규제를 다뤄야한다. 수작업으로 해야 하는 모든 일이 솔루션 확장을 위협한다. 일단 가설이 입증되고 앱이 성장하기 시작하면 가능한 한 앱의 많은 요소를 자동화하는 것이 중요하다.

직원이 더 필요하다면 직원을 더 채용할 수도 있겠지만 자동화하는 편이 더 낫다. 16장에서는 특히 앱의 기술적인 측면에서의 확장에 초점을 맞춘다. 플레이 스토어나 앱 스토어에서 앱 자체를 배포할 때는 전략이 필요하지 않다. 스토어에서는 확장에 대해 전혀 걱정할 필요가 없으며, 원하는 만큼 자주 배포할 수 있다. 이런 이유로 앱 스토어가 (유료) 앱에 대해 30%의 수수료를 가져가는 것일 수도 있다. 앱에서 어떤 종류든 백엔드를 사용한다면 앱의 확장성에 대해 고민해야 한다. 예를 들어, 백엔드를 통해 이야기나 이미지, 비디오를 공유하는 기능을 제공할 수 있다.

앱의 첫번째 MVP를 개발했다고 가정해보자. MVP 자체는 아직 앱은 아니지만, 검증은 가능한 수준이라고 하자. 그리고 웹 사이트나 이메일을 통해 사용자의 입력을 받아 일련의 처리를 한다. 앞서 배웠듯이 컨시어지 서비스를 적용하면 아주 좋을 것이다. 처리 절차 중 일부나 전부를 수작업으로 할 수도 있다. 맞다. 이런 작업은 확장을 할 수 없는 일들이다. 그렇다면 아직 제대로 동작할지 알지도 못하는 절차를 왜 자동화해야 할까?

MVP가 예상대로 동작한다면 몇 명의 고객이 만족할 것이다. 가설이 증명됐으므로 프로세스 자동화를 시작할 수 있다. 실제로 앱과 백엔드를 개발했다. 모든 데이터(텍스트 및 이미지, 비디오)를 단일 서버에 저장했다. 이 일이 잘되면 만족하는 고객이 더 많아질 것이다. 그 후에 앱 스토어에 오늘에 추천에 오르거나 영향력이 큰 블로거가 글을 쓰게 되면 순식간에 폭발적인 인기를 끌게 된다. 갑자기 많은 사람이 앱을 쓰기 시작하면서 서버에서 연기가 날 정도다. 서버가 느려지다가 결국에 정지해 버리기 전에 빨리 해결책을 찾아야 한다. 그렇지 않으면 사람들은 점점 실망하고 결국 추진력이 사라져버릴 것이다. 여러분 중 일부는 서버를 추가하고, 부하를 분산하는 솔루션을 도입할 수도 있겠지만, 아예 처음부터 아마존이나 애저 같은 클라우드 서비스를 사용한다면 많은 문제를 해결한 상태로 시작을 할 수 있다.

 혹시 내 앱은 그렇게 빨리 성장할 리가 없다고 생각했다면 기억해 둘 것이 있다. 만약 앱이 큰 인기를 끌 거라고 기대하지 않는다면, 그렇게 힘들여서 앱을 구축할 필요가 없을 거라는 점이다. 게다가 프로토타입용으로 만든 프로젝트조차도 어느 날 갑자기 큰 인기를 끌게 되는 경우도 있다.

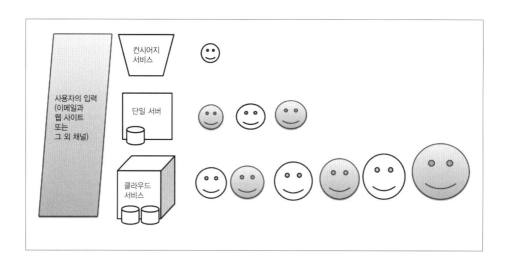

확장형 백엔드

모바일 백엔드 솔루션은 다음과 같은 다양한 상황에 대응하는 기능을 제공한다.

- 데이터베이스 및 데이터베이스 계층별 로드밸런싱 기능
- 웹 서버 및 로드밸런싱 기능
- 전송되는 데이터의 양 감축(저low대역폭 지원)
- 미디어(이미지, 비디오 및 오디오) 저장
- 콘텐츠 배포(비디오 스트리밍)

최근의 클라우드 스토리지는 매우 넉넉한 용량을 제공하고 있으며, 대부분의 서비스는 버튼을 몇 번만 클릭하면 (비교적 저렴한 금액으로) 확장할 수 있다. 그러므로 개발 초기부터 클라우드 서비스를 사용하지 않을 이유가 없다. 기술과 시간이 있다면 자체 솔루션을 구축하고 아마존 웹 서비스나 애저 같은 서비스형 인프라(IaaS)를 사용해 (확장형) 클라우드에서 운영하면 된다. 기술이나 시간이 없다면 서비스형 백엔드(MBaaS)를 선택하는 것이 좋다. 후자는 유연성이 떨어지고 비용도 좀 더 들지만 어느 쪽을 선택하든 큰 노력 없이 확장하는 기능을 제공한다.

클라우드 기반 스토리지와 프로세싱

앱의 백엔드 솔루션을 운영하고 데이터를 클라우드에 저장할 수 있는 서비스의 예는 다음과 같다.

- 아마존Amazon(아마존 웹서비스 및 S3같은 아마존 스토리지 서비스)
- 구글Google(앱 엔진, 클라우드 스토리지, 클라우드 데이터스토어, 클라우드 SQL)
- 애저Azure(버추얼서버, 데이터베이스, 스토리지, 콘텐츠 딜리버리)
- 헤로쿠Heroku

대부분의 솔루션은 최소한 다음과 같은 기능을 제공한다.

- 가상 서버
- 데이터베이스
- 미디어 저장(이미지와 비디오)
- 콘텐츠 전송(비디오)

어떤 서비스를 이용할지에 영향을 주는 요인으로는 가격, 특정 요구사항, 데이터베이스 지원, 데이터베이스 유형(NoSQL이나 SQL), 개발팀에서 사용할 프로그래밍 언어 등이 있다. 또한 푸시 알림 서비스의 가격이나 사용 편리성도 중요한 선택 요인이다. 사용할 수 있는 프로그래밍 언어는 클라우드 솔루션마다 다르다. 자바 개발자라면 구글 앱 엔진이 낫고, .NET 개발자라면 애저 클라우저에서 솔루션을 배포하는 게 효과적이다.

대부분의 클라우드 솔루션은 다양한 프로그래밍 환경을 제공한다. 예를 들어, 헤로쿠에서 자바로 개발하거나, AWS나 애저에서 Node.js로 개발하는 것도 가능하다. 모든 솔루션이 자바와 PHP, 파이썬과 루비 프로그래밍 언어를 지원한다. 애저와 아마존은 모두 .NET을 지원하지만 대개는 애저를 선택하는 게 좋다. Go 언어는 아마존을 제외한 모든 솔루션이 지원한다.

파이어베이스 및 파스 서버처럼 이미 제품화된 백엔드 솔루션을 선호한다면 8장, '앱 실험용 클라우드 솔루션'을 확인하는 것이 좋다. MBaaS는 편리하고 확장성이 뛰어나지만 그만큼 가격이 높다. 처음에는 무료인 프리미엄 요금제로 시작하겠지만 상위 요금제로 업그레이드가 필요할 경우, 자칫하면 자체 클라우드 솔루션을 구축하는 것보다 비용이 많이 들 수도 있다. 그러나 데이터베이스를 추가하거나, 더 큰 용량과 프로세서를 가진 서버가 필요한 경우에는 클라우드 솔루션이 훨씬 편리하며, 이는 IaaS경우에도 마찬가지다.

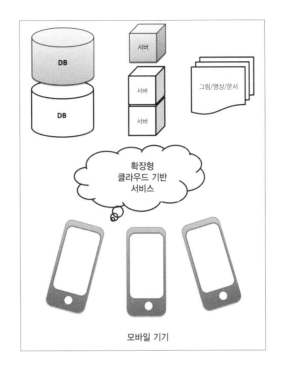

모바일 기기

클라이언트 관점에서 보기

예를 통해 살펴보자. 클라이언트(여기서는 안드로이드 앱)의 관점에서 보면, 아키텍처는 다음 그림과 같다. 일부 엔드포인트에서는 API가 사용된다. 이 예제에서는 결과적으로 Retrofit 클라이언트(안드로이드용 HTTP 클라이언트)가 처리할 데이터를 수신하게 된다. 이는 **자바스크립트 객체 표기**JavaScript Object Notation, JSON 형식의 데이터를 처리하며, 최종적으로는 JSON 데이터에 대한 객체 매핑을 수행하는 Gson 라이브러리처럼 JSON 컨버터를 통해 이 데이터를 객체로 변환한다. 많은 경우 서비스 업체에서 SDK를 제공하기 때문에, 쉽고 빠르게 엔드포인트에서 데이터를 가져오거나 보낼 수 있다. 예를 들어, 파스 서버 SDK는 파스 서버와의 입출력 시 객체 매핑과 데이터 동기화를 처리한다. 이를 통해 알 수 있듯이, 안드로이드나 iOS 앱에 있어 어떤 백엔드 구조를 갖는지와 어디에서 서버가 운영되는지는 그리 중요하지 않다. 클라이언트 입장에서 중요한 것은 인터페이스다. 이 예제에서 보면 요청 시 JSON 데이터를 전달하는 REST API가 이에 해당한다.

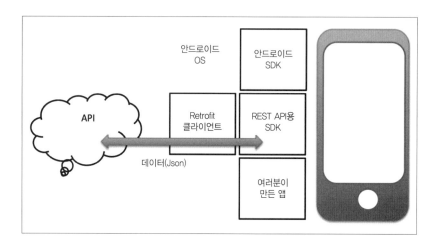

앞의 그림처럼 모든 게 항상 이상적인 것은 아니다. 웹 사이트 또는 모바일이 아닌 다른 솔루션에서 사용되는 엔드포인트에서 데이터를 가져오는 앱을 개발하는 경우에는, 미들웨어 솔루션을 먼저 개발해야 할 수도 있다. 모바일의 확장성을 위해서는 느린 네트워크 환경을 고려해야 한다. 가능한 한 단일 트랜잭션으로 데이터의 양을 제한하는 것이 중요하다. 앱에서 즉시 보여줄 필요가 없는 데이터는 없어도 된다. 이미지나 비디오를 다운로드하지 말고 썸네일을 사용해야 한다. 페이지 방식(더 보기^{Load More} 옵션)을 도입해야 하며, 네트워크가 느린 기기에서도 사용할 수 있도록 데이터를 최적화해야 한다.

다음 그림은 모바일 사용량에 있어 최적화된 경우와 최적화되지 않은 경우의 차이를 잘 보여주고 있다.

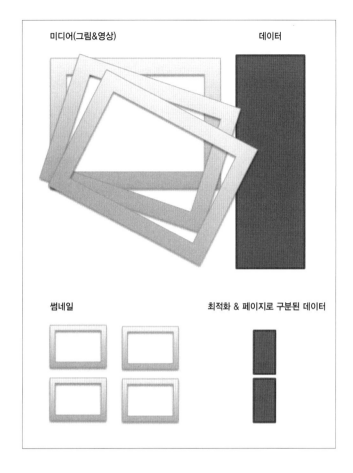

많은 설명과 용량을 가진 JSON 방식의 데이터 전체를 로드하는 대신 최소의 데이터를 로드하고 이를 기기에 캐시로 저장해야 한다. 그러면 네트워크가 느리거나 심지어는 끊긴 상황에서도 앱이 반응하고 사용 가능한 상태를 유지하게 된다. 추가로 최적화를 하기 위해서는 썸네일을 먼저 가져와야 한다. 사용자는 작은 사진만 볼 수 있는 상황인데 무조건 고해상도 이미지를 다운로드하는 것은 의미가 없다. 또한 (미들웨어) 솔루션을 쓴다면 앱에서 데이터를 청크chunk로 가져올 수 있도록 해야 한다. 예를 들어 페이스북 앱을 보자. 앱은 페이스북 타임라인의 일부만 가져와서 보여준다. 사용자가 아래로 스크롤(일부 앱은 화면 아래에 더 보기Load More 버튼을 배치)하면 더 많은 데이터를 불러온다. 만약 처음부터 앱을 기획하고, 모바일 우선 전략을 채택할 거라면, 바로 이런 페이징 방식이 필요하다. 현재 API가 모바일용으로 만든 것이 아니라면, 우선 데이터 스트림을 최적화하기 위해 미들웨어 솔루션을 개발하는 것을 고려하자.

편리한 UX와 안정성을 갖춘 앱이 확장성까지 갖춘다면, 주요 이벤트를 보다 쉽게 활용할 수 있다. 앱 유형에 따라 다르겠지만, 앱 트래픽에 매우 큰 영향을 끼치는 휴일이나 특정 상황을 생각해보자. 확장형 앱 백엔드는 당연히 쉽게 확장할 수 있어야 하며, 피크 시간에 필요한 것을 제공할 수 있어야 한다. 반대로 다른 시간대에는 규모를 축소함으로써 불필요한 리소스가 낭비되지 않도록 해야 한다.

확장할 때와 축소할 때를 알아야 한다

애널리틱스 기능을 제대로 사용하고 있다면 언제 규모를 확장하고, 축소해야 하는지를 알 수 있다. 앱의 계절적 요인과 특성을 안다면 확장 시기와 축소 시기를 파악할 때 큰 도움이 된다. 하루 중 어떤 시간대에 또는 어떤 이벤트가 있을 때 앱을 가장 많이 사용하는가? 반대로 언제 앱을 가장 덜 사용하는가? 한 예로, 알람 시계앱의 경우라면 연휴 기간에는 사용량이 높지 않을 것이라 예상할 수 있다. 또한 올림픽과 관련된 앱이라면, 올림픽 게임이 열리는 기간 중에 앱이 가장 많이 사용되리라 예상할 수 있다. 휴일에는 사용자가 평일보다 앱스토어에서 구매를 더 많이 하기 때문에 다운로드 수와 앱 사용량이 증가한다. 마지막으로 할인 이벤트를 통해 저렴한 가격에 앱을 판매하는 경우에도 앱 사용률에 큰 영향을 미친다. 그 외 이벤트들은 예측하기가 훨씬 어렵다. 만약 여러분의 앱이 추천을 통해 하루에 150% 성장하게 된다면 어떻게 될까? 이를 위해 대비해둬야 할 것이다.

사용자 수를 알면 동시 접속자 수를 추정할 수 있다. 이 중 앱 백엔드 확장에 정말로 중요한 요소는 동시 접속자 수다. 한 앱은 정기적으로 사용하는 천만 명의 사용자가 있고, 다른 한 앱은 매일 사용하는 천만 명의 사용자가 있다고 해보자. 이 둘은 완전히 다르게 취급해야 한다. 측정 지표를 보면 특정 시간대별로 평균 사용 시간을 알 수 있을 것이다. 앱이 글로벌하게 사용된다면 표준 시간대별로 사용자를 분류하는 게 중요하다. 아무리 하루 종일 앱을 사용하는 사용자라도 잠을 자는 밤 시간대에는 앱을 쓰지 않을 것이다.

어쨌든, 비교적 쉽게 확장할 수 있는 준비만 돼 있다면 현재는 확장이 안돼 있거나 소수의 (동시 접속) 사용자만 지원한다 해도 문제가 되지는 않는다. 확장이 가능하다고 해서 꼭 확장할 필요는 없다. 필요한 시점에 확장할 수 있는 준비만 갖춰 놓는 것으로 충분하며, 불필요한 확장을 해둘 필요는 없다. 완벽주의로 인해 많은 프로젝트들이 망가졌다. 그런 일이 일어나지 않게 주의하자.

확장에 실패한 슬픈 앱 백엔드 이야기

네트워크 속도가 느리면 아무리 데이터 소모를 최소화하고 캐싱을 도입하더라도 사용성이 떨어진다. 이런 상황이 발생하면 통제할 방법이 없다. 반면 백엔드의 경우 과부하가 되더라도 어느 수준까지는 제어가 가능하다. 앱의 사용성에 대한 종합적인 판단은 사용자가 하게 되며, 바로 이 점이 전체 아키텍처가 중요한 이유이기도 하다.

이를 잘 설명하는 예제를 하나 살펴보자. 얼마전 나는 꽤 유명한 글로벌 TV쇼의 안드로이드용 세컨드스크린 앱을 개발한 적이 있다. 비밀유지계약Non Disclosure Agreement, NDA 때문에 업체를 알려줄 수는 없지만 그게 중요한 것은 아니다. 어쨌든 쇼는 방영됐고, 쇼를 시청하는 사람들은 출연자 중 한 명에게 투표를 하는 방식이었다. 이로 인해 쇼가 방영되는 시점에 많은 트래픽이 발생할거라는 사실은 당연했다. 백엔드를 개발하는 서드파티 업체에게 이를 위한 확장성 여부에 대해 질문했을 때, 최소한 10만명 이상의 앱 사용자까지는 문제가 없음을 보장한다고 했다. 그때 나는 순진하게도 그만큼까지 부하 테스트를 했는지 여부를 묻지 않았다. 나는 그때 그들이 전문 업체라 생각했는데, 불행하게도 그렇지 않다는 걸 나중에 알게 됐다.

TV쇼의 새 시즌이 시작돼 첫 방송이 나가면서, 사람들이 앱을 사용하자, 문제가 발생하기 시작했다. 처음 30분은 그럭저럭 지나갔으나 약 4만 명의 사용자가 투표를 시작했다.

그 때부터 대부분의 앱이 동작을 멈추면서 투표가 거의 불가능한 상황이 벌어졌다. 원인은 바로 백엔드가 이런 대용량의 트래픽을 처리할 수 없었기 때문이었다. 비난 받아야 할 대상은 프론트엔드(앱)가 아니라 백엔드였지만, 사용자가 보기에는 앱이 동작을 안하는 것이었다. 결과적으로 느려진 서비스 때문에 부정적인 댓글이 수도 없이 달렸고, 그 다음 방송에서는 앱이 문제가 없었음에도 나빠져버린 평판을 회복하기는 어려웠다. 피해는 이미 발생한 뒤였다.

소 잃고 외양간 고치기

돌이켜 보면, 만약 예측된 상황을 검증하는 사전 부하 테스트를 했다면 그런 파국은 피할 수 있었을 것이다. 아니면 재빠르게 백엔드를 확장만 했어도 대부분의 문제는 발생하지 않았을 것이다.

미래를 예측하는 수정 구슬이 있었다면 좋았겠지만 내가 알기론 그런 구슬은 세상에 없다. 대신 항상 새로운 상황에 신속하게 대응할 수 있는지 점검하는 것만이 최선일 것이다.

정도의 차이는 있겠지만, 미래의 상황을 예측하고 대비해야 한다. 심하다 싶을 정도의 부하 테스트를 수행하고 문제를 직접 해결해야 한다. 문제를 사용자가 발견하기 전에 파악해야 한다. 문제가 발견되면 병목구간을 찾아내 최적의 해법을 적용해야 한다.

확장이냐 리팩토링이냐 그것이 문제로다

규모 확장이 항상 정답은 아니다. 만약 아키텍처가 좋지 않다면 데이터베이스나 서버를 추가해 대응할 수도 있다. 하지만 이는 단기적인 처방일 뿐이며, 결국 하드웨어 자원(과 비용)을 낭비하게 된다. 규모 확장이 아니라 아키텍처 개선으로 더 나은 성능을 얻을 수 있다면 그렇게 하는 것이 바람직하다. 더불어 신속하게 확장할 수 있어야 한다는 사실은 변함이 없다.

(일부 예외가 있을 수 있지만) 앱을 가능한 한 가볍게 유지하는 것이 일반적인 방법이다. 무거운 기능은 스마트폰에서가 아니라 서버에서 처리하도록 해야 한다. 그렇지 않으면 스마트폰에 CPU 사용량이 급증해 배터리가 금방 동나게 된다. 이러한 관점에서 보면 확장성이란, 대부분 백엔드에만 요구되는 사항이라고 할 수 있다.

앱 사용자가 열명에서 백 명, 만 명, 십만 명, 백만 명으로 증가하게 되면 확장성이 점점 더 중요해진다. 이와 관련된 모범 사례는 다음과 같다.

- 앱을 가능한 한 가볍게 유지한다.
- 단순성을 지키며, 확장 가능하도록 하되, 아직은 확장하지 않는다.
- 클라우드 스토리지와 배포를 사용한다.
- 인터페이스(API)를 우선으로 구축한다.
- 애널리틱스(분석)를 통해 통찰을 얻는 것이 중요하다.
- 시장 흐름을 따라가고 프로모션은 신중하게 계획한다.
- 데이터 트래픽은 최대한 낮게 유지하고 활용되지 않을 데이터는 전송하지 않는다.
- 가능하면 자동 확장 옵션을 사용한다.

솔루션 확장에 영향을 주는 요소는 다음과 같다.

- 데이터베이스
- 스토리지
- 트래픽의 평균 크기
- 이용 서비스 형태(MBaaS인지? 자체 호스팅인지? 앱 엔진, 애저, 아마존 같은 클라우드 기반 솔루션인지?)

▌오토 스케일링(자동 확장)

모바일 앱의 백엔드로 애저를 선택했다면 애저 모바일 서비스를 사용할 수 있다. 이 서비스는 프로세스나 스토리지, 확장 옵션을 포함해 대부분의 인프라를 제공한다. 그리고 무료 요금제나 기본 또는 고급 요금제와 같은 가격대도 고를 수 있다. 다음 그림은 마이크로소프트사의 문서에서 발췌한 것으로, 어떻게 애저에서 확장이 이뤄지는지를 보여준다. 이 그림은 기존 UI에서 가져온 것이라 '신형' UI와는 조금 다르지만, 스케일링 설정을 좀 더 직관적으로 보여준다.

앞서 살펴봤듯이 대부분의 애저 서비스에는 오토 스케일링 기능이 있다. 이 솔루션은 미리 지정해둔 일정이나 트래픽에 따라 자동적으로 규모를 확대 또는 축소한다. 예를 들어, 밤과 낮, 주말과 주중, 프로모션을 진행하는 특정 기간 등의 일정을 생각해보자. 앱이 얼마나 사용되고, 어떤 설정이 최선인지는 스스로 결정해야 할 것이다. 특별한 힌트가 없다면 통계를 기반으로 접근하는 것이 가장 좋다.

아마존에서도 오토 스케일링과 동일한 기능을 제공하며, AWS 모바일 서비스를 이용하면 앱을 더 빨리 개발하는 데 도움이 된다. 이 서비스는 푸시 알림, 사용자 분석, 데이터 스토리지, 동기화 옵션 등을 지원한다. 피크 시간(일)에는 인스턴스 수를 자동으로 확장하고, 필요한 용량이 줄어들면 축소하는 방식으로 비용을 절감시켜 준다.

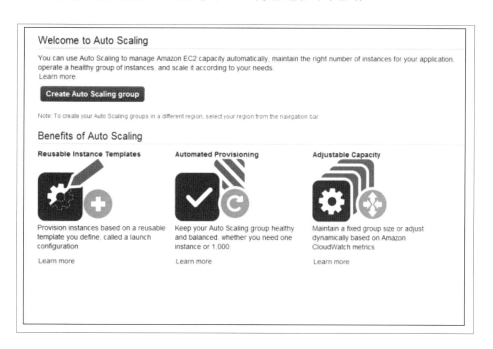

아마존 클라우드 와치Amazon Cloud Watch는 AWS 클라우드의 리소스와 애플리케이션을 모니터링하고 오토 스케일링을 활성화시킨다. 이에 대한 자세한 내용은 https://aws.amazon.com/autoscaling/에서 살펴볼 수 있다.

또한 여기에는 서비스형 인프라(IaaS)에 대한 심층적인 내용을 다루는 자료도 제공되는데, 이들 자료를 나중에라도 꼭 살펴볼 것을 권한다. 여기서는 우리가 선택할 수 있는 옵션은 무엇인지와, 그런 선택이 가격 전략에 미치는 영향에 대해서만 살펴봤기 때문이다.

다음 링크의 글도 읽어보면 흥미로울 듯하다.

http://highscalability.com/blog/2016/1/11/a-beginners-guide-to-scaling-to-11-mi llion-users-on-amazons.html

파이어베이스와 같은 MBaaS에서는 확장 기능을 선택하면 요금제가 바뀐다. 애저나 아마존, 앱 엔진과는 달리 오토 스케일링 옵션이 제공되지 않기 때문이다. 이런 이유로 이런 서비스는 대규모 사용자 대상 서비스로는 효용성이 좀 떨어진다고 할 수 있다. 그렇다고 파이어베이스 같은 MBaaS를 아예 사용하지 말라는 의미는 아니다. 이들 서비스는 앱개발을 시작할 때는 매우 유용하고 무엇보다도 빠른 검증을 할 수 있도록 해준다. 또한 앱이 성장한 이후에 MBaaS에서 IaaS로 이전하더라도 개발 초기에 절약한 시간은 큰 도움이 된다.

▍요약

16장에서는 앱의 확장 전략과 이를 앱의 백엔드에 어떻게 적용하는지에 대해 배웠다. 확장 자체가 아닌, 확장할 수 있는 역량과 잘 구성한 아키텍처가 바로 핵심 요소라 할 수 있다.

클라우드에서 서비스도 제공하고, 데이터도 저장한다면 당연히 확장성이 높겠지만 그만큼 값비싼 비용을 치뤄야 할 것이다. 모바일을 고려하지 않고 설계된 API에서 데이터를 가져오는 경우라면, 우선 미들웨어 솔루션부터 구축할 필요가 있다. 그래야만 네트워크 속도가 느린 환경에서도 앱이 제대로 작동하도록 처리할 수 있다. 데이터 양을 최소화하고 페이징 기법을 적용하면 앱의 성능을 향상시킬 수 있다.

클라우드 서비스는 편의성을 제공하지만 가격을 고려해야 한다. 그래야만 앱이 수익을 내기가 무섭게 문제가 발생하는 상황을 피할 수 있다. 수익 창출 방법에는 여러 가지가 있으며, 이에 대해서는 17장에서 자세히 살펴본다. 유료 앱을 통해서나 인앱 구매를 통해 매출을 늘리고 싶다면, 지금부터 알아보자.

17

수익 창출 및 가격 전략

17장에서는 앱으로 수익을 창출하는 방법을 살펴본다. 이는 비즈니스 모델 캔버스에서 가장 중요한 분야이자 가장 흥미로운 분야이기도 하다. 모바일 앱으로 돈을 벌기란 결코 쉽지 않다. 게임은 좀 예외지만, 대부분 사용자는 모바일 기기나 앱에 돈을 잘 쓰지 않는다. 다행히도 수익성 높은 비즈니스를 구축할 수 있는 다양한 방법이 있다. 17장에서는 이를 이해 취할 수 있는 방법에 대해 알아보려고 한다.

앱에서 여러 가지 수익을 창출하는 방법도 알아보자. 또한 앱 안에서 제품을 판매하려는 경우(인앱in-app 구매라고 함) 또는 앱 자체를 판매하려는 경우에 현명한 가격 전략은 무엇인지 검토할 예정이다.

17장에서는 다음과 같은 내용을 다룬다.

- 앱에 적용할 수 있는 수익 창출 전략
- 가격 전략
- 앱 스토어나 플레이 스토어에서 가격 전략을 적용하는 방법
- 인앱 구매를 구현하는 방법

▌ 수익 창출 전략

돈을 벌기 위해 사용할 수 있는 전략에는 여러 가지가 있다. 앱을 판매할 수도 있고, 광고를 보여주거나 인앱 구독 방식을 사용할 수도 있으며, 사용자 데이터를 제3자에게 판매할 수도 있다. 이러한 방법으로 수익을 창출하는 일은 언제나 쉽지 않으므로 앱에 맞는 최적의 방법을 찾아야 한다. 너무 욕심을 내서도 안 된다. 사람들은 공짜로 받는 것에 익숙하다. 따라서 데이터 판매로 수익을 내려면 계획을 잘 세워야 한다.

앱의 수익 창출 전략의 대표적인 사례는 다음과 같다.

- 앱 스토어나 플레이 스토어에서 앱을 판매한다.
- 경량 버전의 앱을 무료로 제공하고, 고급 버전은 유료로 판매한다.
- 앱에 광고를 표시한다.
- 인앱 구매를 하면 광고를 삭제해준다.
- 앱은 무료로 제공하고, 고급 기능은 웹에서 제공한다.
- 실세계에서 제품이나 서비스를 판매한다.
- (사용자) 데이터를 유료로 판매한다.
- 앱을 통해 다른 상품이나 서비스를 홍보해 가치를 창출한다.

앱 직접 판매

앱 스토어나 플레이 스토어에서 앱을 판매해 수익을 낼 수 있다. 이 방법은 앱을 통해 수익을 내는 가장 확실한 방법이다. 이 방법은 사용자가 앱에 대해 친숙하고, 앱의 평판도 좋을 경우에만 효과가 있으며, 그게 아니라면 앱이 제공하는 가치가 명확할 경우에만 가능하다. 앱 스토어의 초창기에는 두 개의 앱을 발행하는 식으로 이 문제를 해결했다. 하나는 무료 버전이고, 하나는 유료의 고급 버전이었다. 하지만 현재는 인앱 구매In-app purchase(애플 사에서 사용하는 용어)를 활용하는 프리미엄 모델이 일반적이다. 구글의 안드로이드에서는 동일한 개념을 '인앱 과금In-app Billing'이라는 용어로 부른다. 사용자는 무료로 앱을 다운로드하지만, 특정 기능이나 콘텐츠를 사용하려면 비용을 지불해야만 쓸 수 있도록 하는 방식이다. 이는 게임처럼 중독성이 있는 앱의 경우 매우 적합한 방식이지만 그렇지 않은 앱에도 충분히 적용할 수 있다. 앱 다운로드에 대한 홍보뿐만 아니라 다운로드 받은 앱에서 유료 기능을 사용하도록 하는 홍보를 병행하면 더 좋다.

일단 사용자가 앱을 다운로드한 후 계속 사용하기로 결정했다면 고급 기능을 활용하고자 유료 구매를 할 가능성이 있다. 하지만 아주 적은 수의 사용자만이 유료 고객으로 전환된다는 것을 명심해야 한다. 평균적으로 유료 고객으로의 전환 비율은 최대 1%~5% 내외다. 이런 상황이 문제가 돼서는 안 된다. 일부 게임처럼 전혀 비용이 발생하지 않는 앱도 있지만, 백엔드 호스팅을 쓰고 있거나 대용량 파일(비디오)을 저장해야 하는 앱이라면 문제가 될 수 있다. 일반적으로 클라우드 스토리지의 비용은 그리 비싸지 않지만, 사용자가 많아지면 훨씬 큰 용량의 스토리지가 필요하게 된다. 즉, 사용자의 1%~5%가 지불하는 돈이 전체(무료 및 유료 사용자) 사용자의 비용을 충당할 수 있어야 안전하다고 할 수 있다.

제품이나 서비스 판매의 현실

애플이나 구글이 제공하는 스토어에서 앱을 판매하면 모든 결제 프로세스가 제공되기 때문에 매우 편리하다. 그러나 그 대가는 꽤 비싸다. 이들 회사는 매출의 30%를 청구하기 때문에 만약 앱을 천 원에 팔았다면 내 손에는 칠백 원만 들어온다. 게다가 국가별로 매겨지는 부가가치세나 소득세로 인해 실제 수입은 더 줄어든다. 만약 부가가치세가 21%이고, 소득세가 30%인 경우 앱을 1달러에 팔면 실제 수입은 다음과 같을 것이다.

제품가격	$	**1,00**
부가가치세 21%	$	-0,21
		0,79
스토어 수수료 30%	$	-0,24
순수익		**0,55**

두바이 같은 도시로 이주하지 않는 한 세금을 완전히 피할 방법은 없을 테지만, 스토어에 지불하는 30%의 비용을 회피할 방법은 있다. 바로, 디지털 콘텐츠나 기능, 게임 아이템 같은 것을 판매하지 않는 것이다. 즉, 디지털 자원 대신 실세계의 상품이나 서비스를 파는 것이다.

예를 들어 주차 앱을 생각해보자. 이 앱은 주차 티켓을 발행하거나, 주차 만료 시간이 되기 전에 돌아와야 하는 번거로움을 해결해준다. 그 대가로 앱을 이용할 때마다 이용료(네덜란드의 파크 모바일앱Parkmobile app의 경우 2016년 기준 25유로 센트)를 받는다. 비용은 모두 신용카드로 결제되므로 애플이나 구글이 관여하지 않는다.

앱은 무료로 제공하고 서비스를 판매한다

만약 여러분이 제공하는 서비스의 다양한 채널 중 하나로서 앱을 사용할 계획이라면, 앱을 무료로 제공하면서 서비스(예, 웹 서비스)에 과금을 하는 것도 좋은 생각이다. 이런 방식에는 두 가지 이점이 있다. 첫째, 사용자의 가격 인식에 긍정적인 영향(앱이 아니라 웹 사이트에 비용을 지불)을 준다. 둘째, 애플이나 구글에 30%를 지불할 필요가 없다. 물론 이렇게 하려면 자체적으로 결제 시스템을 갖추거나 결제 대행사를 통해야 할 것이다. 그러나 그 비용이 조금 들더라도 전체적인 수익은 분명히 증가할 것이다.

앱이 백엔드를 사용하고 있고, CMS처럼 서비스형 소프트웨어에 적합한 앱인 경우, 앱용 고급 기능은 웹 사이트(큰 화면, 빠른 속도)를 통해 제공한다. 즉, 앱은 무료로 사용할 수 있지만 웹 사이트를 통한 접속에는 과금하는 방식을 사용하면 된다.

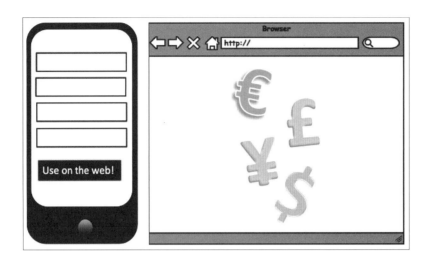

광고

앱 내에 광고를 보여주는 방식은 가장 일반적인 수익 창출 방법이다. 광고로 인해 사용자는 조금 짜증날 수도 있겠지만, 앱을 공짜로 제공하면서도 매출을 내려면 광고가 꼭 필요하다. 사실 인앱 광고로 수익을 창출하는 것은 충분히 큰 사용자 기반이 있을 때만 의미가 있다. 플래피 버드의 경우, 광고로만 수익을 냈는데도 워낙 인기가 높아서 하루 광고 수익이 5만불에 달했다고 한다. 광고는 또한 인앱 구매와 결합된 비즈니스 모델을 취하기도 한다. 즉, 사용자가 약간의 돈을 내면 광고를 제거할 수 있다. 이는 한 번만 지불하면 끝나는 방식도 있고, 월 또는 연 단위로 구독하는 방식도 있다.

이제 앱에다 광고를 붙이기로 결정했다고 하자. iOS든 안드로이드이든 모두 지원해주는 다양한 광고 업체를 선택할 수 있으며, 이들 업체는 모바일 플랫폼용 SDK를 제공한다. 광고 업체에서 광고를 집행하기 때문에 여러분이 할 일은 단지 SDK를 추가한 후, 코드만 몇 줄 추가하는 것이다.

광고 업체는 다양한 광고 형식과 프로모션 유형을 제안한다. 가장 일반적인 유형은 다음과 같다.

모바일 광고 형식

- **배너**(화면의 상단 또는 하단에 보여짐)
- **전면광고**(전체 화면으로 보여짐)
- **네이티브**(앱의 콘텐츠에 자연스럽게 통합돼 보여짐)

캠페인 유형

- **행동/획득당 비용**(CPA): 특정 행동(접촉, 회원가입, 제출)을 했을 때마다 광고주가 비용을 지불한다.
- **클릭당 비용**(CPC): 광고를 클릭했을 때마다 광고주가 비용을 지불한다.
- **노출당 비용**(CPI): 광고가 노출될 때마다 광고주가 비용을 지불한다.
- **마일당 비용**(CPM): 1,000번 노출될 때마다 광고주가 비용을 지불한다.

가장 인기 있는 광고 업체들의 목록은 다음과 같다.

- 애드몹AdMob (구글에 인수됨)
- 인모비Inmobi
- 탭조이TapJoy
- 플러리Flurry
- 킵Kiip
- 모펍MoPub
- 리브펍RevPub
- 스마토Smaato

또한 언제, 어떻게 광고를 노출할지는 신중히 결정할 필요가 있다. 사용자 입장에서는 화면 대부분을 차지하는 전면광고(예를 들면, 네이티브 페이스북 광고)가 가장 성가시고, 화면 하단에 광고가 표시되는 배너 방식이 가장 무난하다. 그러나, 이것이 개발자에게도 그런 것은 아닐 것이다. 전환율은 전체 화면을 차지하는 광고가 훨씬 높다. 이는 앱의 특성에 따라 다르며, 안드로이드냐, iOS냐에 따라서도 또 달라진다. 각자 상황에 맞는 방식을 알아 내기 위해 분할 테스트를 시행해 보는 것도 좋을 것이다.

광고를 제거하는 옵션을 제공하고자 한다면 광고 화면 주위에 이를 명확히 알려주도록 하는 버튼을 배치하는 것이 좋다. 화면 하단의 광고 배너 바로 위에 광고 제거 버튼을 배치하면 어떨까? 이렇게 하면 광고를 통해서도 수익을 얻고, 돈(예를 들어, 천 원)을 내더라도 광고를 안보고 싶은 사용자에게서도 수익을 얻을 수 있다.

데이터로 수익 창출

다수의 사용자 기반을 가지고 있다면 서드파티에 앱 데이터를 판매해 수익을 얻는 전략도 고려할 수 있다. 이 전략은 사용자가 선호하지 않을 수도 있기 때문에 신중하게 고려해야 한다. 판매하려는 데이터가 완벽하게 익명처리됐는지 확인해야 하며, 너무 욕심을 내지 않도록 해야 한다. 앱 사용자에게 스팸을 보내는 용도로 사용될 데이터를 팔아서는 안 된다.

만약 앱이 대규모의 사용자 기반을 가지고 있고, 프로필 정보도 충실하다면 이를 통해 고객 세그먼트를 생성할 수 있다.

이미 11장, '온보딩과 등록'에서 지속적 온보딩 프로세스에 대해 알아봤다. 충실한 프로필 정보를 가진 대규모의 사용자 기반을 확보하게 되면 앱과 사용자의 가치가 높아지므로 굳이 급하게 사용자 데이터를 서드파티에 판매하지 않아도 된다. 사용자에 대해 많이 알면 알수록 사용자의 가치가 높아진다. 예를 들어, 특정 날짜마다 특정 장소를 방문하는 중

년 주부의 데이터셋이나 메탈 음악 감상을 좋아하는 젊은이의 데이터셋을 만들 수 있다. 크기가 일정 수준을 넘어서기만 한다면 상상 가능한 어떤 분야의 고객군도 의미가 있다.

기업 인수를 전략으로 취하는 경우에는 더더욱 대규모 사용자 기반을 갖는 것이 앱의 수익성보다 중요할 것이다. 또한 만약 앱이 다른 상품이나 서비스의 판매를 촉진하는 역할을 한다면 그것이 디지털이든 실제 상품이든 간에 가치를 창출한다고 할 수 있다. 수익은 상품이나 서비스 판매를 통해 얻을 수 있기 때문이다. 이때 앱은 판매 전략을 지원하는 채널이 된다.

▌ 가격 전략

만든 앱을 팔거나, 인앱 구매를 추가한다고 가정해보자. 어떤 판매 전략을 세울 것인가? 언제 돈을 청구할 것인가? 사용자가 앱을 다운로드할 때부터 청구할 것인가? 아니면 시험 사용 기간을 제공해서 일단 사용자가 앱에 대해 평가할 수 있도록 할 것인가? 아니면 일부 고급 기능을 인앱 구매로 판매하는 앱을 제공할 것인가? 이 질문에 대한 대답은 앱의 특성과 사용자의 지역, 그리고 기기의 운영체제의 특성에 따라 달라진다.

가격 인식

가격 인식은 여기서 매우 중요한 요소다. 대부분의 사람은 99센트 전략이 제공하는 심리적 효과에 대해 잘 알고 있다. 우리는 0.99달러와 1달러는 단지 1센트 차이일 뿐이라는 것을 잘 알지만 전자를 훨씬 저렴하다고 느낀다. 앱이나 게임에서도 가격 심리학을 활용한 흥미로운 기법을 사용한다. 그 중 하나는 가격 대비 효과다. 이는 최소의 가치를 가진 저렴한 상품과 매우 값비싼 제품을 포함해 세 가지 상품을 보여주면, 소비자가 생각한 가격보다 비싸더라도 중간의 제품을 사게 된다는 것이다. 이 사례는 뒤에서 살펴보자.

게임에서 많이 사용되는 아이템은 추가 생명이나 코인, 레벨 등이다. 다음 그림은 포켓볼 게임 앱에서는 파는 아이템인데, 코인의 양에 따라 스택stack, 파일pile, 월렛wallet, 스태시 stash, 힙heap, 볼트vault로 구성해 가격대 이론을 극대화했다.

코인을 판매하는 게임의 경우 이런 전략이 꽤 효과적이다. 게임 초반에는 플레이어가 게임을 알아가는 중이며, 중독 수준도 아니고(캔디 크러시Candy Crush를 기억하는지?), 코인이나 크레딧도 많은 상태다. 게다가 플레이어는 게임에서 자주 새로운 크레딧을 해제하거나 얻는다. 하지만 가상의 재화는 금방 바닥이 난다. 이럴 때 참을성이 없는 플레이어는 가상의 코인을 구매한다. 일반적으로 실제로 코인을 구매하는 플레이어는 전체의 1%~3% 정도다. 이 정도의 매출로도 게임은 충분한 수익을 낼 수 있다.

게임이 아닌 앱의 경우라면, 유료로 제공할 기능을 정하는 게 중요하다. 사용자가 느끼기에 가치가 있을 거라고 판단되는 기능으로 결정해야 한다. 광고를 제거하는 것 이외의 수익을 내려면 어떤 기능을 유료로 제공해야 하며, 어떤 기능을 여전히 무료로 제공해야 할까? 이에 대한 답을 찾는 실험을 할 수도 있다.

모바일 앱에 특화된 것은 아니지만, 가격과 관련된 재밌는 전자책이 있다. 바로 『Don't Just Roll the Dice(주사위를 그냥 굴리지 마라)』(RedGateBooks, 2009)이다. 이 책은 상품 가격을 정하는 데 필요한 수준의 경제학적 지식을 알려준다. 예제와 무료 PDF 버전을 얻으려면 구글에서 찾거나, 다음 주소에서 다운로드할 수 있다.

http://download.red-gate.com/ebooks/DJRTD_eBook.pdf

슬라이드쉐어에서도 볼 수 있다.

http://www.slideshare.net/omohout/lean-pricing-startups

안드로이드 먼저? iOS 먼저?

스타트업 회사라면 먼저 어떤 플랫폼용 앱을 개발할지 결정해야 한다. 최대한 많은 잠재 고객을 확보하는 것이 중요한 상황에서 목표 고객들이 iOS를 더 많이 사용하고 있는 게 아니라면, 안드로이드를 우선으로 선택해야 한다. 그러나 앱을 판매하거나 인앱 판매를 통한 수익 창출이 가장 중요하다면 iOS가 더 나은 선택이 된다. 그 이유는 iOS 사용자가 안드로이드 사용자보다 앱에 더 많은 돈을 투자하기 때문이다. 그 외에 광고를 게재하는 경우에도 iOS가 더 나은 선택이 되는데, 이는 평균적으로 iOS의 **클릭율**(click-through rates, CTR)이 안드로이드보다 높기 때문이다.

인앱 구매 상품 유형

iOS의 경우 네 가지 유형의 인앱 구매 상품이 있다.

- 소모성
- 비소모성
- 비갱신 구독
- 자동갱신 구독

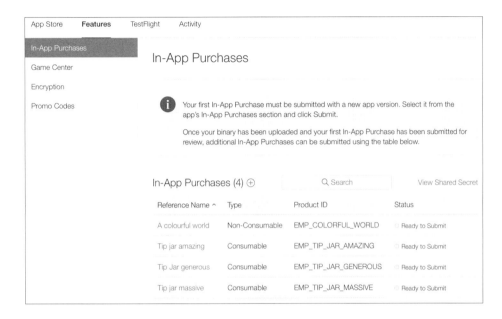

소모성 상품은 사용하면 없어진다. 게임의 경우, 추가 생명 같은 것이 소모품이다. 비소모성 상품은 한번 구입하면 계속해서 쓸 수 있다. 구독 방식은 특정 기능이나 콘텐츠를 특정 기간 동안 쓸 수 있게 한다. 구독의 유형에는 비갱신 구독과 자동 갱신 구독이 있다.

상품의 유형은 아이튠즈 커넥트iTunes Connect에서 설정할 수 있다. 제품별로 제품 아이디와 참조 이름(내부 참조용), 화면 표시 이름, 가격대를 선택할 수 있다. 특정 가격으로 앱이나 제품을 판매할 수도 있다. 첫번째 가격대는 0.99달러다. 이에 대해서는 이 장의 뒷부분에서 살펴볼 샘플 예제인 엠퍼로Empurror 앱에서 다룬다.

자세한 내용은 https://developer.apple.com/in-app-purchase/를 참조한다.

인앱 결제

안드로이드용 인앱 결제 상품도 역시 소모성과 비소모성, 구독 유형으로 나뉜다. 큰 틀에서는 iOS 방식과 큰 차이가 없다.

인앱 결제는 구글 플레이를 통해서 발행하는 애플리케이션에서만 구현이 가능하다. 선택할 수 있는 결제 방식에는 관리형과 구독형이 있다. 구글 플레이는 사용자를 기준으로 애플리케이션용 인앱 상품이나 구독에 대한 소유권을 추적하고 관리한다.

인앱 결제In-app Billing API를 사용한다면 애플리케이션에서 관리되는 아이템도 사용할 수 있다. 게임 내에서 사용되는 게임머니나 연료, 마법 아이템처럼 여러 번 구매할 수 있는 아이템의 소요 여부를 구현할 수 있다. 이런 아이템은 일단 구매하면 이를 다 소비할 때까지 재구매할 수 없다.

구독은 인앱 결제에서 제공되는 상품 유형으로, 앱 내의 콘텐츠나 서비스, 기능 등을 월 단위나 연 단위로 판매할 수 있게 한다. 구독은 앱이나 게임의 유형과 관계없이 거의 모든 형태의 디지털 콘텐츠에 적용할 수 있는 유형이다.

구매가 시작되면 애플리케이션은 특정 인앱 상품에 대한 결제 요청을 보낸다. 구글 플레이에서는 금융 거래를 처리하고 결제 방식 요청 및 유효성 검사를 포함한 모든 결제의 세부 정보를 처리한다.

결제 프로세스가 완료되면 구글 플레이는 구매 상세 정보인 주문번호, 주문일자, 지불 가격 등을 애플리케이션에 전송한다. 어떤 구간에서도 애플리케이션이 금융 거래를 취급하지 않으며, 구글 플레이가 모든 역할을 수행한다.

자세한 내용은 https://developer.android.com/google/play/billing/billing_overview.html을 참고한다.

▌ 인앱 구매 구현 방법

인앱 구매iOS는 인앱 결제(안드로이드)보다 높은 전환율을 보인다. 인앱 구매를 사용하는 엠퍼로Empurror 앱의 사례를 살펴보자.

엠퍼로

엠퍼로Empurror는 내가 예전에 개발했던 iOS용 미니 스프라이트키트SpriteKit 게임이다. 게임은 매우 단순하다. 고양이(엠퍼로) 한 마리와 여러 마리의 새끼 고양이가 지붕으로 뛰어오르는데, 게임 속 주인공(플레이어)가 고양이를 모두 잡으면 게임에서 이긴다.

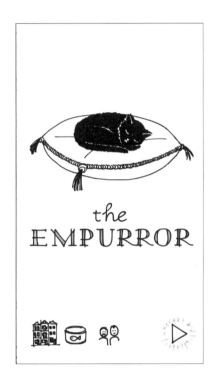

이 게임에는 세 가지의 인앱 구매가 있다. 세 가지 모두 특별한 기능을 추가하는 용도가 아닌, 단순 기부 목적이다. 물론 기부를 하면 고양이가 고맙다고 말하며, 배 부분을 문지르면 좋아하는 시늉을 하는 기능은 제공한다.

인앱 구매 화면은 다음과 같다. 게임에서는 후한 기부generous donation(고양이 사료), 감동 기부massive donation(싱싱한 생선), 통큰 기부amazing donation(거대 치킨)의 세 가지 상품을 보여준다. 우리는 이 세 가지 기부 유형을 가지고 가격 실험을 했다.

첫번째 목표는 중간 항목인 감동 기부였다. 우리는 감동 기부가 가장 적당한 것처럼 보이도록 했다. "게임을 좋아한다면 고양에게 생선을 주세요!" 통큰 기부는 지나치다 느낄 정도로 높은 금액을 매겼다. 반대로 후한 기부는 "겨우 99센트만 낸다고? 너무 구두쇠 아닙니까?"라는 느낌을 주어, 결국 '감동 기부'를 선택하도록 유도했다.

이런 방식을 예제에 적용해보자. 물론 이런 가격 전략은 실제로 제공되는 디지털 인센티브가 결합될 때 제대로 작동하겠지만 일단 구성은 다음과 같다.

인앱 구매를 제공하는 앱에서와 마찬가지로, 광고 제거 기능을 넣은 상품의 경우에도 앞서 살펴본 전략을 동일하게 활용할 수 있다. 즉, 합리적인 중간 가격대를 기준으로 놓고 왼쪽에는 저렴한 것, 오른쪽에는 비싼 것을 배치해서 중간을 선택하도록 하는 것이다.

- 1주일 간 광고를 제거: 0.99달러

- 1개월 간 광고를 제거: 1.99달러

- 1년 간 광고를 제거: 19.99달러

사용자가 적어도 1년 간은 앱을 사용할 예정이라면 가장 좋은 선택은 세 번째일 것이다. 그러나 옵션을 제시하면 대부분은 중간을 선택하는 경향이 있다. 이 방식은 대부분의 앱에서 문제없이 작동하는 방식이지만, 추가로 피드백을 받아 개선하면 더 좋다. 최고로 전환이 높은 상품이 무엇인지를 측정하고 파악하자. 이런 작업에 유용한 분석 도구가 많다. 더 자세한 내용은 13장, '플레이 스토어 및 앱 스토어 실험'과 14장, '앱에서 A/B 테스트 수행하기'를 참조하도록 한다.

지금부터는 코드를 살펴보면서 지불 모델을 구현할 때 무엇이 필요한지 알아보자. 다음 코드는 iOS용 오브젝티브 C로 작성된 코드다. 원한다면 스위프트로의 변환도 어렵지 않으며, 안드로이드의 경우에 코드는 다르겠지만 주요 아이디어는 언제나 동일하다.

사용자가 인앱 구매 화면으로 이동하고자 할 때 내려 받아야 하는 아이튠즈 커넥트(또는 구글 개발자 콘솔)에서 앱에 사용할 상품의 개수를 정의하자. 다음 예제처럼 StoreKit과 SKProductsRequestDelegate를 임포트해야 한다.

```
@interface PurchaseViewController : UIViewController
  <SKProductsRequestDelegate, SKPaymentTransactionObserver>
  ...
#import "PurchaseViewController.h"
#import <StoreKit/StoreKit.h>
  ...
  /*
   4 In-App Purchases
  */
#define kProductTipGenerous @"EMP_TIP_JAR_GENEROUS"
#define kProductTipMassive @"EMP_TIP_JAR_MASSIVE"
#define kProductTipAmazing @"EMP_TIP_JAR_AMAZING"
@implementation PurchaseViewController
...
```

화면이 나타나면 전환율(여기서는 Flurry를 사용)을 측정하는 이벤트를 추가하고, 가능한 경우 스토어에서 상품을 불러온다.

```
@synthesize scene;

- (void)viewDidLoad {
    [super viewDidLoad];

    [Flurry logEvent:analyticsPurchaseViewShown];
...
    [self loadProductsFromStore];
}

-(void)loadProductsFromStore{
    if([SKPaymentQueue canMakePayments]){
        NSLog(@"User can make payments");
SKProductsRequest *productsRequest = [[SKProductsRequest alloc] initWithProductId
entifiers:[NSSet setWithObjects:
kProductColorfulWorld,
      kProductTipGenerous,
      kProductTipMassive,
      ProductTipAmazing, nil]];

        productsRequest.delegate = self;
        [productsRequest start];
    }
    else {
        NSLog( @"User cannot make payments,
                perhaps due to parental controls");
    }
}
```

응답을 받고 나면 결과를 사용자에게 보여준다. 또는 본 예제와 같이 사용자가 구매할 수 있도록 하는 버튼을 활성화한다. 각 상품별로 identifier와 name, price가 반환된다.

```objc
- (void)productsRequest:(SKProductsRequest *)request didReceiveResponse:(SKProduc
tsResponse *)response{
    if (self.view == nil){
        return;
    }

    SKProduct *validProduct = nil;
    int count = (int)[response.products count];
    products = response.products;
    if(count > 0){
        validProduct = [response.products objectAtIndex:0];
        NSLog(@"Products Available!");
        ...
        for (SKProduct* product in products){
            [self enableProductPurchaseOption:product];
        }
    }
    else if(!validProduct){
        NSLog(@"No products available");
    }
}


-(void)enableProductPurchaseOption:(SKProduct*)product{

 if ([product.productIdentifier
      isEqualToString:kProductTipGenerous]){
       [nameGenerous setEnabled:YES];
       [priceGenerous setEnabled:YES];
      [nameGenerous setTitle: @"Generous donation"
     forState:UIControlStateNormal];
      [priceGenerous setTitle: product.price.stringValue
                     forState:(UIControlStateNormal)];
     }
 ...
if ([product.productIdentifier isEqualToString:kProductTipAmazing]){
        [nameAmazing setEnabled:YES];
        [priceAmazing setEnabled:YES];
        [nameAmazing setTitle: @"Amazing donation"
```

```
        forState:UIControlStateNormal];
    [priceAmazing setTitle: product.price.stringValue
        forState:(UIControlStateNormal)];
    }
  }
```

사용자가 버튼 중 하나를 클릭하면 (감동 기부!) 구매 트랜잭션이 시작된다. 콜백이 생성되는 트랙잭션에는 두 가지가 있다.

결제가 성공하는 경우(SKPaymentTransactionStatePurchased)에는, **EnablePurchaseProduct** 메서드를 호출해 앱이 조치를 취할 수 있도록 해야 한다. 결제가 실패하는 경우(SKPaymentTransactionStateFailed)나 다른 이벤트가 발생하는 경우에는 그에 따른 조치를 취해야 한다.

```
-(void)purchase:(SKProduct *)product {
  if (products==nil || products.count==0) {
    return;
  }
  SKPayment *payment = [SKPayment paymentWithProduct:product];
  [[SKPaymentQueue defaultQueue] addTransactionObserver:self];
  [[SKPaymentQueue defaultQueue] addPayment:payment];
}
- (void)paymentQueue:(SKPaymentQueue *)queue updatedTransactions:(NSArray
  *)transactions {
  for(SKPaymentTransaction *transaction in transactions) {
    switch(transaction.transactionState) {
    case SKPaymentTransactionStatePurchasing:
      NSLog(@"Transaction state -> Purchasing");
      // 구매가 진행 중일 때 호출되는 부분
      break;
    case SKPaymentTransactionStatePurchased:
      // 패키지 구매를 성공했을 때 호출되는 부분
      [self enablePurchaseProduct:
       transaction.payment.productIdentifier];
      [[SKPaymentQueue defaultQueue]
       finishTransaction:transaction];
```

```
      NSLog(@"Transaction state -> Purchased");
      break;
    case SKPaymentTransactionStateRestored:
      NSLog(@"Transaction state -> Restored");
      [self enablePurchaseProduct:
       transaction.payment.productIdentifier];
      [[SKPaymentQueue defaultQueue]
       finishTransaction:transaction];
      break;
    case SKPaymentTransactionStateFailed:
      if(transaction.error.code ==
         SKErrorPaymentCancelled) {
        NSLog(@"Transaction state -> Cancelled");
      }
      [[SKPaymentQueue defaultQueue]
       finishTransaction:transaction];
      break;
    default:
      break;
    }
  }
}
```

사용자가 이전에 구입한 상품이 비소모성이거나 구독형 상품으로 유효기간이 남았다면, 복원 옵션도 제공해야 한다. 새로 구입한 기기로 변경했거나 앱을 재설치한 경우가 이에 해당한다. 애플 가이드라인(구글도 제공)에 따르면, 이전에 구매한 상품에 대한 복원 기능을 제공하지 않는 앱의 경우 스토어에 등록할 수가 없다.

사용자가 복원 버튼을 클릭하면 앱은 restore 메소드를 호출하며, 이 메소드는 restoreCompletedTransactions를 호출한다.

```
- (void)restore{
    [[SKPaymentQueue defaultQueue] restoreCompletedTransactions];
}
```

다음 메소드에서 SKPaymentTransactionStateRestored 상태가 생성되는 것을 볼 수 있다. 이 경우에도 앱은 결제 성공에서 처리되는 것과 동일한 조치를 취해야 한다. 추가로 고급 기능이나 별도 구매 정보에 대한 피드백을 주는 것도 가능하다.

마지막으로 트랜잭션이 완료되고 paymentQueueRestoreCompletedTransactionsFinished 메소드가 호출된다. 이 메소드는 복원이나 구매가 성공했을 경우에 응답을 위해 사용하는 게 적절하다.

```
- (void) paymentQueueRestoreCompletedTransactionsFinished: (SKPaymentQueue
  *)queue
{
  NSLog(@"received restored transactions: %lu", (unsigned
        long)queue.transactions.count);
  for(SKPaymentTransaction *transaction in queue.transactions) {
    if(transaction.transactionState ==
        SKPaymentTransactionStateRestored) {
//called when the user successfully restores a purchase
      NSLog(@"Transaction state -> Restored");
      [self enablePurchaseProduct:
       transaction.payment.productIdentifier];
      [[SKPaymentQueue defaultQueue]
       finishTransaction:transaction];
      break;
    }
    ...
  }
}
```

█ 스토어 구매 목록에 가격 전략 적용하기

인앱 구매 방식이 좀 더 전환율이 높긴 하지만, 여전히 앱 구입 시 과금하는 방식도 사용할 수 있다. 앱 스토어에서 앱을 파는 경우 가장 중요한 질문은 과연 어느 가격대를 정할 것인가이다. 앱 스토어에서 팔리는 유사한 앱의 가격은 얼마인지 알아보는 것도 한 방법이다. 예를 들어 앱 애니^{App Annie}를 확인하면 다른 앱의 가격 정책은 어떤지 알 수 있다. 이에 대해 자세한 내용은 https://www.appannie.com/에서 확인할 수 있다. 구매 시 과금하는 방식이 잘 동작하는 경우는 잘 알려진 앱이나 평판이 좋은 앱, 앱이 주는 가치가 아주 명확한 경우다. 경쟁자가 무료로 앱을 제공하는 경우도 있기 때문에 앱이 사용자에 주는 가치를 명확히 할 필요가 있다.

앱이 유명 브랜드와 관련이 있거나 틈새시장을 대상으로 하는 경우라면 사용자가 다운로드하기 전에 과금할 수도 있다. 그게 아니라면 프리미엄 모델이나 인앱 구매 방식으로 수익을 내는 편이 좋다.

다음 그림은 앱 애니(미국 시장, 2016년 3분기)에서 확인한 iOS의 유료 앱 순위다. 놀랍게도 스토어에 마인크래프트^{Minecraft} 복제품들이 많다는 걸 알 수 있다. 마인크래프트 포켓 ^{Minecraft Pocket} 에디션의 복제품들은 거의 7달러 가격으로 수 백만 개가 팔렸다.

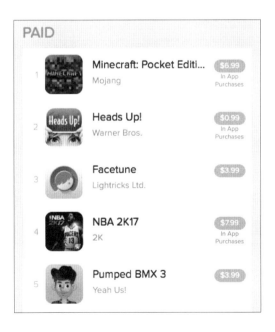

물론 앱에 맞는 적정 가격대를 찾는 가장 좋은 방법은 직접 테스트를 해보는 것이다. 시작은 높은 가격으로 하고, 이후에 필요하다면 가격을 낮추는 식이다.

가격을 낮추면 구매량이 증가하는지를 테스트하고 싶다면, 그리고 어떤 가격대가 수익성이 가장 좋은지를 알고 싶다면, 특정 기간 동안 특별 할인을 진행하는 것이 좋다. 이를 통해 적정 가격대를 찾으면 그 가격을 영구적으로 적용하면 된다. 가장 중요한 요소는 판매량이 아니라 가장 큰 수익을 내는 가격대이다. 예를 들어, 앱 가격이 3.99달러인 경우 월 10개를 판매한다고 해보자. 가격을 1달러 낮춰 2.99달러로 하면 3배를 팔 수 있고, 최저 가격인 0.99달러에 팔면 60개를 판매할 수 있다.

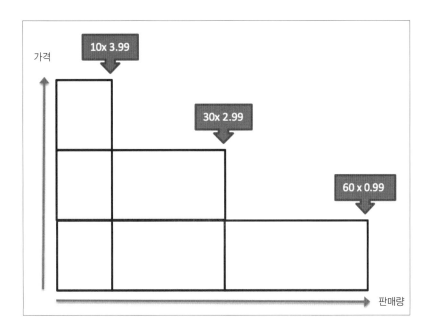

하지만 수익을 계산해보면 2.99달러라는 가격을 선택해야 할 것이다.

10 x 3.99달러 = 39.90달러

30 x 2.99달러 = 87.70달러

60 x 0.99달러 = 59.40달러

▌ 요약

17장에서는 앱에서 수익을 창출하는 다양한 방법을 살펴봤다. 무료 사용자가 많다는 것은 좋은 현상이지만, 유료 고객이 많은 것이 훨씬 중요하다. 비즈니스를 하려면 그래야 하기 때문이다.

앱을 유료로 파는 방법과, 앱은 무료로 제공하되 고급 기능을 팔아 수익을 내는 프리미엄 모델 간의 차이에 대해서도 알아봤다. 프리미엄 모델은 시간이 지날수록 사용자에게 주는 가치가 올라가며, 결과적으로 사용자 중 일부를 고객으로 전환할 수 있다. 인앱 구매 전략을 사용하면 앱의 수익성이 향상될 수 있다.

가격 전략도 살펴봤고, iOS 앱에서 인앱 구매를 구현하는 예제도 다뤘다. 앱에 가장 적합한 전략이 무엇인지를 테스트해봐야 한다. 이를 위해 A/B 테스트를 시도해보고 사용자의 피드백에 귀를 기울여야 한다. 사용자에 따라 어떤 기능을 유료화할 수 있는지 찾아야 한다. 앱에 대한 리뷰를 확인하고 필요하다면 답변도 달아야 한다.

앱 스토어(또는 플레이 스토어)에서 리뷰를 보는 것은 흥미롭다. 부정적인 리뷰인 경우에는 더욱 관심을 가져야 하며, 부정적인 내용이라고 흥분할 필요는 없다. 그들은 아마도 그런 피드백을 줄 만한 가치가 있다고 생각했을 것이다. 리뷰에 대응할 때는 답변만 다는 것이 아니라 문제를 해결한 업데이트 버전을 출시하려고 노력해야 한다. 그러면 사용자의 만족도를 높일 수 있을 것이다.

릴리스를 신속하게, 그리고 자주함으로써 피드백 루프를 더 작게 해야 한다. 이를 위해 지속적 배포 전략이 필요하다. 18장에서는 바로 이 전략을 배운다.

18

지속적 배포

18장에서는 앱을 테스트한 후 인도하는 프로세스를 자동화하는 워크플로의 구성 방법을 다룬다. 이 방법은 공개 릴리스나 애드혹ad hoc 릴리스 모두에 적용할 수 있다. 개발–측정–학습의 피드백 루프가 실제로 동작하려면 빨리, 자주 릴리스해야 한다.

앱에 새로운 기능을 추가할 때마다 빌드를 생성하기 위해 빌드 서버나 다른 전용 서버에 젠킨스Jenkins 또는 팀시티TeamCity를 설치할 수 있다. 하지만 기본적인 구성 외에도 고려해야 할 흥미로운 결정거리가 많다. 예를 들어, 브랜치 전략(Git 워크플로)은? 빌드 서버에서 유닛테스트나 UI 테스트를 실행할 것인가? 안드로이드의 빌드 베리언트variants나 아이폰의 빌드 타겟은 어떻게 지원할 것인가? 이런 질문에 대한 답을 18장에서 알아보자.

우선 앱의 애드혹 배포에 도움이 되는 다양한 도구를 살펴본다. 도구 중에는 플레이 스토어나 앱 스토어에 앱을 배포하는 도구도 있다. 18장에서는 구체적으로는 다음 주제를 다룬다.

- 워크플로 자동화의 장점
- 지속적 통합, 지속적 인도, 지속적 배포
- 업무를 제때 진행하는 데 도움이 되는 알맞은 브랜치 전략
- 팀시티와 젠킨스
- 다양한 앱 버전을 지원하는 빌드 베리언트 또는 빌드 타켓
- 패스트레인Fastlane이나 패브릭Fabric, 하키앱HockeyApp으로 앱을 배포하는 방법
- 그래들Gradle로 다양한 빌드 플레이버와 타입을 만드는 방법

▌ 지속적 배포 = 지속적 통합과 인도

먼저 왜 지속적 통합과 지속적 인도가 중요한지 알아보자. 이에 대한 답변은 여러 가지일 수 있다. 그 중 한 가지 이유는 최대한 빨리 피드백을 얻어야 한다는 것이다. 어떤 수준의 품질이 확보되길 바라겠지만 여전히 결함이 존재할 수 있다. 앱을 빨리, 자주 릴리스해야 하는데, 앱을 테스트하고 배포하는 작업에는 시간이 꽤 걸리는 게 현실이다.

무엇보다도 빌드 서버를 운영하면 코드가 컴파일되는지, 테스트가 제대로 완료됐는지를 검증할 수 있기 때문에 앞에서 제기한 목적을 달성하는 데 도움이 된다. 게다가 앱을 베타 테스터에게 배포하거나, 앱 스토어 또는 플레이 스토어에 배포하는 역할도 한다. 빌드 서버는 정해진 시간마다 또는 기능이 추가될 때마다 실행돼 이러한 작업이나 추가 작업을 수행한다.

지속적 배포 환경을 구축하려면 똑똑한 브랜치 전략이 있어야 한다. 전략을 잘 세우면 많은 잠재적 문제를 해결할 수 있다. 다음 그림은 그런 환경에 대한 예제다.

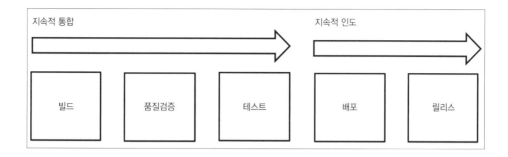

지속적 통합

일반적으로 이 이벤트는 코드에 변경이 발생해 리포지토리에 푸시될 때 발생한다. 빌드 서버는 지정된 리포지토리와 브랜치로부터 소스 코드를 가져온다. 그리고 코드를 빌드한 후 소나큐브^{SonarQube} 같은 도구를 이용해 자동 품질 체크 절차를 수행한다(QA).

소나큐브는 코드 품질을 검사하는 훌륭한 측정 툴이다. 이 툴은 자동화된 솔루션이라 코드 리뷰를 완전히 대체할 수는 없지만, 앱의 품질이나 성능과 관련해서 발생할 수 있는 잠재적 문제를 찾아낸다.

소나큐브가 다루는 분야는 다음과 같다.

- 아키텍처와 설계
- 코딩 규칙
- 중복
- 유닛테스트
- 코드 복잡성
- 잠재적 버그 발견

안드로이드 앱 개발 시 사용하는 자바 언어(코틀린^{Kotlin}도 지원 예정) 외에도 20여개가 넘는 기본 규칙(프로그래밍 언어용으로 제공)을 사용할 수 있으며, 사용자가 정의한 규칙을 사용할 수도 있다. 또한 오브젝티브 C 코드와 스위프트도 점검할 수 있다. 소나큐브는 http://www.sonarqube.org에서 확인할 수 있다. QA 검사를 통과하면 빌드 서버는 유닛 테스트와 UI 테스트를 이어서 진행시킬 수도 있다.

빌드 서버의 구성을 바꾸면 특정 시간에 매일 빌드를 생성하거나, 새로운 풀 리퀘스트가 발생할 때마다 빌드를 생성하도록 할 수 있다. 가장 좋은 방법은 테스터용 애드혹 릴리스가 필요할 때마다 빌드를 생성하거나, 개발 브랜치를 대상으로 일일 빌드를 생성하는 것이다. 새로운 풀 리퀘스트가 발생할 때마다 특정 기능 브랜치용 빌드(새로운 커밋이 포함된)를 새로 생성하는 것도 가능하다. 브랜치 전략에 대한 자세한 내용은 '리포지토리와 Git 워크플로' 절에서 좀더 자세히 다룬다.

지속적 통합의 목적은 테스트(유닛 테스트 및 UI 테스트)를 자동화해 가능한 한 자주 코드를 리뷰하고 검증하려는 것이다. 이러한 절차를 수행하는 중에 실패가 발생하면 빨리 알아챌 수 있게 된다. 즉, 앱을 배포하기 전에 문제를 수정할 수 있다. 모든 검증 절차를 통과한 경우에만 앱이 배포된다. 만약 빌드가 중단되면 팀원(대부분 개발자)들에게 이메일이나 슬랙, 또는 그 외 채널들을 통해 알림이 전송된다.

지속적 인도

이 워크플로에서는 빌드 및 테스트가 완료된 코드를 테스터(또는 베타 유저)에게 애드혹 방식으로 제공한다. 테스터는 앱을 검토하고 수동 테스트도 수행한다. 기능 테스트의 경우 상당수의 테스트를 자동화할 수는 있지만, 모두 자동화할 수 있는 것은 아니기 때문에 테스터가 일부 기능 테스트를 수행하기도 한다.

빌드 서버는 패브릭이나 하키앱, 알파/베타 플레이 스토어나 아이튠즈 베타(전에는 테스트 플라이트TestFlight로 불림) 등을 이용해 애드혹 버전의 앱을 배포할 수 있다. 앱은 가능하면 원활하게 배포해야 한다. 패스트레인 같은 도구를 사용하면 애드혹 버전을 배포할 때도, 플레이 스토어나 앱 스토어에 발행할 때도 편리하다.

▌ 리포지토리와 Git 워크플로

빌드 서버는 리포지토리에서 코드를 가져와서 작업을 한다. 그러므로 혼자서 일하더라도 항상 리포지토리를 사용해야 한다. Git 방식의 리포지토리 중 유명한 곳은 깃허브GitHub와 빗버킷Bitbucket(기존 이름은 스태시Stash)이다. 둘 다 무료 버전과 유료 버전이 있다. 깃허브는 유료 버전인 경우에만 비공개 리포지토리를 제공한다(https://github.com을 참조). 비공개 리포지토리는 팀원들만 접속 권한을 갖는다. 공개 리포지토리는 누구나 자유롭게 접속할 수 있다. 반면 빗버킷은 무료 버전에도 비공개 리포지토리를 제공하므로, https://bitbucket.org에 접속해서 계정을 생성해보자.

일반적인 Git 워크플로는 다음과 같다. 새로 개발하는 기능에 맞춰 기능 브랜치가 생성된다. 구현이 완료되면 풀 리퀘스트를 수행해서 코드를 리뷰한 후, 기능 브랜치를 개발 브랜치로 병합한다. 똑똑한 브랜치 전략을 사용하면 적어도 두 가지 장점이 있다.

- 완전하게 검증된 버전의 앱만이 릴리스 상태가 된다.
- 지속적 통합 프로세스를 방해하지 않고도 신속히 핫픽스Hotfixes를 적용할 수 있다.

이 방식은 개발자가 한 명밖에 없는 경우에도 유용하다.

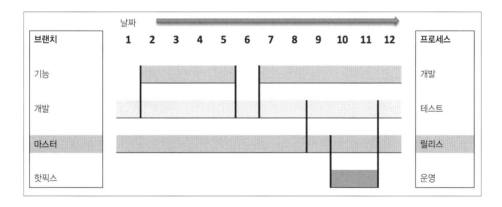

개발(또는 기능) 브랜치에서는 유닛 테스트나 UI 테스트를 실행한다. 테스트를 모두 통과하면 개발 브랜치를 마스터 브랜치에 병합해 릴리스가 가능한 상태로 만든다. 그러나 만일 앱 실행 시 문제가 발생해 핫픽스를 만들어야 한다면, 마스터 브랜치에서 기능 브랜치를 분기해 작업하면 신규 기능 개발 프로세스를 방해하지 않고도 조치할 수 있다. 물론 본 예제는 매우 단순화된 사례지만, 필요에 따라 다르게 적용할 수 있을 것이다. Git 워크플로에 대해 자세히 알고 싶다면 다음 웹 사이트를 확인하도록 한다.

https://www.atlassian.com/git/tutorials/comparing-workflows

https://git-scm.com/book/en/v2/Git-Branching-Branching-Workflows

▌ 테스트 자동화

빌드 서버에서는 앱의 단위 테스트와 UI 테스트도 수행할 수 있다. UI 테스트의 경우 에스프레소Espresso(안드로이드)나 엑스코드 UI 테스팅(iOS) 같은 도구를 고려해 볼 수 있다. 만약 두 개의 플랫폼을 모두 지원하는 도구를 찾는다면 앱피움Apppium 같은 도구도 있다.

테스트와 관련해서는 다양한 접근법이 있다. 그 중 한가지는 **테스트 주도 개발**Test-driven Development, TDD이다. 요구사항과 기능에 대해 모두 알고 있다면, 실제로 앱을 개발하기 전에 테스트 항목을 정의할 수 있다. 물론 개발 초기에는 모든 테스트가 실패하겠지만, 어떤 것을 개발해야 할지 알려주고, 작업에 집중할 수 있도록 해준다는 점에서 실제로는 좋은 접근법이라 할 수 있다. 기능 구현이 진행되면서 점차 성공하는 테스트 항목이 늘어난다.

에스프레소는 간결하고 안정적인 안드로이드 UI 테스트를 작성하는 데 적합하다. 일반적으로 테스트에는 클릭, 텍스트 입력, 항목 선택 등이 포함된다. 에스프레소나 앱피움에 대한 자세한 정보를 다음 주소를 참고한다.

https://google.github.io/android-testing-support-library/docs/espresso/

http://appium.io

유닛테스트는 통상 기능 브랜치에서 실행되나 통합 및 UI 테스트는 개발 브랜치에서 실행되는 것이 일반적이다. 테스트를 모두 통과하면 앱을 배포한 후 베타유저나 최종 사용자에게 릴리스한다.

▌ 안드로이드 앱의 지속적 워크플로 예제

안드로이드 앱의 애드혹 방식의 배포는 다음 그림과 같다. 지속적 통합의 경우 팀시티를 사용해 빗버킷에 생성된 리파지토리에서 소스 코드를 가져온다.

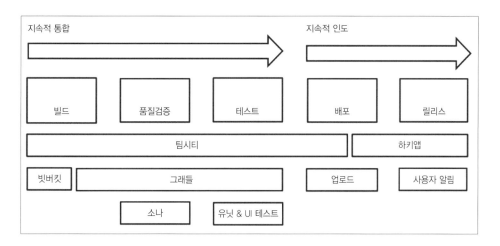

앞의 다이어그램에서는 **팀시티**^{TeamCity}에서 **그래들**^{Gradle}로 앱 빌드와 서명을 하고, 코드 품질을 측정하는 **소나** 리포트를 생성했다. 또한 유닛 테스트와 (에스프레소를 사용해) UI 테스트를 수행했다. 일단 구성해두면 팀시티가 이 모든 단계를 수행한다. 모든 단계가 제대로 수행되면 이어서 서명된 앱(APK 파일)을 **하키앱**에 업로드해 새 버전을 사용할 수 있다는 것을 사용자에게 알린다. 원하는 경우 빌드 서버는 젠킨스로 대신할 수 있고, 하키앱 대신 패브릭 베타를 사용할 수도 있다. 여기서는 지속적 통합(CI)과 지속적 배포(CD)의 핵심만을 다룰 예정이므로, 각 빌드 서버에 대한 자세한 정보를 다룬 책은 다음 주소에서 찾아보자. https://www.packtpub.com/

▌ 빌드 베리언트

앱을 개발하다 보면 다양한 버전을 제공해야 하는 경우가 발생한다. 사실 하나의 앱을 모양과 느낌이 다른 여러 개의 이름으로 제공하는 게 현명한 경우도 있다. 이는 하나 이상의 고객군을 목표로 하는 경우에 적합하다. 또 다른 예는 유료 버전과 라이트 버전(또는 무료 버전과 프로 버전)을 구분하는 것이다. 플레이버^{Flavors} 기능을 활용하면 앱의 모양과 느낌을 다르게 제공하는 것이 가능하며, 특정 기능을 활성화하거나 비활성하는 목적으로도 활용할 수 있다.

플레이버를 추가하는 방법 외에도 구성이 다른 빌드 타입을 생성할 수도 있다. 백엔드와 통신이 필요한 앱을 가정해보자. 앱을 테스트할 때는 상용 서비스용과는 다른 엔드포인트를 사용할 것이다. 그래야만 상용 서비스용 데이터에 영향을 주지 않고 테스트를 안전하게 수행할 수 있기 때문이다.

빌드 플레이버build flavor라는 용어는 빌드 타입이 구성을 목적으로 한 커스터마이즈일때만 사용되는 용어다. 플레이버와 빌드 타입을 조합한 것은 **빌드 베리언트**build variant이라고 한다. 이는 안드로이드와 안드로이드 스튜디오에서 사용되는 용어다. 만약 앱의 라이트Light 버전과 풀Full 버전이 있고, 각각 적어도 한 개의 테스트용 및 상용 엔드포인트가 있다면 다음 예제와 같이 총 네 개의 빌드 베리언트가 존재하게 된다.

안드로이드 스튜디오		
베리언트	플레이버	타입
라이트테스트	라이트	테스트
라이트상용	라이트	상용
풀테스트	풀	테스트
풀상용	풀	상용

나중에 다루겠지만, 이 과정을 그래들로 수행하는 것은 어렵지 않다. 다중 그래들 작업을 통해 각 베리언트별로 빌드할 수 있다.

그렇다면 iOS용 앱에서도 같은 방식이 가능할까? 그렇다, 하지만 방식은 조금 다르다. 엑스코드에서는 다중 스키마와 빌드 타겟을 정의할 수 있는데, 빌드 타겟은 안드로이드의 빌드 플레이버 같은 것이며, 빌드 구성은 빌드 베리언트와 같은 목적이라고 할 수 있다.

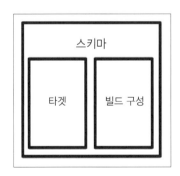

엑스코드에서는 네 개의 서로 다른 스키마(두 개의 타켓 x 두 개의 빌드 구성)를 갖게 된다.

```
엑스코드

스키마          타켓            구성

라이트테스트      라이트          테스트
라이트상용        라이트          상용
풀테스트          풀              테스트
풀상용            풀              상용
```

빌드 서버를 사용하는 경우 엑스코드 명령행 도구를 사용해 빌드와 스키마를 결정할 수 있다.

그래들 방식

안드로이드의 경우 그래들을 사용해 다음 작업을 할 수 있다.

- 빌드 플레이버를 선택하고 사용할 자원을 결정한다.
- 각 빌드 타입에 사용할 구성 매개변수를 결정한다.
- 각 베리언트에 따른 앱을 빌드한다.
- 앱을 서명한다.

다음 주소에서 샘플 프로젝트를 다운로드하거나 복제할 수 있다.

https://github.com/mikerworks/packt-lean-mobile-app-development

좀 더 자세한 내용은 다음 주소에서 확인할 수 있다.

https://github.com/mikerworks/packt-lean-android-build-variants

샘플 안드로이드 앱의 (app 폴더 내에) build.gradle 파일을 보면 각기 다른 제품 플레이버 처리 방법을 정의한 섹션들이 있다. 플레이버를 정의해서 프로젝트용 빌드 타입을 디버그하고 릴리스하는 목적으로 사용하면 되나, 해당 섹션을 구체적으로 살펴보면 도움이 될 것이다.

샘플 프로젝트는 블루 버전과 그린 버전이 있으며, 각각 버전은 테스트 엔드포인트와 상용 엔드포인트를 갖는다. 또한 구성별로 다른 애플리케이션 ID와 구성 필드를 갖는다.

▌ productFlavors 섹션

productFlavors 섹션에서는 다양한 플레이버를 볼 수 있다.

```
productFlavors {
  flavorBlueTest {
    applicationId = "com.coolapp.flavorblue.test"
    buildConfigField "String", "api_endpoint ",
"\"https://testapi.coolapp.com/\""
  } flavorBlueProd{
    applicationId = "com.coolapp.flavorblue"
    buildConfigField "String", " api_endpoint ",
"\"https:/api.coolapp.com /\""
  } flavorGreenTest{
    applicationId = "com.coolapp.flavorgreen.test"
    buildConfigField "String", " api_endpoint ",
"\"test.api.coolapp.com /\""
  } flavorGreenProd{
    applicationId = "com.coolapp.flavorgreen"
    buildConfigField "String", " api_endpoint ",
"\"api.coolapp.com /\""
  }
}
```

▌ sourceSets 섹션

sourceSets 섹션에서는 각 플레이버가 어떤 소스와 리소스를 참조하는지 볼 수 있다.

```
sourceSets {
  flavorBlueTest {
    java.srcDirs = ['src/blue/java']
    res.srcDirs = ['src/blue /res']
  } flavorBlueProd{
    java.srcDirs = ['src/blue/java']
    res.srcDirs = ['src/blue/res']
  } flavorGreenTest{
    java.srcDirs = ['src/green/java']
    res.srcDirs = ['src/green/res']
  } flavorGreenProd {
    java.srcDirs = ['src/green/java']
    res.srcDirs = ['src/green/res']
  }
}
```

java.srcDirs와 res.srcDirs 객체는 특정 플레이버(또는 다수의 플레이버)가 참조하는 폴더를 결정한다.

이 프로젝트에서 text(values.xml)와 colors(colors.xml) 같은 리소스는 /src/main/res 폴더 내에서 정의된다.

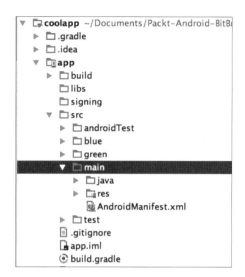

예제를 보면 main 폴더 외에도 blue와 green이라는 두 개의 폴더를 볼 수 있다. blue/res 와 green/res 폴더 내에서 기본 리소스를 덮어쓰는 파일 및 값을 볼 수 있다.

예를 들어, main 폴더 내에 color.xml 파일의 내용은 다음과 같다.

```xml
<?xml version="1.0" encoding="utf-8"?>
<resources>
  <color name="colorPrimary">#3F51B5</color>
  <color name="colorPrimaryDark">#303F9F</color>
  <color name="colorAccent">#FF4081</color>
  <color name="colorBackground">#888888</color>
</resources>
```

green 플레이버의 경우 같은 리소스 파일이지만, colorBackground의 값이 다른 것을 볼 수 있다.

```xml
<?xml version="1.0" encoding="utf-8"?>
<resources>
  <color name="colorPrimary">#3F51B5</color>
```

```
    <color name="colorPrimaryDark">#303F9F</color>
    <color name="colorAccent">#FF4081</color>
    <color name="colorBackground">#00dd22</color>
</resources>
```

이는 앱의 텍스트 정보를 가지고 있는 values.xml 리소스 파일에도 동일하게 적용된다.

▌buildTypes 섹션

buildTypes 섹션에서는 특정 플레이버의 릴리스용으로 서명된 구성과 다음에서 설명할 signingConfigs 섹션의 진입점과의 매핑을 볼 수 있다.

```
buildTypes {

    release {
        productFlavors.flavorBlueTest.signingConfig signingConfigs.
flavorBlueTest
        productFlavors.flavorBlueProd.signingConfig signingConfigs.
flavorBlueProd

        productFlavors.flavorGreenTest.signingConfig signingConfigs.
flavorGreenTest
        productFlavors.flavorGreenProd.signingConfig signingConfigs.
flavorGreenProd
    }

    debug {
        testCoverageEnabled = true
    }
}
```

signingConfigs 섹션

signingConfigs 섹션에서는 플레이버별로 각각 다른 키 스토어를 사용해 다른 서명을 할
수 있다는 것을 알 수 있다.

```
signingConfigs {
  flavorBlueTest{
    storeFile file('../app/signing/coolapp_flavorBlue.jks')
    storePassword 'secretFlavorBlue' keyAlias 'secretFlavorBlue'
    keyPassword 'secretFlavorBlue'
  } flavorBlueProd {
    storeFile file('../app/signing/coolapp_flavorBlue.jks')
    storePassword 'secretFlavorBlue' keyAlias 'secretFlavorBlue'
    keyPassword 'secretFlavorBlue'
  } flavorGreenTest{
    storeFile file('../app/signing/coolapp_flavorGreen.jks')
    storePassword 'secretFlavorGreen' keyAlias 'secretFlavorGreen'
    keyPassword 'secretFlavorGreen'
  } flavorGreenProd {
    storeFile file('../app/signing/coolapp_flavorGreen.jks')
    storePassword 'secretFlavorGreen' keyAlias 'secretFlavorGreen'
    keyPassword 'secretFlavorGreen'
  }
}
```

 간편함을 위해 여기서는 storeFile, storePassword, KeyAlias, KeyPassword 등 모든 속성
을 통일했다. 이들 값은 별도의 서명 파일에 보관하는 것이 좋다.

안드로이드 스튜디오에서 Build Variant 패널을 열면 다음과 같이 표시된다.

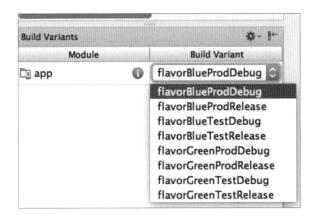

이제 마지막으로 그래들이 특정 베리언트를 빌드할 수 있도록 다음 명령을 입력한다.

```
./gradlew assemblectFlavorGreenTestRelease
./gradlew assemblectFlavorGreenProdRelease
./gradlew assemblectFlavorBlueTestRelease
./gradlew assemblectFlavorBlueProdRelease
```

각 베리언트를 로컬로 빌드하려면 터미널 창을 열어 실행한다. 다음으로는 팀시티를 통해 모든 베리언트를 자동으로 빌드하는 방법을 살펴본다.

▌ 팀시티를 빌드 에이전트로 활용하기

팀시티나 젠킨스 같은 빌드 서버로 이들 프로세스를 자동화할 수 있다. 본 예제에서는 팀시티를 사용하며, 제품은 https://www.jetbrains.com/teamcity/download/에서 무료로 다운로드할 수 있다. 만약 젠킨스를 선호한다면 https://jenkins.io/에서 다운로드할 수 있다.

팀시티를 서버에 내려 받아 설치하고 구성까지 완료한다. 단순히 테스트 목적이라면 개발용 컴퓨터에서 진행해도 된다. 팀시티 설치가 완료됐다면 빌드 서버를 시작할 수 있다. OS X에서는 터미널 창을 열고 팀시티 폴더 내에 bin 폴더로 이동한다(예. /Users/mike/Dev/teamcity/bin). 그 다음 아래 명령어를 입력한다.

```
m010:bin mike$ sh runall.sh start
```

브라우저를 실행해 http://localhost:8111로 접속한다. 팀시티의 설정이 완료될 때까지 기다린 후, 아래와 같이 새 프로젝트를 생성한다.

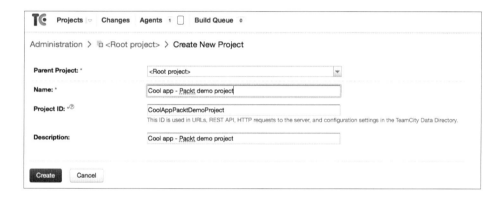

지금까지의 과정을 통해 그래들로 다른 베리언트를 빌드하는 법을 알아봤으니, 이제 아래 그림을 이해하는 게 그리 어렵지 않을 것이다. 예제를 통해 라이트 버전과 풀 버전을 만들었고, 버전마다 두 개의 빌드를 갖고 있다. 하나는 테스트 엔드포인트에서 데이터를 가져오고, 다른 하나는 상용 엔드포인트에서 데이터를 가져온다. 결과적으로 네 개의 APK 파일이 생성된다.

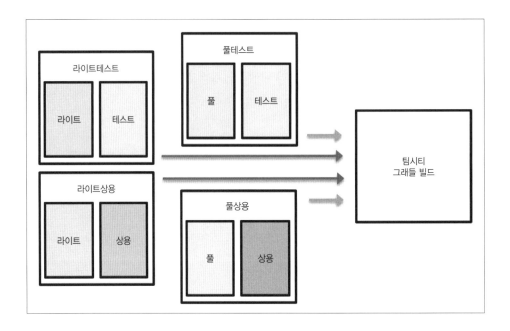

이제 로컬에서의 작업처럼 그래들을 써서 네 개의 APK 파일을 생성하는 빌드 스텝을 구성해보자. 우선 팀시티가 특정 프로젝트를 가져올 리포지토리의 위치를 지정해야 한다. 이 프로젝트에서는 모든 플레이버가 동일 리포지토리와 브랜치를 사용하지만, 더 복잡한 프로젝트의 경우 플레이버에 따라, 그리고 빌드 타입에 따라 달라질 수 있다. 그 이유는 개발 브랜치에서는 애드혹 테스트를 실행하고, 상용 브랜치에서는 최종 테스트를 실행하는 것이 일반적이기 때문이다.

VCS Root에는 프로젝트의 루트 폴더를 지정하고, VCS 타입으로는 Git을 선택한다. 이름을 지정하고 Fetch URL로는 다음 주소를 지정한다.

https://github.com/mikerworks/packt−lean−android−build−variants.git

 이 빗버킷 리포지토리는 공개 액세스용(**인증 방식**이 **익명**으로 설정)이므로 크리덴셜이 필요 없다.

이제 첫 번째 빌드 스텝을 생성할 준비가 됐다. Runner type으로는 Command Line을 선택해, 로컬 머신에서 했던 방식과 동일하게 빌드 스크립트를 입력한다.

Custom script 필드에 `./gradlew assembleFlavorGreenTestRelease`라고 입력한다.

팀시티에서는 추가 빌드 스텝을 정의할 수도 있다. 예를 들어, 유닛 테스트를 실행하거나, UI 테스트, 소나큐브 QA 점검 등 명령행에서 자동화할 수 있는 것들을 추가하는 것이 가능하다.

▌ 자동 배포 및 인도

앱을 빌드하고 서명한 후 테스트까지 완료했다면 이제 배포해야 한다. 배포에는 여러 가지 방법이 있다.

- 자체 호스팅 웹 사이트
- 하키앱HockeyApp이나 패브릭 베타Fabric beta
- 플레이 스토어 알파/베타 또는 아이튠즈 베타/테스트플라이트

▌ 자체 호스팅

자체 웹 사이트에 서명된 APK를 올려서 배포할 수 있다. 안드로이드의 경우 (IIS에서의 추가 작업이 필요하기 하지만) APK를 웹서버에 올려놓기만 하면 된다. 하지만 iOS의 경우에는 OTAOver the Air 매니페스트manifest를 사용해서 IPA 파일을 배포해야 한다. 이 방식을 선택한다면 UDID를 등록하고 이에 맞는 애드혹 프로비전 프로파일을 생성해야 한다.

상위 개념 관점에서 보면 업무 흐름은 다음과 같다.

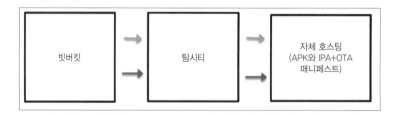

또한 웹 사이트에 새로운 버전이 등됐다는 것을 사용자에게 알려줘야 할 것이다.

▌ 하키앱과 패브릭 베타

새로운 애드혹 릴리스를 사용자에게 알리고, 배포도 할 수 있도록 해주는 서비스형 솔루션이 많이 있다. 그 중 하나가 하키앱HockeyApp이다. 스크립트를 사용하면 서명된 APK나 IPA 파일을 하키앱에 업로드할 수 있다. 또한 다음과 같이 빌드 스텝을 추가하면 릴리스 노트가 담긴 신규 버전이나 빌드가 나왔을 때 사용자에게 알려줄 수도 있다.

```
curl -F "status=2" -F "notify=0" -F "ipa=@//TeamCity/buildAgent/work/<work
folder>/app/build/outputs/apk/app- release.apk" -H "X-HockeyAppToken:<your hockey
app token>" https://rink.hockeyapp.net/api/2/apps/<app id>/app_versions/upload
```

하키앱을 사용하는 경우 업무 흐름은 다음과 같다.

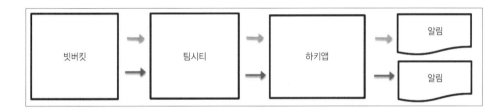

하키앱은 유료 서비스로, iOS 앱 배포 시 겪게 되는 프로비저닝provisioning 프로파일 문제를 해결해준다. 패브릭 베타는 애드혹 배포 시 사용할 수 있는 또 다른 서비스 중 하나다. 패브릭 베타는 프리미엄 모델의 서비스로서 동작 방식은 하키앱과 거의 동일하다.

▌ 패스트레인, 알파/베타 플레이 스토어, 아이튠즈 베타

패스트레인을 베타 플레이 스토어나 아이튠즈 베타/테스트플라이트 배포 등과 함께 사용하면 많은 시간과 수고를 덜 수 있다.

패스트레인은 앱을 테스트 환경이나 상용 환경에 배포하는 도구다. 이 도구에서는 iOS 앱을 애드혹 방식으로 배포할 때 아이튠즈 베타를 사용하기 때문에, 테스터들의 UDID를 확보하는 수고를 할 필요가 없다. 이 방식의 단점이라면 애드혹 방식의 베타 버전임에도 불구하고, 최초 배포 시에는 애플사의 (사전) 승인이 필요하기 때문에 테스터들에게 테스트 버전을 배포할 때까지 시간이 좀 더 걸린다는 것이다.

이 방식을 사용하면 업무 흐름이 다음과 같이 바뀐다.

패스트레인은 배포에 필요한 모든 단계를 관리하는 도구로, 업무 흐름은 다음과 같다. 패스트레인은 원래 iOS 앱 배포용으로 개발됐다.

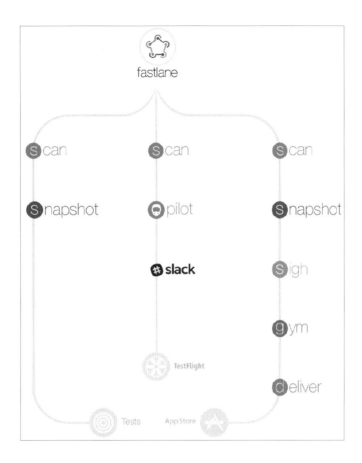

패스트레인은 다음과 같이 빌드 자동화를 돕는 기능을 다양하게 제공한다.

- 스크린샷 생성 및 업로드
- 업데이트된 메타데이터를 앱 스토어로 전송
- 프로파일 내에 푸시 알림을 생성하고 갱신
- 테스트 실행

패스트레인은 안드로이드에서도 사용할 수 있다. 이는 앱의 빌드와 릴리스를 자동화하는 가장 편리한 방법 중 하나다. 패스트레인은 https://fastlane.tools에서 찾아볼 수 있다.

CI/CD를 제대로 구축하려면 어느 정도의 시간과 노력이 필요하겠지만 투자할 만한 가치가 있다.

데브옵스

스타트업에서는 개발자가 운영자 역할도 해야 할 때도 있다. **데브옵스**^{DevOps}는 이미 스타트업에서는 이미 익숙한 문화이며, 점점 더 많은 기업이 이 방식을 채택하고 있다. 데브옵스는 앱을 빌드, 테스트, 릴리스하는 환경과 방식을 더 빠르게, 더 자주, 더 확실하게 구성할 수 있도록 도와준다. 바로 이게 바로 이 책에서 추구하는 것이다. 기본적인 개념은 개발부터 운영(구성, 모니터링, 검토)에 이르는 모든 프로세스가 팀의 책임이라는 것이다. 만약 상용 버전에 문제가 발생한다면 핫픽스를 만들어 테스트하고 다시 릴리스한다.

지속적 통합/지속적 인도와의 관계를 살펴보면, 데브옵스의 개발(dev)부분은 지속적 통합(CI)을 다루며, 운영(ops) 부분은 지속적 인도(CD)를 다룬다고 할 수 있다. 결과적으로, 이두 개의 사이클이 합쳐져서 (상위 개념의 관점에서) 개발–측정–학습 피드백 루프를 구성한다고 할 수 있다.

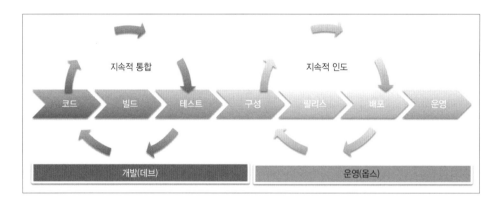

지속적 인도와 데브옵스는 종종 함께 사용된다. 두 가지 모두 최종 사용자에게 작지만 중요한 변경사항을 빠르게 전달하겠다는 공통의 목표가 있다. 지속적 인도와 데브옵스의 차이점 중 하나는, 데스옵스의 경우 많은 관련 조직 간의 협업을 끌어내도록 조직을 변경하는 데 초점을 맞춘다는 것이다. 이를 위해서는 팀원들 각자의 협업과 의사소통 기술이 필요하다. 조직과 팀이 성장하기 시작할수록 협업과 의사소통 기술은 점점 더 중요해진다.

CI/CD와 데브옵스는 분할 테스트 수행과 피드백 확보를 쉽게 수행할 수 있도록 해준다. 이 방식은 (기술적 관점에서 볼 때) 린 스타트업 방법을 채택하는 데 큰 도움이 된다. 결과적으로는 품질과 고객 만족도를 높이고, 릴리스도 더 자주 빨리할 수 있도록 한다.

▌ 요약

지금까지 CI와 CD가 무엇인지와 그 장점을 살펴봤다.

공개 배포나 애드혹 배포는 빌드 서버로부터 시작된다. 팀시티나 젠킨스 같은 빌드 서버를 통해 앱의 빌드와 테스트가 가능하다.

애드혹 릴리스는 하키앱이나 패브릭 베타, 플레이 스토어나 앱 스토어의 베타 프로그램으로 배포할 수 있다. 패스트레인은 이러한 작업뿐 아니라 그 외 추가 기능도 지원한다. 지금까지 과정을 통해 이미 많은 것을 배웠을 것이다.

CI와 CD는 코드 품질을 향상시키고 유지하고자 할 때, 그리고 워크플로를 최적화할 때 중요하다. 이를 통해 빨리, 자주 릴리스할 수 있으므로 피드백을 원활하게 확보할 수 있다. CI/CD와 데브옵스 문화는 개발-측정-학습 피드백 루프를 최적화하는 데 도움이 된다.

19장에서는 기업으로 성공하고 생존하는 데 차별적 경쟁우위를 구축하는 것이 중요한 이유에 대해 배운다.

19

차별적 경쟁 우위 구축

단지 고객이 좋아하는 앱을 만드는 것만으로는 충분하지 않다. 고객 만족이 물론 중요하지만, 지속적으로 성공하는 전략을 세우고자 한다면 다양한 전술을 구사해 시장에서의 위치를 다질 뿐만 아니라 경쟁자의 진입도 막아야 할 것이다. 19장에서는 수완이 좋은 기업가들이 그들의 사업을 지키는 데 활용하는 여러 기법을 살펴봄으로써 경쟁자의 공격을 물리치는 법을 배운다.

19장에서 다룰 내용은 다음과 같다.

- 지식 재산권과 법적 보호 같은 무형의 자산
- 네트워크 효과 및 플랫폼 효과의 이점
- 버티컬 마켓이나 핵심 관계에 대한 통제

- 전환 비용 및 가격 전략
- 훌륭한 고객 서비스 및 고객 지원의 이점
- 잘 만든 브랜드명이 갖는 영향력

▍ 개요 – 단지 앱에 관한 것은 아니다

이 책을 읽는 여러분의 회사는 십 년간 수익을 낼 수 있을까? 지속적으로 경쟁 우위를 지킬 수만 있다면 경쟁자의 공세나 짝퉁앱의 유통처럼 불가피한 상황 속에서도 수익을 낼 수 있다. 장기적으로 안정적인 수익을 보장하려면 비즈니스와 관련된 경쟁 우위 또는 "진입 장벽"을 구축하는 것이 중요하다. 경쟁자는 어디서든 등장할 수 있기 때문에 잠재적 공격으로부터 비즈니스와 제품, 아이디어를 보호하려면 다양한 전술을 사용해야 한다.

아이디어를 개발해 얼리 어답터를 대상으로 이를 테스트하고 정교화하는 일은 성공을 향한 첫번째 중요한 단계다. 고객 중심의 혁신적인 문제 해결 솔루션은 성공적인 비즈니스를 위한 디딤돌이다. 그러나 가설 검증이 끝난 후에는 치열한 경쟁이 벌어지는 실제 세상에서 아이디어를 키워 나가야 할 것이다.

초기 단계에서 MVP가 실제로 실행 가능하다는 것을 입증했다면 솔루션을 필요로 하는 고객들과 함께 "영토 확장"을 해야 한다. 비즈니스가 커질수록 더 많은 경쟁자가 주목하게 된다. 결국 시장이 커지면 비즈니스에도 도움이 되지만 경쟁자도 많아지게 된다. 일단 시장에서 먼저 자리를 잡게 됐다면 자리를 지키려는 노력도 시작해야 한다.

경쟁 우위는 장기적인 방어를 위한 최선의 방법이다. 그러면 이제는 경쟁 우위를 구축하는데 가장 효과적인 전략에 대해 살펴보고 수익을 보장하는 방법을 알아보자.

무형 자산으로 진입 장벽 구축

일반적으로 무형 자산이라 하면 지식 재산권 분야의 법이나 특허, 상표의 형태로 법적 보호를 받는 것을 말한다. 이는 시장에서 검증된 가치를 갖는 제품을 보호하는 필수 사항이다. 보호받지 못하는 좋은 제품은 도난되기 쉬우므로 최대한 빨리 법적 수단을 찾아보는 것이 중요하다.

▌ 지식 재산권법으로 제품 보호

지식 재산권법이 어떻게 작동하는지 알면 자신의 제품을 가장 잘 보호하는 방법을 찾는 데 도움이 된다. 또한 법을 이해하면 반대로 내가 법을 위반하지 않는 방법도 알게 되는 부가적인 혜택이 있다.

사업을 망치는 특허 괴물에 관심을 가져야 하는 이유

지식 재산권법에 대한 논의는 린 개발이라는 주제와는 멀게 느껴진다. 특히 MVP 개발 단계에 집중하는 개발자에게는 더욱 그럴 것이다. 그러나 큰 돈이 걸린 이 비즈니스 세계는 그리 호락호락하지 않다.

첨단 기술 산업에서 특허권 주장과 소송은 흔한 일이다. 특히 유망한 스타트업을 압박하는 데 이런 방법이 종종 사용된다는 것은 더 이상 비밀도 아니다.

캘리포니아 대학 법학 교수인 로빈 펠드만Robin Feldman은 2013년 그의 논문에서 왜 스타트업이 지식 재산권이라는 무기 없이 시장에 진출하면 안 되는지를 입증하는 데이터를 제시했다. 200명의 벤처 투자자(VC)를 대상으로 한 조사에 따르면,

- 3개의 스타트업 중 1개가 특허 소송을 당했다.
- 벤처 투자자가 투자한 기업 중 70%가 특허 소송을 당했다.
- 벤처 투자자 모두가 "어떤 회사가 특허 소송 중이라면 투자를 주저하게 되는 주요 원인이 된다"고 말했다.

펠드만 교수의 조사에 따르면, 특허 소송의 대부분은 제품 소유자나 개발자가 아닌 특허 관련 소송이나 라이선싱을 전문으로 하는 기업이 제기한 것이다. 이는 특허 소송이 실제로는 경쟁 업체가 뒷편에서 제기하는 것이라는 사실을 뜻한다. 확실한 점은 지식 재산권법과 특허 권리 주장은 비즈니스 전장에서 기본이 되는 무기라는 것이다.

그런 공격으로부터 비즈니스를 보호하려면 미리 계획을 세워야 한다.

특허 및 상품 등록을 하려면 연구와 시간, 비용이 필요하다. 당장은 중요하지 않다는 핑계로 밀어둘 수는 있지만 그 시간이 길어질수록 위험은 커진다. 지금부터는 법적 전략을 포함하는 장기 사업 계획을 세울 수 있도록 지식 재산권법에 대해 알아보자.

지식 재산권법을 통한 앱과 비즈니스 보호

사실 지식 재산권법은 아이디어를 보호하는 것이 아니라 아이디어의 구현 방법을 보호하는 것이다. 다음 예를 통해 주요 지식 재산권법의 동작 방식을 알아보자.

- 특허는 독창성과 "진보성"을 보호하는 독특한 절차라 할 수 있다. 또한 아이디어 자체가 아니라 아이디어에서 유래하는 실제 디자인이나 사물에 대한 구현을 다룬다. 독창적인 앱 기능처럼 소프트웨어 프로그램이나 특정 기술을 구현한 것은 보호하지만, 일반적인 컨셉은 보호하지 않는다.
- 저작권법은 통상 매체를 통해 제시되는 창의적인 아이디어의 표현을 보호한다. 도서나 영상, 음악이나 소스 코드 같은 것들이 저작권법으로 보호되는 작품이다. 저작권은 작품이 창작되는 시점에 자동으로 부여된다.
- 상표는 회사명이나 로고, 운영체제 시작음처럼 서비스나 상품의 상징을 보호한다.
- 영업 비밀은 소스 코드나 코카콜라 제조 공식 같은 것으로, 무한정 보호된다. 영업 비밀은 의도적으로 침해될 수는 없지만 도난 당할 수는 있다.

이상의 지식 재산권법은 일반적으로 가장 잘 알려진 침해나 도난 방지책이지만, 사용자의 지위를 안전하게 확보하는 유일한 방법은 아니다.

지식 재산권 방어법

앱을 보호하는 가장 핵심적인 단계는 특허 확보다. UI 요소나 독창적인 신규 앱 기능, 소프트웨어 프로그램 자체도 특허를 받을 수 있다. 상표는 개별적인 디자인 요소나 전체적인 디자인 레이아웃, 앱 또는 회사의 이름이나 표현을 보호하는 데 사용할 수 있다.

특허 소송을 당한 경우 모든 회사는 대응 방안을 정해야 한다. 결국 모든 소송전은 나름대로의 위험 요소와 장단점이 있기 마련이다. 펠드만 교수의 연구를 보면, 조사 응답자의 대다수는 소송 대응 비용으로 5만 달러가 넘는 비용을 지출했다고 한다. 동일한 사례는 없기 때문에 각 기업은 자체적인 판단으로 특허 소송에 대응해야 했다.

특허를 갖고 있지 않다면 다른 기업들이 맘대로 여러분의 기술을 베끼거나 훔치고, 심지어는 특허 등록을 해버릴 수도 있다. 따라서 첫 번째로 취해야 할 행동은 모든 단계에서 지식 재산권을 보호하는 것이다.

다음으로는 법률 분쟁의 또다른 측면, 즉, 법을 방어가 아니라 무기로 사용하는 방법을 살펴본다.

법적 공격 개시

아래 내용은 일부에게는 좀 불쾌할 수도 있겠지만, 비즈니스 세계는 앱을 개발해서 검증하는 것과는 완전히 다른 게임이라는 것을 다시 한 번 강조하고 싶다. 린 개발 방식이 고객이 필요로 하는 적절한 제품을 개발하는 데 도움이 될 수 있지만, 이를 가지고 시장에 들어갈 때는 훨씬 치열한 경쟁에 대비해야 한다. 그러므로 법적 전술을 활용해 시장을 확보하고 독점하는 것도 한 가지 방법이다.

페이팔PayPal 창립자로 억만장자가 된 피터 틸Peter Thiel은 "회사를 설립한 후에는 누구나 경쟁을 피해 시장을 독점하는 것을 목표로 할 것"이라고 주장했다. 라이벌과의 경쟁에서 이기는 데 돈을 쓸수록 혁신과 성장에 쓸 돈은 줄어들 것이다.

지식 재산권 탈취나 소규모 기업을 특허로 괴롭히는 행위를 옹호하는 것은 아니지만, 법 체계의 동작 방식을 확실히 이해한다면 경쟁자로부터 사업을 보호하고, 더 나은 분야에 자원을 투입할 수 있는 여지가 생긴다.

기업이 경쟁우위를 확보하기 위해 법적 장벽을 구축했던 사례가 몇 가지 있다.

- 몇 년 전 내가 소프트웨어를 개발했던 부동산 중개인 교육 업체는 미국의 각 주State에서 부동산 업무를 하려면 중개인 자격을 취득해야만 하도록 입법하는 활동을 지원했다. 이는 결국 그 기업의 매출을 확대하는 데 도움을 줬다.
- 앞서 언급했듯이, 첨단 기술 사업 분야에서는 특허나 상표로 보호받지 못하는 디자인 요소나 기능을 적절하게 활용하는 것은 엄밀히 말하면 합법이다.

- 미국 내 소매업 판도를 결정적으로 바꿔 놓은 독점 업체인 아마존은 오랫동안 법적 공격 기법을 활용해왔다. 아마존은 다른 많은 기술 회사처럼 특허를 통해 경쟁 우위를 유지했고, 많은 주에서 판매세를 회피하기 위해 법의 허점을 활용했다 (그리고 이를 통해 다른 기업보다 저렴한 가격을 유지한다).

법적인 측면을 강화하는 활동은 어떤 것이든 경쟁자를 따돌리는 데 도움이 될 것이다. 법적은 수단은 방어든 공격이든 모두 유효하지만, 많은 수단 중 하나일 뿐이다. 지금부터는 시장에서의 지위를 다지고, 경쟁을 억제하며, 통제력을 극대화할 수 있는 사용자 중심의 비즈니스 전략에 대해 알아본다.

▌ 네트워크 효과와 플랫폼

네트워크 효과는 사용자 수가 증가함에 따라 제품이나 서비스의 가치도 증가할 때 일어난다.

네트워크 효과의 첫 번째 유형은 사용자가 스스로 제품이나 서비스에 가치를 더하는 경우다. 예를 들어, 페이스북이나 게시판, 검색 엔진 등을 강화하는 사용자 생성 콘텐츠는 서비스에 가치를 추가함으로써 효과적으로 사용자를 자산으로 전환시킨다.

플랫폼 효과는 네트워크 효과의 다른 유형으로 간주되는데, 회사가 단일 제품이 아니라 여러 개의 서비스로 구성된 플랫폼을 제공하는 경우 가치가 급성장하는 현상을 말한다. 더 많은 파트너사가 서비스를 추가할수록 가치가 증가한다.

오늘날의 기술 산업에서는 이 두 가지 효과가 두드러진다.

네트워크 효과

첫 번째 타입의 네트워크 효과를 설명하기 위해 세계 최대 소셜 서비스인 페이스북 앱과 세계 최대 소매 회사인 아마존 앱을 살펴보자. 두 가지 모두 사용자가 제품이나 서비스에 기여해 가치를 확대하는 방법을 분명히 보여준다.

네트워크 효과가 이들 두 회사에 끼치는 영향은 다음과 같다.

- 페이스북을 예로 들면, 사용하는 사람들이 늘어날수록 사람들 간의 연결이 늘어나기 때문에 더 많은 추진력과 가치가 창출된다. 이러한 증대 효과에 따라 경쟁자의 가치는 점점 더 줄어들게 되어 사람들이 경쟁 업체로 갈아타는 것을 더 어렵게 만든다. 이런 효과를 전환 비용이라고 하는데, 뒤에서 좀 더 자세히 다룬다.
- 아마존의 경우처럼, 마켓의 입점하는 판매자가 늘면 상품은 늘어나고 가격이 내려가므로 온라인 스토어의 이름이 널리 알려지게 되고 시장 내 지위와 더욱 공고해진다.
- 두 회사 모두 네트워크 효과가 커짐에 따라 입소문도 더욱 증가해서 사용자 획득 비용이 감소한다.

페이스북과 아마존은 네트워크 효과라는 혜택을 누리는 수 많은 회사 중 두 개 업체일 뿐이다. 모바일 앱을 개발하든 소셜 네트워크를 개발하든, 어떻게 사용자를 자산으로 전환해 최종 사용자의 가치를 향상시킬 수 있는지를 생각해야 한다.

플랫폼 효과

앞서 언급했듯이, 플랫폼 효과는 네트워크 효과의 다른 유형으로, 많은 비즈니스 파트너가 원래 서비스에 자사의 상품과 서비스를 강화할 때 발생한다. 워드프레스나 윈도우는 이 효과를 활용해 진입 장벽을 높인 훌륭한 사례다.

이 두 회사는 핵심 제품이 크게 다름에도 불구하고 플랫폼 효과를 잘 보여준다.

- 윈도우는 수십 년간의 시장 지배를 통해 사실상 PC용 표준 운영체제로서의 지위를 확보했다. 이를 통해 수 많은 PC 제조업체와 소프트웨어 개발자, 관련 업계와 제휴해 부가 제품과 서비스를 제공함으로써 윈도우의 기본 서비스를 크게 확장할 수 있었다.
- 워드프레스 역시 플랫폼의 역할을 한다. 워드프레스는 오픈소스로 개발된 콘텐츠 관리 시스템으로, 자유롭게 확장이 가능하다는 것이 가장 큰 특징이다. 워드프레스는 현재 전세계에서 가장 많이 사용되고 있다. 개발자는 쉽게 원하는 기능이나 플러그인, 또는 테마 등을 만들 수 있다. 이러한 플랫폼 효과로 인해 워드프레스의 기능이 비약적으로 늘어났으며, 다른 경쟁 제품이 넘볼 수 없는 수준의 영향력을 확보하게 됐다.
- 내가 종사하는 자동차 산업 분야에서는 다양한 제품을 완벽하게 통합한 플랫폼을 만드는 소프트웨어 회사들이 있기 때문에 개별 제품을 만드는 신생 기업은 살아남기가 쉽지 않다.

지금도 진행 중인 플랫폼 효과의 예는 수없이 많다. 운영체제부터 웹 브라우저나, 금융 소프트웨어에 이르기까지 플랫폼 효과를 누리고 있는 소프트웨어는 계속 증가하고 있다. 윈도우나 안드로이드 같은 제품은 플랫폼 제품이라 할 수 있다. 그 외 워드프레스나 퀵북스 QuickBooks의 경우 외부의 추가 기능을 통해 핵심 기능이 강화되는 방식의 서비스를 제공한다. 여러분의 제품이 사용자 네트워크의 이점을 누릴 수 있거나, 플랫폼의 역할을 할 수 있다면 이를 제품 설계 및 시장 공략 계획의 핵심으로 삼아야 한다.

▌ 수직 시장 활용

비즈니스 분야에서 말하는 버티컬vertical 마켓 또는 "수직 시장"이란, 협소한 산업이나 고객을 대상으로 하는 전문화된 틈새시장을 말한다. 음식점용 모바일 포스POS 소프트웨어를 개발하는 회사라면 수직 시장에서 영업 활동을 한다고 할 수 있다. 뉴욕시에 거주하는 아마추어 사진가들을 대상으로 하는 소셜 네트워크용 앱도 그런 예가 될 수 있다.

"수평 시장Horizontal markets"은 수직 시장과 달리 다양한 고객에게 제품을 파는 일반 시장을 말한다. 엄밀히 말하면 모든 비즈니스는 정도의 차이만 있을 뿐, 수직 및 수평 시장 모두에서 활동하는 것이다. 수평 시장의 가장 큰 장점은 수직 시장보다 훨씬 큰 사용자 기반을 제공한다는 것이다. 반면 수평 시장은 경쟁이 치열하고 진입하기가 매우 어렵다.

앞으로 살펴보겠지만 수직 시장을 잘 활용하면 경쟁 우위를 점하면서, 수평 시장으로 확장을 꾀하고, 재정적인 발판을 마련할 수 있다.

수직 시장을 목표로 해야 하는 이유

수직 시장에 진입하는 것과 시장내 지배력을 행사하는 것은 빠른 성장 대비 거북이 걸음의 성장만큼의 큰 차이가 존재한다. 수직 시장은 고객 기반도 한정적이고, 시장이 속한 산업의 경기에 따라 경제적 상황도 기복이 심한 단점이 있지만 다음과 같이 명확한 장점도 존재한다.

- 수직 시장은 집중해서 고객 관계를 구축하고 제품을 팔 수 있는 채널을 제공한다.
- 일부 경쟁이 치열한 시장을 제외하고는 시장 지배적 지위를 차지하기가 더 쉽다.
- 수직 시장을 지배함으로써 시장 내에서의 소득, 고객, 경제적 관계를 독점할 수 있다.
- 사용자 기반 및 산업의 특수성으로 인해 마케팅이나 사용자 테스트, 사용자 획득 등 비즈니스의 많은 측면에서 있어 훨씬 쉽고 비용면에서도 효과적이다.

수직 시장에 진입해 지배력을 행사하라는 것이 반드시 그 시장 내에서만 독점적으로 활동하라는 의미는 아니다. 11장, '온보딩과 등록'에서 다뤘듯이 협소한 시장을 독점하는 것의 목표는 수평 시장으로의 확장을 위한 첫 번째 단계기 때문이다.

성공적으로 수직 시장 지배력을 행사하는 방법

수직 시장을 완벽하게 통제하는 일이 결코 쉽지는 않지만, 경쟁자를 배제시킬 수만 있다면 원하는 대로 시장을 끌고 갈 수 있다. 다음 예는 기업들이 어떻게 수직 시장 지배력을 행사해 영향력을 확장했는지를 보여준다.

- 애플의 밸류 체인value chain 통제는 수직 시장 통제(또는 수직적 통합)의 거의 완벽한 사례를 보여준다고 할 수 있다. 애플은 자체 데스크톱과 모바일 기기와 그 기기에서 작동되는 운영체제, 그 안에서 실행되는 다양한 앱과 소프트웨어 제품을 직접 설계하고 개발한다.
- 의료 분야에서의 수직적 통합을 다룬 스탠포드 대학의 한 연구에 따르면, 병원과 의사가 의무 계약을 맺는 방식으로 통합을 하는 경우에는 환자의 의료비 부담이 늘어나, 결과적으로 병원과 의사의 수익이 높아진다고 한다.
- 자동차 산업에서 보면 급속한 성장을 달성한 회사는 OEM 계약을 통한 경우가 많다. OEM 회사에 대한 지원과 홍보는 시장에서의 빠른 성장과 지위 확보에 도움이 된다.

- 내가 전에 일했던 회사는 광고사에게 많은 자동차 딜러와 접촉할 수 있는 기회를 제공함으로써 급속히 성장했다. 효과는 즉각적이었고, 회사는 폭발적인 성장을 이뤘다.

수직 시장 통제의 궁극적인 형태는 회사가 자체적으로 공급망을 통제하는 수직적 통합이다. 대부분의 기업에게는 불가능한 일이겠지만 수직 시장에 더 가까울수록 경제적 이익을 얻기가 쉽다.

전환 비용

전환 비용이란, 고객이 경쟁사의 제품이나 서비스로 전환할 때 고객이 부담해야 하는 비용을 말한다. 전환 비용이 높으면 사용자의 이탈을 방지할 수 있다. 상황에 따라 이런 비용은 다양한 형태로 나타난다. 다음은 엔터프라이즈enterprise급 소프트웨어 패키지의 구매를 고려하는 회사에 영향을 주는 전환 비용의 유형이다.

- **직접 비용**: 새로운 소프트웨어 패키지의 가격을 조사하고, 평가하고, 협상하는 데 드는 비용
- **관계 비용**: 기존 제품에 익숙한 팀원들 간에 발생하는 혼란 및 불만
- **제품 관련 비용**: 구매 비용 및 훈련 비용, 기존 제품과의 연결을 끊는 데 드는 재정적 비용

이는 B2B 제품을 전환할 때 드는 비용에 대한 사례지만, 대부분의 경우도 이와 유사하게 추정할 수 있다.

기존 고객에게는 전환 비용을 높게 유지하고 신규 고객의 유입 전환 비용은 낮추는 것은 모든 제품 전략에서 필수적이다. 다음에서는 전환 비용이 높아서 고객 이탈을 효과적으로 막고 있는 전략의 경우라 하더라도 오히려 역효과가 발생하는 경우를 알아본다.

전환 비용으로 사용자 유보율 개선하기

제품의 전환 비용을 높이려면 앞서 언급한 목록을 살펴본다. 기존 고객이 이탈하지 않도록 의도적으로 비용을 높이는 방법을 고려하는 동시에 경쟁자의 전환 비용을 낮춤으로써 결과적으로 여러분이 제품이 선택될 수 있도록 유도하자. 제품이나 서비스에 적용할 만한 실제 사례를 몇 가지 소개한다.

- 인퓨전소프트InfusionSoft나 퀵북스QuickBooks, 세일즈포스Salesforce 같은 대기업형 소프트웨어 패키지는 전반적으로 전환 비용이 매우 높다. 즉, 많은 학습과 검증을 필요로 한다. 대부분은 학습에 시간과 비용이 많이 들고, 기존 방식으로 일하는 데 익숙한 직원들에게 상당한 혼란을 줄 수 있다.
- 이동통신 약정 계약은 경쟁사의 전환 비용을 낮추면서 자신의 비용은 높이는 대표적인 예다. 일단 약정을 한 후에는 해지 수수료라는 경제적 장벽 때문에 통신사를 옮기기가 어렵다. 반대로 신규 가입의 경우 상당히 높은 휴대폰 지원금을 지원하는 식으로 가입자를 유치한다.
- 소셜 앱이나 최근에 나온 앱은 무료 정책, 사용 편리성, 손쉬운 소셜 연결 등으로 진입 장벽을 현저하게 낮췄다. 하지만 일단 사용하면 네트워크 효과로 인해 전환 비용이 높아져서 변경하기가 거의 불가능하다. 예를 들어, 많은 사용자는 친구나 가족과의 연결이 끊어질까봐 페이스북 탈퇴를 주저한다.

이상은 대기업이 사용자를 지키기 위해 전환 비용을 활용하는 예다. 더 많은 아이디어를 얻으려면 여러분의 앱이 속한 시장이나 유사한 시장에서 성공한 기술 회사들을 조사하고, 기존 사용자를 대상으로 전환 비용을 높게 유지하는 방법을 찾아내서 서비스에 적용하기 바란다.

앞서 언급했듯이, 제품이나 서비스의 진입 장벽을 낮추는 방법 중 하나는 경쟁사의 고객 전환 비용을 낮추는 것이다. 다음으로는 이 전략을 통해 사용자 확보를 가속화하고 경쟁사의 고객을 확보할 수 있는 방법을 살펴본다.

경쟁자의 전환 비용을 낮추는 방법

사용자가 경쟁사에서 쉽게 이탈할 수 있게 하려면 경쟁사의 전환 비용을 중간이나 그 이하로 낮춰야 한다. 앞의 예시에서 언급한 이 회사들이 경쟁사 고객의 전환 비용을 줄이는데 사용한 방법을 살펴보자.

- 퀵북스는 가입 과정을 더 쉽게, 그리고 저비용으로 하기 위해 많은 표준 기술을 사용한다. 신제품 사용 시 발생하는 스트레스 비용 및 인지 비용을 줄이기 위해 무료 평가판을 제공한다. 학습 비용을 낮추기 위해 사용자 눈높이에 맞는 동영상 가이드와 앱내 설명서도 제공한다. 또한 적절한 플랫폼 효과도 활용한다. 즉, 플러그인 및 통합된 서드파티 수가 충분히 많아 고객이 이미 구독 중인 서비스로 쉽게 시작할 수 있다.

- 이동통신의 경우 약정해지 수수료 제도를 통해 고객이 다른 통신사로 전환하지 못하게 할 수 있었지만, 2년 약정이나 중도해지 수수료 등의 제도는 고객이 갇혀 있다는 느낌이 들게 한다. 소규모 이동통신사들은 이러한 고객의 감정을 이용해 가입 및 해지와 관련된 장벽을 없앴다. 고객은 새로운 휴대폰을 구입하지 않고 자신의 휴대폰을 이용할 수 있으며, 약정을 하지 않아도 되고, 언제든 원할 때 해지가 가능한 식이다.

- 많은 소셜 앱은 이 책에서 다룬 린 개발법의 전술을 사용해 경쟁 업체의 전환 비용을 낮췄다. 즉, 성공적인 소셜 앱은 적당한 기능, 좋은 디자인, 쉬운 사용법, 높은 성능으로 이루어진다. 많은 개발자가 알고 있듯이 이런 요소들은 모두 사용자의 첫 경험에 좋은 영향을 끼침으로써 자연스럽게 신규 고객으로 전환이 되도록 한다.

전환 비용과 다른 비즈니스 전략은 사용자 니즈^{need}와 욕망^{want}을 기반으로 추진해야 한다. 만약 비즈니스에서 균형을 잃고 제품과 고객을 희생하면서까지 싸움을 벌인다면 제품 자체가 약화돼 시장 점유율을 잃을 수 있다. 이를 예방하기 위해 지금부터는 고객과 비즈니스에 계속 집중하도록 하는 린 기반 전략에 대해서 알아본다.

▌ 올바른 고객 지원

새로운 비즈니스에서 제대로된 고객 지원 체계를 갖추지 않는 경우가 종종 있다. 하지만 고객이 자신에게 신경 써주는 제품이나 서비스를 쉽게 떠나지는 않는다는 점을 고려하면 이는 어리석은 행동이다.

성공하는 회사들은 만족스러운 고객 서비스 제공이 곧 고객의 충성도와 수익에 직접적인 영향을 준다고 믿는다. 여러 통계 자료에 따르면, 규모가 크든 작든 모든 비즈니스에게 있어서 고객 서비스는 필수 요소다.

- 나쁜 고객 서비스 경험은 좋은 경험보다 두 배나 많은 사람들에게 퍼진다.
- 신규 고객 한 명은 유지하는 데 드는 비용은 기존 고객 한 명의 유지 비용보다 여섯 배나 높다.
- 구매 경험의 70%는 고객이 받은 서비스에 대한 기분이 결정한다.
- 갤럽사의 조사에 따르면, 고객은 서비스의 신속함보다는 서비스의 품질과 완벽성을 더 중요하게 생각한다.

처리해야 할 일이 많은 스타트업에게 있어 고객 지원이 뒷전에 놓일 수 있다는 사실을 모르는 바는 아니다. 그러나 제대로된 고객 지원 체계를 갖추는 것은 결코 의미없는 투자가 아니다. 고객 서비스가 수익에 미리는 직접적인 영향을 고려한다면 처음부터 고객 서비스를 개선하는 방법을 고려해봐야 한다.

고객 서비스에 대한 견해

고객 관리가 제품과 기업, 브랜드에 대한 인식을 제고시켜 충성도에 영향을 준다는 것은 널리 알려진 사실이다. 이런 인식으로 인해 '고객 경험'도 설계되고 개선될 수 있다는 인식이 생겼다. 그러나 어떤 요소가 완벽한 고객 경험을 주는지에 대해서는 논쟁에 여지가 있다.

많은 기업에서 고객 만족에 초점을 두기 시작하면서 고객을 왕처럼 대우하거나 즐겁게 해주는 식으로 노력하게 됐다. 이는 고객의 만족이 중요하다는 통계에 기반하고 있지만, 단지 고객을 '즐겁게' 한다고 해서 만족도가 올라간다는 과학적 근거는 없다.

그런 유행을 쫓기보다는, 린 접근법에 따라 직접 고객의 목소리를 듣는 것이 좋다.

고객이 앱 사용자이든, 매장을 방문한 쇼핑객이든 문제를 해결하는 것이 목표다. 하버드 비즈니스 리뷰에 실린 연구 결과에 따르면, 지나치게 '즐거운' 고객 서비스는 결코 '충성심을 이끌어' 내지 못한다. 반면 고객이 자신의 문제를 해결하는 데 들이는 '노력을 줄여주는' 경우에는 '가능하다'고 한다. 이러한 지식을 바탕으로 고객 서비스를 개선하고, 비용을 낮추고, 이탈을 줄이는 노력을 할 수 있다.

우수한 고객 서비스를 위한 레시피

회사 초기 단계에서는 자금이 부족할 수 있다. 하지만 다행히도 기술 덕분에 창업 초기 기업은 20%의 노력만으로도 80%의 성과를 달성할 수 있다. 자금을 낭비하지 않고 고객 서비스를 극대화할 수 있는 몇 가지 방법을 소개한다.

- 소셜 미디어나 댓글에 공개적으로 답변을 다는 식으로 적극성과 성의 있는 모습을 보여준다. 한 사람이 댓글을 달면 나머지 사람도 그 댓글처럼 생각하는 경우가 많다. 말하는 사람은 한 명이지만 침묵하는 사람은 훨씬 많다는 연구 결과도 있다는 점을 고려해야 한다.
- 고객들이 직접 연락할 필요없이 쉽고 빠르게 답변을 찾을 수 있도록 온라인 답변 자료실을 만든다. 이렇게 하면 고객뿐만 아니라 회사도 시간을 절약할 수 있다.
- 고객이 문제를 발견하기 전에 찾아서 해결한다. 분석 데이터를 확인하고 고객 피드백에 귀를 기울임으로써 문제가 싹트기 전에 발견하고, 해법을 찾고, 필요하면 수정하도록 한다.

- 개발 주기 내내 고객을 중심에 두도록 한다. 고객에게 관심을 갖고, 목소리에 귀를 기울이며, 문제를 해결한다.

앱 사용자는 고객이지, 애들처럼 '즐겁게' 해줘야 할 대상이 아니라는 점을 기억하자. 좋은 고객 서비스는 나머지 비즈니스에도 파급 효과가 있다. 해당 효과를 모두 측정할 수는 없겠지만 부정적인 경험을 완화하고 브랜드에 대한 전반적인 사용자 경험을 크게 향상시킬 수 있다.

성공하는 기업이 수익 향상을 위해 고객 서비스를 사용하는 방법

최고 수준의 고객 서비스를 제공하는 회사들은 고객 충성도를 높이고, 고객 감소율을 낮추며, 고객 생애 가치(CLV)를 높이는 등의 효과를 보고 있다. 다음은 고객 서비스를 통해 경쟁우위를 유지하는 회사의 예다.

- 아마존의 핵심 원칙은 고객 경험이며, 고객의 목소리를 기반으로 모든 사업을 구축하고 있다. 창업자이자 CEO인 제프 베조스Jeff Bezos는 "실생활에서 불만족한 고객은 6명에게 말하지만, 온라인에서는 그 6명이 6천 명에게 말할 수 있다"고 했다. 환불 정책부터 고객 지원 담당자나, 제품 추천 엔진에 이르기까지 아마존 비즈니스 모델은 단 한 가지 목표인 '고객 행복'에 맞춰져 있다.
- 2012년 유출된 애플의 고객 서비스 교육 매뉴얼을 보면, 고객 만족을 최우선순위에 두고 있다는 것을 알 수 있다. 기즈모도Gizmodo에 따르면, '지니어스 교육 워크북Genius Training Student Workbook'에는 판매를 우선하는 내용이 아니라 '고객을 이해하고 행복하게 만드는 완벽 매뉴얼', '행복한 고객은 향후 제품을 구매할 고객'이라는 내용이 담겨 있다고 한다. 이렇게 철저한 준비 상태를 보면 고객 만족이란, 어떤 경우에도 우연히 것이 아니라는 사실을 알 수 있다.

- 나의 예전 회사는 자동차 딜러가 고객 대상 홍보와 구매, 관리를 개선하도록 하는 다양한 부가 기능을 제공하는 CMS 소프트웨어를 판매했다. 당시 우리에게는 두 가지 목표가 있었다.
  - 사용하기 쉽고 저렴한 앱 만들기
  - 고객을 행복하게 하는 기능 찾기

이런 노력을 통해 (막대한 자금 투입 없이도) 극히 낮은 고객 감소율과 이 시장 내에서의 견고한 성장을 거두었다. 우리는 고객이 전화하기를 기다리지 않았다. 대신 고객이 제품의 사용성을 극대화해서 고객의 이익을 높이는 방법을 제공하고자 했다. 애플이나 아마존은 아니었지만 같은 원칙을 실천했던 것이다.

고객 만족은 감정이기 때문에 전환율처럼 수치로 측정하기는 어렵다. 또한 고객 경험이나 충성도, 고객 관계가 비즈니스에 미치는 영향을 측정하는 일은 더 어렵다. 그러나 시중에 발표된 연구 결과나 성공적인 회사들의 고객 서비스 및 활동 기록을 보면, 탁월한 고객 서비스는 고객의 마음을 붙잡는 데 큰 역할을 한다는 점을 알 수 있다. 다음은 19장에서 다루는 마지막 전략으로, 시장 및 고객의 마음에서 잊히지 않는 강력한 브랜드를 구축하는 법을 살펴본다. 그러나 우선 고객 지원에 도움이 되는 몇 가지 도구를 살펴보자.

고객 지원에 유용한 도구

현재 시장에 나온 고객 서비스용 도구는 꽤 많다. 또한 대부분은 무료 평가판이나 무료 기능을 제공한다. 지금부터 몇 가지 서비스를 소개한다.

- **젠데스크**Zendesk (https://zendesk.com): 일부 무료 기능을 제공하는 강력한 고객 지원 플랫폼이다.
- **프레시데스크**Freshdesk (https://freshdesk.com): 스타트업이나 중소기업에게 충분한 수준의 무료 버전을 제공한다.

- **세일즈포스 데스크**^{Salesforce desk} (https://desk.com): 세일즈포스 제품군의 일부로서, 이미 세일즈포스를 사용 중인 기업에게 적합하다.
- **조호 데스크**^{Zoho desk} (https://www.zoho.com/desk/): 조호 제품군의 일부로, 이미 조호를 사용하는 기업에게 적합하다.
- **컨버소셜**^{Conversocial} (https://www.conversocial.com/): 소셜 및 모바일 앱 지원에 중점을 둔다.

이런 제품들 대부분은 무료 평가판이나 일부 기능을 제한하는 무료 요금제를 제공한다. 또한 티켓 기반 지원 기능, 실시간 채팅 기능, 콜센터 소프트웨어 등이 통합된 지식 검색 시스템으로 구성된다.

다양한 옵션을 평가할 때 독자의 조직에 적절한 기능을 제공하는지 확인해야 한다. 예를 들면 다음과 같다.

- 앱 내에서 실시간 채팅 기능을 지원할 것인가?
- 고객 지원 기능을 자피어^{Zapier} 같은 서드파티 도구와 통합하는 것이 좋을까?
- 이미 세일즈포스^{Salesforce}나 프레시웍스^{Freshworks}, 조호^{Zoho} 같은 제품군을 사용하고 있는가?
- 각 플랫폼에서 제공하는 위젯이나 플러그인에는 어떤 유형이 있는가?

이들 질문에 대해 답하는 과정을 통해 시장에 대한 수많은 고객 지원 옵션을 가려내고 검증 시간을 줄일 수 있다.

마지막으로 고객의 의견을 즉시 받을 수 있어 고객과의 거리를 좁힐 수 있는 채팅 기능을 알아보는 것도 잊지 말자. 요즘은 앱에다 위젯을 설치하는 방식으로 고객 지원 소프트웨어를 통합하는 일은 매우 쉽다. 실시간 채팅 지원은 회사의 규모에 따라 부담이 될 수도 있지만, 회사와 고객 간의 거리를 좁히는 효과를 확실히 누릴 수 있다. 이러한 실시간 지원은 고객 만족도를 높이고 고객 요구사항에 대한 이해를 높일 수 있다. 앞에서 다룬 고객 지원 도구처럼 실시간 도구들도 많은 종류가 있다. 어느 정도 공인된 서비스는 다음과 같다.

- 젠데스크 챗ZenDesk Chat (https://www.zopim.com/): 이전에는 조핌Zopim이라고 알려 졌던 앱으로, 젠데스크에게 인수돼 이름이 변경됐다. 14일 무료 평가판을 제공 한다.
- 라이브헬프나우LiveHelpNow (http://www.livehelpnow.net/): 이 서비스는 비디오 및 모바일 지원 기능, 분석 도구, 사용자화 등의 기능이 포함된 30일 무료 평가판 을 제공한다.
- 웹 사이트얼라이브WebsiteAlive (https://www.websitealive.com/): 이 서비스는 한 명의 사용자를 위한 무료 버전을 제공하며, 백업 운영자가 근무 외 시간에도 고객 지 원을 해준다.

잘 만든 브랜드명의 힘

닐슨Nielsen의 조사에 따르면, 북미 및 남미 고객이 제품을 구매할 때 두 번째로 중요하게 생각하는 요소는 브랜드 인지도였다. 또한 선진국과 개발도상국을 불문하고 브랜드 인지 도는 구매 결정에 큰 영향을 미치며, 대다수의 사람은 친숙한 브랜드에서 신제품을 구매 하기를 선호한다.

기존 고객과 잠재 고객에게 최초 상기 브랜드Top of mind가 영향을 미치고 있다면 신규 경쟁 자가 고객 눈에 띄기는 힘들다. 경쟁에 어려움을 겪는 스타트업이나 신생기업이 브랜드명 을 잘 만든다면 제품이나 충성도에 긍정적인 느낌을 창출할 수 있다. 브랜드명을 만드는 데는 시간과 노력이 필요하며, 전략적인 마케팅 계획에 따라 모두가 함께 만들어야 한다.

나만의 브랜드가 필요한 이유

통계적으로 고객은 모르는 브랜드보다는 아는 브랜드에서 더 많이 구매를 하기 때문에 브 랜드는 중요하다. 브랜드라는 무형 자산은 고객 서비스에 비해 측정하기도 매우 어렵고

모호할 수 있지만, 경쟁에서 눈에 띄기 위해서 매우 중요하다. 브랜드명에서 달성할 수 있는 주요 목표는 다음과 같다.

- **인지도**: 일단 고객이 브랜드를 인지하면 그 브랜드와 연관된 제품을 바로 연상해 낸다.
- **약속**: 브랜드명은 고객에게 약속을 떠올리게 한다. 즉, 제품이나 서비스를 구매하면서 기대할 수 있는 가치 제안이나 고유 판매 제안을 떠올린다.
- **신뢰**: 브랜드명이 강력할수록 신뢰도가 높아진다. 신뢰는 고객이 친숙한 브랜드에서 구매하는 주요 이유 중 하나다.
- **지위**: 브랜드는 지위를 나타내며, 의류 분야에서 특히 두드러진다. 고객이 유명 브랜드를 소지하고 있을 경우 해당 브랜드의 지위와 이미지가 연상된다.
- **충성도**: 브랜드는 시간이 지나면서 점점 더 고객의 충성도를 높여, 이 장에서 언급한 여러 전략적 목표를 달성하는 데 도움을 준다. 즉, 충성 고객을 통해 시장을 장악함으로써 경쟁자를 효과적으로 몰아낼 수 있다.

브랜드의 순수 가치나 재정적 가치는 고객 서비스에 대한 투자 수익률보다 측정하기가 훨씬 어렵다. 그러나 그 영향력에 대해서는 의심의 여지가 없으며, 제품이나 서비스에 대한 경제적 보호막을 두르고자 할 때 필수적인 무기가 된다.

브랜드 구축 방법

브랜드 구축에 대해 다루는 것은 이 책의 범위를 넘어선다. 예산이 허락한다면 전문가를 통해 브랜드를 개발하는 것이 좋을 것이다. 그러나 이런 본질적인 문제를 다루기 전에 좋은 브랜드의 기초 요건에 대해 알아보자.

- **좋은 이름**: 제일 좋은 브랜드는 특정한 감정을 연상할 수 있도록 고안된 이름이다. 예를 들어, 자동차 제조사인 재규어사Jaguar는 재규어라는 동물이 떠오르도록

의도한 것이다. 이처럼 고객에게 전하고 싶은 정서와 정체성을 가진 이름을 선택해야 한다.

- **시각적 정체성**: 로고와 색상, 시각적 디자인은 브랜드 정체성과 일관성을 유지해야 한다. 예를 들어, 웹 사이트나 앱, 마케팅 자료들도 동일한 기준으로 작성돼야 한다.

- **메시지**: 모든 브랜드에는 스토리가 있다. 스토리는 브랜드의 다른 요소들을 통합할 뿐 아니라 마케팅부터 고객 지원에 이르기까지 모든 비즈니스 의사소통에 사용된다.

2장, '린 스타트업 기초'에서 회사의 미션과 대상 사용자를 고려해 만든 만든 비즈니스 캔버스 모델을 다시 검토해보자. 잠재 고객과 세상에 어떤 인상을 주고 싶은지 알아낸 후 앞에서 언급한 요소들을 발전시켜 보자.

소셜 미디어와 앱 스토어를 통한 브랜드 모니터링 도구

브랜드 모니터링 및 소셜 미디어 모니터링 도구는 점점 늘어나는 추세로, 서비스의 종류도 다양하다. 일부 기능이 무료인 제품부터 직원을 고용하는 것만큼 비용이 드는 기업용 도구도 있다. 몇 가지 예를 들면 다음과 같다.

- **훗스위트**^{Hootsuite} (https://hootsuite.com): 유명한 소셜 미디어 관리 플랫폼으로서 브랜드 모니터링 기능도 제공한다.

- **멘션**^{Mention} (https://mention.com): 소셜 미디어 및 웹에서 키워드를 추적해 언제 어디서 브랜드가 언급되는지를 파악한다.

- **버즈스모**^{Buzzsumo} (https://buzzsumo.com): 키워드, 작성자, 도메인, 백링크 등에 대한 알림 기능을 제공한다.

- **소셜움프**^{SocialOomph} (https://socialoomph.com): 모니터링 기능을 제공하는 소셜 미디어 관리 도구다.

이들 도구는 이 책을 집필하는 현재 선택할 수 있는 서비스다. 이후에는 더 많은 서비스가 등장했을 것이다. 스타트업의 경우 가용 예산 범위 내에서 무료 서비스와 통합하거나, IFTTT나 자피어Zapier 같은 자동화 서비스를 활용하기도 한다.

예산 범위 내에서 브랜드 구축

한정된 예산을 가진 스타트업도 빠르게 성장하는 글로벌 프리랜서 마켓을 이용하면 시장 조사부터 가상 오피스 지원이나 그래픽 디자인, 광고 문구 작성 등에 이르기까지 모든 서비스를 이용할 수 있다. 구글 검색을 통해 쉽게 찾아볼 수도 있겠지만, 다음 서비스로 시작하는 것도 좋을 것이다.

- 피버Fiverr (https://fiverr.com): 5달러 단위로 서비스를 제공하는 프리랜서 시장이며, 대부분의 서비스는 100달러 이하다.
- 업워크Upwork (https://upwork.com): 프로젝트와 예산을 올려두고 프리랜서들에게 입찰을 받는 서비스다.
- 프리랜서Freelancer (https://freelancer.com): 업워크와 유사한 방식으로서 프로젝트를 생성한 후, 예산과 명세서를 등록하고, 프리랜서들과 긴밀히 협력하며 작업할 수 있다.
- 크레이그리스트Craigslist (https://craigslist.org): 세계에서 가장 유명한 분류 광고 사이트에 직접 광고를 해서 프리랜서를 찾을 수 있다.

이러한 저비용 서비스도 사용자의 비용 투자가 필요하지만, 초기 단계 스타트업에게는 꽤 도움이 될 수 있다. 프리랜서를 고용하기 위한 가장 좋은 방법은 맡길 업무에 대해 사전 조사를 수행하고 우수 사례를 찾아내는 것이다. 그런 다음 인터뷰를 진행할 때 우수 사례에 대해 질문하고 반응을 살펴보는 것이다. 이런 질문에 제대로 대답하지 못하는 사람은 제외해야 할 것이다.

그 다음으로는 시범 과제를 통해 품질과 일정 준수, 세부사항에 대한 주의력 등을 살펴본다. 결과가 좋다면 더 큰 과제를 진행하도록 하고, 그렇지 않다면 배제하도록 한다.

나는 그동안 많은 프리랜서를 고용해봤으며, 앞서 언급한 간단한 규칙을 통해 적지 않은 돈을 절약했다. 물론 처음에는 돈을 좀 날리기도 했다.

브랜드 구축도 MVP 구축과 같은 방식으로 진행하면 좋다. 즉 개발, 측정, 학습의 순서다. 리소스를 가지고 있다면 언제든 필요할 때마다 방향으로 바꾸거나 발전시킬 수 있다.

브랜드 구축 사례

올바른 브랜드 이미지를 구축하면 경쟁자보다 눈에 뛰며, 신뢰를 높이고, 고객의 마음을 먼저 사로잡을 수 있다. 이런 작업을 잘하는 브랜드도 있고 그렇지 못한 브랜드도 있다. 예를 들어 패션 분야에서는 브랜드가 중시되지만 기술 분야는 덜 하다. 다음은 여러 회사가 실제로 브랜드 이미지를 구축한 사례다.

- **애플**: 애플은 로고와 이름부터 제품 디자인 및 직원 교육에 이르기까지 철저하게 개발된 브랜드 정체성을 가지고 있다. 애플의 브랜드 전략은 전 세계적으로 매우 탁월하다고 인정받고 있다. 일부 전문가는 애플의 성공은 제품 때문이 아니라 마케팅과 브랜드 때문이라고 말한다. 그러나 애플 브랜드의 인지도는 확고부동할 뿐만 아니라 사용자 경험의 모든 측면에서 영향을 미친다는 점을 고려한다면, 앞서 언급한 브랜드 구축의 핵심 요소가 어떻게 애플사 전체에 어떻게 나타나는지 알아보는 것도 도움이 될 것이다.
- **마이크로소프트**: 큰 성공을 거둔 회사는 훌륭한 연구 대상이지만, 그런 회사가 늘 올바른 결정만 하는 것은 아니다. 마이크로소프트라는 브랜드는 멋보다는 기능적인 느낌이 나고 GM이나 IBM, AT&T처럼 오래된 회사를 연상시킨다. 디자인 전문가인 돈 노만^{Don Norman}은 마이크로소프트에 대해 이렇게 말했다. "누구나 좋

아하는 제품을 만들려다, 결국 열정적인 사용자가 없는 모두에게 그저 그런 제품을 만들었다." 브랜드 구축도 마찬가지다.

- **스타벅스**: 세계에서 가장 큰 커피숍 체인이 된 스타벅스의 큰 성장은 "가능한 최상의 특별한 경험"을 제공한다는 사명에 기인한다. 스타벅스는 상점 어디에서나 브랜드를 볼 수 있도록 배치했으며, 전 세계의 커피 애호가들의 마음에 브랜드를 각인시켰다.

기술 회사는 의류 회사나 브랜드 중심의 명품 회사처럼 브랜드를 구축하기 어려울 수 있지만, 대표 사례를 통해 배울 점도 있다. 특히 애플은 마이크로소프트나 휴렛패커드Hewlett-Packard, IBM처럼 구식으로 느껴지는 브랜드와 달리 현대적이고 최신 유행의 브랜드처럼 느껴지도록 하는 브랜드 구축 기법을 보여준다.

마지막으로, 브랜드와 제품, 사용자에 대한 비전을 설정해야 한다는 점을 기억하자. 자신의 브랜드에 대해 몇 가지 중요한 질문을 해보자.

- 품질은 얼마나 중요한가?
- 사용자 경험은 얼마나 중요한가?
- 사람들이 제품에 대해 어떻게 느끼기를 바라는가?
- 고객과 어떤 유형의 관계를 갖고 싶은가?

브랜드에 대한 비전과 방향이 결정되면, 시장 내 포지셔닝을 결정하고 브랜드 마케팅을 시작한다. 마케팅은 전문적인 분야로 이 책에서 다루는 범위를 벗어난다. 따라서 마케팅 전문가의 도움을 받거나, 기초 마케팅 서적으로 읽거나, 디지털 마케팅 과정을 수강하면 도움이 될 것이다.

▌ 요약

앱이 경쟁력을 가지고, 더 큰 시장으로 나가길 원한다면 단지 "잘 만든 앱"만으로는 충분하지 않다. 시장 내에서 자리를 지키고, 그 자리를 확장하려면 철저하게 계획된 전략이 필요하다.

오래 가는 앱을 만들고 싶다면 앞에서 나열한 전술을 사용해 차별적 경쟁 우위를 구축하는 방법을 고려해야 한다. 제품의 사용주기 내에서 가능한 한 빨리 적용하고 활용할 수 있는 전술을 찾아내야 한다. 다음은 19장에서 다룬 전략과 전술을 간략히 요약한 것이다.

- **무형 자산**: 법적 보호는 방어 목적으로도 공격 목적으로도 사용할 수 있다. 치열한 비즈니스 세계에서, 특히 MVP가 성공해 제품이 팔리기 시작하는 상황이라면 어떤 경우에도 대비할 수 있어야 한다.

- **네트워크 및 플랫폼 효과**: 연결된 파트너와 사용자는 단순한 고객이 아니라 서비스가 성장함에 따라 가치를 더해주는 자산이다. 이를 장점으로 활용할 뿐 아니라 그 가치를 활용해 시장을 확대하고 사업 영역을 보호해야 한다.

- **수직 시장 활용**: 수직 시장에 진출하여 통제함으로써 경쟁이 없는 분야에서 비즈니스를 구축할 수 있다. 수직 시장 내에서 관계를 구축하고 강화하면 산업이나 시장에서 자유롭게 활동할 수 있다.

- **전환 비용 전략**: 전환 비용은 신규 사용자의 서비스 탈퇴를 방지할 수 있다. 전환 비용을 높이되 경쟁사의 경쟁 비용은 낮추도록 최선을 다해야 한다. 그러면 사용자 유보율을 높이고 신규 고객을 더 쉽게 확보할 수 있다.

- **올바른 고객 지원**: 고객은 린 개발법의 맨 앞과 중심에 위치하므로, 비즈니스 전략에서도 맨 앞과 중심에 위치해야 한다. 제대로된 고객 지원 체계는 고객 감소율을 낮추고, 평판을 높여주며, 고객 획득 비용도 줄여준다.

- **브랜드의 힘**: 강한 브랜드란, 강한 이미지를 말한다. 즉, 브랜드는 고객이 연상하고 알아보는 것을 의미하며, 회사가 경쟁사와 차별화하는 데 도움이 된다. 효과적인 브랜드 전략을 수립하면 고객의 마음을 얻을 수 있고, 신뢰를 쌓으며, 충성도도 높일 수 있다.

이러한 전략이 린 개발법이 다루는 범위를 벗어남에도 이를 다루는 이유는 명확하다. 비즈니스는 실용적이어야 성공할 수 있다. 기업은 제품이 실제 시장 상황에서도 살아남을 수 있도록 실용적인 사업 전략을 채택해야 한다. 경쟁을 피할 수는 없다. 그것이 최선을 다해 차별적 경쟁 우위를 구축하고, 도움이 될 만한 모든 카드를 모아야 하는 이유다.

20

플링 사례 연구

플링Flyng이란, iOS용 앱으로, 기존과는 다른 데이트 앱이다. 지금부터는 플링이 겪은 비즈니스 및 기술적 문제를 살펴보려고 한다. 지금까지 이 책에서는 이론을 주로 다뤘다. 그결과, 여러분은 린 스타트업 개발 방식이 무엇인지와, 실제로 모바일 앱 개발에 어떻게 적용할 수 있는지에 대해 알게 됐다.

지금까지는 안드로이드와 iOS, 웹 앱용 샘플 코드를 많이 살펴봤고, 초기 단계에서부터 사용자로부터 배워야 할 것을 알아내는 법과, 기술적인 노력을 지나치게 투입하지 않고도 피드백을 신속히 받을 수 있는 방법을 배웠다.

서비스를 제공하는 여러 솔루션 제공자의 도움도 받았다. 그 중에는 백포앱Back4App이나 퀵블록스QuickBlox 같은 서비스형 모바일 백엔드MBaaS를 제공하는 업체도 있었고, 소셜 로그인이나 전화번호 로그인 같은 온보딩 도구 및 분석 서비스도 있었다.

린 스타트업 개발법은 그 자체가 목표인 것도 아니고, 종교적 의무처럼 행해야 하는 것도 아니다. 단지 지속적으로 의미 있는 앱을 만드는 뛰어난 개발 방식일 뿐이다. 소중한 자원과 시간을 결코 낭비해서는 안 된다. 대신 린 개발법을 적용해 최대한 빨리 피드백을 받아야 한다. 가설이 타당한지 최대한 빨리 검증해야 한다. 가설이 맞다고 증명되면 계속 나아가고, 그렇지 않다면 이유를 알아내서 변경해야 한다. 빨리 실패하고, 고객이 실제로 쓰고 싶어하는 진짜 가치를 주는 솔루션을 만드는 것이 최선이다.

이 책의 앞부분에서 실제 사례를 소개하기로 했었다. 20장에서 바로 그 실제 사례를 다룬다. 여기서 다루는 플링이라는 이름의 소셜 네트워크 앱은 내가 팀 동료들과 실제로 사용하는 앱이다. 팀 동료들에 대해서는 후반부에서 소개할 예정이다.

20장에서는 아래와 같은 내용을 다룬다.

- 플링이 해결하려는 문제
- 플링 MVP 구축 방법
- 플링의 가설 확인
- 사용자 피드백 측정 방법
- 플링의 사용자 기반 구축 방법(닭과 달걀 중 어느 것이 먼저인지)

플링 사례 연구는 이 책에서 다룬 모든 내용을 집대성했다. 또한 당시 우리가 잘한 점과 잘못한 점도 정리했다. 이 사례 연구는 내가 속한 팀의 회고 자료로 사용하기도 했다.

플링 MVP를 구축하는 동안 우리는 이미 몇몇 대단한 일을 수행했다. 그리고 당연하게도 일부 개선할 점이 있다는 것을 알게 됐다. 프로젝트 시작부터 린 스타트업 개발법을 사용했음에도 불구하고, 더 잘할 수 있었던 점이 있었다.

뒷부분에서 읽게 되겠지만, 사전에 충분히 검증하지 못하고 포함시킨 한 가지 특별한 기능이 있었다. 이 특별한 기능은 거의 사용되지 않았지만, 다행히도 앱 릴리스를 반복하기 전에 문제를 발견했다. 무엇보다도 플링은 이미 성공을 거뒀고 사용자가 매일 증가하고 있다.

▌ 대단해! 근데 플링이 뭐지?

플링은 개인적인 관심사를 통해 학생들을 서로 연결해 주는 앱이다. 데이트 앱인 틴더 Tinder와는 다르게 만남 주선만 해주는 것은 아니다. 고객은 카테고리 항목에서 모험이나 소개, 인맥이나 파티 등을 둘러볼 수 있다. 다른 검색 항목을 추가하거나, 앱을 둘러보면 서 원하는 내용을 정확하게 지정할 수도 있다. 이런 것들이 사용자들이 가장 매력을 느끼 는 기능이다.

이 앱에는 안전 타이머 같이 재미난 기능(아직은 가설일 뿐이지만)이 있으며, 향후에는 게임 도 추가할 예정이다.

▌ 팀원

성공적인 앱의 가장 중요한 요소는 팀원이다. 팀원은 성공적인 스타트업의 핵심 요소이며, 거의 모든 벤처 캐피털(VC)이 관심을 갖는 요소이기도 하다. 당연히 플링에도 멋진 팀이 있다. 플링 팀원으로는 다니엘 거스리와 미첼 트룰리가 있으며, 정말로 우연히 나(마이크Mike)도 합류했다.

미첼 트룰리

미첼 트룰리Mitchell Trulli는 인플루언서를 대상으로 마케팅 및 브랜딩, 전략적 파트너십, 자금 조달 및 피칭을 담당한다. 미첼은 퀴니피악 대학교Quinnipiac University에서 회계 MBA 과정을 수료했으며, 스타트업에서 성공한 다음 벤처캐피털 분야에서 일하는 게 꿈이다. 그는 여행과 주식매매를 즐기며, 여름엔 케이프 코드Cape Cod에서 보낸다.

다니엘 거스리

다니엘Daniel Guthrie는 성장 및 분석, 소셜 미디어 전략, 브랜드 및 앰배서더 프로그램 운영 모니터링을 담당한다.

다니엘과 미첼은 스타트업 및 기술 분야의 프로젝트에 대단히 열정적이다. 또한 대학 시장에 관심이 많고, 마케팅 전략을 배우고 적용하는 것도 좋아한다.

마이크 반 드롱헬렌

나Mike van Drongelen는 앱과 백엔드 담당 개발자다. 당장은 iOS용 앱만 제공하지만, 안드로이드 앱도 곧 출시할 예정이다. 그리고 UX 및 앱과 관련된 모든 분야에 관심이 있다. 나는 스타트업 매니아인데, 이 책을 읽고 있는 독자라면 그 사실을 이미 잘 알고 있을 것이다.

다른 팀원들

핵심 팀원 외에도 다른 팀원이 있다. 다시 말해, 기여자 및 조력자들이 있다. 케빈 달비Kevin Dalvi는 UX와 멋진 그래픽 디자인으로 우리를 도와줬다.

또한 베타 테스터들과 플링의 사용자들께도 감사드린다. 플링의 현재 모습은 그들 덕분이다. 이들 모두의 노력이 없었다면 플링은 존재하지 않았을 것이다.

▌ MVP

미첼이 자신의 아이디어를 내게 들려줬을 때 나는 매우 흥미를 느꼈고 MVP(최소기능제품)를 만들어보기로 결심했다. 당시 나는 늘 틴더 같은 앱을 만들고 싶었는데, 미첼이 제시한 아이디어는 대학생을 목표로 하는 앱이었기에 더욱 관심이 생겼다.

대학생 사용자에게 관심이 생긴 이유를 좀 더 설명하는 게 좋겠다. 나의 또 다른 스타트업 제품이었던 팀스팟Teamspot은 이러닝 솔루션이었다. 이 솔루션은 기업과 대학생간의 인터십을 주선하는 플랫폼으로, 인턴십 프로그램을 조직하고 운영할 수 있는 모든 기능을 제공했다.

나는 항상 배움은 재미가 있어야 하고, 재미가 단지 사실을 배우고 분석하는 것 이상의 역할을 해야 한다는 꿈이 있었다. 그리고 배움을 통해 사회화와 협동, 훌륭한 경험을 얻어야 한다는 신념도 있었다. 재미를 버리면 배움도 멈춘다. 만약 여러분이 스타트업의 일원이라면 적어도 매일 한 번 이상은 배움과 재미를 경험해야 한다고 생각한다.

이게 내가 플링에 관심을 가진 이유다. 게다가 린 개발법으로 앱을 개발할 수 있는 좋은 기회라고 생각했고, 이 책의 사례 연구로 활용할 수 있다는 이유도 있었다. 결과적으로 플링 덕분에 지금 이 책이 세상에 나오게 된 것이다.

분산 팀

미첼과 다니엘이 미국에 있었을 당시 나는 네덜란드에 있었다. 그런 상황이 문제가 되지는 않았다. 여러 개의 좋은 공동 작업 툴을 이용할 수 있었기 때문에, 우리가 각기 다른 시간대에 있다는 것만 고려해서 계획을 짜면 그만이었다. 이 책의 공동 저자인 아담 데니스Adam Dennis도 다른 시간대에 있지만, 모든 업무가 원활하게 진행됐다.

우리의 분산 팀에 대해 미첼은 이렇게 말한다.

> "우리 팀은 슬랙(Slack)을 매일 사용합니다. 추가로 일주일에 한 번 또는 격주로 스카이프(Skype)로 통화하고요. 글로벌하게 일할 때는 기술을 활용하면 쉽습니다. 게다가 마이크는 우리 근무 시간을 잘 맞춰줍니다."

슬랙 외에도 팀 내 의사소통을 위해 베이스캠프BaseCamp를 사용할 수 있다. 두 솔루션 모두 분산 팀에게도, 지역 팀에게도 모두 적합하다.

플링의 USP

이 책을 읽으면서 "왜 또 소셜/데이트 앱인가? 플링의 장점은 무엇인가?"라는 질문을 하는 분이 있을 것이다.

나도 이 질문을 미첼에게 한 적이 있다. 미첼의 대답은 다음과 같았다.

> "틴더는 2017년 2분기 최고 수익을 낸 앱으로 성장했습니다. 하지만 온라인 데이트 시장은 여전히 초기 단계로서, 계속 성장할거라 생각합니다."

틴더의 (프로필을 스와이프할 수 있는) 독특한 기능을 활용하고, 거기에다 플링의 고유한 카텍리 기능을 결합한다면, 이 분야를 혁신할 수 있고 틴더나 범블Bulble의 사용자를 끌어들일 수 있을 것이라 생각했다.

나는 매칭 분석 역량, 특히 사용자가 어떤 카테고리에 매칭되는지를 분석하는 역량이 우리 앱의 가장 중요한 장점이라고 생각한다. 우리 앱 사용자는 특히 까다로워서, 앱의 모든 기능이 카테고리를 중심으로 동작하기를 바랐다.

나는 또한 플링이 특히 대학생을 목표로 삼은 이유를 미첼에게 물었다. 미첼의 대답은 다음과 같았다.

> "왜 진입하기 가장 어렵다고 여겨지는 대학 시장을 목표로 하는지 대부분은 이해하지 못합니다. 하지만 우리는 데이팅 앱에 대해 특별한 통찰력이 있고, 바로 이게 플링에 차별성을 부여하는 요소라고 생각합니다. 게다가 이전 프로젝트들도 대학 시장을 대상으로 했고, 이를 통해 대학생들에게 홍보하고 마케팅하는 방법을 폭넓게 경험했습니다."

이론적으로 모든 사업은 (마케팅 관점에서의) 문제점과 (기술적 관점에서의) 해결책이라는 요소를 갖고 있다.

플링은 사용자가 자신의 지역에서 정확히 원하는 사람을 만나기 힘들다는 어려움을 해결한다. 플링을 통해 파티 개최자, 자신과 같은 학교나 동아리에 속한 사람, 선후배 등을 만날 수 있다. 이를 통해 전화나 대면으로 소모되는 시간을 상당히 아낄 수 있다. 페이스북이나 스냅챗 같은 소셜 앱은 이런 만남을 제공하는 플랫폼이기보다는 만남 이후에 개별적으로 소통하는 도구라고 할 수 있다. 틴더나 플링에서는 온라인에서 사람을 만날 수 있고 오프라인으로도 가능하다.

향후에는 사진에 '좋아요' 버튼을 넣거나, 위치 기반 카테고리를 추가해 사용자 참여도와 유지율을 높여주는 기능들을 추가할 예정이다.

현재 우리의 주요 목표는 **월간 활동 사용자**^{Monthly Active Users, MAU} 4만 명을 확보하는 것이다. 그 목표를 달성하면 케빈과 미첼, 다니엘은 실리콘밸리 지역의 벤처투자자를 대상으로 투자 유치를 할 예정이다.

사용자 기반 확보

월간 활동 사용자 4만 명을 달성하는 목표는 그리 불가능해 보이지 않는다. 그러나 여타 스타트업처럼 플링도 사용자가 전혀 없는 데서 시작했다. 그렇다면 어떻게 사용자를 확보할 수 있었을까?

이에 대해서는 미첼이 간략하게 잘 설명했다. 일단 우리는 제품 런칭 전에 마케팅을 먼저 시작했다. 즉, 앱을 런칭하기 전에 이미 앱을 다운로드하고 싶어 기다리는 사람들을 동원하는 것이다. 이렇게 함으로써 첫날부터 심층적인 마케팅 전략을 제공할 사용자를 200~500명 정도 확보했다. 지금은 소셜 미디어와 인플루언서를 통해 플링의 사용자 기반을 확대하고 있다. 또한 그로스 해킹 방법과 유사한 목표를 갖는 파트너사와의 제휴를 통해 다운로드 수를 늘리고 사용자를 유지하고 있다.

현재 플링의 가장 시급한 문제는 특정 분야에서 사용자 기반을 확대하는 것이다. 그러나, 소셜 미디어를 이용한 성장 전략은 여기저기 분산돼 있고, 사람들이 원하는 지역에서 다운로드되도록 집중하지도 못하고 있다.

데이트 앱이나 매칭 앱은 남성과 여성 간의 적정 비율을 유지하는 게 늘 어렵다. 50 대 50을 유지하는 것이 가장 이상적이지만, 왠지 모르게 얼리 어답터는 남성인 경우가 많았다. 플링도 이런 상황에서 균형을 유지하는 것이 중요하다.

미첼은 "우리는 남성이 여성을 쫓아다닌다는 가정을 하고 있습니다. 따라서 주로 여성만을 대상으로 마케팅하고 있으며, 다른 앱과는 달리, 카테고리를 보여줄 때 연결을 원하지 않는 남성은 빼는 필터도 추가했습니다."라고 말했다.

비즈니스 모델

일정 수의 사용자가 확보되는 것만으로도 좋다고 할 수 있지만, 플링이 좀 더 안정적인 비즈니스로 자리 잡으려면 비즈니스 모델에 대해서도 고민하는 것이 좋다.

여러분 앞에 아직 칸이 채워지지 않은 비즈니스 모델 캔버스가 있다고 해보자. 플링의 비즈니스 모델 캔버스는 어떤 모습일까? 플링의 BMC 요소를 간략히 살펴보자.

고객 세그먼트

플링의 사용자는 대학생이다. 현재는 보스턴 지역에 집중하고 있다. 나중에는 미국 전역을 대상으로 확대할 예정이며, 최종으로는 글로벌 서비스도 목표로 하고 있다.

서비스 사용자가 반드시 우리의 고객인 것은 아니다. 수익원revenue stream이 광고라면 고객은 광고주가 될 것이다. 그러나 다른 한편으로 보면, 광고주는 사용자가 앱에서 시간을 보내면서 서비스에 가치를 높이기를 바랄 것이다. 하나를 고르기 힘들다면 둘 다를 모두 캔버스에 추가하자.

가치 제안

플링은 어떤 가치를 창출할까? 간단히 정리하면, 플링은 특정 시장(대학)을 목표로, 분류 및 이야기 중심의 만남을 제공하는 서비스다. 이것에 초점을 맞추는 것이 중요하다. 우리가 특정 분야에 전념할수록 실제로 가치를 창출할 수 있기 때문이다. 특정 시장으로 목표를 좁힘으로써 사용자들이 필요로 하는 것을 알아낼 수 있다. 페이스북의 역사를 아는 독자라면, 이 전략이 꽤 좋다는 사실에 동의할 것이다. 페이스북도 처음에는 모든 사람에게 초점을 맞추기보다는 대학생에게만 초점을 맞추면서 시작했다. 혹시 여러분의 앱이 완전히 다른 분야라 하더라도 틈새시장이나 비교적 작은 고객이 겪는 문제를 해결하면서 시작하는 것이 좋다.

고객 관계

앱이나 웹 서비스 같은 온라인 제품은 고객과의 관계를 더욱 익명으로 만든다. 하지만 여전히 스토어에 댓글을 달거나, 트위터나 인스타그램 등에 의견을 올리는 식으로 고객과 소통할 수는 있다. 여기서 중요한 점은 고객의 목소리를 듣고 있다는 것을 알리는 것이다.

또한 패브릭 앤서즈Fabric Answers나 크래시리틱스Crashlytics, 아이튠즈 커넥트iTunes Connect 등이 제공하는 통계 정보를 활용할 수도 있다. 특정 고객 세그먼트를 분석하는 일이 시기상조일 수도 있지만, 규모가 커진다면 의미가 있을 것이다. 예를 들어, 미국의 사용자와 아시아의 사용자는 아마도 니즈가 다를 것이고, 그에 따라 행태도 다를 것이다.

채널

앞에서도 언급했듯이 플링의 판매 채널은 소셜 미디어와 앱 스토어다. 추가로 푸시 알림 메시지를 통해 앱 개선 사항 등을 사용자에게 알려준다. 사용자 규모가 충분히 크다면 특정 기능을 홍보하기 위해 일부 세그먼트만을 목표로 하는 것이 좋다.

수익원

어디서 수익이 나는가? 물론 기업 인수가 되면 가장 좋겠지만 당장은 현실적으로 생각할 필요가 있다. 그렇다면 어디에서 돈을 벌어올 것인가? 나는 유료 기능을 도입하는 것이 좋다고 생각했지만, 미첼에 따르면 다른 방법도 있다고 한다. 즉, 카테고리마다 관련 기업의 광고를 유치하는 것이다. 예를 들어 파티 카테고리에는 맥주 회사를 스폰서로 유치하는 식이다.

앱 비즈니스에서는 손익 분기점에 도달하는 게 그리 어렵지 않다. 뒤에서 다루겠지만, 우리 사업에는 비용이 많이 들지 않는다. 하지만 플링이 지속 가능한 사업이 될지 여부는 완전히 다른 질문이다. 우리의 미래가 어떨지에 대한 기대가 크긴 하지만, 그것이 아직 우리의 주요 목표는 아니다. 지금 당장 가장 중요한 것은 사용자 규모를 확대하는 일이다.

이에 대해서는 17장, '수익 창출 및 가격 전략'에서 이미 다뤘다.

핵심 리소스

플링의 핵심 리소스는 앱 스토어와 파스 서버를 호스팅하는 백포앱^{Back4App} 같은 서비스라는 데는 이견이 없을 것이다. 하지만 가장 소중한 자원을 고르자면 사람이다. 즉, 우리 팀과 사용자들이라 할 수 있다.

핵심 활동

플링의 핵심 활동은 기본적으로 공통 관심사를 갖는 사람들을 소개하고, 완벽한 온라인 경험을 만들어내는 것이다.

이런 경험을 제공해서 플링은 가치를 창출한다. 이 앱은 사용자에게 즐거움을 주고, 사람들이 실생활에서 함께 만나 취미나 스포츠, 데이트 등 좋아하는 일을 할 수 있도록 해준다. 플링은 서비스 지향적인 앱으로, 고객과의 관계 개선에 많은 투자를 하고 있다. 우리는 고객의 경험과 그들의 목소리에 귀를 기울이고 있다는 사실을 고객이 잘 알기를 바란다. 우리는 전환율이나 리텐션^{retention}, 처닝^{churning} 같은 중요한 KPI를 측정할 때 통계를 활용한다.

파트너

다른 비즈니스와 마찬가지로 플링도 파트너가 필요하다. 앱을 홍보하려면 다른 이들의 도움이 필요하다. 팔로어가 많은 사람, 즉 인플루언서가 플링의 파트너다. 애플과 앱 스토어도 파트너다. 미래의 광고주와 카테고리 내에 스폰서가 될 기업도 파트너라고 할 수 있다.

자연스레 이런 질문이 떠오른다. "누가 우리의 홍보 대사인가?", "누가 우리의 홍보 대사가 될 것인가?"

미첼의 대답은 이렇다. 데이트 기반의 소셜 앱에 맞는 홍보 대사를 찾기란 어렵다. 해법 중 하나는 Flying.us/boston처럼 각 도시마다 코드를 부여해 인플루언서를 지역별로 두는 것이다. 또는 카테고리별로 사용자 코드를 부여하고, 이를 기준으로 인플루언서를 선정할 수도 있다.

비용 구조

앱과 관련된 비용은 얼마인가? 플링 개발에 투입된 시간을 제외하면, (백포앱) 호스팅에 들어간 비용과 마케팅 비용이 지출의 전부다.

플랫폼에서 상호작용이 많을수록 백엔드에 요청하는 초당 호출 수가 많아진다. 백포앱처럼 파스 서버를 호스팅하는 서버는 다양한 요금제를 제공한다. 각 요금제는 월간 최대 호출 수와 초당 최대 호출 수를 제한한다. 따라서 앱 사용자가 많고, 동시 사용자가 많을수록 호스팅 비용도 그에 따라 올라간다.

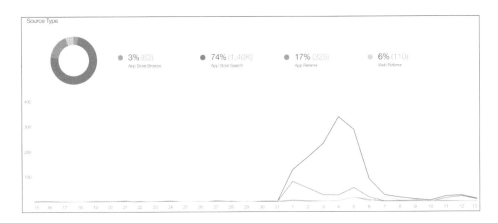

마케팅 비용은 플랫폼 및 광고 횟수에 따라 다르다. 전환율을 신중하게 측정하면 지출과 그에 따른 신규 가입자 수 사이의 상관관계를 파악할 수 있다.

앞에 그래프를 보면 플링의 프로모션을 시작하자 단시간에 신규 가입자가 급속히 늘어난 것을 볼 수 있다. 하지만 그 효과도 단지 짧은 기간만 지속된다는 사실을 알 수 있다.

차별적 경쟁 우위

이 요소는 비즈니스 모델 캔버스 샘플에는 포함돼 있지 않고 일부 변형판에 들어 있다. 이 요소는 아마도 BMC 중에 작성하기 가장 까다로운 항목일 것이다. 나는 미첼에게 플링의 차별적 경쟁 우위는 무엇인지, 다른 앱이 플링의 콘셉트를 그대로 베껴서 내놓지 않을 이 유가 무엇인지에 대해 물었다.

미첼은 대답은 다음과 같았다. 시장은 시장을 이끄는 리더들(틴더Tinder와 범블Bumble)과 수많 은 소규모 경쟁자들로 이미 붐비기 때문에, 플링에게 있어서는 고객과 커뮤니티와의 관 계 및 연결이 가장 중요하다. 플링을 통해 적절한 사람을 소개받거나 만난 경험을 가진 사 용자들이 주변에 플링을 추천함으로써 얻게 되는 브랜드 평판이 곧 플링의 차별적 경쟁 우위가 될 것이다.

정말 멋진 답변이다! 이상으로 필요한 정보를 다 얻었다. 이 정보들로 플링의 BMC를 채우면 다음과 같다.

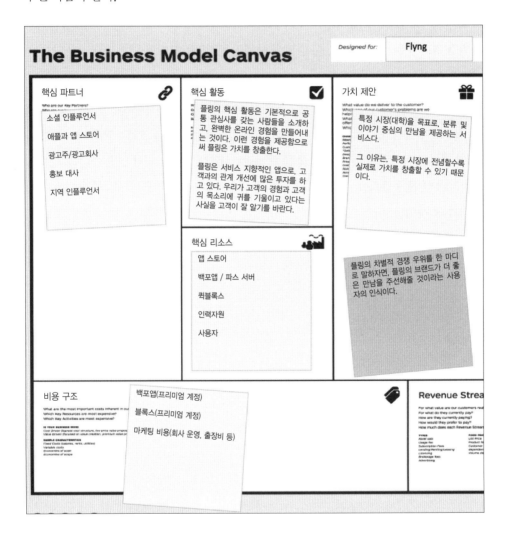

캔버스의 나머지 오른쪽 부분은 다음과 같다.

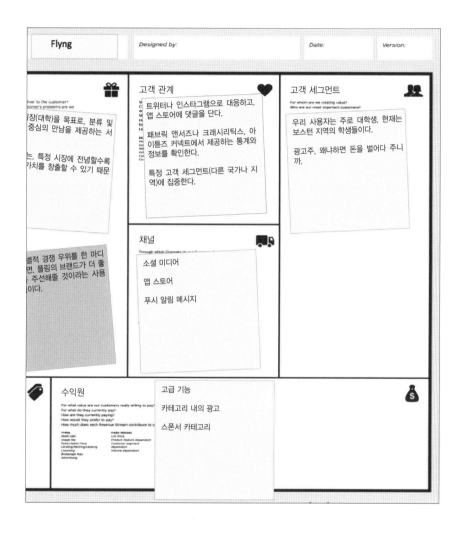

Flyng

Designed by: Date: Version:

고객 관계

트위터나 인스타그램으로 대응하고, 앱 스토어에 댓글을 단다.

패브릭 앤서즈나 크래시리틱스, 아이튠즈 커넥트에서 제공하는 통계와 정보를 확인한다.

특정 고객 세그먼트(다른 국가나 지역)에 집중한다.

고객 세그먼트

우리 사용자는 주로 대학생, 현재는 보스턴 지역의 학생들이다.

광고주, 왜냐하면 돈을 벌어다 주니까.

시장(대학)을 목표로, 분류 및 중심의 만남을 제공하는 서

는, 특정 시장에 전념할수록 가치를 창출할 수 있기 때문

채널

소셜 미디어

앱 스토어

푸시 알림 메시지

별적 경쟁 우위를 한 마디면, 플링의 브랜드가 더 좋 주선해줄 것이라는 사용이다.

수익원

고급 기능

카테고리 내의 광고

스폰서 카테고리

피드백 받기

그렇다면 이제는 비즈니스 모델이 검증됐다는 증거가 필요하다. 트랙션과 리텐션, 그 외 피드백을 측정하려면 어떤 도구를 써야 할까? 피드백을 통해 앱의 기능을 개선할 수 있고, 가정이 맞는지 또는 아닌지를 증명할 수 있다.

우리가 만든 첫 번째 MVP에 대한 피드백은 사용자와 직접 대화를 통해 얻었다.

그러나 사용자가 수가 급격히 증가하면 제대로 피드백을 받기 위한 도구가 필요하다.

주로 다음 소스에서 피드백을 수집한다.

- 아이튠즈 커넥트 분석 데이터
- 앱 스토어 댓글
- 패브릭 앤서즈, 분석 데이터
- 패브릭 크래시리틱스
- 백포앱 데이터와 통계
- 베타 사용자들의 피드백

이 피드백과 함께 제공된 정보는 어느 기능이 가장 많이 사용되는지를 아는 데 큰 도움이 됐다. 가장 중요한 사실은, 카테고리 기반의 검색 기술을 사용자가 가장 높이 평가했다는 점이다.

미검증 가정

플링의 개발을 시작했을 당시, MVP가 옳았다는 몇 개의 가설이 있었다. 혹시 우리가 완전히 잘못 생각한 가정은 없었을까?

미첼은 대답은 다음과 같았다. MVP를 출시해 보니, 안전 장치 기능인 SAM(안전 알림 메시지)을 거의 아무도 사용하지 않는다는 사실을 알게 됐다. 안타깝지만 향후에는 이 기능을 제거하고, 별도의 프로젝트에서 진행할 것 같다.

좀비 기능

SAM은 사용하기 매우 쉽다. 사실 그건 우리만의 생각일 수 있다. 결정은 사용자 몫이다.

사용자가 플링에서 누군가를 새로 만났다고 하자. 사용자는 상대방을 직접 만나러 가기 전에 SAM으로 안전 장치를 마련할 수 있다. 즉, 주소록에서 3개 이내의 연락처를 선택해 두면 문제가 생겼을 때 해당 연락처로 알림을 보낸다. 타이머를 시작하면 문제가 없다는 것을 플링에게 알려주기 위해 매 45분마다 체크인을 해야 한다. 체크인은 휴대폰에 알림이 나타나면 간단히 누르기만 하면 된다. 누르지 않거나 너무 늦는 경우에는 SMS를 통해 선택해둔 연락처에 알림이 전송된다.

소수의 사람만이 실제로 SAM 기능을 사용한다. (추정컨대) 대학 내에는 그 정도로 문제되는 경우가 없기 때문일 듯하다. 아무튼 이 기능이 꽤 괜찮은 콘셉트라고 생각하지만, 사용하는 사람이 없다면 우리 사용자에게는 필요 없는 기능이거나, 적어도 플링 내에서는 없어도 되는 기능일 것이다.

현재 상황에서는 이 괜찮은 아이디어가 사실 좀비 같은 기능이 될 위험성이 있다.

실제로 통계와 피드백을 통해 이 기능이 거의 사용되지 않는다는 사실을 알게 됐다. 왜 사람들이 이 기능을 유용하다고 생각하지 않는지, 기능을 찾지 못하는 건 아닌지, 또는 사용법이 어려운지에 대해서는 좀 더 조사와 연구를 해야 할 것이다.

현재로서는 사람들이 데이트를 하러 갈 때 보호자가 필요하다는 가정은 틀렸다고 할 수 있다. 미첼이 말했듯이, 이 기능은 제거하고 별도의 앱으로 내놓을 수도 있다. 물론, 이 아이디어는 이 기능이 해결하려는 문제가 플링이 아닌 다른 상황에서 발생한다는 것을 가정한 것이다.

하지만 그렇지 않다면? 결과적으로 이런 경우는 초기 검증으로 피할 수 있었던 문제의 한 사례라 할 수 있다. 그러면 초기 MVP는 어땠어야 할까? 아마도 온라인이나 오프라인 조사 수행해, 데이트하러 나갈 때 여성이나 남성이 겪는 문제를 이해하는 작업을 먼저 했어야 했을 것이다.

피드백과 실행 가능 지표

우리가 사용하는 모니터링 도구는 앱에 대한 중요한 분석 정보를 제공한다. 이런 정보를 다룰 때의 문제는, 이를 실행 가능한 지표로 어떻게 바꿀지를 정하는 것이다.

분석 수치를 얻게 되어 좋지만, 이를 해석해서 실행 가능 지표로 바꿀 수 있을까? 그리고 어떤 수치가 KPI(핵심 성과 지표)일까? 자주 사용되는 트랙션은 어떻게 측정할까? 트랙션이 앱을 실제로 사용하는 사람들을 나타내는 수치라고 생각한다면, 총 사용자 수나 활성 사용자 수가 유용할 것이다. 그런데 활성 사용자는 어떻게 정의할 것인가? 이 경우 신규 사용자 수도 중요한 수치일까?

이런 질문에 대답하려면 측정이 가능해야 하며 정확해야 한다. 그리고 분명한 목표도 있어야 한다.

올해 말까지 십만 명의 신규 사용자를 확보한다고 가정해보자. 이 목표는 분명하고 현실성도 있으므로 좋은 목표라 할 수 있다. 결과적으로 진짜 트랙션은 실제 발생한 수입으로 증명될 테지만, 플링의 경우 나중에 확인하도록 하자.

같은 도구로 리텐션도 측정할 수 있다. 얼마나 많은 사용자가 1주일 후, 1개월 후, 1년 후에도 앱을 사용하고 있을까?

Daily Retention

Date	Persons	1	2	3	4	5	6	7	8	9	10	11	12	13	14	15	16	17	18	19	20	21	22	23
Average	46	36%	25%	14%	12%	11%	11%	8%	5%	1%	4%	6%												
Jun 1	54	24%	17%	7%	20%	13%	24%	6%	4%	0%	4%	6%												
Jun 2	67	24%	15%	19%	7%	16%	10%	4%	0%	1%	3%													
Jun 3	103	29%	27%	15%	27%	9%	6%	8%	8%	3%														
Jun 4	123	45%	19%	32%	15%	11%	7%	12%	7%															
Jun 5	120	39%	37%	19%	13%	11%	12%	10%																
Jun 6	48	44%	27%	4%	6%	10%	6%																	
Jun 7	11	9%	9%	0%	9%	9%																		
Jun 8	3	0%	0%	0%	0%																			
Jun 9	3	33%	0%	33%																				
Jun 10	1	100%	100%																					
Jun 11	13	54%																						
Jun 12	6																							

리텐션이 낮은 경우, 사용자가 앱을 좀 더 오래 사용하도록 하려면 어떻게 해야 할까? 나는 우리가 현재 가진 분석 결과를 실행 가능 지표로 볼 수 있는지 미첼에게 물었다. 또한 사용자를 측정하는 데 추가적인 자원과 도구가 필요한지도 물었다.

미첼은 "현재의 분석 결과는 우리가 증명하려는 초기 시장의 유효성을 잘 보여줍니다. 우리의 마케팅은 일관성이 없습니다. 우리가 광고한 최대 기간은 지금까지 겨우 7일에 불과합니다."라고 답했다.

미첼에 의하면, 우리는 소셜 미디어나 메시지, 블로그 게시글의 댓글 등에서 수집된 피드백과, 플링 앱 문제에 대한 사용자 반응, 사용자가 추가했으면 하는 기능에 대한 의견 등을 자주 모니터링한다.

우리가 받은 피드백 중 가장 흥미로운 것은 앱을 실제로 사용해서 만남을 진행했던 사람에게서 얻은 피드백이었다. 그들은 카테고리 기능 덕분에 각기 다른 만남을 계획할 수 있다고 했다. 예를 들어, 파티 카테고리에서 만난 사람과는 실제로 파티 장소에서 합류하는 식이다.

가장 좋은 피드백을 사용자와 직접 소통해서 듣는다는 것은 흥미로운 일이다. 그런 일이 놀랄 만한 일이어서는 안 되겠지만, 직접적인 피드백이 분석으로만 이루어진 정보보다 낫다는 점을 기억하자.

분할 테스트

플링의 어떤 기능이 분할 테스트 목적에 가장 적합할까?

미첼의 대답에 따르면, 다른 유형의 카테고리를 테스트하는 것이 분할 테스트 목적에 가장 적합하다. 예를 들어, 여름과 관련된 비치 데이Beach Day 카테고리를 생성한다고 하자. 이에 대한 인수와 상호작용을 테스트하기 위해, 전략적으로 연구 테스트가 가능한 해변 지역에 분할 테스트를 생성할 수 있다.

물론 앱에서뿐만 아니라 앱 스토어 기재사항 항목 같이 다양하게 A/B 테스트를 수행하는 것이 가치가 있다고 생각한다. 최근에는 앱 스토어 분할 테스트를 포함해 **앱 스토어 최적화** App Store Optimization, ASO 기법을 이용할 수 있다. 나는 이 기능들을 살펴보면서 앱을 개선하는 데 도움이 될 만한 것이 없는지 자주 찾아보곤 한다.

비전

비전이 없다면 목표도 없다. 나는 우리 팀이 플링에 대해 얼마나 기대를 하고 있는지 궁금했다. 미첼에게 다음과 같이 물었다. 플링의 미래는 어떨 것 같은지? 지금부터 1년 뒤에는? 3년 뒤에는? 플링이 지속 가능한 비즈니스가 될 것 같은지? 제대로 수익을 낼 것 같은지? 투자자는 있을 것인지? 비즈니스나 사회에 기여할 가능성이 있는지?

수익을 창출할 수 있는 훌륭한 제품이 바로 플링의 원동력이었다. 카테고리 카드는 다양한 방식으로 후원을 유치할 수 있다. 먼저, 오리지널 카테고리는 기업들의 후원을 받을 수 있다. 예를 들어, 학생 운동 선수 카테고리는 지인 중 한 명이 운영하는 회사인 http://www.thetailgateseason.com를 스폰서로 할 수 있다. 회사가 페이지 상단에 노출될수록 가격이 비싸며, 하단으로 갈수록 가격이 저렴하다.

또한 스폰서를 한정하는 카테고리도 가능하다. 이런 카테고리는 상황에 따라 유연하게 변경할 수 있어서, 필요하다면 카테고리 라인업을 변경하는 방식으로 확장할 수 있다. 예를 들어, 마블이 새로운 어벤저스 영화를 광고한다고 하자. 이 경우에는 마치 설문 조사처럼 시간을 정해두고, 스폰서를 받은 카테고리를 제공할 수 있다. 사용자는 자신이 좋아하는 히어로를 고르고, 같은 히어로를 좋아하는 팬과 연결할 수 있게 된다. 이것은 광고지만 그리 거슬리지도 않을 것이고, 일정을 잘 맞춰 제공한다면 오히려 사용자 경험을 높이는 계기가 될 것이다.

소셜 밋업meet-up 앱에 카테고리를 배치함으로써 얻는 또 다른 혜택 중 하나는 광고 배치를 차별화할 수 있다는 점이다. 플링 앱이 속한 분야의 다른 전형적인 앱들은 큰 한 개의 카테고리만 있다. 만약 버드 라이트Bud Light 맥주가 파티 매니아를 대상으로만 광고한다고 하면, 앞서 말한 전형적인 앱들에서는 버드 라이트 맥주만 수용할 방법이 없다. 하지만 플링에서는 파티 카테고리에 있는 사용자에게만 광고를 할 수 있다. 즉, 카테고리에 맞는 적절한 광고를 제공함으로써 사용자와 맥주 회사 모두 만족할 수 있다.

기술적 고려 사항

이 책은 린 스타트업에 대한 실용적인 방식을 모두 다루고 있기 때문에, 플링에 적용된 주요 기술도 살펴보려고 한다. 모든 내용을 공개할 수는 없지만, 아이디어를 줄만큼은 충분히 다루고자 한다.

플링 앱은 iOS 플랫폼용으로 제작됐지만 안드로이드 버전에 대한 계획도 세워졌다. iOS를 우선으로 고려한 이유는 주요 대상 고객이 보스턴 지역의 대학생이기 때문이다. 만약 유럽에서 플링 앱을 출시했다면 아마도 안드로이드를 우선으로 고려했을 것이다.

앱은 스위프트^{Swift} 3으로 개발했으며, 곧 스위프트 4로 마이그레이션할 예정이다. 백포앱에서 호스팅되는 파스 서버에서 데이터를 가져온다. 또한 채팅 기능은 퀵블록스를 사용했다. 코드는 MBaaS 간에 전환이 비교적 쉽게 될 수 있도록 구성했다.

구성한 기술 스택은 다음과 같다.

- 엑스코드
- 스위프트 4.0
- 백포앱, 파스 서버, PLQ, 클라우드 코드
- 아마존
- 퀵블록스
- 트윌리오^{Twillio}
- APN, 배지, 매칭 메시지, 일반 메시지

백포앱의 파스 서버 호스팅

백엔드 솔루션으로는 파스 서버를 사용함으로써 일부 기능에는 제한을 받았지만, 한편으로는 그 덕분에 앱을 훨씬 빨리 개발할 수 있었다. 결과적으로 프론트엔드(앱)에만 집중할 수 있었다.

다음 그림은 백포앱에 저장된 매칭 데이터를 추출한 결과다.

앱은 다른 파스 서버나 자체 제작한 백엔드로도 쉽게 이전할 수 있도록 설정했다.

실시간 데이터

프로필과 미디어 데이터 외에 앱의 채팅 기능을 위해서는 실시간 데이터 처리 기능이 필요하다.

예전에는 채팅 기능을 위해서 파스 라이브 쿼리를 사용했지만, 퀵블록스 서비스가 훨씬 신뢰할 수 있는 서비스라는 사실을 알게 됐다. 각기 다른 두 개의 백엔드 솔루션에 대해 단일 사용자 인증을 수행하는 방법을 알아내는 데 어려움을 겪긴 했지만 결과적으로 그렇게 어려운 과정은 아니었다.

아래는 퀵블록스 대시보드의 예제 화면이다. 이 서비스는 다른 많은 기능을 지원하지만, 우리는 그 중 채팅 기능만을 사용한다.

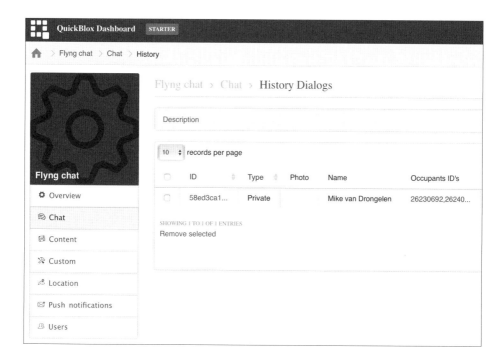

기타 의존성

플링 앱은 트윌리오 서비스를 통해 SAM 기능에서 사용하는 문자 메시지를 보낸다. 온보딩 과정, 특히 로그인이나 회원가입의 경우에는 사용자가 페이스북 계정으로 가입하도록 요구한다.

페이스북에 가입하지 않았다면 플링을 이용하기 힘들다. 페이스북 계정으로 로그인하는 과정을 거쳐야 하기 때문이다. 11장, '온보딩과 등록'에서 다룬 내용에 근거해 말하자면, 플링 앱의 온보딩 방식은 진입 장벽이 높은 편에 속한다고 할 수 있다.

앱에 대한 정보가 없는데 가입 절차도 있고, 게다가 페이스북 계정도 없다면 더 이상 진행하기가 힘들 것이다. 일반적인 앱이라면 이런 방식을 추천하지 않지만 플링 같은 데이트 앱에는 적합한 방식이다. 이런 앱은 허위 사용자나 불완전한 데이터를 걸러내는 것이 더 중요하기 때문이다. 회원가입이 완료되면 페이스북에서 가져온 데이터로 이름과 프로필 사진을 보여주는 등의 개인화 작업이 쉽게 이뤄진다.

소셜 로그인 기능을 제공하는 것도 고려할 필요가 있다. 앱이 젊은 세대를 대상으로 한다면 트위터나 스냅챗, 인스타그램 계정으로 가입하는 방법을 제공해야 할 것이다.

허위 프로필을 걸러내는 방법 중에 얼굴 인식 기술을 사용하는 것도 흥미롭다. iOS SDK를 사용하면 업로드한 사진에서 한 명이나 여러 명의 얼굴을 쉽게 검증할 수 있다. 테스트를 거치면서 만화나 동물, 그림에서도 얼굴을 구분한다는 사실을 알아냈다. 최소한 일출 사진이나 풍경 사진 같은 부적절한 사진을 프로필 사진으로 설정하는 것은 제한해야 할 것이다.

아래에서 볼 수 있듯이 우리는 코코아팟^{CoCoaPods}을 사용해 파스나 퀵블록스 SDK 같은 서드파티 기능을 추가한다. 또한 페이스북과 크래시리틱스도 사용한다.

```
target 'flyng' do
   use_frameworks!
   pod 'Fabric'
   pod 'Crashlytics'
   pod 'Cartography'
   pod 'Parse'
   pod 'ParseFacebookUtilsV4'
   pod 'ParseLiveQuery'
   pod 'JSQMessagesViewController'
   pod 'QuickBlox'
```

쿼리

데이터 처리의 경우 일부는 직접 쿼리 방식으로 작업했지만, 좀 더 복잡한 요구사항의 경우에는 클라우드 코드 솔루션을 적용했다. 이들 클라우드 코드 솔루션은 자바스크립트 기반으로, 파스 서버에서 사용할 수 있는 REST API 기능과 밀접한 관련이 있다.

편리함을 위해 현재는 백포앱의 호스팅을 사용하고 있지만, 향후에는 한 대나 그 이상의 파스 서버를 직접 운영할 예정이다. 물론 그럴 경우 푸시 알림이나 부하 분산, 서버 확장 등을 직접 처리해야 하지만 장점도 있다. 즉, 서버 확장이 필요한 경우 즉시 확장이 가능하다.

앱의 스위프트 코드를 살펴보면 클라이언트용으로 정의한 메서드가 꽤 많다는 사실을 알 수 있다. 이들은 프로토콜로서, 다른 백엔드 솔루션으로 이전하는 경우에도 큰 노력이 들지 않도록 하는 용도다.

여러분이 참고할 수 있도록 일부 메서드를 나열하면 다음과 같다.

```swift
import UIKit
protocol RepositoryProtocol {
  func authenticate (handler: RepositoryResultDelegate, request:
                     AuthenticateRequest)
  ...
  func getProfile (handler: RepositoryResultDelegate, request:
GetMyProfileRequest)
  func getCategories (handler: RepositoryResultDelegate, request:
GetCategoriesRequest)
  func getCandidates (handler: RepositoryResultDelegate, request:
GetCandidatesRequest)
  func getMatchList (handler:RepositoryResultDelegate, request:
GetMatchListRequest)
  func pushMessage (handler: RepositoryResultDelegate, request:
PushRequest)
  ...
}
```

복잡한 연산

처음 봤을 때는 두 사람 간의 매치 여부를 알아내는 게 쉽다고 생각했다. 하지만 앱 입장에서는 이런 작업은 복잡한 연산이다. 여러분이 특정 프로필을 좋아한다고 가정하자. 우선

그 사실을 검색 기록에 추가함으로써 이미 좋다고 한 프로필을 또 보지 않도록 해야 한다. 또한 좋아한다고 표시한 사람들을 계속 추적해야 하며, 반대로 상대방도 좋다고 하면 그제서야 매칭해줘야 한다. 사용자 입장에서는 가능하면 많이 매칭하길 바라기 때문에, 우선은 사용자가 좋다고 한 사람들의 프로필을 볼 수 있도록 해야 한다.

사용자가 마음에 드는 사람을 발견하면, 쿼리를 실행해 그 사람도 이전에 사용자를 좋다고 했는지를 알아봐야 한다. 만약 매칭이 성사됐다면 결과를 기록한 후, 이 사실을 사용자 및 그 파트너에게 알려줘야 한다. 이제 파트너에게는 푸시 알림을 보내고 방금 전에 생성한 매칭으로 복귀한다. 이제 매칭이 됐다! (매치 탭 위) 앱 아이콘에 표시되는 배지의 숫자를 증가시켜야 한다. 하지만 그 전에 사용자와 파트너의 매치(및 메시지)의 수가 현재 얼마인지 알아야 한다. 설명이 길었지만 간단히 정리하면, 이 작업은 클라우드 코드 기반 솔루션을 사용하기에 딱 맞는 작업이다.

파스 서버의 이 함수는 상당히 많은 작업을 대신할 수 있다. 이런 작업을 서버에서 하는 이유는 서버가 훨씬 좋은 연산 성능을 가지고 있기 때문이다. 이를 통해 너무 많은 데이터를 기기에서 서버로 보내거나, 서버에서 기기로 보내는 상황을 피할 수 있다. 또한 확장성을 유지하는 방법이기도 하다.

앱의 관점에서 보면, 제대로 된 데이터를 보내고, 서버에서 실행되는 클라우드 함수가 처리 결과를 받으면 된다. 다음은 클라우드 함수를 호출하는 예제다.

```
func getCandidates (handler: RepositoryResultDelegate, request:
                    GetCandidatesRequest) {
  let params =
  [
                "myId": request.profileId,
                "fromAge": myProfile.CriteriaAgeFrom,
                "toAge" : myProfile.CriteriaAgeTo,
                "gender" : myProfile.CriteriaGender,
                "maxDistance" : myProfile.CriteriaMaxDistance,
                "category": request.categoryId,
```

```
                "skip": request.skip,
                "limit" : request.limit
    ]
    PFCloud.callFunctionInBackground("getCandidates", withParameters:
        params as [NSObject : AnyObject], block: {(object, error) in
          ...
```

푸시 알림

15장, '트랙션 향상 및 리텐션 개선'에서 푸시 알림을 표시하는 데 필요한 구현 정보를 자세히 알 수 있다. 이 사례 연구에 있어서 흥미로운 점은 백포앱(또는 사시도Sashido 등 다른 서비스도 있음)같은 서비스는 파스 서버 호스팅을 제공하는 것뿐만 아니라 복잡한 앱의 푸시 알림 설정도 처리해준다는 것이다.

플링 앱은 원격 푸시 알림을 사용해 메시지를 표시하고 배지 아이콘을 업데이트한다. 그리고 새로운 매칭 결과나 메시지가 있을 때마다 사용자에게 알려준다. 이런 과정이 지속되면 유지율도 증가할 것이다. 그 밖에 SAM 기능이 사용하는 로컬(예약) 알림도 사용한다.

크래시 리포트

출시를 앞둔 모든 릴리스 버전을 테스트했는데도 출시 이후에 작동 중단 문제가 생기는 일이 있다. 이런 경우에는 크래시리틱스Crashlytics가 도움이 된다. 이 기능은 구현도 쉽고 작동 중단 문제가 발생하는 경우 (스택 트레이스stack trace를 비롯해) 많은 정보를 제공한다.

```
func application(application: UIApplication,
    didFinishLaunchingWithOptions launchOptions: [NSObject: AnyObject]?)
-> Bool { ...
        Fabric.with([Answers.self, Crashlytics.self])
```

다음 예를 보면 작동 중단 문제를 겪지 않은 사용자의 수가 허용 불가능한 수준까지 급격히 떨어지는 것을 볼 수 있다. 우리는 즉시 문제를 원인을 파악한 후 새로운 버전을 릴리스했다. 그 결과 수치가 향상돼 거의 99%까지 도달했다. 사실 모든 사용자를 만족시킨다는 것은 거의 불가능하다. 앱과 앱이 실행되는 OS의 속성이 큰 영향을 미친다. iOS의 경우, 기기의 종류가 많지 않고 대부분의 기기가 최신 버전의 OS를 사용하기 때문에, 크래시crash를 겪지 않은 사용자 비율을 높게 유지하는 것이 가능하다.

안드로이드 앱의 경우는 다르다. 작동 중단 문제를 겪지 않는 사용자 비율이 낮을 거라고 예상할 수 있다. 왜냐하면 기기 종류, 화면 크기, OS가 제각각이기 때문이다. 카메라를 예로 들면, 카메라가 없는 모델, 한 개 있는 모델, 두 개 있는 모델 등으로 기기 종류가 다양하게 나뉜다. 안드로이드 종류도 삼성과 화웨이가 조금씩 다르다. 안드로이드를 버전 4부터 8까지 모두 지원하는 경우도 흔치 않다. 각 변형 버전을 모두 테스트하기란 거의 불가능하다. 그저 대표적인 모델 중 열 개에만 집중해서 지원하는 게 일반적이며, 그 외 모델에서는 잘 작동하기를 바랄 뿐이다.

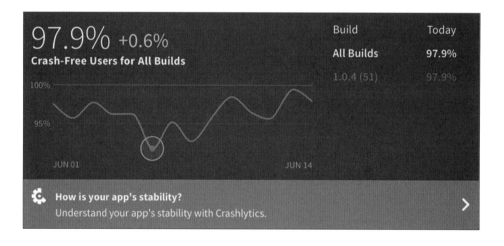

또한 패브릭Fabric을 사용해서 앱 사용 빈도를 측정할 수도 있다. 예를 들어, 특정 기간 동안 얼마나 많은 사용자가 가입했는지를 측정할 수 있다.

```
AnalyticsUtil.logEvent(AnalyticsUtil.eventSignupFacebook)
static func logEvent(event: String){
    ...
    Answers.logCustomEventWithName(event, customAttributes: nil)
}
```

릴리스

수 차례 플링 앱을 릴리스했고, 많은 사용자가 별 다섯 개를 주었다. 물론 부정적인 댓글
도 있었다. 우린 이런 사용자에 가장 관심을 갖는다. 부정적인 사용자는 문제를 생겼을 때
그 사실을 상세히 알려줄 정도로 관심이 있는 사용자이기 때문에 가치가 있다. 문제는 분
노와 불만족을 느낀 고객을 어떻게 팬으로 전환시키느냐는 것이다. 우리는 항상 고객의
목소리를 경청하고, 그들이 겪는 문제를 해결한다는 확신을 줌으로써 이들은 팬으로 전환
시키고자 노력했다. 앱에 정말로 버그가 있는가? 이해가 되지 않거나 불분명한 것이 있는
가? 그렇다면 즉시 고객과 대화를 시작해서 문제를 알아내도록 하자.

▌ 요약

20장에서는 이 책에서 논의된 내용을 대부분 설명하는 광범위한 사례 연구를 다뤘다. 플링 앱에 대해 배웠고, 잘한 점과 잘하지 못한 점에 대해서도 다뤘다. 최초 가설은 무엇인지와 피드백을 받는 방법도 살펴봤다. 가설을 가능한 한 빨리 증명하는 것도 중요하지만, 제대로 검증하는 것도 중요하다. 그렇지 않으면 시간을 낭비하게 된다. SAM 기능이 바로 이런 사례에 해당한다. 피봇을 하면 다시 실험을 수행해야 하지만, 성공을 위해서는 피봇이 필요할 수도 있다. 이상의 경험은 여러분이 앱을 만들 때도 적용할 만한 사례일 것이다.

지금도 플링은 진화하고 있다. 모험은 계속되고 있고, 매일 개발과 측정, 피드백 수집을 하고 있다. 힘들 때도 종종 있지만 우리는 좋은 팀으로 뭉쳐 있기 때문에 한 발씩 나아가고 있다. 그 누구도 이 모험이 계속될지는 전혀 모른다. 하지만 한 가지 확실한 것은, 성공이나 실패 여부에 관계없이, 많은 피드백과 헌신, 약간의 행운 덕분에 많은 것을 배우고 있다는 사실이다.

여러분도 그렇게 할 수 있다! 목표에 집중하고, 너무 자주 미루지는 말고, 매일 배우도록 하자. 실패는 빨리 하고, 견디자. 이제 여러분께 달렸다. 행운을 빈다!

부록

참고문헌

- 『비즈니스 모델의 탄생』(2011, 타임비즈), 알렉산더 오스터왈더Alexander Osterwalder, 예스 피그누어Yves Pigneur 지음
- 『캐즘 마케팅』(절판), (2002, 세종서적), 제프리 A. 무어Geoffrey a Moore 지음
- 『GoF의 디자인 패턴』(2015, 프로텍미디어), 랄프 존슨Ralph Johnson 지음
- 『훅Hooked』(2014, 리더스북), 니르 이얄(Nir Eyal) 지음
- 『린 스타트업』(2012, 인사이트), 에릭 리스 지음
- 『린 분석』(2014, 한빛미디어), 앨리스테어 크롤Alistair Croll, 벤저민 요스코비츠Benjamin Yoskovitz 지음
- 『린 UX』(2013, 한빛미디어), 제프 고델프Jeff Gothelf, 조시 세이던Josh Seiden, 에릭 리스 Eric Ries 지음

- 『탁월한 조직이 빠지기 쉬운 5가지 함정 탈출법』(2007, 다산북스), 패트릭 렌시오니Patrick Lencioni 지음

- 『린 스타트업』(2012, 한빛미디어), 애시 모리아Ash Maurya 지음

- 『리워크』(2016, 21세기북스), 데이비드 하이네마이어 핸슨David Heinemeier Hansson 지음

- 『스케일링 린』(2017, 에이콘), 애시 모리아Ash Maurya 지음

- 『나는 왜 이 일을 하는가』(2013, 타임비즈), 사이먼 사이넥Simon Sinek 지음

- 『기업 창업가 매뉴얼』(2014, 에이콘), 스티브 블랭크Steve blank, 밥 도프Bob Dorf 지음

- 『The Goal(더 골)』(2015, 동양북스), 엘리 골드렛Eliyahu M. Goldratt 지음

- 『탁월한 조직이 빠지기 쉬운 5가지 함정』(2002, 위즈덤하우스), 패트릭 렌시오니Patrick Lencioni 지음

- 『사용자 경험의 요소』(2013, 인사이트), 제시 제임스 개럿Jesse James Garrett 지음

- 『(사용자를) 생각하게 하지 마!』(2014, 인사이트), 스티브 크룩Steve Krug 지음

- 『Simple and Usable 단순한 디자인이 성공한다』(2012, 에이콘), 자일즈 콜본Giles Colborne 지음

- 『밸류 프로포지션 디자인』(2018, 생각정리연구소), 알렉스 오스터왈더Alex Osterwalder, 예스 피그누어Yves Pigneur 외 지음

- Azure IoT Development Cookbook by Yatish Patil

- Customer development by Steve Blank

- Continuous Delivery with Docker and Jenkins by Rafał Leszko

- Continuous Integration, Delivery, and Deployment by Sander Rossel

- Do not just roll the dice by Neil Davidson

- Implementing Azure Solutions by Florian Klaffenbach, Jan-Henrik Damaschke, and Oliver Michalski

- Jenkins 2.x Continuous Integration Cookbook - Third Edition by Mitesh Soni and Alan Mark Berg

- Lean UX by Jeff Gothelf and Josh Seiden

- Learning DevOps: Continuously Deliver Better Software by Joakim Verona, Michael Duffy, and Paul Swartout
- Learning Microsoft Azure Storage by Mohamed Waly
- Robust Cloud Integration with Azure by Mahindra Morar, Abhishek Kumar, Martin Abbott, Gyanendra Kumar Gautam, James Corbould, and Ashish Bhambhani
- The Lean entrepreneur by Brant Cooper and Patrick Vlaskovits
- Traction by Justin Mares and Gabriel Weinberg
- The Phoenix Project by Gene Kim, Kevin Behr, and George Spafford
- The Four Steps to the Epiphany by Steve Blank
- UX: Rocket Surgery Made Easy by Steve Krug

| 찾아보기 |

에이콘출판의 기틀을 마련하신 故 정완재 선생님 (1935-2004)

린 모바일 앱 개발

린 기법을 활용한 모바일 앱 스타트업 창업

발 행 | 2019년 5월 24일

지은이 | 마이크 반 드롱헬렌 · 애덤 데니스 · 리차드 가라베디안 · 알베르토 곤잘레스 · 아라빈드 크리슈나스와미
옮긴이 | 이 정 표

펴낸이 | 권 성 준
편집장 | 황 영 주
편 집 | 배 혜 진
디자인 | 박 주 란

에이콘출판주식회사
서울특별시 양천구 국회대로 287 (목동)
전화 02-2653-7600, 팩스 02-2653-0433
www.acornpub.co.kr / editor@acornpub.co.kr

한국어판 © 에이콘출판주식회사, 2019, Printed in Korea.
ISBN 979-11-6175-292-1
ISBN 978-89-6077-210-6 (세트)
http://www.acornpub.co.kr/book/lean-mobile-app

이 도서의 국립중앙도서관 출판시도서목록(CIP)은 서지정보유통지원시스템 홈페이지(http://seoji.nl.go.kr)와
국가자료공동목록시스템(http://www.nl.go.kr/kolisnet)에서 이용하실 수 있습니다.(CIP제어번호: CIP2019018815)

책값은 뒤표지에 있습니다.